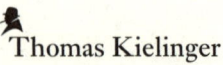
Thomas Kielinger

Winston Churchill

Thomas Kielinger

Winston Churchill

Der späte Held

Eine Biographie

Verlag C.H.Beck

Mit 43 Abbildungen

1. Auflage. 2014
2. Auflage. 2015

3. Auflage. 2015

© Verlag C.H.Beck oHG, München 2014
Satz: Fotosatz Amann, Memmingen
Druck und Bindung: CPI – Ebner & Spiegel, Ulm
Gedruckt auf säurefreiem, alterungsbeständigem Papier
(hergestellt aus chlorfrei gebleichtem Zellstoff)
Printed in Germany
ISBN 978 3 406 66889 0

www.beck.de

Dem Andenken meiner Eltern

Inhalt

Apropos Churchill 13

KAPITEL I
Auf Messers Schneide: Mai 1940 17

KAPITEL II
Wie man ein Glühwurm wird 37
1. Die Kunst des Eigenlobs 39
2. «Savrola» oder der Byron'sche Held 42
3. Die Ahnen – ein Traum von Größe 44
4. Gegensätze, die sich anziehen: Die Eltern Randolph und Jennie 48
5. Schulzeit – ein Martyrium mit Pausen 53
6. Die Krankheit des Vaters und Lady Churchills finanzielle Verlegenheiten 58
7. Lord Randolph erscheint seinem Sohn 60

KAPITEL III
Das Abenteuer beginnt: Soldat, Autor, Politiker 65
1. Fest im Sattel: Sandhurst 65
2. Vorspiel auf Kuba 68
3. Indien: Ein Autodidakt holt Bildung nach 72
4. In den Schluchten der Pathaner 75
5. Zu Pferd am Nil 79
6. «Tory Democracy» 83
7. Südafrika oder Ein Held wird geboren 86
8. 1. Oktober 1900: Am Ziel 91

KAPITEL IV
Churchill wechselt die Partei und heiratet 95
1. Wachsende Entfremdung von den Tories 95
2. Willkommen bei den Liberalen 101
3. «Die radikalen Zwillinge»: Lloyd George und Churchill 105
4. «The People's Budget»: Ein Aristokrat gegen die Aristokratie 110
5. Oh my darling, Clementine 113

KAPITEL V
Der Krieg rückt näher 123
1. Der deutsche «Panthersprung» 123
2. Marineminister auf der Kommandobrücke 128
3. 24. Juli 1914: «Ein fahles Licht fiel auf die Landkarte Europas» 129

KAPITEL VI
Churchill ohne Fortüne 135
1. Die Flotte ist nicht entscheidend 135
2. In Antwerpen geht der Marineminister an Land 137
3. Scheitern auf Gallipoli 139

KAPITEL VII
Die Wiederkehr des Winston Spencer Churchill 149
1. Wie die Malerei Churchill aus der Depression rettete 149
2. In den Schützengräben Flanderns 158
3. Zurück in die Politik 162
4. Versailles 165
5. Der Kriegsminister vor der bolschewistischen Bedrohung 168
6. Churchills Handschrift im Nahen Osten 172

KAPITEL VIII
Churchill wird Finanzminister und schwächt das Militär 181
1. Der gut verdienende Autor   181
2. Chartwell I: «200 Ziegel und 2000 Wörter pro Tag»   184
3. Das Schiff verlässt die sinkenden Ratten: Churchill wechselt erneut die Partei   189
4. Finanzminister und Abrüster   192

KAPITEL IX
Die Jahre in der Wildnis 197
1. Der Großschriftsteller   197
2. Churchill sucht eine klare Linie   202

KAPITEL X
Frieden oder Krieg? 209
1. München, Hauptstadt der Nicht-Begegnung   209
2. Churchill und Hitler nehmen Maß   211
3. Chartwell II: Hauptquartier der Regierungskritik   218
4. Appeasement als tragisches Konzept   220
5. Appeasement als Kapitulation: München 1938   223

KAPITEL XI
Der Zweite Weltkrieg (1): «Walking with destiny» 229
1. Wieder Marineminister   229
2. Krönung der Laufbahn: Churchill wird Premierminister   233
3. «Action this day»   238

KAPITEL XII
Der Zweite Weltkrieg (2): «England alone» 249
1. Mers-el-Kébir oder der Preis der Freiheit   249
2. England im Schatten des deutschen Diktators   253
3. «The Battle of Britain»   258
4. «The Blitz»   260

KAPITEL XIII
Der Zweite Weltkrieg (3): Churchill findet Entlastung 267
1. Lend-Lease und die Schlacht im Atlantik   267
2. Ein fragwürdiger Verbündeter   271
3. «Atlantic Charter» und Pearl Harbor   274

KAPITEL XIV
Der Zweite Weltkrieg (4): Per aspera ad astra 281
1. Niederlagen und mehr   281
2. Diplomatie auf Reisen   286
3. Die zweite Front: Churchill und Stalin im Streit   288
4. Casablanca und «Casablanca»   291
5. Teheran   295

KAPITEL XV
Der Zweite Weltkrieg (5): Endspiele 301
1. Bomben über Deutschland   301
2. Churchills Südstrategie scheitert   307
3. Einflusssphären: Würfeln in Moskau   309
4. Morgenthau   316
5. Churchill und der deutsche Widerstand gegen Hitler   317

KAPITEL XVI
Friedlose Welt 321
1. Jalta: Ein Kampf um Polen   321
2. «Operation Unthinkable»   326
3. Potsdam: Die Vertreibung der Deutschen   331
4. Die Vertreibung Churchills aus dem Amt   334
5. Höhenflug: Geschichte machen durch Memoiren   339

KAPITEL XVII
Ratlos und rastlos für den Frieden 343
1. Der Eiserne Vorhang   343
2. Winston Churchill – Vater der europäischen Einigung?   346
3. 10 Downing Street: Die zweite Amtszeit   351

4. Adenauer misstraut Churchill   354
5. End of Empire   358
6. Abschied mit Hindernissen   361

KAPITEL XVIII
Verlöschen   367

Epilog   379

Anhang   385
Dank   385
Literatur   386
Bildnachweis   394
Personenregister   394

Apropos Churchill

Über Winston Spencer Churchill zu schreiben, gleicht einem Wagnis. Der Mann, der in einer Umfrage der BBC vor zwölf Jahren zur «größten Figur der britischen Geschichte» gekürt wurde, entzieht sich jeder Eindeutigkeit. Ihn einzig unter dem Blickwinkel der Jahre 1940/41 zu beschreiben, wäre zu wenig. Zwar wuchs er in seiner Rolle als Widersacher Nazi-Deutschlands zu jener historischen Größe heran, welche die Briten meinten, als sie ihn in der genannten Umfrage krönten; auch dem vorliegenden Buch schenkt das Jahr 1940 den Untertitel «Der späte Held». Aber damit ist noch lange nicht alles über dieses Leben als Ganzes gesagt. Zwischen jenem Churchill, der 1940 als Premierminister im reifen Alter Weltgeschichte schrieb, und dem Churchill der frühen Jahre klafft im Bewusstsein der Öffentlichkeit eine große Lücke. Dabei wurde Churchill bereits im Jahr 1900, noch zu Lebzeiten Königin Victorias, dank seiner Furchtlosigkeit im militärischen Einsatz als «Held des Empire» gefeiert, und dieser Fama verdankte er seinen Einzug ins Unterhaus und damit den Sprung in die Politik. Seine Laufbahn begann im Glorienschein des Kriegers und Abenteurers. Auch als aufstrebender Politiker setzte er alles auf die Risikokarte. Doch solche Aura ist nichts für den Alltag, sie nutzte sich ab, als Enttäuschungen und Niederlagen sich an Churchills Fersen hefteten. Bis in das lange Jahrzehnt ohne Amt, bis in die 30er-Jahre, wartete er auf einen Tag der Rückkehr, der ohne Hitler wohl niemals gekommen wäre. Finanziell über Wasser hielten ihn einzig seine Bücher, durchgehend Bestseller, sowie seine journalistischen Arbeiten. Aus diesen Einkünften, nicht aus der Politik bestritt er seine aufwendige, für einen Aristokraten standesgemäße Lebensweise.

Über Winston Churchill zu schreiben, gleicht einem Wagnis, nicht nur aus Gründen der biographischen Bandbreite des im Alter von 90 Jahren Gestorbenen. Sein Todestag jährt sich im Januar 2015 zum 50. Mal. Auch die Literatur über ihn hat fast unübersehbare Ausmaße erreicht. Das beginnt mit der beeindruckenden Lebensleistung des Historikers Martin Gilbert, der nach dem frühen Tod von Churchills Sohn Randolph im Jahre 1968 die von diesem gerade begonnene Standardbiographie fortsetzte und sie mit acht Bänden abschloss. Doch nicht genug damit: Diese umfangreiche Lebensbeschreibung wird begleitet von bisher 16 Dokumentarbänden, die inzwischen die Mitte des Zweiten Weltkrieges erreicht haben und denen nach Auskunft des Churchill-Archivs in Cambridge durchaus noch weitere sechs Bände folgen dürften, ehe der Churchill-Kosmos nach Länge und Breite erfasst ist.

Diesem biographischen Schatz verdankt die vorliegende Biographie einen Großteil ihrer Quellen. Wo nicht eigens angemerkt, gehen die laufenden Zitate auf diese Sammlung und ihre Spuren in den Werken früherer Churchill-Biographen zurück. Wo andere Bücher und Urteile unmittelbar herangezogen wurden, sind diese an der entsprechenden Stelle der Erzählung erwähnt. Dabei ist es nicht leicht, mit den Neuerscheinungen Schritt zu halten: Jahr für Jahr kommen weitere Titel hinzu, die sich dem Lebenswerk Churchills in seinen vielen Aspekten widmen. Als Virginia Cowles, die berühmte amerikanische Reporterin, 1950 bei einer Begegnung mit Churchill diesem verriet, sie gehe mit dem Plan um, seine Biographie zu schreiben, brummte er «gutmütig», wie sie im Nachwort zu «Winston Churchill. Der Mann und seine Zeit» mitteilt: «*Dieses* Feld ist schon ziemlich durchgeackert.» Ihr Kommentar: «Er zog dabei die ungewöhnliche Fruchtbarkeit des Bodens nicht in Betracht.» Dem verdankt auch das vorliegende Buch seine Inspiration.

Sebastian Haffner, der zwei Jahre nach Churchills Tod 1967 als erster deutscher Autor eine Churchill-Monographie vorlegte, musste noch ganz ohne den Reichtum der inzwischen verfügbaren Quellen auskommen. Er rettete sich dementsprechend vor dem Anspruch einer klassischen Biographie in einen biographischen Essay, dessen literarische Qualität zeitlos ist. Aber ein heutiger Biograph kann nicht mehr so verfahren. Zu viel Material liegt inzwischen vor, das sich nicht ignorieren lässt und das unserem Verständnis von Churchill unverzichtbare Charakterzüge hinzufügt. Dazu gehören die medizinischen Erkenntnisse über Churchills Veranlagung zur Depression, ein Erbteil der Marlboroughs, seiner väterlichen aristokratischen Linie. Oder die vielen Tagebücher und Briefwechsel, darunter die vollständige Korrespondenz zwischen Churchill und Präsident Roosevelt oder die wichtigen «Downing Street Diaries 1939–1955», die Churchills Privatsekretär Sir John Colville hinterließ. Auch der Briefwechsel der Eheleute Winston und Clementine, die deren 2014 verstorbene jüngste Tochter Mary – Lady Soames – edierte, erweitert den Blick. Aber gerade angesichts dieser Fülle des Materials gilt Voltaires Warnung: «Le secret d'ennuyer est celui de tout dire» – das Geheimnis der Langeweile ist, alles sagen zu wollen. Auf die Auswahl, auf den Mut zum Weglassen kommt es an.

Das vorliegende Buch versteht sich als Spurensuche in einem Leben voller Gegensätze. Die politischen Etappen von Churchills Leben geben den Rahmen ab – doch der Figur dahinter gilt das Hauptaugenmerk, ob in den frühen, vielfach unbekannten Lebenskapiteln oder in den Jahren der Reife. Der Leser soll nachempfinden können, warum die Zeitgenossen vor Churchill oft wie vor einem Rätsel standen, fasziniert von seinem Charisma und verwirrt von seinen Widersprüchen. Dieses Buch begreift daher das Politische und das Psychologische als gleichrangige Aspekte, im Wechselspiel der Herausbildung einer einzigartigen Persönlichkeit, die vom Willen zur «self-expression» geprägt war – der Neigung, dem eigenen Ich den größtmöglichen Spielraum zu gewähren, wie Churchill selbst bekannte. Dass man diese Neigung Egomanie nannte, störte ihn nicht. Ein «Renaissance-Mensch», so hat man ihn aufgrund der Fülle seiner Begabungen bezeichnet. Aus welchen Ressourcen schöpfte er immer wieder seine Kraft zum Aufstieg nach Niederlagen und Scherbengerichten? «Der späte Held» – das sagt sich so leicht. Aber wie erklärt sich dieser Durchbruch im Herbst eines langen Lebens? Wie blieb sich der Typus Churchill in allen Verkleidungen treu?

Diese Biographie wird nicht die letzte Antwort auf solche Fragen sein. Doch immerhin eine Antwort – so steht zu hoffen –, die uns die singuläre Gestalt Winston Churchills vertrauter machen könnte als bisher.

KAPITEL I

Auf Messers Schneide: Mai 1940

Du mußt steigen oder sinken,
Du mußt herrschen und gewinnen
Oder dienen und verlieren,
Leiden oder triumphieren,
Amboß oder Hammer sein.

(J. W. von Goethe, «Kophtisches Lied»)

Um 7.30 Uhr am 15. Mai 1940 klingelt im Schlafzimmer des britischen Premierministers Winston Churchill das Telefon, ungewöhnlich früh für einen Mann, der bis in die Nacht hinein zu arbeiten pflegt und gerne spät aufsteht. Es ist der französische Ministerpräsident Paul Reynaud, der ihn aus der Morgenruhe scheucht, mit einem SOS: «Wir haben die Schlacht verloren, unsere Armee löst sich auf (...), die Schlacht ist verloren.» Der Franzose steht noch unter Schock, er wiederholt sich, spricht wie gestammelt, denn kurz zuvor hat ihm Außenminister Daladier mitgeteilt, was dieser von der Generalität erfuhr: Es ist aus, vorbei, gegen die nach Frankreich hereinströmenden feindlichen Heere gibt es keinen Widerstand mehr.

Nun, die Franzosen mochten sich geschlagen geben – ein Churchill nicht. «Es ist einfach lachhaft zu glauben, Frankreich könne von 120 deutschen Panzern erobert werden», grollt er durch den Rauch seiner Zigarre, die nicht fehlen darf, wenn er nach dem Frühstück im Bett seine Berater ins Schlafzimmer bittet und hoch gegen sein Kissen aufgerichtet die Geschäfte dirigiert. Der deutsche Angriff war am 10. Mai, dem Tag von Churchills Amtsübernahme als Premierminister, losgebrochen, ein ominöses Zusammentreffen – der «Blitzkrieg», wie man diese Phase des Krieges im Westen bald nennen würde, rollte an. Offenbar war Churchill über die prekäre Lage der Truppen des mit England verbündeten Frankreich nicht eingeweiht und auch nicht über den Niedergang der französischen Kampfmoral. Das sollte er in seiner Geschichte des Zweiten Weltkrieges, deren sechs Bände 1948 zu erscheinen begannen, anprangern: «Warum war die Regierung Seiner Majestät nicht ins Bild gesetzt, warum nicht genauer informiert worden!?»

Zu Frankreich unterhielt Churchill schon immer ein romantisch-sentimentales Verhältnis. «Die französische Infanterie wird die Rechte und Freiheiten Europas treu bewachen», hatte er 1907 geschwärmt, nach einem ersten Besuch bei französischen Manövern. London und Paris waren seit 1904 durch eine Entente Cordiale verbunden, in Frankreich sah Churchill, neben England, ein Urmeter der Zivilisation aufbewahrt. Noch im September 1938 lesen wir in einem seiner Artikel für den «Daily Telegraph», nach dem Besuch des britischen Königspaares in Paris: «Ist es nicht wunderbar, die Ruhe eines Volkes zu beobachten, wo die Nation die Armee ist und die Menschen ihre Regierung in Besitz haben (...) Kein Sprengstoff ist so stark wie die Seele eines freien Volkes.» Das klingt wie die Projektion des eigenen Nationalcharakters auf eine befreundete, bewunderte Nation. Nur ungern wollte sich Churchill im Mai 1940 bequemen, den Zusammenbruch der französischen Kampfbereitschaft zur Kenntnis zu nehmen.

Stattdessen beschloss er, sich trotz der deprimierenden Nachrichten aus Paris dem drohenden französischen Kollaps entgegenzustemmen. Fünf Mal wird er zwischen dem 16. Mai und dem 13. Juni 1940 in dieser Mission nach Frankreich fliegen. Schon bei seinem Besuch im Quay d'Orsay, dem französischen Außenministerium, fällt ihm die «absolute Niedergeschlagenheit in jedem Gesicht» auf. Am

11. Juni empfängt ihn auf einem Flugfeld südlich von Paris ein französischer Militär mit finsterer Miene. «Ich trug die lächelnde Sicherheit und den zuversichtlichen Ausdruck zur Schau, die als angemessen gelten, wenn die Dinge sehr schlecht stehen», erinnert sich Churchill später, nicht ohne Ironie. Aber die Begrüßungsordonnanz hat dafür keine Antenne – oder durchschaut der Mann die freundliche Maske des Briten? Beim letzten Mal, zwei Tage später, landet der Premier in Tours, wohin die französische Regierung vor der deutschen Wehrmacht zurückgewichen ist – einen Tag danach, am 14. Juni 1940, wird Paris besetzt.

Bei allem Ringen um den Willen Frankreichs, weiterzukämpfen, muss sich Churchill auf die Zeit einstellen, wenn «eine gewisse Eventualität», wie der britische Generalstab den möglichen Zusammenbruch Frankreichs umschreibt, eintreten würde. Was dann? Was dann mit England, das einem von Nazi-Deutschland eroberten Europa vorgelagert wäre? Ein Szenario, das nicht nur nach Vorausschau, sondern vor allem nach Voraushandeln ruft, nach Verankerung des Schicksals der Insel an einem Ort möglicher Hilfe. Und der lag in Amerika, Churchills zweiter Heimat – seine Mutter, Jennie, eine geborene Jerome, war Amerikanerin. Seit Beginn des Krieges im September 1939 standen der Präsident der USA, Franklin Delano Roosevelt («FDR»), und Churchill, der neue Marineminister in der Regierung Neville Chamberlains, in Briefkontakt, von FDR am 11. September («My dear Churchill») initiiert – der Präsident war selbst einst Staatssekretär im amerikanischen Marineministerium gewesen, das verband. Aus diesen tastenden Kontakten erwuchs im Laufe der Kriegsjahre eine gewaltige Korrespondenz von über 1700 Briefen, Telegrammen und anderen Botschaften – 700 von Roosevelts, über 1000 von Churchills Seite. Das Barometer einer einzigartigen Partnerschaft, durchmischt mit immer stärker hervortretenden Anzeichen einer politischen Konkurrenz, wie wir noch sehen werden.

Der eher lockere Austausch aus der Anfangsphase des Krieges ändert sich mit Churchills Ankunft in der Downing Street, die französische Kalamität bringt Dringlichkeit in die Korrespondenz. Dem Amerikaner soll reiner Wein eingeschenkt werden über die Lage –

eine Aufforderung an den Partner, die isolationistische Stimmung in den USA zu überwinden, ziehe doch auch für Amerika und seine Weltgeltung große Gefahr herauf. Es geht Churchill um nichts Geringeres als darum, in Amerika einen neuen Verbündeten zu finden und diesen für die schweren Tage zu verpflichten, die er auf sich und England zukommen sieht. Unter dem Eindruck des Telefonats mit Reynaud schreibt Churchill noch am gleichen Abend an Roosevelt:

«Wie Sie zweifellos bemerkt haben, hat sich die Szene rasch verdüstert. (...) Wir müssen damit rechnen, dass Mussolini eilen wird, sich an der Plünderung der Zivilisation zu beteiligen. [Italien trat am 10. Juni an der Seite Nazi-Deutschlands in den Krieg ein.] Wir selbst rechnen damit, in naher Zukunft aus der Luft und mit Fallschirmtruppen angegriffen zu werden; darauf bereiten wir uns vor. Wenn nötig, werden wir den Krieg allein fortsetzen, das schreckt uns nicht. Aber Sie, Herr Präsident, sind sich gewiss darüber im Klaren, dass Stimme und Kraft der Vereinigten Staaten vielleicht nichts mehr zählen, wenn beide allzu lange zurückgehalten werden. Vielleicht sehen Sie sich schon morgen einem völlig unterworfenen, nazifizierten Europa gegenüber. (...) Alles, worum ich Sie bitte, ist daher, dass Sie sich offiziell als nicht kriegführend erklären, was bedeuten würde, dass Sie uns mit allem helfen könnten, bis auf den tatsächlichen Eintritt in den Krieg.» Unter dem Kriegsmaterial, um das Churchill bittet, sind auch «vierzig oder fünfzig Ihrer älteren Zerstörer».

Ein Verbündeter ist dabei, verloren zu gehen – ein anderer soll den frei werdenden Platz einnehmen, um England vor dem Untergang zu bewahren. Auch der britische Generalstab hatte in einer geheimen Studie festgehalten, die Insel könne den Kampf zwar ohne Frankreich fortsetzen, aber nicht ohne die Vereinigten Staaten. Die Stabschefs nahmen aber an, dass die USA bereitwillig «volle wirtschaftliche und finanzielle Unterstützung gewähren würden, ohne welche wir den Krieg nicht mit Aussicht auf Erfolg glauben führen zu können». Konnten sie so sicher sein?

Roosevelt hatte – was Churchill nicht wusste – von verschiedenen Beratern längst erfahren, was in Europa auf dem Spiel stand. Einer davon, ein anti-britischer Einflüsterer, war der damalige US-

Botschafter in London, Joseph P. Kennedy, der Vater des späteren Präsidenten. «Ein neureicher Millionär mit vulgären Zügen in Charakter und Denken», wie John Lukacs ihn in seiner bedeutenden Studie «Fünf Tage in London» nennt, hatte Kennedy im März 1940 seinem Amtskollegen William C. Bullitt Jr. in Paris anvertraut, seiner Meinung nach werde Deutschland den Krieg gewinnen und Großbritannien «zur Hölle gehen». Die Aussicht schreckte ihn nicht, hielt der Nazi-Freund doch Churchills scharfe Ablehnung des Hitler-Regimes für einen schweren Fehler – der Hauptgegner sei und bleibe der Kommunismus. Kennedy agierte als gläubiger Defätist, was selbst ehemalige britische Befürworter der Appeasement-Politik gegenüber Hitler als unerträglich empfanden. Er sah überall auf der Insel nur Verzagtheit, eine Einschätzung, die 1940 der Wahrheit nicht einmal gänzlich widersprach. Am Sonntag, den 19. Mai, hörte Churchills Gattin Clementine von dem Geistlichen in der Kirche St Martin-in-the-Fields am Trafalgar Square «eine derart pazifistische Rede (…), dass sie aufgestanden sei und die Kirche verlassen habe», wie John Colville, Churchills stellvertretender Privatsekretär, in seinem Tagebuch notierte. «‹Du hättest laut Schande rufen sollen›, bemerkte Winston, ‹das Haus Gottes mit Lügen zu entweihen.›» Colville, ursprünglich in seiner Einstellung zu Churchill eher kritisch, kommentierte: «Es ist erfrischend, für einen Mann zu arbeiten, der sich auch von der größten Gefahr, die sein Land bedroht, nicht unterkriegen lässt.»

Die Überzeugung, dass England auf verlorenem Posten stehe, bewog Kennedy zu versuchen, Roosevelt von der Nähe zu London abzudrängen und der anti-britischen Neigung unter den amerikanischen Isolationisten weiter Nahrung zu geben. Schon im November 1939 hatte er den Präsidenten gewarnt: «Wir sollten keinen Fehler begehen. In Großbritannien gibt es einen starken unterschwelligen Hang zum Frieden.» Im Dezember war er mit Roosevelt zusammengetroffen und hatte ihm berichtet, wie unbeliebt Churchill in Chamberlains Kabinett sei, «skrupellos und hinterhältig», ein Mann, der die USA am liebsten in den Krieg verwickeln würde. Auch damit hatte Kennedy nicht ganz Unrecht, obwohl seine Beschreibung von

Churchill grob übertrieben war. Im Übrigen pflege der neue Marineminister, so giftete der Botschafter, besondere Kontakte «zu gewissen einflussreichen jüdischen Persönlichkeiten». Als im Februar 1940 der britische Geheimdienst ein Telegramm Kennedys aus Washington an seine Mission in London abfing, worin der Botschafter um «pazifistische Literatur aus England» bat, verfasste der damalige Staatssekretär im Foreign Office, Robert Vansittart, eine empörte Aktennotiz: «Mr. Kennedy ist ein unerträglicher Lügner und Defätist.» Auch für Roosevelt wurde dieser Nazi-Freund und Churchill-Verächter mehr und mehr zu einer Hypothek – im November 1940, nach nur zwei Jahren, berief er ihn ab und setzte John G. Winant auf den Londoner Posten.

Roosevelts Antwort vom 16. Mai auf Churchills aufrüttelnde Botschaft vom Tag zuvor beruhigt diesen nicht, sie ist ihm zu hinhaltend, vor allem in der Frage der Zerstörer, mit denen der Präsident «zu diesem Zeitpunkt» noch nicht vor den Kongress gehen zu können glaubt. Was nützt dem Wartenden in London das «The best of luck to you» am Ende des Briefes? Seiner Enttäuschung macht er in einem frustrierten Ausbruch Luft. «Ich werde die Vereinigten Staaten hineinziehen» – «I shall drag the United States in», äußert er «mit großer Intensität» gegenüber Randolph, seinem ältesten Sohn, wie dieser später berichtet. Churchill läuft die Zeit davon, und so entschließt er sich, FDR noch einmal wachzurütteln, mit einem Schreiben, das er zunächst wegen der Dramatik des Inhalts nicht hat abschicken wollen, dann aber doch, allen Bedenken zum Trotz, am 20. Mai auf den Weg bringt:

«Wenn Mitglieder der jetzigen Regierung verschwinden und andere auftreten sollten, um unter Trümmern zu verhandeln, so dürfen Sie die Augen nicht vor der Tatsache verschließen, dass als einziger Aktivposten bei Verhandlungen mit Deutschland die Flotte übrig wäre. Wenn die Vereinigten Staaten unser Land seinem Schicksal überlassen sollten, so hätte doch kein Mensch das Recht, den dann Verantwortlichen [in Großbritannien] einen Vorwurf daraus zu machen, wenn sie versuchen würden, für die überlebenden Bewohner die bestmöglichen Bedingungen herauszuschlagen. Verzeihen Sie,

Herr Präsident, dass ich diesen Albtraum so rückhaltlos ausmale. Ich kann selbstverständlich nicht für meine Nachfolger bürgen, die sich vielleicht in äußerster Verzweiflung und Hilflosigkeit dem deutschen Willen fügen müssten.» Der Hinweis auf die britische Flotte war geschickt – es war eine für Amerika und seine Sicherheit entscheidende Frage, in welche Hände die Royal Navy im Falle einer englischen Niederlage übergehen würde.

Ende Mai 1940 spitzt sich die Lage für Churchill, den Kriegsherrn, weiter zu. Jetzt hätte auch Roosevelt, der ohnehin bis zum 11. Juni schweigen wird, nicht mehr helfen können. Eine Schicksalsstunde, in der sich die Frage, ob man mit den Deutschen verhandeln soll, mehr als je aufdrängt. Nicht nur ist Frankreich dabei, aus der Allianz auszuscheren, auch das britische Expeditionsheer, fast eine viertel Million Mann stark, gerät mehr und mehr in die Zone der Ausweglosigkeit. Unter den Kanalhäfen ist Boulogne bereits gefallen, Calais wird belagert und am 24. Mai geräumt, es bleibt Dünkirchen – und nur 24 Kilometer davon entfernt stehen die Spitzen der Heeresgruppe A unter dem Oberbefehl Generals von Rundstedt. Da ordnet Hitler am 24. Mai das berühmte Halt des weiteren Vormarsches an beziehungsweise bekräftigt das Einhalten, das Rundstedt bereits für diesen Tag befohlen hat: Die Panzerkräfte, erschöpft und dezimiert nach den Wochen des rapiden Vormarsches, sollen eine Verschnaufpause erhalten. Bis zum 26. Mai – dann will Göring den Rest der alliierten Truppen aus der Luft schachmatt bombardieren.

Dieser Halt-Befehl Hitlers bereitete das «Wunder von Dünkirchen» vor, die Evakuierung von 224 301 britischen und 111 172 französischen Soldaten von den Stränden Nordfrankreichs bis zum 4. Juni. Doch Ian Kershaw zählt in seinem einschlägigen Buch «Wendepunkte. Schlüsselentscheidungen im Zweiten Weltkrieg» nicht Dünkirchen zu diesen Wendepunkten. Wie Lukacs und viele andere Historiker schaut er vielmehr auf den Churchill jener Tage und dessen dramatischen Kampf um Konsens im eigenen Kabinett, allen Vorschlägen zu widerstehen, mit Hitler einen Verhandlungsfrieden auszuloten. Dieser Kampf war der Wendepunkt und sollte mit kriegsentscheidend werden.

Entscheidend wurde er aber auch für Churchills Bild in der Geschichte. Der Mann, den man vor 1939 gerne als einen Egomanen und Karrieristen einstufte, einen Hasardeur geradezu, unleugbar brillant, aber höchst unzuverlässig, gescheitert an sich selbst, mit einer Liebe zu überzogener Rhetorik und einer überholten Vorstellung von Englands Größe – dieser Mann fand sich plötzlich auf den Sockel des Erretters gehoben. Ein Außenseiter, unbeirrt wider den Strom schwimmend – das werden nun die Attribute, mit denen er den Widerstandsgeist der Nation wachzurufen versteht. Das engere Kriegskabinett, mit ihm zusammen gerade einmal fünf Köpfe, wird zum ersten Testfall für diese Überredungskunst, die auch eine Form von Überwältigung ist durch die unwiderstehliche Vitalität der Persönlichkeit, die dahinter steht.

Aber zunächst agiert Churchill vorsichtig. Mit dem todkranken Neville Chamberlain als seinem Stellvertreter und Viscount Halifax als Außenminister hat er taktisch klug zwei Galionsfiguren der Appeasement-Ära in sein Kriegskabinett gezogen, die beide weiterhin auf großen Rückhalt unter den konservativen Unterhausabgeordneten rechnen dürfen, den er, der Premier, zu diesem Zeitpunkt noch nicht hat; zu tief sitzt in der Partei das Misstrauen gegen den «Abenteurer», den man nach Chamberlains Erklärung seiner Rücktrittsbereitschaft am 9. Mai eigentlich nicht als Premierminister haben wollte. Halifax sollte es sein, «the Holy Fox», wie man ihn gerne nennt, wegen einer gewissen Frömmelei und seiner Liebe zur Fuchsjagd. Eher noch als die Konservativen stehen die Labour-Männer im Kriegskabinett, Clement Attlee und Arthur Greenwood, auf Churchills Seite, wie auch der Führer der Liberalen, Sir Archibald Sinclair, den der Regierungschef gelegentlich in die sich aufheizenden Diskussionen einbezieht.

Ein sprechendes Bild der Vorbehalte im Regierungsviertel gegenüber dem neuen Mann in der Downing Street vermittelt uns John Colville in einem Tagebucheintrag vom 10. Mai, dem Tag von Churchills Ernennung zum Premier. «Er mag zwar zugegebenermaßen der Mann mit Energie und Tatkraft sein», schreibt Colville, den Churchill als beamteten Privatsekretär von Chamberlain übernommen hat, «und er mag auch in der Lage sein, unsere ächzende Kriegsmaschinerie wieder in Schwung zu bringen, aber ein gefährliches Risiko bleibt er doch. (...) Jedermann ist verzweifelt über die Aussichten, die sich eröffnen.» 19.15 Uhr am selben Tag: «Rab [Butler] im Außenministerium meinte, die gute alte Tradition in der englischen Politik (...) sei zugunsten des größten politischen Abenteurers der Neuzeit aufgegeben worden.» Man habe sich «feige einem amerikanischen Mischling übergeben, dessen Hauptanhänger ebenso untauglich und schwatzhaft seien wie er selbst.» Lord Halifax sekundierte, wie sein Biograph Andrew Roberts («The Holy Fox», 1991) berichtet: «Bald werden die Gangster alles unter Kontrolle haben.» Starker Tobak. Von Colville und seinem Tagebuch wird in unserer Erzählung noch oft die Rede sein.

Vermehrt um das Chaos, das bald an den Kanalhäfen ausbricht, wachsen die Zweifel an Churchills Führungskraft. Jedenfalls gelangt Halifax zu der Erkenntnis, dass es an der Zeit sei, zur Rettung Englands Erkundigungen über Hitlers Friedensbereitschaft einzuziehen. Hatte der Diktator nicht bereits am 6. Oktober 1939 im Reichstag verkündet, er habe sich immer «für eine deutsch-englische Verständigung» eingesetzt? Was, wenn die zu annehmbaren Bedingungen zu haben wäre? Das hätte auch den Franzosen geholfen, die längst in Verhandlungen mit Berlin die letzte Rettung aus ihrer ausweglosen Lage sahen. Ministerpräsident Reynaud drängte in diese Richtung, aber die Übereinkunft im britisch-französischen Kriegsrat vom März 1940 untersagte jedem der beiden Verbündeten, ohne Einwilligung des anderen Kontakte in der Frage eines möglichen Waffenstillstands aufzunehmen.

An Churchill ging also kein Weg vorbei, ihm wollte Halifax die Augen für eine andere Sicht als das absolute Nein öffnen. Der Außenminister vertrat das klassische Prinzip der britischen Diplomatie, «reasonable» zu sein, vernünftig. Und Erkundigungen über Hitlers Einstellungen einzuholen, entspreche doch genau diesem Postulat der Vernunft. Was aber vernünftig ist, soll man nicht unversucht lassen, das wäre töricht, so sagte er sich, treu der britischen Tradition von Common Sense und Pragmatismus. Halifax war kein Opportunist, kein Appeaser im Sinne einer Kapitulation, er wollte Churchill in Englands äußerst prekärer Lage einfach zügeln in dessen Haltung des Feuer speienden Hitler-Gegners. Anders als Churchill hatte er auch nie sehr viel von der französischen Armee gehalten. Seinem Tagebuch – wer schrieb in diesen Jahren nicht alles Tagebuch! – vertraute er an: «Wir mussten der Tatsache ins Auge sehen, dass nicht mehr die Niederringung Deutschlands zur Debatte stand, sondern die Absicherung unserer Unabhängigkeit (...). Wir sollten selbstverständlich bereit sein, alle Vorschläge zu prüfen, die diesem Ziel dienen.»

Am Morgen des 25. Mai traf sich Lord Halifax mit dem italienischen Botschafter in London, Giuseppe Bastianini, um gemeinsam mit ihm die Möglichkeit einer Vermittlung durch Mussolini auszuloten. Der «Duce» hatte schließlich bereits früher, im September 1938 in München, beim Zustandekommen eines Abkommens zwischen Paris, London und Berlin Pate gestanden. Das hatte zwar in einer schrecklichen Desillusionierung geendet, als Hitler am 15. März 1939 in Prag einmarschierte, unter Bruch der Vereinbarungen von München. Aber das war nicht italienische Schuld gewesen – vielleicht, so dachte Halifax, könnte man Mussolini mit der Verlockung italienischer Gewinne im Mittelmeer für eine neue Vermittlungsrolle gewinnen, diesmal für eine größere Friedensordnung, mit ihm und Hitler als den Baumeistern. Halifax und Bastianini verabredeten sich für den nächsten Tag erneut.

An diesem 26. Mai aber, einem Sonntag, sollte sich das Drama zwischen Churchill und Halifax in drei Sitzungen des Kriegsrats crescendohaft zuspitzen. Reynaud war nach London gekommen, um den dringenden französischen Wunsch nach Kontakten mit Mussolini zu bekräftigen. Halifax berichtete über seine Gespräche mit Bastianini. Beim zweiten Treffen des Kriegskabinetts, am frühen Nachmittag nach einem Essen mit Reynaud, zeigte Churchill sich zunächst von einer, wie Halifax es genannt hätte, «vernünftigen» Seite, ein kategorisches Nein zu Verhandlungen schien ihm offenbar noch nicht ratsam. Vielmehr, so belegen es die Protokolle jener Tage, sei er «dankbar für Angebote, die uns aus unseren gegenwärtigen Schwierigkeiten heraushelfen, selbst wenn es uns einige unserer Territorien kosten würde.» «Territorien»? Was für Territorien? Kolonien, nach denen es Hitler bekanntlich gelüstete? Churchill fügte allerdings seine immer wieder vorgetragene Skepsis hinzu, dass er nicht an die Möglichkeit eines solchen Handels von deutscher Seite aus glaube.

Am späten Nachmittag beraten sich Halifax und der französische Ministerpräsident, auch Reynauds Militärberater Oberst Paul de Villelume ist anwesend. Die Franzosen erfahren jetzt, wie tief gespalten das britische Kabinett in Wahrheit ist. Villelume, auch er ein eifriger Tagebuchschreiber, notiert sich anschließend: «Halifax zeigt Verständnis [für den Wunsch nach Sondierungen bei Mussolini]. Churchill, noch immer ein Gefangener seiner eigenen Prahlerei, bleibt entschieden ablehnend.» Als Churchill später zum dritten Mal an diesem Tag seine vier Kollegen zur Besprechung einbestellt, geht er in die Offensive: «Wenn sich Frankreich nicht länger verteidigen kann, wäre es besser, es würde aus dem Krieg aussteigen, als auch noch uns in ein Abkommen hineinzuziehen, das unannehmbare Bedingungen enthält. Wenn man Deutschland gewähren lässt, werden seinen Forderungen keine Grenzen gesetzt sein.» Dann kommt er zum Kern seiner Argumentation, dem Credo eines «free-born Englishman»: «Wir müssen sehr aufpassen, dass wir nicht in eine schwache Position gedrängt werden, in der wir dann zu Signore Mussolini gehen und ihn auffordern, zu Herrn Hitler zu gehen mit der Bitte, er möge nett zu uns sein. In eine derartige Position dürfen wir uns nicht bringen lassen, bevor wir überhaupt ernsthaft gekämpft haben.»

Sir Alexander Cadogan, Unterstaatsekretär im Außenministerium, den Churchill zu einem Teil der Beratungen hinzugezogen hat, vermerkt danach in seinem Tagebuch: «Nichts geklärt. Churchill viel zu weitschweifig, romantisch, sentimental und erregbar. Old Neville [Chamberlain] noch immer der Beste.» Am folgenden Montag, dem 27. Mai, ist «die Stimmung im Kabinett so düster wie immer – nirgendwo Licht zu sehen», wie sich der Beamte notiert. Churchill versucht, seinen Standpunkt zu verdeutlichen: «Die einzige Möglichkeit, [unser geringes Ansehen in Europa] zurückzugewinnen, ist, der Welt zu zeigen, dass Deutschland uns nicht geschlagen hat. Doch selbst wenn wir geschlagen würden, stünden wir nicht schlechter da als bei einem Aufgeben zum jetzigen Zeitpunkt.» Zum letzten Mal macht er einen erstaunlichen Vorschlag zur Güte an die Adresse des Holy Fox: «Sollte Herr Hitler bereit sein, ein Friedensangebot zu machen, das die Rückgabe der deutschen Kolonien und seine Oberherrschaft über Mitteleuropa vorsieht», so sei das erwägenswert. Aber – Churchills altes Argument – es sei höchst unwahrscheinlich, dass Hitler ein solches Angebot jemals unterbreiten würde. Überhaupt, so trumpft er zurück: Könnte man den Worten eines Wortbrüchigen wie Hitler jemals wieder Glauben schenken?

Abgesehen von diesem Gedankenspiel bewegt sich nichts, keine Ermutigung kommt aus der Downing Street zur Aufnahme von Gesprächen mit Rom. In Dünkirchen sind bis zu diesem Zeitpunkt kaum mehr als 5000 Soldaten evakuiert, die «Operation Dynamo» läuft erst an, aber Churchill redet von kämpfen, kämpfen, kämpfen. Nur: wo sind die Kämpfer? Und bis zu welchem Ende soll gekämpft werden? Seine Entschlossenheit hatte er bereits in der Rundfunkansprache vom 19. Mai unmissverständlich bekannt gegeben, am Dreifaltigkeitssonntag, wie er, der zu verfasster Religion eigentlich keine Beziehung hatte, die Zuhörer erinnerte. Er schloss mit einem Zitat aus dem 2. Buch Makkabäer: «Be ye men of valour» – «bewaffnet euch, seid Männer der Tapferkeit und bereit für den Konflikt. Denn es ist besser, wir kommen im Kampf um, als dass wir Zeuge werden der Entehrung unserer Nation und unseres Altars. Wie der Wille des Herrn im Himmel, so möge es geschehen.»

Zu solcher Unbeugsamkeit schärft Churchill seine Sprache in den Beratungen Ende Mai immer weiter an. Das geht niemandem mehr auf die Nerven als dem Mann alter Schule, Außenminister Halifax. «Ich kann mit Winston nicht mehr zusammenarbeiten», klagt er seinem Freund Cadogan und spielt mit dem Gedanken eines Rücktritts. In seinem Tagebuch vermerkt er am Abend des 27. Mai: «Winston redet den unglaublichsten Mist. Greenwood war nicht besser. Nachdem ich mir das eine Zeitlang angehört hatte, sagte ich rundheraus, was ich von ihnen hielt. Und ich fügte hinzu, dass sich unsere Wege trennen müssten, wenn sie ihre Meinung tatsächlich mit aller

Macht durchzusetzen versuchten (...) Ich bin entsetzt, wenn ich sehe, wie sehr Churchill sich in leidenschaftliche Gefühlszustände hineinsteigern kann, wenn er eigentlich einen klaren Kopf bräuchte und seinen Verstand benutzen sollte.» Dabei hatte Churchills Verstand das allen zivilisatorischen Normen Hohn sprechende Phänomen Hitler weit besser als seine Zeitgenossen begriffen.

Um 22 Uhr an diesem Montag ruft Churchill das engere Kriegskabinett der Fünf noch einmal zusammen. Seine Stimmung hebt sich merkwürdigerweise, obwohl er nach zweitägigen erschöpfenden Debatten seinen Willen noch immer nicht hat durchsetzen können. Um Mitternacht zieht er sich zurück und lässt sich einen «sehr leichten» Whisky-Soda kommen. Die Trinkgewohnheiten Churchills machten schon damals die Runde, aber die Fama übertrieb. «Der Alkohol hat weniger aus mir genommen als ich aus ihm», pflegte er zu kommentieren, völlig zutreffend.

Am Dienstag, den 28. Mai, geht er, was er nicht oft tat, in die Westminster Abbey. Es wird ein kleiner Bittgottesdienst abgehalten; in seinen Kriegsmemoiren wird er dazu schreiben: «Den Engländern widerstrebt es, ihre Gefühle zur Schau zu tragen, aber in meinem Sitz im Chor konnte ich die verhaltene, leidenschaftliche Bewegung der Gemeinde spüren und auch ihre Angst – nicht vor Tod und Wunden und materiellen Einbußen, sondern vor der Niederlage und dem Zusammenbruch Englands.» Bei Churchills Erinnerungen weiß man manchmal nicht, was genau beobachtet war und was sein Gefühl in eine Situation hineingelesen hat. Jedenfalls muss das beschriebene Empfinden in der Abbey, auch wenn es nur ein höchst subjektives war, ihn in seiner Überzeugung gestärkt haben, dass er für England sprach, wenn er die Ehre des Landes bis zum letzten Blutstropfen zu verteidigen bereit war und Friedensverhandlungen mit dem deutschen Diktator kategorisch ausschloss. In der zitierten Rundfunkansprache vom 19. Mai, dem Dreifaltigkeitssonntag, hatte er auch vom «Kampf für Leben und Ehre, für das Recht und die Freiheit, dem wir uns geweiht haben», gesprochen. Das war *seine* Predigt an jenem Sonntag, an dem Clementine dem pazifistischen Sermon des Geistlichen in der Kirche St Martin-in-the-Fields entflohen war.

Wir nähern uns dem High Noon des 28. Mai. Churchill trifft sich am späten Nachmittag mit dem Kriegskabinett zum ersten Mal seit einer Woche nicht in der Downing Street, sondern in seinen Diensträumen im Unterhaus. Ein bezeichnender Ortswechsel, wie sich zeigen wird. Neville Chamberlain, lange Zeit über unbeweglich auf der Seite des Holy Fox, steht inzwischen auf halber Strecke zwischen den Argumentationspolen von Churchill und Halifax, wenn er konstatiert, «dass wir einerseits bis zum Ende kämpfen werden, um unsere nationale Unabhängigkeit zu verteidigen», andererseits aber bereit seien, «vernünftige Bedingungen zu erwägen, sofern man sie uns anbietet». Doch endet er mit dem gleichen Zweifel, den auch Churchill immer anbringt: «dass bei einer realistischen Einschätzung der Lage vernünftige Bedingungen wohl nicht zu erwarten wären.» Hatte die Krebserkrankung bereits Chamberlains Kräfte geschwächt?, fragt John Lukacs – Chamberlain erlag seinem Leiden noch im November 1940. Oder wollte er Churchills Großmut anerkennen, dass dieser ihn trotz des Zerwürfnisses über «München» in sein Kriegskabinett aufgenommen hatte? Der Premierminister trägt in dieser Sitzung ein aufrüttelndes, später oft zitiertes Wort vor: «Völker, die im Kampf untergegangen sind, sind auch wieder zu voller Stärke aufgestanden; aber die, die sich mutlos ergeben haben, waren am Ende.» Die beiden Labour-Minister, Attlee und Greenwood, unterstützen ihn mit Wortmeldungen, die Eindruck machen. Beide äußern sich besorgt um die Moral in der Bevölkerung, besonders unter der Arbeiterklasse, die geschlossen hinter der Abwehr der nationalsozialistischen Bedrohung stand. Die bloße Nachricht von Verhandlungen, so Attlee, könnte zu einer Katastrophe führen.

Was dann folgte, entschied diese Schlacht um die künftige Kriegführung, im Grunde eine Schlacht um die Seele Englands. Um 18 Uhr war das Kabinett mit dem Entschluss auseinandergegangen, sich in einer Stunde erneut zu treffen. Da ergriff Churchill eine ungewöhnliche Initiative, wobei ihm der Umstand zugutekam, dass man sich diesmal im Parlamentsgebäude befand: Er bat die anderen Minister im Kabinettsrang, die Leiter der einzelnen Ressorts, zu sich, circa 25 an der Zahl, schilderte ungeschminkt die Lage in Dünkirchen, und dass die Italiener und die Deutschen ein Angebot unterbreiten könnten, das aber abgelehnt werden müsse. Dann unterwarf er die Zuhörer der magischen Wirkung seiner Sprache: «Ich habe in den vergangenen Tagen ausführlich darüber nachgedacht, ob es meine Pflicht ist, mit diesem Mann [Hitler] in Verhandlungen zu treten. Aber es wäre dumm zu glauben, dass, wenn wir jetzt Frieden schließen, die Bedingungen besser wären als im Falle eines Kampfes bis zum Ende. Die Deutschen würden unsere Flotte verlangen – und es ‹Abrüstung› nennen –, unsere Marinestützpunkte und vieles mehr. Aus England würde ein Sklavenstaat werden, wenn eine britische Regierung unter Mosley [dem Anführer der «Schwarzhemden», der britischen Faschisten] oder irgendeiner ähnlichen Figur als Marionettenregierung Hitlers eingesetzt würde. Wo würde das enden?»

Churchill setzte jetzt alles auf das erweiterte Auditorium der Mit-Entscheidungsträger. Die hörten ihm gebannt zu. Seine Worte konnten ihnen nicht fremd sein. Schließlich hatte der Premier in seiner noch kurzen Amtszeit Englands Lage stets ohne Beschönigungen dargestellt, am berühmtesten in der ersten Unterhausrede am 13. Mai, drei Tage nach seiner Ernennung: «Ich möchte dem Haus dasselbe sagen, was ich den Mitgliedern dieser Regierung gesagt habe – ‹Ich habe nichts anzubieten als Blut, Mühsal, Tränen und Schweiß (blood, toil, tears and sweat).› Uns steht eine Prüfung von allerschwerster Art bevor.» Die Worte sollten bald als «Blut-Schweiß-und-Tränen-Rede» in die Geschichte eingehen, was das ursprüngliche Zitat um ein Wort – «Mühsal» – verkürzte. Ende Mai war der erste Test herangerückt, ob das Land die Last dieser «Prüfung von allerschwerster Art» mittragen würde oder ob Churchill am 13. des Monats nur leere Worte hervorgestoßen hatte, aus dem unerschöpflichen Vorrat seiner sprachlichen Bilder. Er hatte sich weit nach vorn gewagt mit dieser schonungslosen Analyse. Wie konnte er sicher sein, dass die Briten vor der grimmigen Wirklichkeit nicht kapitulieren, sondern sich hinter seiner Entschlossenheit zusammenscharen würden?

Dass England sich seiner Geschichte als würdig erweisen müsse – auf diesem Leitmotiv baute Churchill am Abend des 28. Mai 1940 vor der gesamten Ministerrunde seine Argumentation auf. Er griff damit auf einige seiner frühesten Warnungen vor Hitler-Deutschland zurück, etwa in einer BBC-Sendung vom 16. November 1934: «Ich fürchte, wenn man genau hinsieht, was da auf Großbritannien zukommt, so wird man erkennen, dass die einzige Wahl, die uns offensteht, das alte grimmige Entweder-Oder ist, vor dem schon unsere Vorväter standen, nämlich: ob wir uns unterwerfen sollen oder uns stählen, ob wir uns dem Willen einer stärkeren Nation beugen oder uns bereit machen, unsere Rechte, unsere Freiheiten, nein, unser Leben zu verteidigen.» Das hatte man damals als typischen Fall seiner übertriebenen Rhetorik abgetan. Sah Churchill nicht immer nur Krieg vor seinem inneren Auge? Aber das Land wollte 1934 und noch viele Jahre danach Frieden, wie die Ära des Appeasement zu suggerieren schien.

Nun aber herrschte Krieg, unleugbar Krieg, der Moment von Churchills früher Prophetie war also eingetreten. Ein Ernstfall, dem er und das Land sich stellen mussten. Wie konnte er da hinter eine Überzeugung zurückfallen, die er schon sechs Jahre früher, noch in Friedenszeiten, vorgetragen hatte? Im zweiten Band seiner Geschichte des Zweiten Weltkrieges schreibt er über die entscheidenden Minuten zwischen 18 und 19 Uhr am 28. Mai, er habe «gewissermaßen nebenbei» und ohne diesen Punkt besonders hervorzuheben gesagt: «Natürlich werden wir weiterkämpfen, was immer in Dünkirchen geschehen mag.» Churchill kalkulierte richtig, er setzte in diesem Augenblick eines psychologischen Rouletts auf den Schulterschluss mit den Ministern seiner Regierung – und gewann. «Kein Zweifel», so schrieb er später: «Hätte ich in dieser kritischen Stunde bei der Führung der Nation gewankt, so hätte man mich aus dem Amt gejagt. Ich wusste nun, dass jeder Minister eher gewillt war, in nächster Zeit zu sterben und Familie und Habe zu verlieren, als nachzugeben. Darin waren sie die wahren Vertreter des Unterhauses und fast des ganzen Volkes (…) Es war eine weiße Glut, die übermächtig, erhaben von einem Ende zum anderen über unsere Insel lief.»

Sagen wir es genauer: Es war *seine* weiße Glut, Churchills, die übermächtig «über unsere Insel lief», und das elektrisierte die Zuhörer an diesem Abend. Einige sprangen von ihren Stühlen auf, traten an den Premierminister heran, klopften ihm auf die Schulter, alles jubelte. Churchill musste sich bestätigt fühlen in dem, was er 1937 in einer offenherzigen Unterhaltung mit Joachim von Ribbentrop, der damals Botschafter des Deutschen Reiches in London war, diesem gleichsam ins Stammbuch geschrieben hatte: «Sie dürfen England nicht unterschätzen. Es ist ein seltsames Land, und nur wenige Fremde können seinen Charakter verstehen. (...) Wenn einmal ein großes Problem sich dem ganzen Volke stellt, dann könnte das britische Volk zu ganz unerwarteten Taten finden.»

Hugh Dalton, als Minister für ökonomische Kriegsführung bei der historischen Sitzung am 28. Mai anwesend, ließ in seinen Erinnerungen, «The Fateful Years» (1957), Churchills Rhetorik weitaus farbiger erscheinen als dieser selbst in der eben wiedergegebenen Stelle aus seinen Kriegsmemoiren. «Dass jeder Minister eher gewillt war, in nächster Zeit zu sterben und Familie und Habe zu verlieren», ist bei Churchill eine eher milde Formulierung. Bei Dalton liest sich das dramatischer, echter, als Wiedergabe der tatsächlich gefallenen Worte: «Wenn die lange Geschichte dieser Insel denn zu Ende gehen soll», erklärte Churchill laut Dalton, «so lasst sie erst enden, wenn jeder von euch in seinem Blut erstickend am Boden liegt.» Wie ähnlich die Rhetorik im Krieg doch klingen kann zwischen einer Diktatur und einer Demokratie, zwischen einem Hitler in seinem rasenden Wahn und einem Churchill, der versucht, die Widerstandskraft seines Landes wachzurufen.

Vielleicht sollten wir an dieser Stelle fragen, aus welchen Quellen der Premierminister überhaupt schöpfte. Geboren 1874, war er noch geprägt vom Zeitalter der imperialen Größe Englands, das auch ein Zeitalter hoher Literatur war, die gerne im alten Rom beispielhafte Tugenden wie Tapferkeit und Heldenmut zu entdecken glaubte. Ein Schultext bis in Churchills Jugendjahre waren die «Lays of Ancient Rome» von Thomas Babington Macaulay, altrömische Legenden in Balladenform, in denen der große Historiker die heroischen Taten der römischen Antike besang. Schon der Schüler Churchill prägte sich Hunderte von Zeilen dieser Geschichte in Versen ein. Er besaß ein phänomenales Gedächtnis, und Lyrik, die sein Inneres bestätigte, begeisterte ihn besonders. Noch bis ins hohe Alter konnte er Gedichtstellen erheblicher Länge, die er Jahrzehnte früher aufgesogen hatte, hersagen, zum Erstaunen seiner Umgebung.

Macaulays «Lays of Ancient Rome» wurden so etwas wie die Stammzellen seiner Denkweise. Das Gedicht über den römischen Offizier Horatius Cocles, der schier aussichtslos eine Tiber-Überquerung gegen die anbrandenden Kelten verteidigte, hatte es ihm besonders angetan; es erfreut sich noch heute in England bei den Kennern großer Beliebtheit. Leider hat die Geschichtsschreibung über die Tage im Mai diesem Teil der Churchill'schen Psychologie, ihrer literarischen Herkunft, keine oder nur wenig Aufmerksamkeit geschenkt. Das ist ein Versäumnis bei einem Mann, der selbst zu den herausragenden Schriftstellern seiner Zeit gehörte und neben seiner politischen Leistung auch als Autor ausgezeichnet wurde – bis hin zur Verleihung des Literaturnobelpreises im Jahre 1953, nach François Mauriac (1952) und vor Ernest Hemingway (1954). Eine Übersetzung der entscheidenden Strophe aus Macaulays Ballade «Horatius at the Bridge», die wir hier versuchen, mag den «römischen» Churchill erklären helfen:

Und tapfer spricht Horatius,
Der Captain an der Pforte:
«Der Tod holt alle, früh oder spät,
Und macht nicht viele Worte.
Was wäre besser als ein Ende
Trotzend dem furchtbaren Los,
Würdig der Asche der Väter und
Geborgen in der Götter Schoß?»

Nach der erweiterten Ministerrunde und ihrer überwältigenden Demonstration der Loyalität zu Churchill schloss das Kriegskabinett sofort die Reihen hinter dem Premier, als man um 19 Uhr erneut zusammentrat. Auch Halifax gab seinen Widerstand auf; Churchill sollte ihn Ende 1940 als Botschafter nach Washington entsenden.

Reynaud seinerseits hatte als Ultima Ratio gefordert, die USA zu bitten, zur Rettung Europas in den Krieg einzutreten, was Churchill noch am Abend des 28. Mai in einem Telegramm an ihn ablehnte: Eine solche Bitte vorzutragen, sei unwürdig, ehe England nicht seinen Willen zu kämpfen, seine Weigerung zu kapitulieren demonstriert habe. Nur das mache in Amerika Eindruck. Bitten um materielle Hilfe – ja. Aber niemals Unterwürfigkeit. Die Welt müsse erst vom britischen Widerstand überzeugt werden. Auch das war altrömisches Denken.

Was brachte den Durchbruch? Joachim Fest hat es in seiner Hitler-Biographie am bündigsten formuliert: Es gelang Churchill, «Hitler auf das Maß einer überwindbaren Macht» zu reduzieren. Er hatte einen Kreuzzug ausgerufen nicht nur im Namen Englands, sondern im Namen der Freiheit überhaupt. «Hier geht es nicht um die Frage, ob wir für Danzig oder für Polen kämpfen», hatte der Marineminister bereits am Tag der britischen Kriegserklärung an Deutschland, am 3. September 1939, im Unterhaus erklärt: «Wir kämpfen, um die Welt vor der Pestilenz der Nazi-Tyrannei zu retten, in Verteidigung von allem, was dem Menschen heilig ist.» Der Preis von Churchills Widerstand 1940 war hoch – und doch nicht zu hoch, wenn man bedenkt, was es langfristig für eine Nation bedeutet, ihren Stolz und ihren Ruf als Adresse der Freiheit bewahrt zu haben. Dabei wurden die unmittelbaren Gründe für den Kriegseintritt, die Freiheit Polens, Danzigs, der Tschechoslowakei, tragisch in ihr Gegenteil gekehrt, als diese Gebiete auf Jahrzehnte hinter dem Eisernen Vorhang verschwanden.

Wenn heute die Insel zur Verwunderung der Außenstehenden immer wieder mit einer fast lyrischen Liebe auf Englands «finest hour» zurückkommt, seine größte Stunde, wie Churchill sie im Juni 1940 nannte, dann genau aus diesem Grund: weil damals einer in ausweisloser Lage die Identität Englands in ihrem Kern getroffen hatte – dem Beharren auf Unabhängigkeit – und damit zum Anwalt der Geknechteten in ganz Europa wurde. Dabei steht außer Frage, dass die Erinnerung an 1940 im Großbritannien von heute zu falschen Schlüssen führen kann, zur Überschätzung des eigenen politischen Gewichts in der Welt, auch zur Unschlüssigkeit gegenüber dem Komplex Europa. Aber Churchills Leistung, den Charakter seines Landes richtig eingeschätzt, ihn gestärkt und bestätigt zu haben, bleibt davon unberührt. In diesem Augenblick der britischen Geschichte war er unersetzlich.

Vom Drama der Mai-Tage 1940, und wie er um den Konsens unter seinesgleichen kämpfen musste, findet sich im Übrigen in Churchills sechsbändigen Memoiren zum Zweiten Weltkrieg keine Schilderung, bis auf das Happy End, den Jubel der Zustimmung in der erweiterten Kabinettsrunde. Das Erinnerungswerk könnte glauben machen, es habe immer große Eintracht in der Frage des englischen Widerstands gegenüber Hitler geherrscht, «eine weiße Glut, übermächtig und erhaben». Weit gefehlt.

Am 20. Juni 1940 sagte der Premierminister vor dem Unterhaus, das sich in geheimer Sitzung traf: «Wenn es Hitler nicht gelingt, Britannien zu besetzen oder es zu zerstören, hat er den Krieg verloren.» Wozu Churchills Weigerung, mit ihm zu verhandeln, einen wichtigen Grundstein legte – ein «Wendepunkt» in der Geschichte des Zweiten Weltkrieges, noch ehe dieser seine schreckliche Dimension ganz entfaltet hatte. Mit England als Basis erhielten die USA später die Möglichkeit, den Sprung auf den Kontinent zu wagen, und Hitler fand sich in der aussichtslosen Zwei-Fronten-Falle wieder. Seine Triumphe 1940/41 waren Pyrrhussiege, denn den entscheidenden Durchbruch hatte Churchill ihm im Mai 1940 verwehrt.

KAPITEL II

Wie man ein Glühwurm wird

Wir haben dieses Buch mit jenem Moment in Churchills Biographie begonnen, an den man sich nicht nur in Großbritannien, sondern auch unter Deutschen noch am ehesten erinnert, während der Mann, der Churchill bis dahin geworden war, nur einem engeren Kreis von Kennern vertraut ist. Er war nicht mehr der Jüngste, als er 1940, 65 Jahre alt, dank Hitler zu einer dominanten Figur der Zeitgeschichte wurde. Aber dominant war Churchill in seiner Heimat seit langem, schillernd in seinen Stärken und Schwächen, ein mächtiger Mann der Feder und des Wortes, dabei politisch beargwöhnt, wenn nicht gemieden. Die Gezeiten der öffentlichen Meinung schmeichelten ihm keineswegs. Zu gleichen Maßen bewundert wie umstritten, hatte er zweimal die Partei gewechselt und gehörte zu keiner politischen Schule außer der einen: sich selbst, ganz im Sinne des Coriolan in Shakespeares gleichnamiger Tragödie: «Ich steh', als wär' der Mensch sein eigener Schöpfer, / Und niemand blutsverwandt.» Literarisch dagegen war Churchill bis 1939 Schöpfer eines bedeutsamen Œuvres geworden, das Einkommen zur Finanzierung seines großzügigen Lebensstils bezog er nicht als Politiker, sondern aus seinen Büchern und seiner unerschöpflichen Produktivität als Zeitungskolumnist und Kommentator; auch in Amerika war der Autorname Churchill ein Zugpferd. Seine in den 30er-Jahren entstandenen Essays verraten die bildgesättigte Prosa eines meisterhaften

II. Wie man ein Glühwurm wird

«Treu, aber glücklos», so steht es auf Spanisch im Familienwappen der Churchills. Der Urahn, der das Motto wählte, auch er ein Sir Winston, war enttäuscht, weil er für seine Treue zu dem 1660 inthronisierten König Charles II. von diesem nur den Adelstitel erhielt, aber für den Verlust seiner Ländereien während des vorangegangenen Bürgerkrieges nicht entschädigt wurde

Stilisten; sie gehören zu den Juwelen der englischen Literatur dieser Jahre.

Es half ihm in seinem Aufstieg, dass er einer der ältesten aristokratischen Familien Englands entstammte, den Marlboroughs, den Herrschern von Schloss Blenheim. Damit ließ sich wuchern, wenn der junge Mann Kontakte und Empfehlungen suchte, um seinen

Tatendrang zu befriedigen. Aber Churchill ruhte sich nie auf diesem Erbe aus, er betrachtete es höchstens als Ansporn, sich seiner würdig zu erweisen, es aber auch in vieler Hinsicht hinter sich zu lassen. Zum Klassenhochmut, zu dem ihn sein aristokratischer Hintergrund hätte verleiten können, taugte er nicht – derartige Allüren waren ihm fremd. Er spielte gerne den Exzentriker, nie den Snob. Seine Biographie in ihrem Aufstieg gleicht eher einem Abenteuerroman, und ganz so, als Abenteurer, sah sich Churchill auch selbst. Ohne diese Genese ist auch der Churchill von 1940 nicht zu verstehen, die «geprägte Form, die lebend sich entwickelt», um es mit Goethes Formulierung zu sagen. Diese Geschichte muss jetzt in unserer Erzählung in den Vordergrund rücken. Dabei empfiehlt es sich, mit einigen Prägungen des jungen Mannes zu beginnen, ehe die Annalen der Marlboroughs uns weitere Aufschlüsse bringen.

1. Die Kunst des Eigenlobs

Im Sommer 1906 fand es sich, dass die Tochter des damaligen Premierministers Herbert Asquith, Violet, auf einer Dinner Party neben Winston Churchill zu sitzen kam, der gerade die erste Sprosse seiner politischen Leiter erklommen hatte, als Unterstaatssekretär für die Kolonien in Herbert Asquiths liberaler Regierung. Violet, später verheiratete Bonham Carter, die Großmutter der bekannten Filmschauspielerin Helena Bonham Carter, fand den jungen Politiker «in gedanklicher Abstraktion versunken», wie sie in ihren Erinnerungen «Churchill. As I Knew Him» in vorgerücktem Alter schrieb; sie machte sich von früh auf Notizen über ihre Begegnungen mit Churchill und wurde neben dessen Gattin Clementine die einzige Frau, der er wirklich nahestand. Als er während des Dinners endlich der jungen Dame neben sich gewahr wurde, fragte er sogleich ziemlich abrupt nach ihrem Alter. «Neunzehn», gab sie zurück, worauf er, «fast verzweifelt», antwortete: «Und ich bin schon 32. Freilich jünger als jeder hier, der etwas bedeutet», setzte er «wie zum eigenen Trost» nach.

Das aber öffnete die Schleuse für einen Sturzbach der Worte.

II. Wie man ein Glühwurm wird

Kontinuität der Pose: Churchill als siebenjähriger Schüler im Internat Harrow, 1892, und ...

«Fluch der Zeit! Fluch unserer Sterblichkeit! Wie grausam kurz ist doch die uns zugemessene Spanne für alles, was wir in sie hineinpressen müssen!» Weitere Verwünschungen über das viel zu kurze Leben, angesichts der immensen Leistungen, zu denen der Mensch fähig sei, folgten. Doch das Thema hätten die Dichter, Propheten und Philosophen aller Zeiten, so gesteht der junge Mann, schon so ausgiebig erörtert, dass es schwer sei, dem noch etwas Neues und Aufregendes hinzuzufügen.

«Aber mir gegenüber gelang es ihm», schreibt Bonham Carter, «in einem Schwall großartiger Sprache, ebenso mühelos wie schier unerschöpflich.» Seine abschließenden Sätze werde sie nie vergessen: «Wir sind doch alle Würmer. Aber ich glaube, ich bin ein Glühwurm.»

In diesem verräterischen Ausbruch des 32-Jährigen klingt eine frühe Erkennungsmelodie an, die Churchill sein ganzes Leben begleiten wird: die ausgreifende Sprache, das Denken in großem – auch großsprecherischem – Rahmen, dazu der Zuhörer, sein Publikum, das er beeindrucken will. Aus einer Dinner-Konversation wird hier eine veritable Rede, voller rhetorischer Kunstgriffe, oder ein Monolog, ein Zwiegespräch mit sich selbst, gekrönt durch die Überzeugung von der eigenen Einzigartigkeit. «Wir sind doch alle Würmer. Aber ich glaube, ich bin ein Glühwurm.» In diesem naiv-anrührenden Bild verbirgt sich ein ungeheurer Anspruch, nicht frei von Arroganz – die Churchill zeit seines Lebens abstritt, wenn man ihm Ähnliches vorwarf. Folgte er doch nur seinem inneren Dämon – seinem Schicksal, «destiny», wie er es später nannte. Aber unverkennbar war von Anfang an eine große Portion Selbstreklame mit im Spiel.

Der Churchill, dem Violet Asquith begegnete, war den Zeitgenossen längst vertraut. Sechs Jahre Unterhaus lagen bereits hinter ihm, davor der Ruhm aus fünf Jahren Militäreinsatz an diversen Kriegsfronten des Empire. Alfred George Gardiner, ein vielgelesener Essayist jener Jahre, resümierte den jungen Churchill 1908 in seinem Band von Porträts «Prophets,

... in der berühmten Aufnahme von Yousuf Karsh, 1941.
Der Porträtierte schmollte, weil der Fotograf auf einem Bild ohne Zigarre beharrte

Priests and Kings», als habe er den Auftritt vor der Tochter des Premierministers mitgehört. Seine Skizze ist fulminant: «Zur unersättlichen Neugier und dem Enthusiasmus des Kindes gesellt sich bei Churchill die Offenheit eines Kindes. Er kennt keine Zurückhaltung, keine Heuchelei. Du darfst alles mit ihm teilen, in alle seine Falten und Ecken schauen – er zeigt diese Verachtung für jedes Sichverstellen, die zu einer Kaste gehört, die nie an sich zweifelt.» Ganz gewiss war Churchill kein Mann der Political Correctness, dafür war er viel zu sehr von sich selbst überzeugt, bis zum Überdruss seiner Umgebung. Das zeichnete ihn aus – und machte ihn verdächtig als unverbesserlichen Egozentriker.

2. «Savrola» oder der Byron'sche Held

Es ist wenig bekannt, dass Churchill sich früh als Romanautor versuchte und mit 25 Jahren debütierte. «Savrola. A Tale of the Revolution in Laurania» hieß der melodramatische, talentiert erzählte Schmöker, der im Februar 1900 gleichzeitig in den USA und in England erschien. Schon 1897 konzipiert, ließ die Buchveröffentlichung auf sich warten, weil Kriegseinsätze an der afghanischen Grenze, im Sudan und in Südafrika Churchill fesselten. Entstanden ist das Buch mithin in der Phase eines Abenteurers, dem jedes Risiko, jede Mutprobe – und deren Verkleidung in Fiktion – recht war zum Beweis, dass er Tod und Teufel nicht scheute. Es ist ein Schlüsselroman. In Savrola, dem Helden der Handlung, begegnen wir einem Spiegelbild des jugendlichen Verfassers in seinem genialischen Elan. Kein Wunder, dass Churchill später allen Freunden abriet, das Buch zu lesen – im Leben, nicht in der Fiktion wollte er sich bewähren, und dieser frühe Romanversuch war eine unbedachte Indiskretion, die ihm in der Rückschau peinlich vorkam, ein autobiographisches Psychogramm, das freilich bis heute immer wieder nachgedruckt worden ist und die Lektüre allemal lohnt. Offenbar glaubte Churchill damals, es einem seiner politischen Vorbilder nachtun zu können, Benjamin Disraeli, dem großen Premier aus der imperialen Blüte des viktorianischen England, der eine erfolgreiche Karriere als Romancier hinter sich hatte, ehe er in die Politik einstieg. «Savrola» blieb freilich Churchills einziger belletristischer Versuch.

In dem fiktiven Staat Laurania hat der Usurpator Antonio Molara in einem Coup d'État die Macht an sich gerissen und sich als Alleinherrscher eingesetzt. Sein Gegenspieler wird der junge Volkstribun Savrola, vielseitig begabt, eloquent, mutig, tapfer und intellektuell überragend. Savrola schwingt sich zum Führer einer Widerstandsbewegung auf, um die Herrschaft des Usurpators zu brechen. Dramatische Verwicklungen folgen. Dem Volksaufstand, den Savrola anzettelt, versucht Molara die Spitze zu brechen, indem er seine schöne Gattin Lucille auf den Rebellenführer ansetzt. Die verhält sich allerdings nicht auftragsgemäß: Anstatt Savrolas Ansehen im

Volk zu untergraben, geht sie zu ihm über und verliebt sich in ihn. Das Paar verbündet sich gegen Molara, der bei der Revolution, die jetzt ausbricht, ums Leben kommt. Rundum triumphiert schließlich das Happy End – für die Liebenden und für die Republik, die in eine Ära des Friedens und Wohlstandes zurückkehrt.

Zur Charakterzeichnung seines Helden legt ihm Churchill mehrmals bezeichnende Selbstgespräche in dem Mund. «Du musst arbeiten, während sich die anderen amüsieren», sinniert Savrola, «sehnst du dich nach dem Ruf eines Mutigen? Du musst dein Leben aufs Spiel setzen. Würdest du dafür moralisch und physisch stark genug sein?» Lauter Fingerzeige, wie der Autor sich selbst sah, am deutlichsten in dem folgenden Passus über die Figur des Savrola: «Ehrgeiz war die Triebkraft, und er war ihr machtlos ausgeliefert. (...) Heftig, hochfliegend und kühn war sein Geist geschaffen. Das Leben, das er lebte, war das einzige, das er je leben konnte, er musste bis zum Ende gehen. Menschen, deren Geist so gegossen ist, [können nur] in der Tätigkeit Ruhe finden, in der Gefahr Befriedigung und in allen Wirren ihren einzigen Frieden.» Fast könnte man meinen, hier einem Byron'schen Helden zu begegnen mit seiner Verliebtheit in das Außenseiterdasein, eine Position, die ihn mit Stolz statt Frustration erfüllt, streicht doch das Einzelgängertum seine angenommene Überlegenheit erst richtig heraus. Churchill liebte Byron über alles, die politische Romantik, die aus den Helden des Dichters sprach, war ganz nach seinem Herzen. Auch war Byron wie Churchill Absolvent des Elite-Internats Harrow gewesen.

Zwei Leitmotive prägen den frühen Churchill in der Phase seiner Selbstfindung: das Gefühl einer herausgehobenen Mission außerhalb des «Mainstream», wie wir es heute nennen würden, und der Bezug auf ein Publikum, auf das Echo, den Resonanzboden – sei es ein Dinner-Gast oder später das Unterhaus und noch später das Publikum vor den Radiogeräten. «Churchill hatte nur einen Stil, seine Plattform war immer die gleiche – die große Bühne», so fasste es Robert Rhodes James in seiner kritischen Würdigung «Churchill. A Study in Failure, 1900–1939» («Eine Studie über das Scheitern, 1900–1939») zusammen.

3. Die Ahnen – ein Traum von Größe

Auf solcher Bühne, weniger als Redner denn als Soldat, agierte schon sein angebeteter Vorfahr John Churchill, der erste Herzog von Marlborough (1650–1722). Als Page am Hof von James II. in königlicher Nähe aufgewachsen, stieg er unter Queen Anne zum größten Feldherrn seiner Zeit auf und besiegte in einer Reihe von Schlachten als Befehlshaber der Großen Allianz im Spanischen Erbfolgekrieg (1701–1714) Ludwig XIV., den französischen Sonnenkönig. Dass er diese Allianz zwischen England, dem Heiligen Römischen Reich, Portugal, den Niederlanden und dem Herzogtum Savoyen unter dessen Anführer Prinz Eugen nicht nur militärisch zusammengehalten hatte, galt Winston Churchill, als er in den 30er-Jahren über seinen Vorfahren schrieb, auch als diplomatische Meisterleistung. Die berühmteste Schlacht fand 1704 nahe dem Flecken Blindheim statt, einer Gemeinde im schwäbischen Landkreis Dillingen an der Donau, Teil des Verwaltungsgebiets von Höchstädt. Deutsche und französische Historiker sprechen bei 1704 von der zweiten Schlacht von Höchstädt, auf der Insel nennt man sie die «Battle of Blenheim». Queen Anne erhob den ehrgeizigen Militär 1702 zum Herzog von Marlborough und Marquis von Blandford. Drei Jahre später verlieh ihm der deutsche Kaiser Joseph I. als «Prinz von Mindelheim» die Würde eines Fürsten des Heiligen Römischen Reiches.

Der Dank Englands fiel üppiger aus: Die Königin ließ dem Kriegshelden durch den Architekten John Vanbrugh einen barocken Palast erbauen, Blenheim Palace in Woodstock nahe Oxford, der es mit dem Schloss von Versailles aufnehmen sollte. Unter den großen Häusern Englands steht Blenheim, «ein italienischer Palast in einem englischen Park», wie Churchill ihn beschrieb, heute als eines der denkwürdigsten da, ein Unesco-Weltkulturerbe und ein die Zeiten überdauerndes fürstliches Monument eitler Größe.

«Lerne, so viel du kannst, aus der Geschichte», ermahnte Churchill 1948 seinen damals achtjährigen Enkel, auch er ein Winston (gest. 2010), «denn wie sonst könntest du wissen, was in der Zukunft passiert». Entsprechend begegnete Churchill im Herzog von Marl-

II. Wie man ein Glühwurm wird   45

Blenheim Palace, erbaut 1705–1722, das Stammhaus der Herzöge von Marlborough und Churchills Geburtsstätte: «ein italienischer Palast in einem englischen Park», wie Churchill ihn beschrieb

borough nicht nur dem großen Ahnen, sondern auch einer Art historischer Vorprägung, als er ihn zwischen 1933 und 1938 mit einer vierbändigen Biographie ehrte. Es war die Zeit der keimenden europäischen Diktaturen, und beim Studium Marlboroughs sah Churchill so etwas wie das klassische Muster eines britisch inspirierten Versuches, sich einem europäischen Usurpator in den Weg zu stellen. War Hitler nicht der neue «Sonnenkönig», der in seine Schranken gewiesen werden musste? Die Marlborough-Biographie wurde für Churchill gleichsam eine Lehrzeit für die kommenden Krisen, er entzündete sich beim Erzählen von Englands großer Zeit und fühlte sich bestärkt in seinem Glauben an die historische Mission seines Landes. Mehr noch: In der Art, wie Marlborough die Große Allianz seiner Zeit diplomatisch und militärisch zusammengehalten hatte, sah Churchill später das Vorbild für seine eigene Rolle im Zweiten Weltkrieg. Auf jeder Seite seiner Biographie finden sich im Übrigen die gewaltigen Satzperioden, die inzwischen unverkennbar Churchills Stil ausmachten, eine Prosa, die an Edward Gibbons klassischem Werk über den «Verfall und Untergang des Römischen Reiches» (1776–1789) sowie an Thomas Macaulays «Geschichte Englands seit James II.» (1848–1861) geschult war.

Das Motto im Familienwappen der Marlboroughs freilich frappiert. Man findet es in Stein gemeißelt auch in einem Torbogen des Blenheim Palace. Es ist auf Spanisch formuliert: «FIEL PERO DESDICHADO» – «treu, aber glücklos» (siehe S. 38). Der Vater des berühmten Herzogs, schon er ein Winston Churchill, hatte im englischen Bürgerkrieg des 17. Jahrhunderts treu zum König gehalten, wofür er in den Jahren von Cromwells Diktatur mit dem Verlust von Haus und Ländereien büßen musste. Nach der Wiedereinführung der Monarchie im Jahre 1660 ehrte Charles II. viele der Königstreuen, indem er sie in den Adelsstand erhob. So wurde auch aus Winston Churchill ein Sir Winston. Doch hatte er sich mehr versprochen für seine Standhaftigkeit – vor allem eine Entschädigung für den verlorenen Besitz. Die aber blieb zu seiner großen Enttäuschung aus. Verbittert wählte er «Fiel pero desdichado» als Familienmotto der Churchills, was es bis heute geblieben ist. Warum auf Spanisch, konnte nie geklärt werden. Mit «treu, aber glücklos» spielten viele Verächter Winston Churchills, wenn sie ihm, einem treuen Patrioten, in den 30er Jahren seine oft widersprüchlichen Rochaden auf dem politischen Schachbrett vorrechneten, die dazu führten, dass er zehn Jahre lang ohne Amt blieb, ehe sich das Blatt für ihn ab 1939 dramatisch wendete.

Der Name Churchill verlor sich bald nach dem ersten Herzog, den nur Töchter überlebten. Als Lady Anne, eine dieser Töchter, einen Charles Spencer heiratete, den 3. Grafen von Sunderland, trat Spencer als neuer Familienname in die Marlborough-Geschichte. Der eine Zweig setzte in Blenheim das herzogliche Erbe fort, der andere blieb auf dem gräflichen Landgut und Herrenhaus der Spencers in Althorp, in der Grafschaft Northamptonshire. Erst der 5. Duke of Marlborough holte 1817 von König George III. die Erlaubnis ein, den Namen Churchill wieder zum Leben zu erwecken und sich «Spencer Churchill» zu nennen. Das gilt bis heute – auch Winston firmierte mit Nachnamen immer als «Spencer Churchill», wobei er

«Spencer» in seinen Büchern meist mit «S.» abkürzte – «Winston S. Churchill» –, noch kürzer dann in seiner Signatur: «WSC». Auch eine unglückliche englische Schönheit, die tragisch ums Leben gekommene Diana Spencer, Prinz Charles' erste Ehefrau, entstammte diesen Spencers – ihr jüngerer Bruder ist der derzeitige 9. Graf auf dem Familiensitz in Althorp. Lady Diana ging ebenfalls, wie «WSC», auf den Urahn, den Herzog von Marlborough, zurück. Gemessen an solcher aristokratischen Abstammung ist der Name Windsor eher ein Spätling auf der Bühne der großen Familien Englands.

Die Marlboroughs hinterließen nach John Churchill, dem ersten Herzog und großen Feldherrn, keine Spur besonderer Ruhmestaten. Im Gegenteil, sie brachten Erben von zweifelhaftem Charakter hervor, verschwenderisch, instabil, in Skandale verwickelt, auch von depressiver Veranlagung. «Es gab keine Churchills mehr seit John, die Moral oder Prinzipien besaßen», fasste Premierminister Gladstone das Urteil der spätviktorianischen Society über die Marlboroughs zusammen. John Spencer-Churchill, der 7. Duke – Churchills Großvater –, sah sich 1862 durch Misswirtschaft und Verschuldung genötigt, Familienländereien in Wiltshire und Shropshire zu verkaufen und zwölf Jahre später auch Besitztümer in Buckinghamshire. Schmuck ging den gleichen Weg wie der alte Grund und Boden, die Marlborough-Juwelen wurden per Auktion ausgelobt. Auch die großartige Schlossbibliothek stieß der Herzog ab, wofür er eigens die Billigung des Parlaments einholen musste.

Sein Ältester, George, Winston Churchills Onkel, setzte die Dezimierung des familiären Erbes fort und trennte sich von der berühmten Gemäldesammlung Alter Meister auf Schloss Blenheim. Der Marquis of Blandford, wie er vor seiner Erhebung zum Herzog hieß, hatte ein uneheliches Kind mit der verheirateten Lady Aylesford, und in diese leidige Affäre mischte sich ausgerechnet Winstons Vater ein, Lord Randolph Churchill, der seinem älteren Bruder in der Auseinandersetzung mit dem gehörnten Ehemann Aylesford zur Seite sprang. Randolph brachte die frühere Beziehung Lady Aylesfords mit dem Prinzen von Wales, dem späteren König Edward VII., ins Spiel und drohte 1876 in einem Gespräch mit dessen Ehefrau

Alexandra («Alix»), er sei im Besitz von belastenden Briefen ihres Mannes an eben jene Dame. Die Veröffentlichung dieser Dokumente werde dazu führen, so deutete Churchills Vater an, dass der Prinz von Wales «nie den Thron Englands besteigen» könne. Eine offensichtliche Erpressung, auf die der Prinz nur eine Antwort fand: Er forderte Lord Randolph zum Duell heraus. Winstons Vater wies diese Aufforderung in einem Brief heuchlerisch als «absurd» zurück: Er wolle seinen Degen nicht gegen den künftigen Souverän erheben – den er in Wahrheit lieber mit erpresserischer List zur Strecke gebracht hätte.

Der Skandal machte die Runde, doch die streitenden Parteien fanden schließlich unter Einwirken von Premierminister Disraeli eine gütliche Einigung: Die belastenden Briefe des Thronerben wurden verbrannt, das Ehepaar Aylesford zur Versöhnung aufgefordert und der Vater der beiden Churchill-Brüder auf den Posten des Vizekönigs in Irland geschoben, damals noch Teil des Empire, mit einer Bedingung: dass er den unmöglichen Randolph als seinen Privatsekretär mit nach Dublin nehmen müsse, weit weg von der Londoner Gesellschaft. Die weitverzweigten Marlboroughs durften sich bei Hofe lange Jahre hindurch nicht mehr sehen lassen. Randolph hatte zwei Jahre vor dieser unrühmlichen Geschichte bereits geheiratet, ein Kind war da, Winston, und so zog die junge Familie im Januar 1877 in die irische Verbannung. Dort, in Dublin, verbrachte Winston Churchill vier seiner frühesten Lebensjahre. Churchills Familie, das betont Roy Jenkins in seiner Biographie, blieb trotz der Zugehörigkeit zur Spitzenklasse des Adels «den großen Familien der Cavendish, Russell, Cecil oder Stanley subtil unterlegen».

4. Gegensätze, die sich anziehen:
Die Eltern Randolph und Jennie

Am 23. August 1873 erhielt der 7. Herzog von Marlborough einen langen Brief seines Sohnes Randolph, damals gerade 24 Jahre alt. Dieser teilte ihm mit, er habe im Sommer während der Segelregatta in Cowes auf der Isle of Wight eine junge Amerikanerin kennen ge-

Lord Randolph Churchill, um 1880. Er besaß «das Talent eines Showmans», so Churchill später über seinen Vater, hatte aber für seinen Ältesten nur abschätzige Kritik übrig

lernt, die er unverzüglich zu heiraten wünsche. Ihr Name: Jennie Jerome. Er kenne sie, so gestand Lord Randolph, erst seit 48 Stunden, und auch ihre Familienverhältnisse seien ihm recht unbekannt: «Mr. Jerome ist ein Herr, der genötigt ist, in New York zu leben, um sich seinen Geschäften zu widmen. Ich weiß nicht, worin sie bestehen.» Was er damals ebenfalls nicht wusste, aber bald herausfand, war, dass in Jennies Familie mütterlicherseits auch indianisches Blut vorkam, von einem Irokesen-Mädchen namens Mehitabel Beach, das drei Generationen früher ein Farmer und Jäger namens Hall geheiratet hatte. Churchill sollte sich später einen Spaß daraus machen, von dem «Sechszehntel» indianischen Erbes in seinen Adern zu sprechen. Wichtiger war allerdings der amerikanische Einschlag bei ihm, mit dem Freunde und Kritiker bestimmte Aspekte von Churchills Naturell zu erklären suchten – den Wagemut, wie man ihn bei den Menschen an der «frontier» Amerikas fand, wie auch seine zupackende, direkte Art, die so ganz unüblich war in der englischen Kultur taktvoller Zurückhaltung.

Randolph und Jennie: eine Liebesheirat. Die wollte George, der Marquis von Blandford, seinem Bruder unbedingt ausreden – eine solche Verbindung könne doch nur in einer unglücklichen Ehe enden. Geld regiere die Welt, und davon hatten die Jeromes zwar manchmal nicht wenig, aber auch nie genug, denn der Vater der drei Töchter Clara, Jennie und Leonie setzte immer wieder seine Profite aufs Spiel und musste sich von Mal zu Mal neu hochwirtschaften. Beide Väter waren zunächst gegen die Verbindung – der Herzog von Marlborough, weil ihm Jennies Vater als «a vulgar kind of man» vorkam, so ein vulgärer Yankee mit Business ohne Fortüne; dieser, Leonard Jerome, weil ihm die Marlboroughs nicht reich genug schienen, durchschaute er doch die prekäre Finanzlage der Familie und ihre instabile Geschichte. Er malte sich für seine Töchter bessere Partien aus.

Jennie, geboren 1854, war das begabteste der drei Mädchen, literarisch gebildet, mit Klavierspiel bis zur Konzertreife. Ihre Fama verdankte sich freilich anderen Qualitäten, sie galt lange als eine der auffallend schönsten Frauen ihrer Zeit, lebhaft, mit Augen voll sprühender Lebensfreude. Als Jennie und Randolph einmal 1893 in Bad Kissingen mit Bismarck zusammentrafen, sah die riesige Dogge des Fürsten Lady Randolph mit einem so starren und wilden Blick an, dass diese zu befürchten begann, der Hund wolle sie anspringen. «Keine Sorge», beruhigte Bismarck sie, «er schaut nur in Ihre Augen. Er hat noch nie solche Augen gesehen.»

Jennie Jerome, nun Lady Randolph Churchill, 1889 mit ihren beiden Söhnen Winston (rechts) und Jack, 14 und acht Jahre alt. Das Foto suggeriert eine Nähe zu den Kindern, die nie bestand

In seinen Jugenderinnerungen, «My Early Life», die Churchill 1930 als 55-Jähriger verfasste – ein Bestseller bis heute –, gedachte er ausführlich seiner Mutter: «In Irland sehe ich sie immer im Reitkleid vor mir, das sich eng wie eine Haut an den Körper schmiegte (...) Sie erschien mir immer wie eine Märchenprinzessin, ein strahlendes Wesen im Besitz unendlicher Machtfülle und grenzenlosen Reichtums. (...) Sie leuchtete mir wie der Abendstern. Ich liebte sie zärtlich – aber von ferne.» Nach viktorianischer Usance unterhielten Eltern der oberen Klassen zu ihren Kindern keine sonderliche Nähe, eine Nanny fungierte an Elternstatt, in Churchills Fall seine heißgeliebte «Woomany», Mrs. Elizabeth Anne Everest.

Die Widerstände der Eltern von Randolph und Jennie wurden schließlich überwunden, am 14. April 1874 fand in der britischen Botschaft in Paris die Heirat statt; in Paris hatte Leonard Jerome seine Familie damals bereits zum zweiten Mal untergebracht, nach einem früheren Aufenthalt vor dem Sturz Napoleons III. Jennie erhielt eine Jahresapanage von 6000 Pfund, nach heutigen Maßen fast das Zwanzigfache, was nicht allzu viel war, bedachte man den Heißhunger der jungen Frau auf ein Leben von anspruchsvollem Zuschnitt. Aber der Vater blieb ungerührt – er habe noch zwei unverheiratete Töchter und seine Ehefrau Clara zu versorgen. Dafür vermachte er Winston bei dessen Geburt im selben Jahr als zweiten Taufnamen seinen eigenen – Leonard.

Sein Schwiegersohn Randolph war 1874 gerade Abgeordneter im Wahlkreis Woodstock in Oxfordshire geworden, der alten Domäne der Marlboroughs. Für seinen politischen Aufstieg knüpfte er auch von Dublin aus wertvolle Kontakte. Jennie dagegen, jetzt Lady Churchill, schöpfte mit vollen Händen, was das Leben einer Celebrity in ihrer Zeit bot, darunter auch die Anhimmelung der Männerwelt, der sie sich noch zu Lebzeiten ihres Mannes ohne Bedenken hingab. Der erste, der nach dem Tod Lord Randolphs 1895 bei ihr anklopfte, war der Hauptschürzenjäger seiner Zeit, der Prinz von Wales, der bereits erwähnte spätere Edward VII. Er pflegte sich zum High Tea anzumelden und bat darum, von Lady Jennie Churchill im Gewand einer Geisha empfangen zu werden. Drei Jahre später verdrängte Alice Keppel, die Urgroßmutter von Camilla Parker-Bowles, der heutigen Herzogin von Cornwall, Jennie vom Platz der bevorzugten Mätresse des Prinzen. «Upstairs», um es in der Sprache von «Downton Abbey» zu sagen, in der High Society, herrschte ein Zeitvertreib, von dem man sich «downstairs» keine Vorstellung machte, es sei denn hinter vorgehaltener Hand.

Winston Leonard Spencer Churchill kam am 30. November 1874 im Blenheim Palace zur Welt, siebeneinhalb Monate nach der Eheschließung der Eltern, was dem Geschwätz willkommene Nahrung lieferte. Jennie hatte nach einer Reitergesellschaft in Blenheim Halt gemacht, vor der Rückkehr in ihre Londoner Stadtwohnung. War sie gestürzt? Blenheim war nicht der Familiensitz ihres Mannes, darauf hatte Randolph als zweiter Sohn des Herzogs keinen Anspruch, ebenso wenig wie auf den Herzogstitel, der nach englischem Brauch jeweils auf den ältesten Sohn überging, während jüngere Brüder sich wenigstens mit einem «Lord» schmücken durften; deren Söhne allerdings firmierten nur noch als «Mr.» – daher auch «Mr. Winston Spencer Churchill», Sohn von Lord Randolph Churchill, Neffe des

8. Herzogs von Marlborough und Enkel des 7. Herzogs. Schwer nachzuvollziehen sind die Abstammungslinien des englischen Adels. Trotzdem ist Blenheim aus Churchills Leben nicht wegzudenken. Hier hielt er 1908 um die Hand Clementine Hoziers an, und hier traf er sich in den 30er-Jahren gern mit politischen Freunden, um mit ihnen den sich verdüsternden europäischen Horizont zu besprechen. Auf dem Dorffriedhof in Bladon, in Sichtweite des Palastes, liegt Churchill begraben.

5. Schulzeit – ein Martyrium mit Pausen

Lord Randolph und Lady Churchill gingen nach der Rückkehr aus der irischen Verbannung nach London ihren getrennten Lebensentwürfen nach – er seiner politischen Karriere, sie ihrer Sternenbahn als gefeierte Society-Diva. Winston wurde, der damaligen Sitte entsprechend, in Internatsschulen untergebracht, zunächst als Achtjähriger auf der Vorbereitungsschule St. George's in Ascot, wo er von November 1882 bis Juli 1884 blieb. Da Jennie wie die meisten Frauen ihrer Zeit und ihres Standes keine enge Beziehung zu den eigenen Kindern pflegte – 1880 kam ein zweiter Sohn, Jack, zur Welt –, wurde die Nanny, Mrs. Everest, für den kleinen Winston so viel wie Mutterersatz. Er nannte sie «Woom» oder «Woomany» und setzte ihr in seinem Roman «Savrola» ein tief empfundenes Denkmal in Gestalt der Bettine, der alten Dienerin und Kinderfrau seines Helden:

«Sie hatte ihn gehegt seit seiner Geburt, mit Hingabe und Sorgfalt ohne Pause. Es ist ein seltsames Ding mit der Liebe dieser Frauen. Vielleicht handelt es sich um die einzige wirklich desinteressierte Zuneigung auf der Welt. Eine Mutter liebt ihr Kind – das ist mütterliche Natur. Der Junge liebt sein Sweetheart – auch das lässt sich erklären. Der Hund liebt seinen Herrn – er füttert ihn. Ein Mann liebt seinen Freund – der hat ihm vielleicht in zweifelhaften Momenten beigestanden. Für alle diese Fälle gibt es Gründe, aber die Liebe einer Pflegemutter zu ihrem Mündel erscheint absolut irrational. Sie ist einer der wenigen Belege, durch keine Ideenansammlung zu erklären, dass die Natur des Menschen bloßem Utilitarismus überlegen ist, für ein höheres Schicksal bestimmt.»

Seine Schulzeit beschrieb Churchill in «My Early Life» nicht nur als «die am wenigsten angenehme, sondern auch die unergiebigste Periode meines ganzen Lebens». Dafür gab es Grund genug, angefangen mit den drakonisch-sadistischen Strafen, wie sie im englischen privaten Schulwesen, den *public schools*, gang und gäbe waren. Mit ihnen machte Churchill schon in seiner ersten Etappe, der Vorbereitungsschule St. George's in Ascot, Bekanntschaft. Vergehen wurden mit Körperstrafen beantwortet, die dort am liebsten der Direktor selbst, ein gewisser Reverend Herbert William Sneyd-Kynnersley, mit seiner Birkenrute verabreichte, mit buchstäblich blutiger Konsequenz. Das konnte den jungen Churchill, der einen (in heutiger Sprache) dezidiert anti-autoritären Zug an den Tag legte, in seinem aufständischen Wesen nur bestätigen. Ein Mitschüler, dessen Bericht Martin Gilberts Biographie detailliert wiedergibt, steuerte die folgende Episode bei: Churchill wurde einmal mit der Rute gezüchtigt, weil er Zucker aus der Vorratskammer entwendet hatte. Aber statt Reue zu zeigen, erhob er sich nach der Bestrafung, nahm den geheiligten Strohhut des Direktors vom Haken über der Tür und stampfte ihn kurz und klein. Der Abschlussbericht des Direktors der St. George's School sagte Winston nach, er habe «keinen Ehrgeiz. Würde er sich wirklich anstrengen, könnte er Klassenerster sein.»

Auf Drängen von Mrs. Everest nahmen die Eltern ihren Sohn aus dieser Sackgasse einer Nicht-Erziehung und schickten ihn auf eine weiterführende Schule nach Brighton an Englands Südküste, die von zwei unverheirateten wohltätigen Schwestern geleitet wurde. Dort verbrachte Churchill seine Schulzeit von September 1884 bis März 1888. Er war von mittlerer Statur, mit «einem kleinen, viereckig geformten Kopf ohne auffallende Merkmale», wie ein Zeitgenosse ihn noch 1901 beschrieb, «von durchschnittlichem Äußeren», und er besaß einen «unglücklichen Sprachfehler – ein leichtes Lispeln». Das machte ihn in Brighton, obwohl das Klima zwischen Lehrerinnen und Zöglingen angenehmer war, zur Zielscheibe für die Mitschüler – heute würde man von «Mobbing» sprechen. Die Jungen warfen mit

Cricket-Bällen nach ihm, was er noch in hohem Alter seinem Leibarzt Lord Moran auftischte. Einmal musste er sich vor den anderen voller Angst hinter einem Baum verstecken, ein erniedrigender Vorfall, wie er dem Arzt erzählte, aber doch so etwas wie ein Bildungserlebnis, das Lord Moran so beschrieb: «Er war entschlossen, eines Tages so hart und zäh zu werden wie seine Widersacher. Während er heranwuchs, nahm er jede Gelegenheit wahr, seinen Willen, ebenso hart zu werden, zu testen.»

Ein bekannter britischer Psychiater, Anthony Storr, schrieb 1969 in einem Beitrag zu dem Sammelband «Churchill. Four Faces and the Man»: «Ehrgeiz ist, in Churchills Fall, ein zwanghafter Drang, die direkte Folge von frühem elterlichen Entzug. Wenn ein Kind nur eine geringe Überzeugung von seinem Wert besitzt, wird dies es dahin bringen, die Anerkennung und den Beifall zu suchen, die sich bei außerhalb der Familie draußen erzielten Leistungen einstellen.» Beim Studium der Entwicklung Churchills folgerte Storr: «Wir haben einen Menschen vor uns, der, obwohl von Natur aus weder stark noch sonderlich mutig, sich bewusst wider das Erbe seines Temperaments oder seiner physischen Fähigkeiten formte. Man muss daraus schließen, dass seine Aggressivität, sein Mut und sein Bedürfnis nach Vorherrschaft nicht in ihm angelegt waren, sondern einer bewussten inneren Entscheidung und einem eisernen Willen entsprangen.»

Bald werden wir in Churchills Leben einem auffallenden Paradox begegnen, auf das an dieser Stelle vorausgewiesen sei: Obwohl ein Freund von Luxus und Wohlleben, rang er sich immer wieder Erlebnisse großer Entbehrung ab, als wollte er sich das Leben von Mal zu Mal besonders unbequem machen – Testfälle «eisernen Willens» (Storr), auch große Mutproben wurden ihm zur Gewohnheit. Das zeigte sich schon in seinem Aufbegehren gegen den sadistischen Schuldirektor in Ascot. An der Grenze zu Afghanistan sowie im Sudan wirft er sich 1897 und 1898 unter Vernachlässigung der eigenen Sicherheit dem Gegner in den Weg – dort den Paschtun, hier den Gotteskriegern, den Mahdis. In Pretoria in Südafrika, wo er von den Buren 1899 gefangen gesetzt wird, wagt er einen Ausbruch, der ihm, dem steckbrieflich Gesuchten, angstvolle Tage beschert, ehe er die Freiheit erlangt. In der Frühzeit des Flugzeugs nimmt er 1911/12 als Marineminister Flugstunden, bei denen es mehrmals zu Bruchlandungen kommt. 1915, das Dardanellen-Desaster hat gerade zu seiner Entlassung als Marineminister geführt, meldet er sich freiwillig an die Front in Flandern. Und was er an Flugkilometern im Zweiten Weltkrieg absolvieren wird, als Mann über 65, in zum Teil ungeheizten Maschinen und unter höchster Gefahr, spricht jedem Bedürfnis nach Bequemlichkeit Hohn. Ein Charakterprofil, an dem Churchill von frühauf arbeitete.

Im April 1888 kommt das Internat Harrow auf ihn zu, der Vater hat ihn dort in den sogenannten Armeekurs gesteckt, der die Schüler auf die königliche Offiziersschule in Sandhurst vorbereiten soll. Der Knabe hatte immer leidenschaftlich mit seinen 1500 Bleisoldaten gespielt und groß angelegte Manöver mit ihnen durchgeführt, so dass er Fragen des Vaters, ob es ihn vielleicht zum Militär dränge, enthusiastisch mit Ja beantwortete. Doch in Harrow fällt er wieder durch laxes Betragen, mangelnde Selbstdisziplin und Verletzung der Hausordnung auf, wobei ihn die allgegenwärtige Rute gelegentlich als Bestrafung ereilt. Mathematik und Latein sind ihm ein Gräuel – überhaupt: «Wo nicht meine Vernunft und Vorstellungskraft beteiligt waren, da wollte oder konnte ich nicht lernen», erinnerte er sich mehr als 40 Jahre später.

Und doch stimmt nicht ganz, was er die Leser seiner Jugenderinnerungen glauben machen wollte: dass die Schulzeit insgesamt «nicht nur die am wenigsten angenehme, sondern auch die unergiebigste Periode meines ganzen Lebens» war. Auf Harrow traf das nicht zu: Churchill unterschlägt, was er dort schließlich doch lernte. Vor allem den Bau eines gelungenen englischen Satzes, auch Geschichte und Chemie – Fächer, die seine Phantasie ansprachen. Im Schularchiv von Harrow findet sich ein langer Essay des 14-Jährigen über das Thema, wie er sich den Verlauf eines künftigen Krieges zwischen Russland und England vorstelle. Sein Englischlehrer war beeindruckt: Wer wünschte sich nicht einen Schüler, der sich bereitwillig in das Geheimnis guter Prosa einführen ließ. In seinem Erinnerungsbuch von 1930 schreibt Churchill: «Der Aufbau eines gewöhnlichen englischen Satzes ging mir in Fleisch und Blut über.» Dazu kam sein außergewöhnliches Gedächtnis, vor allem bei Gedichten. Nach dem ersten Jahr in Harrow meldete der Direktor an den Vater, sein Sohn habe «einige große Talente» und seine Arbeit mache Fortschritte. «In Harrow entdeckte er, was er konnte, aber die anderen nicht – schreiben», notierte sich Lord Moran. Und Churchill träumte davon, ein großer Redner zu werden wie sein Vater in dessen besten Parlamentsauftritten «und das House of Commons zu beherrschen».

Auch sportlich ging es mit ihm trotz häufig angeschlagener Gesundheit voran. Teamsport war zwar nicht seine Sache, aber er entwickelte sich zu einem guten Schwimmer und Schützen und gewann 1892 die Fechtmeisterschaften der englischen *public schools*. Vielleicht sollte man an dieser Stelle die Mär von «no sports» demolieren, die Churchill selbst gerne kolportierte, als angebliche Voraussetzung seiner Langlebigkeit. Das war eines dieser beliebten Spiele mit seinem öffentlichen Image, die er sich leistete. Er war in Wahrheit glänzend im Sattel, was sich in Sandhurst herausstellen sollte, und spielte bis zu seinem 51. Lebensjahr leidenschaftlich Polo. Zum Reiten machte er allen Eltern unter den Lesern seiner Jugenderinnerungen diesen Vorschlag, den er mit Witz kredenzte: «Gebt eurem Kind kein Geld. Aber gebt ihm Pferde, wenn ihr's euch leisten könnt (…). Keine Stunde im Leben, die man im Sattel verbringt, ist verloren. Junge Leute sind oft zugrunde gegangen durch den Besitz von Pferden oder durch das Wetten auf Pferde, aber niemals durch das Reiten von Pferden, ausgenommen natürlich, sie brechen sich das Genick, was aber, besonders wenn es im vollen Galopp geschieht, ein sehr schöner Tod ist.» Auf Chartwell, seinem Landsitz in Kent, ließ Churchill sich noch vor dem Zweiten Weltkrieg ein beheiztes Freibad bauen, das er und seine Besucher intensiv nutzten. Das Reiten und das Schwimmen im Meer gab er erst als 70-Jähriger auf. Mangelnde sportliche Bewegung war also kaum Churchills Lebenspraxis oder gar das Geheimnis seiner Langlebigkeit.

6. Die Krankheit des Vaters und Lady Churchills finanzielle Verlegenheiten

Und dennoch eine unglückliche Schulzeit? Dazu trugen die Eltern am meisten bei, die der Schüler unentwegt anbettelte, ihn zu besuchen – meist vergeblich. Die Mutter erschöpfte sich im unendlichen Wirbel der High Society, der Vater war mit seiner politischen Karriere beschäftigt, die freilich bereits im Dezember 1886 abrupt endete, als Lord Randolph nach nur kurzer Zeit als Finanzminister unter dem konservativen Premierminister Lord Salisbury das Handtuch warf. Er wurde nicht mit bestimmten Ministerkollegen fertig, die sich seinen Kürzungsforderungen, besonders beim Militärhaushalt, verweigerten. Salisbury war froh, den sprunghaften, unberechenbaren Mann los zu sein, an dessen quecksilbriger Natur sich viele Parteifreunde rieben – ein Vorspiel der späteren Probleme seines Sohnes. Über Lord Randolphs Sprunghaftigkeit schrieb der Historiker Alfred Leslie Rowse in seiner Studie der Churchills: «Er hatte den Defekt des künstlerischen Temperaments, den wir im psychologischen Jargon unserer Tage als manisch-depressive Alternierung diagnostizieren – ungeheure Hochstimmung und rasende Energie im Auf, Depression und Niedergeschlagenheit im Ab. Solchen Rhythmus finden wir in unterschiedlicher Abstufung bei fast allen Personen kreativer Veranlagung. Bei Lord Randolph trat er deutlich hervor, wie auch später bei seinem Sohn.»

War dies etwa erblich bedingt, in der langen Linie der Marlboroughs begründet? Schon bei John Churchill, dem großen Feldherrn und späteren ersten Herzog von Marlborough, hatte man sich über ähnlich schwankende Charaktereigenschaften gewundert. Winston Churchills Vater war geradezu ein Musterbeispiel dieser Instabilität, die sich zu hoher Irrationalität steigern konnte. Auch von Winston wissen wir, wie häufig er über seinen «schwarzen Hund» klagte, diese Verführung zur Depression, die er jedes Mal mit verdoppelter Energie und dramatisch erhöhter Schlagzahl seiner Aktivität in die Flucht schlug. Dieser Teil seiner Veranlagung wurde in jüngster Zeit erneut zum Thema einer umfangreichen Bewertung, in dem Buch des Arztes Andrew Norman «Winston Churchill. Portrait of an Unquiet

Mind», das 2012 erschien. Norman fußt im Wesentlichen auf den früheren Forschungen von Anthony Storr und spricht von Churchills lebenslangem Bedürfnis nach Affirmation, das, oft unbefriedigt, die Pendelausschläge seiner Gemütsverfassung verursacht habe. Man sollte sich aber hüten, zu viel vom Vater auf den Sohn zu schließen, der es letztlich schaffte, über sein Naturell zu triumphieren, während der Vater an dem seinen zerbrach.

Last but not least wurde Lord Randolphs prekäre Disposition noch von ganz anderer Seite verursacht – durch seine Syphilis, die er sich als Student in Oxford durch ein beiläufiges Abenteuer zugezogen hatte und die sein Gehirn nach 1886 allmählich zersetzte, bis zur dementen Paralyse. Mit einer politischen Karriere war es nach seinem Rücktritt vorbei, er bekleidete nie mehr ein öffentliches Amt und versank in eine langsame Degeneration, von der ihn kein Arzt erlösen konnte. Heilung, die sich Jennie noch 1893/94 von einer Reise mit ihrem Mann nach Ostasien erhofft hatte, trat nicht ein. Er starb mit 45 Jahren am 24. Januar 1895 – am gleichen Kalendertag übrigens wie genau 70 Jahre später sein ältester Sohn.

Lord Randolph erlebte noch Winstons zunehmende Schulerfolge in Harrow, die ihn freilich nicht versöhnten; auch die Abschlussnoten in der Militärakademie Sandhurst reichten für Winston nicht zur Infanterie, wie sein Vater gehofft hatte, sondern nur zur inferioren Klasse der Husaren, zu einer Ausbildung als Kavallerieoffizier, die als Militärlaufbahn der Reichen, aber eher mittelmäßig Begabten galt; für ein Studium in Oxford oder Cambridge hätten sie erst recht nicht gelangt. Die Kavallerie hatte im Übrigen einen besonderen Nachteil: Ihre Uniformen waren teuer. Man sehe sich die Fotos des 20-jährigen Kornett Churchill aus dem Jahr 1895 an, um zu verstehen, warum Jennie angesichts der Kosten für die Einkleidung des Sohnes gerne zu jammern pflegte.

Dessen ungeachtet lebte Lady Churchill nach dem Tod ihres Mannes weiterhin auf großem Fuß, immer am Rand der Verschuldung. Sie wusste zu imponieren, aber hinter ihrer gewinnenden Art, ihrer lebhaften Intelligenz verbarg sich ein selbstsüchtiger, frivoler Charakter. Der Sohn konfrontierte seine Mutter einmal in rüdem

Ton, als er ihr 1898 schrieb: «Du und ich sind in gleicher Weise gedankenlos – gedankenlos und verschwenderisch.» Wie verschwenderisch, fanden Winston und sein sechs Jahre jüngerer Bruder Jack freilich erst spät heraus. 1914 lernte Jack, als er der Mutter bei der Scheidung von ihrem zweiten Mann, George Cornwallis-West, mit der Entwirrung von Erbschaftsfragen helfen wollte, das Testament seines Vaters kennen und machte dabei eine böse Entdeckung: Jennie hatte ihren beiden Söhnen einen größeren Teil ihrer Erbansprüche vorenthalten und das Vermögen durch ihren Lebenswandel und einige ruinöse Darlehen, die sie gutgläubig gewährt hatte, verspielt. Jack musste sogar seine Heirat aufschieben, weil er zunächst über zu wenig Mittel verfügte, um eine Familie zu gründen. Jennie heiratete 1919 noch ein drittes Mal, als 65-Jährige, ehe sie zwei Jahre später einem Schlaganfall erlag, der Folge einer Teilamputation an ihrem linken, von Wundbrand befallenen Bein.

Winston trauerte tief. Bei allen schwankenden Gemütsbewegungen der Mutter war der Sohn ihr in den Jahren seiner militärischen Abenteuer zwischen 1895 und 1900 zum ersten Mal in seinem Leben wirklich nahe gewesen, Jennie wurde ihm damals zur Mentorin und Freundin. Sie mochte ihm und seinem Bruder das Erbe vorenthalten haben, doch hatte sie getreulich die Aufstiegsetappen ihres Ältesten finanziert und für ihn die entscheidenden Kontakte geknüpft, wann immer er auf neue Bewährungsproben sann.

7. Lord Randolph erscheint seinem Sohn

Wir können die frühen Jahre Churchills nicht verlassen, ohne auf ein halluzinatorisches Erlebnis nach dem Zweiten Weltkrieg zu sprechen zu kommen, das einen tiefen Einblick gewährt, wie lange, wie lebenslang diesen Mann die entgangene Nähe vor allem zum Vater beschäftigt hat. Winston Churchill war Lord Randolph durch ferne Bewunderung verbunden, aber immer versagte der Vater seinem Sohn die Anerkennung, um die dieser buhlte. So viel sei zum Verständnis der folgenden Szene vorausgeschickt.

II. Wie man ein Glühwurm wird 61

Ein neblig-kalter Novemberabend, 1947. Churchill, 73 Jahre alt, hat zwei Jahre zuvor die Unterhauswahl und damit sein Amt als Premierminister verloren. Jetzt kann er sich, neben vielen Vortragsverpflichtungen und der Arbeit an seiner Geschichte des Zweiten Weltkrieges, wieder mehr seiner Leidenschaft, dem Malen, widmen. Er sitzt in dem eigens als Atelier umgebauten Teil eines Gartenhäuschens im Park seines Landsitzes Chartwell in Kent, beschäftigt mit dem Versuch, von einem leicht beschädigten Porträt seines Vaters aus den 1880er-Jahren eine Kopie anzufertigen. Die Palette in der Hand, dreht er sich wie vom Lufthauch einer Ahnung berührt um und wird seines Vaters, der in einem Lederlehnstuhl sitzt, ansichtig. Eine Unterhaltung entspinnt sich. Lord Randolph will zunächst wissen, was seit seinem Tod 1895 alles geschehen sei. Er gibt sich schockiert über die Nachricht, dass in Großbritannien inzwischen die sozialistische Labour Party regiert, und wundert sich, wie es unter solchen Umständen noch eine Monarchie geben könne. Hat Winston, so fragt der Vater ihn, seinen Unterhalt durch Malen verdient? «Nein», so dessen Antwort, «ich schreibe Bücher und Artikel für die Presse.» Im weiteren Verlauf erwähnt Lord Randolph die Schwierigkeiten seines Sohnes in der Schule, und welche «gestelzten Briefe» er ihm geschrieben habe – «ich wollte nie mit einem Jungen wie dir über Politik sprechen». Er habe angenommen, dass Winston bei seiner Liebe zu den Bleisoldaten eine Karriere in der Armee machen würde. «Ich war Major in der Kavallerie», erinnert Winston ihn. Der Vater ist nicht beeindruckt.

Lord Randolph will dann mehr über die Kriege und die Regime des neuen Jahrhunderts erfahren. Hat Russland noch einen Zaren? «Ja», so der Sohn, «aber er ist kein Romanow mehr, jedoch viel mächtiger, viel despotischer.» Als Resultat des letzten Krieges liege Europa in Ruinen, «viele seiner Städte sind unter den Bomben wie weggeblasen worden», und Millionen von Menschen seien umgekommen, «man hat sie in Pferche gedrängt wie auf den Schlachthöfen Chicagos». Zehn europäische Hauptstädte seien jetzt «in russischer Hand (...). Es sind Kommunisten, weißt du, Karl Marx und das alles. Es kann sehr gut sein, dass ein noch schlimmerer Krieg herannaht, ein

Krieg des Ostens gegen den Westen, ein Krieg der liberalen Zivilisation gegen die mongolischen Horden.»

Der Lord staunt, wie sein Sohn die Geschichte des 20. Jahrhunderts beherrscht, wie gut er alle diese Ereignisse erfasst. «Natürlich bist du inzwischen zu alt für so etwas», fährt er fort, «aber wie ich dir so zuhöre, frage ich mich, warum du nicht in die Politik gegangen bist. Du hättest eine Menge helfen, dir vielleicht sogar einen Namen machen können.» An diesem Punkt versucht Lord Randolph, sich eine Zigarette anzuzünden, aber beim Bewegen des Streichholzes verschwindet die Erscheinung. Churchill diktierte einen Bericht über dieses Erlebnis, legte ihn aber dann unveröffentlicht beiseite. Erst ein Jahr nach seinem Tod, am 30. Januar 1966, ließ sein Sohn Randolph den Text im «Sunday Telegraph» erscheinen.

Die Episode lässt tief blicken. Vergeblich hatte Churchill in seiner Jugend um die Gunst des Vaters geworben, der ihn oft rücksichtslos von sich stieß. «Ich hatte drei oder vier vertrauliche Unterhaltungen mit ihm», gab der Sohn in «My Early Life» ungeschützt zu. Da war «keine innere Beziehung». Der Vater hielt nicht viel von den schulischen Fähigkeiten seines Ältesten und noch weniger von dessen unbekümmerter Lebenseinstellung. Im Sommer 1893, als sich Churchill nach der Schule mit dem Versuch quälte, in Sandhurst aufgenommen zu werden – was erst nach zwei Anläufen und intensiver Nachhilfe gelang –, schrieb Lord Randolph ihm einen seiner «gestelzten» Briefe, brutal in seiner Offenheit: «Wenn Du Dir nicht verkneifen kannst, dieses liederliche, nutzlose und unprofitable Leben zu führen, wie schon während Deiner Schulzeit und danach, dann wird aus Dir nichts Besseres als ein gesellschaftlicher Tunichtgut, einer dieser Hunderten von gescheiterten Public-School-Leuten, und du wirst zu einer schäbigen, unglücklichen und sinnlosen Existenz degenerieren.»

Es ist ein Wunder, dass der Jugendliche unter dieser Einschätzung durch den Vater nicht verkümmerte, vielmehr geradezu angespornt wurde, sich ihm gegenüber zu beweisen. Ja, der neurotische, unberechenbare, zum Scheitern verurteilte Lord Randolph muss zu den wichtigsten Einflüssen gezählt werden, die Churchill in eine politische Laufbahn gedrängt haben. Klingt beim Sohn nicht gelinde Genugtuung zu später Geisterstunde an, wenn der Vater bemerkt, «du hättest dir vielleicht sogar einen Namen machen können» – nachdem Winston eine Weltberühmtheit geworden war? Statt an ihm zu zerbrechen, ist der junge Heißsporn an seinem Vater nur gewachsen und widmete ihm 1906 sogar seine erste historische Meisterleistung, «Lord Randolph Churchill», eine zweibändige Biographie. Sie ist eine der wichtigsten Quellen zum Verständnis von Churchills politischem Werdegang und wird uns an anderen Stellen dieser Erzählung noch eingehend beschäftigen.

Aber die persönlichen Schwächen des Vaters überging Churchill in seiner Biographie oft pietätvoll. Über den Aylesford-Skandal zum Beispiel erfährt man in diesem Werk so gut wie nichts, und was der Autor andeutet, kann uns beim Nachlesen nur als geradezu komischer Versteckversuch erheitern. «Lord Randolph», so steht da, «mischte sich mit bedenkenloser Parteinahme in einen Streit seines Bruders und zog sich das tiefe Misstrauen einer hochgestellten Persönlichkeit zu. Die modische Welt lächelte nicht mehr. Mächtige Feinde legten es darauf an, ihn zu demütigen.» «Das tiefe Misstrauen einer hochgestellten Persönlichkeit» als Beschreibung des königlichen Bannfluches, der Randolph und die Marlboroughs damals ereilte – das ist schon ein hübsches Beispiel begnadeter Retouchierung. Immerhin: «bedenkenlose Parteinahme» – das beschreibt das impulsive Naturell des Vaters dann doch ziemlich genau. Und markiert gewisse Züge in der psychologischen Veranlagung des Sohnes nicht weniger treffend.

KAPITEL III

Das Abenteuer beginnt: Soldat, Autor, Politiker

1. Fest im Sattel: Sandhurst

Nach seinem Schulabschluss in Harrow 1892 suchte der junge Mann Sir Felix Semon auf, den berühmtesten britischen Kehlkopfspezialisten der Zeit, um sich von seinem Sprachfehler, bei dem aus «s» meist ein leichtes «sh» wurde, befreien zu lassen. Der Arzt riet davon ab, die Sehne zu durchschneiden, die seine Zunge fesselte – und das leichte Lispeln blieb bis zum Ende die unverwechselbare Eigentümlichkeit von Churchills Aussprache. Wie viele Zeitgenossen veröffentlichte auch Sir Felix seine Erinnerungen, in denen er den Besuch des jungen Aristokraten in seiner Praxis festhielt. Churchill habe ihm verraten: «Ich plane, nach Sandhurst zu gehen und mich danach einem Husarenregiment in Indien anzuschließen. Aber es ist natürlich nicht meine Absicht, ein bloßer professioneller Soldat zu werden – ich will nur etwas Erfahrung sammeln. Eines Tages werde ich ein Staatsmann, wie mein Vater.»

Ein erstaunlicher Lebensentwurf des 18-Jährigen. Er lässt es nicht damit bewenden, von seiner nächsten Etappe zu sprechen, der Militärakademie Sandhurst, die schon prominent genug war, sondern blickt bereits über seine militärische Laufbahn hinaus. Und mit dem Selbstvertrauen, das Alfred George Gardiner 16 Jahre später als hervorstechendstes Merkmal Churchills ausmachen wird, mit dieser Verachtung fürs Sichverstecken bekennt der arrogante junge Mann:

«Eines Tages werde ich ein Staatsmann, wie mein Vater.» Ein wenig an dieser Attitüde ist freilich auch das Selbstbewusstsein des Abkömmlings aus aristokratischem, wenn auch lädiertem Stamm, in dem der alte Reflex wieder aufscheint, sich zu bewähren und seinem Land in verantwortlicher Stellung zu dienen. Solches wurde schließlich den Zöglingen der *public schools* – neben den Schlägen mit der Rute – gezielt eingebläut. Noch heute wimmelt es in den Spitzen der britischen Politik von Absolventen aus Eton und anderen privilegierten Schulen, nebst den dazugehörigen Colleges in Oxford und Cambridge.

Keines von diesen aber hat Churchill je besucht, und das genau ist das Überraschendste an seinem Bekenntnis: Ein künftiger Staatsmann, wie der junge Harrow-Absolvent ihn sich ausmalte, hätte damals auf jeden Fall den Weg über «Oxbridge» nehmen müssen – auch der Vater hatte schließlich Oxford besucht und am Merton College in Jura und Geschichte graduiert. Aber Winston überspringt diese Station, und zwar nicht nur, weil sein Harrow-Abschluss für den Eintritt in eine Elite-Universität nicht gereicht hätte. Er geht stracks von der «soldatischen Erfahrung» zum «Staatsmann» über. Das aber war in der britischen Politik seit dem Herzog von Wellington nicht mehr vorgekommen. Was machte den jungen Mann so selbstsicher? Mit welchem Rüstzeug betrat er seine Laufbahn?

Sandhurst, mit einer Ausbildungszeit von nur 18 Monaten, stellte kein Problem für ihn dar – außer dass er für Bälle und andere gesellige Veranstaltungen nie genug Geld hatte. Die einzige Beschwerde seitens der Lehrer betraf seine Unpünktlichkeit, eine Untugend, die er in späteren Jahren noch zu verfeinern wusste. Aber seine Leistungen im Unterricht verbesserten sich dramatisch: Er erhielt sehr gute Noten für Taktik, Befestigungsbau und Militärtopographie und eine exzellente Benotung seiner Reitkünste, was eine Empfehlung für den künftigen Kavallerieleutnant war. Der Dienst brachte damals täglich acht Stunden im Sattel mit sich. Reiten zu können wurde für Churchill «eines der wichtigsten Dinge der Welt», wie er in seinen Jugenderinnerungen schreiben würde.

Strategie als Fach dagegen hielt er für überbewertet. Sie sei doch nur eine Sache des Common Sense, meinte er: «Man lege die Elemente eines strategischen Problems dem klarsichtigen Kopf eines Zivilisten mit erstklassigen Fähigkeiten und genügend Phantasie vor – der würde schon auf die richtige Lösung kommen.» Dreimal darf man raten, an wen Churchill hier wohl gedacht haben mag. Die Maxime leitete ihn auch als Marineminister 1915 beim Dardanellen-Unternehmen, doch standen ihm dabei zu viele Hindernisse im Weg, nicht zuletzt sein eigenes Ungestüm – und so endete dieses Kapitel im Fiasko. Im Zweiten Weltkrieg dagegen lag er mit seiner Einstellung, Strategie sei Common Sense, häufiger genau richtig. Allerdings vermied er weitere Fiaskos nur, weil im Generalstab Militärs waren, denen er gestattete, ihm oft und entschieden zu widersprechen.

Das Abschlussexamen in Sandhurst bestand Churchill als 20. von 130 Jahrgangsteilnehmern; in seinen Jugenderinnerungen verschob er das Resultat auf einen schmeichelhaften achten Platz unter 150 Absolventen. Das änderte aber nichts an der Tatsache, dass Churchill, körperlich und intellektuell gefordert, sich auf der Militärakademie bewiesen hatte, «dass ich die Dinge, auf die es ankam, schnell genug lernen konnte». Rasches Erfassen jeglicher Materie sollte ihn in seiner politischen Laufbahn immer wieder auszeichnen.

Einen Monat vor dem Abschluss in Sandhurst erlag sein Vater der progressiven Gehirnparalyse, dem Endstadium der Syphilis. «Alle meine Träume von Kameradschaft mit ihm», schrieb Churchill später, «vom Eintritt ins Parlament an seiner Seite, von ihm unterstützt, waren zu Ende. Mir blieb nur, seinen Zielen nachzustreben und die Erinnerung an ihn zu rehabilitieren.» Das war mehr als die übliche Pietät, die ein Sohn dem Gedächtnis des Vaters gegenüber bei dessen Tod empfindet; die Rehabilitation, die sich Winston vornahm, griff tiefer. Sie berührte den Grund seiner Verbitterung über die Behandlung des Vaters durch die eigene Partei, die Konservativen. Die hatten, so sah es der Sohn, keinen Begriff von den progressiven Ideen des großen Redners und Politikers gehabt und lohnten diesem seine Reformbemühungen mit kalter Missachtung. An diesem idealisierten Bild sollte Churchill schließlich das Bild von sich selbst entwickeln, wie die zweibändige Biographie über den Vater, zehn Jahre später erschienen, verriet – das Bild eines Außenseiters, der über bloßen Parteiklüngel hinausgreift und sich als eigene Kraft definiert.

Damit ist jetzt auch unsere Frage, was den jungen Mann beim Blick auf die Zukunft so entschieden und selbstgewiss aussehen ließ, fürs Erste beantwortet: Auf dem Weg zum «Staatsmann» lag der Wille zum Schreiben. Schreiben würde er über die Erfahrungen des eigenen abenteuerlichen Lebens, das zu führen er auf dem Sprung war, über den Vater und dessen Wirken, als Vorbild für die eigene politische Laufbahn. Dahin würde es ihn ziehen, wie Churchill schon zu Beginn seiner fünfjährigen Militärzeit wusste, ohne dass ihm die Einzelheiten vor Augen stehen konnten. «Das politische Spiel ist ein sehr schönes», schrieb er an seine Mutter aus Aldershot bei London, dem Quartier des 4. Husarenregiments – man müsse nur «ein gutes Blatt» in der Hand haben, ehe man sich da hineinstürzt. «Spiel» und «ein gutes Blatt» – das sind die Vokabeln eines jungen Hasardeurs. Das Jahr 1895 bedeutete für den 20-Jährigen einen endgültigen Abschied von Kindheit und Jugend, denn im Juli starb auch seine geliebte Nanny und Ersatzmutter, Mrs. Everest. Zwei Figuren, die sein Leben mitbestimmt hatten, waren nicht mehr unter den Lebenden. Die eigene Ausfahrt konnte beginnen. «Von nun an war ich Herr meiner Geschicke.» Keine Zuchtrute, keine Fremdbestimmung mehr – der Eigenwillige setzte sich durch.

2. Vorspiel auf Kuba

«Erfahrung und Abenteuer waren in der britischen Armee eine äußerst seltene Sache geworden», lesen wir in Churchills Jugenderinnerungen. Im Abendlicht des viktorianischen Zeitalters sah es im britischen Weltreich in der Tat recht friedlich aus. War der Krieg etwa ausgestorben? Wohin mit dem Heißhunger auf Kampf und Bewährung? «Ein Jammer», so reflektierte der 55-Jährige 1930 mit leichtem

III. Soldat, Autor, Politiker 69

Winston Churchill als zweiter Leutnant des Kavallerie-Regiments
4th Hussars, 1895. Uniform und Lebenshaltung kamen die Mutter
teuer zu stehen

Imponiergehabe, «dass es mit den Kriegen zwischen zivilisierten
Völkern endgültig vorbei war. Wäre man nur hundert Jahre früher
geboren worden, wie herrliche Zeiten hätte man da erlebt! Wie
schön, sich vorzustellen, man wäre 1793 erst neunzehn Jahre alt gewesen und hätte noch mehr als zwanzig Jahre Krieg gegen Napoleon vor sich gehabt! (...) Da die Welt immer friedlicher und ver-
nünftiger wurde – und demokratisch dazu –, war es mit den großen

Tagen vorbei. Ein Glück nur, dass es noch wilde und barbarische Völker gab.»

Der junge Soldat schaute sich um, wo noch Mutproben und Abenteuer zu haben wären. Das Leben war kurz, viel Zeit schien den Marlboroughs offenbar nicht gegeben, wie Churchill glaubte – der Vater war mit 45 Jahren gestorben, der 8. Herzog, der notorische Onkel George, 1892 mit 48. Nirgends fiel ein Schuss – nein, doch: in Kuba, das zum spanischen Kolonialbesitz gehörte und wo es darum ging, einen Aufstand der örtlichen Guerilla niederzuschlagen. Guerillakrieg hatte in Sandhurst und Aldershot nicht auf dem Programm gestanden, aber hier lauerte wenigstens Gefahr, also nutzte Churchill die dienstfreien Wintermonate, um nach Havanna aufzubrechen, in Begleitung eines Kameraden.

Ebenso wichtig wie Kriegserfahrung war dem Leutnant Churchill freilich auch die Möglichkeit, darüber zu schreiben – der Londoner «Daily Graphic» gab ihm die Chance, sich zu testen, obwohl sich die englische Öffentlichkeit nicht sehr für den kubanischen Aufstand interessierte. Aber der junge Husar schaffte es immerhin, Neugier zu wecken. Insgesamt fünf Beiträge des Kriegsreporters Winston Churchill kamen in den acht Tagen auf der Zuckerrohrinsel zustande, für fünf Pfund pro Artikel. Es war der tastende Anfang einer Reporterkarriere, die Churchill binnen fünf Jahren an die Spitze der englischen Kriegsberichterstatter bringen sollte, gleichrangig neben den berühmtesten Namen seiner Zeit: William Howard Russell von der «Times» und George Warrington Steevens von der «Daily Mail», dem neugegründeten Boulevard-Blatt.

In Lebensgefahr gerieten Churchill und sein Begleiter in Kuba wohl nicht, auch wenn er an einer Stelle seiner Jugenderinnerungen orgelt: «Die Kugeln summten über unsere Köpfe hinweg (...) und schlugen klatschend in die aufseufzenden Palmenbäume». Da sprach, wie Peter Alter in «Winston Churchill (1874–1965). Leben und Überleben» treffend bemerkt, «der Effekte haschende Kriegsberichterstatter einer Londoner Zeitung». Es war der 30. November 1895, Churchills 21. Geburtstag. Manche Erkenntnisse des Draufgängers und Journalisten reichten allerdings auch tiefer. Sie verraten, wie

III. Soldat, Autor, Politiker

widersprüchlich es in Churchills Denken zugehen konnte. Einerseits stand er unverrückt auf der Seite des Empire und anderer Kolonialmächte, aber seinen Lesern vertraute er auch an: «Je mehr ich von Kuba sehe, desto mehr bin ich davon überzeugt, dass die endliche Forderung nach Unabhängigkeit eine nationale und einstimmige ist.» Es gab also Grenzen für das wohltätige Wirken des Imperialismus.

Aus der Kuba-Episode nahm Churchill zwei lebenslange Gewohnheiten mit, die geradezu ikonische Bedeutung für ihn gewinnen sollten: die Zigarre, am liebsten eine Havanna, sowie die Kräfte konservierende, für ihn unverzichtbare Siesta. Seinen Einsatz als Militär resümierte er in «My Early Life» etwas hölzern: Er sah darin «eine Art persönliche Generalprobe, durch ein in sich abgeschlossenes Experiment festzustellen, ob ich solchen soldatischen Ansprüchen auch gewachsen war». Das war der richtige Maßstab am falschen Objekt: Die eigentliche Probe aufs Exempel sollte erst noch kommen.

Unmittelbar vor den Tagen auf Kuba nahm Churchill die Gelegenheit wahr, zum ersten Mal das Land seiner zweiten Herkunft zu besuchen, Amerika. Auch im Anschluss an Kuba reiste er noch einmal nach New York. Gastgeber und Quartiermeister in seinem Apartment an der Fifth Avenue war der Anwalt und Kongressabgeordnete der Demokraten Bourke Cockran, ein verflossener Liebhaber seiner Mutter und – was mehr wog – ein berühmter Redner und Politiker seiner Zeit. Begierig ließ Churchill sich von Cockran in die Geheimnisse der Eloquenz einführen. Später bekannte er, diesem irischamerikanischen Politiker verdanke er viel von seiner eigenen Redetechnik: «umgangssprachliche Ausdrücke, Pointen, das Mark und die Rundheit, Antithesen und Verständlichkeit». Zur Vorbereitung auf die Begegnung mit Cockran hatte der Besucher mehrere Reden des berühmten Mannes nach den Zeitungsberichten auswendig gelernt. Ähnlich bereitete er sich bald anhand vollständig memorierter Reden des Vaters auf seine politische Laufbahn vor – auf sein Gedächtnis konnte sich Churchill verlassen, es speicherte alles wie ein Computer.

Noch 1955, im Alter von 80 Jahren und kurz vor seinem endgültigen politischen Ausscheiden, traf Churchill in London auf einem Abendempfang mit dem amerikanischen Politiker Adlai Stevenson zusammen, der 1952 gegen Dwight D. Eisenhower im Kampf um das Präsidentenamt angetreten war und es 1956 erneut versuchen sollte. Stevenson wollte wissen, was Churchills rhetorischen Stil beeinflusst habe. «Amerika – und Bourke Cockran», so kam die Antwort ohne ein Zögern. «Cockran brachte mir bei, wie man jede Note der menschlichen Stimme einsetzen solle, wie an der Orgel. Er konnte auf jeder Gefühlslage spielen und mit seiner Stimme auf politischen Veranstaltungen Tausende in den Bann schlagen.» Woraufhin der alte Mann vor dem amerikanischen Besucher mehrere Absätze aus Cockrans Reden zitierte – 60 Jahre nachdem er sie gelesen und memoriert hatte. Stevenson war sprachlos.

3. Indien: Ein Autodidakt holt Bildung nach

Churchills Einheit, das 4. Husarenregiment, wurde im Herbst 1896 nach Südindien versetzt, in die Garnison von Bangalore. Sie lag 1000 Meter über dem Meeresspiegel, das Klima war erträglich, der Dienst leicht, das Leben für einen privilegierten Offizier höchst komfortabel. Churchill stand ein eigener Bungalow zur Verfügung, dazu seine Polo-Pferde und natürlich ein Butler, ein Reitknecht und etliche Dienstboten. Die Versuchung war groß, die Wochen und Monate zwischen Oktober 1896 und Mai 1897 mit Müßiggang und Polo-Spielen zuzubringen, Churchills sportlichem Hauptvergnügen. Dass er dieser Versuchung – das Polo ausgenommen – nicht erlag, spricht sehr für den selbstsicheren Mann, den wir bisher kennen gelernt haben. Doch in einer Hinsicht war er keineswegs selbstsicher: seinem Mangel an Bildung. Der überkam ihn plötzlich wie eine beunruhigende Entdeckung. Jetzt gab es nur eines: lernen, lernen, lernen. «Ich hatte einen großen Wortschatz zusammengetragen», verriet er in seinen Jugenderinnerungen, «ich liebte Worte und hatte ein Gefühl für ihre Verwendung. Aber ich ertappte mich dabei, dass ich Worte verwendete, deren genauer Sinn mir nicht völlig klar war (...) Ich besaß, wie ich jetzt erkannte, von vielen großen Wissensgebieten nicht einmal die nebelhafteste Kenntnis.»

III. Soldat, Autor, Politiker 73

Ein Autodidakt machte sich also daran, Bildung nachzuholen, ausgerechnet in Indien, wo weit und breit keine Bibliothek bereit stand, sein Defizit auszugleichen. Also musste die Mutter helfen, mit Bücherpaketen am laufenden Band, was sie bereitwillig tat – Jennie hatte ihrem Sohn ohnehin geraten, sich neben Polo und Exerzieren durch Lektüre weiterzubilden: Er würde sonst Zeit seines Lebens bereuen, dies in jungen Jahren nicht getan zu haben. Genauso sah es auch Winston. Es wird wenige junge britische Kavallerie- oder auch Infanterieoffiziere des ausgehenden 19. Jahrhunderts gegeben haben und auch kaum Absolventen der englischen Elite-Universitäten, die in wenigen Monaten einen ähnlich umfassenden Lektürekanon bewältigten wie der Sohn Lady Churchills in dieser Zeit. Die Schiffspost brachte: Macaulays «Geschichte Englands», zwölf Bände; Gibbons «Decline and Fall of the Roman Empire», acht Bände; Platon, Aristoteles, Schopenhauer, Malthus und Darwin; auch Saint-Simons «Memoiren» oder Pascals «Briefe in die Provinz» waren dabei, ebenso wie Adam Smiths «Wealth of Nations». Ein eklektisches Pensum, ein Kaleidoskop der Kultur, ohne erkennbaren Leitfaden.

Die Kameraden spielten Karten oder überließen sich dem Nichtstun, er studierte. Besonders fasziniert war der junge Husar von «The Martyrdom of Man», einem umstrittenen, aber vielgelesenen Traktat des Historikers und Philosophen William Winwood Reade, der den Gang der Geschichte und den Fortschritt der Menschheit außerhalb des etablierten Christentums festzumachen suchte. Das kam Churchills eigener Einstellung entgegen: An die Stelle von verfasster Religion, zu der er keinen Zugang fand, setzte er, Reade folgend, den Glauben an den historischen Fortschritt – «mit starker Betonung der zivilisatorischen Mission Großbritanniens und des britischen Empire», wie Paul Addison in «Churchill. The Unexpected Hero» hinzufügt: «Dies wurde bei ihm begleitet von einem mystischen Glauben an das Wirken der Vorsehung, der mit Zynismus und Niedergeschlagenheit wechselte. Er war geneigt anzunehmen, dass die Vorsehung in bestimmten Momenten interveniert habe, um sein Leben zu retten, damit sich sein Schicksal, was immer damit gemeint war, erfüllen könne.»

Auch jenseits dieser Intimbeziehung zwischen dem Glühwurm und dem Demiurgen nahm Churchill den Allerhöchsten gerne in Anspruch, wenn er sich einen Reim auf bestimmte Episoden der Zeitgeschichte machen wollte, meist mit einem ironischen Unterton. So erklärte er gegenüber Leo Amery, einem Tory-Politiker, der ihn 1929 auf einer Schiffsreise in die USA begleitete, was dafür spreche, dass es einen Gott gebe: «die Existenz von Lenin und Trotzki, für die es eine Hölle braucht». So Amery in seinem Tagebuch. Am Vorabend des deutschen Überfalls auf die Sowjetunion im Juni 1941 meinte Churchill im Gespräch mit seinem Adlatus Colville: Selbst in dem Fall, dass Hitler sich zur Eroberung der Hölle entschlösse, würde er, Winston, «zumindest ein freundliches Wort für den Teufel einlegen». Zu irgendeiner wie auch immer gearteten Religion addierten sich solche Bemerkungen allerdings nicht. «König und Vaterland, und zwar in dieser Reihenfolge – das ist Winstons ganze Religion», resümierte Lord Moran.

Der junge Leutnant machte sich in Indien keine Illusion über die «recht merkwürdige Art der Bildung», die er da aufsaugte, wie er in seinen Jugenderinnerungen 1930 rekapitulierte. Merkwürdig war sie zum einen, «weil ich mit leerem und hungrigem Geist und ziemlich kräftigem Kiefer alles verschlang, was mir unter die Finger kam. Und zweitens, weil ich niemanden hatte, der mir sagte, ‹das ist bereits überholt›, ‹du solltest die Antwort daraus bei so und so lesen›, oder ‹über diesen Gegenstand gibt es ein weit besseres Werk›, und so fort.» Mit anderen Worten: Keine kritische Methode, wie sie in einem Universitätsstudium zur Anwendung gekommen wäre, begleitete Churchills Versuch, sich Allgemeinwissen anzueignen. Aber der Churchill, den die Welt kennen lernte, hätte in den Mühlen einer kritischen Methode nicht die Sprache gefunden, die ihn berühmt machte. So aber konnte sein rhetorischer Enthusiasmus ungehindert strömen.

Auch der Politiker, der Churchill werden wollte, wie er gegenüber Sir Felix Semon bekannt hatte, lief sich in Indien warm für den angestrebten Lebenslauf. Das geschah anhand etlicher Bände des «Annual Register of World Events», eines von Edmund Burke im 18. Jahrhundert gegründeten Periodikums, das unter anderem die wichtigsten im Unterhaus gehaltenen Reden im Wortlaut wiedergab. Churchill vertiefte sich in die Argumente aus jüngster Zeit, um an ihnen seinen politischen Verstand zu wetzen. Er bemerkte, wo der Redner seiner Meinung nach irrte, wo eine Rede völlig missraten war oder wo andererseits eine Pointe besonders gut saß und welche Rede man gewinnbringend auswendig lernen sollte. Hier begegnete er auch den fulminanten Kadenzen seines Vaters aus dessen parlamentarischer Blütezeit und prägte sie sich ein. Er malte sich aus, mit welchen Waffen er selbst gegen das politische Establishment gefochten hätte, und deklamierte laut seine Antworten, als müsste er sie am folgenden Tag im Unterhaus vortragen.

Die sorgfältige Vorbereitung ausgearbeiteter Reden wurde später zu seiner Spezialität, da ihm jede Spontaneität des Vortrags abging. Churchill musste seine Reden mühevoll und manchmal über Tage hinweg vorbereiten, bis er sie Wort für Wort auswendig beherrschte und mit dem gewählten Duktus des Vortrags Eindruck machen konnte, ob im Wahlkampf oder im Unterhaus. In einem Essay aus jenen Jahren, über das «Baugerüst der Rhetorik» («The Scaffolding of Rhetoric»), der zu Lebzeiten Churchills nie gedruckt wurde, kam er im Gedenken an seinen Vater zu dem Schluss: «Verlassen von seiner Partei, verraten von seinen Freunden, seines Amtes entkleidet bleibt doch jeder, der über die Macht der Rede verfügt, weiterhin eindrucksvoll.» Eine Vorankündigung der eigenen Lebensgeschichte.

4. In den Schluchten der Pathaner

Die Macht der Rede stellte Churchill im Sommer 1897 während mehrerer Monate in der Heimat sogleich auf die Probe – es war das Jahr des diamantenen Thronjubiläums von Königin Victoria. Nahe der westenglischen Stadt Bath fand im Juli ein Sommerfest der Primrose League statt, einer von seinem Vater gegründeten Gruppierung, mit der Lord Randolph die Tories für den Liberalismus gewinnen wollte, damit der Fortschritt nicht allein die Pfründe der liberalen Partei unter ihrer Galionsfigur Gladstone (1809–1898) bleibe. Auf dieser Veranstaltung zog Winston in einem 20-minütigen Auftritt alle Register seiner Rhetorik, die er beim Studium des «Annual Register» eingeübt hatte, und legte sich mächtig für ein gerade im Parlament behandeltes Gesetz zur Arbeiterwohlfahrt ins Zeug. Der britische Arbeiter habe mehr von der «steigenden Flut der Tory Democracy» zu erwarten, so intonierte er, «als von der ausgetrockneten Regenrinne des Radikalismus». Im englischen Wortlaut kommt das Spiel mit der Alliteration, die Churchill als effektvolles Moment seiner Eloquenz lebenslang gerne einsetzte, noch besser zum Tragen: «the dried-up drain-pipe of Radicalism». Lachen und laute Zurufe belohnten ihn für diesen Satz. Und so erging es ihm auch mit anderen ausgefallenen Formulierungen. In der Presse erschienen erste Berichte über diese neue Figur auf der politischen Bühne. Mit einer Sprache, die so gar nicht von den abgedroschenen politischen Phrasen der Zeit verdorben war, konnte man offensichtlich Eindruck machen.

Gut reden zu können, das war schon einmal sehr nützlich – aber noch fehlte dem Leutnant die Bewährung im Krieg, Kuba konnte es nicht gewesen sein, dazu war es zu beiläufig gewesen. Aber an der indischen Grenze zu Afghanistan (Pakistan als eigenes Land wird es erst 1947 geben) übten Paschtun- («Pathaner»)-Stämme einen Aufstand, zu dessen Unterdrückung die britische Regierung ein aus drei Brigaden bestehendes Expeditionskorps aufgestellt hatte, die Malakand Field Force unter dem Befehl von General Sir Bindon Blood. Churchill zögerte nicht lange, ließ alle Einladungen zu Feiern um das diamantene Thronjubiläum Königin Victorias fallen und bat den General telegraphisch, sich ihm unterstellen zu dürfen. Da in seinem Stab alle Positionen besetzt waren, riet Sir Bindon dem jungen Husarenleutnant, sich einen Auftrag als Kriegsberichterstatter zu besorgen. Solche Ausflüge ins journalistische Metier waren damals noch erlaubt, auch wenn außer Churchill kaum ein Offizier im Dienst diese Möglichkeit wahrnahm.

Wieder wurde die Mutter mit ihren Kontakten und Überredungskünsten eingeschaltet, und während Churchill schon unterwegs nach Indien war, um sich von seinen Vorgesetzten Erlaubnis für den Einsatz im gebirgigen Nordwesten geben zu lassen, wurde Jennie

III. Soldat, Autor, Politiker 77

mit dem «Daily Telegraph» handelseinig, für ein Honorar von fünf Pfund pro gedruckter Spalte. Winston war empört – hätte die Mutter nicht mehr aushandeln können?, ließ er sie wissen. «Wie Dr. Johnson schon sagte: Niemand außer einem Dummkopf hat jemals geschrieben außer für Geld.» Was den angehenden Korrespondenten am meisten aufbrachte, war, dass unter seinen Depeschen lediglich «Von einem jungen Offizier» stehen sollte, nicht sein Name. Wer würde je erfahren, von wem die Texte stammten? Nun, London schon, dafür zumindest würde die Mutter sorgen. Auch hatte Churchill sich bereits vorgenommen, seine Berichte – sie erschienen zwischen dem 6. Oktober und dem 6. Dezember 1897 – im Jahr danach als Buch zu veröffentlichen, dann natürlich unter vollem Namen.

Am 16. September erlitt Sir Bindons Expeditionskorps im Mamund-Tal eine empfindliche Niederlage. Es war Platz, ja sogar Bedarf nach Leutnant Churchill, und zwar nicht nur nach dem Kriegskorrespondenten, und so wurde er dem 31. Punjab-Regiment zugeteilt, wo gerade noch drei weiße Offiziere die indischen Truppen kommandierten. Nun also befehligte er tatsächlich Truppen des Empire im Einsatz, und was der junge Krieger Churchill erlebte, war alles andere als ein bloßes Abenteuer. Zugleich zwang er sich, als Mann der Waffe und der Feder Kampfhandlungen, an denen er selbst beteiligt war, wie distanziert zu beobachten, um die Vorgänge um sich herum einordnen zu können. Das schärfte auch den Stil.

Noch heute fasziniert uns dabei Churchills Kunst der spannenden Beschreibung. Dafür ein Beispiel: Ein Adjutant der Sikhs hat gerade einen verwundeten Kameraden fallen gelassen, als er ein Dutzend Paschtuns plötzlich aus einer Hütte auf sich zukommen sieht und in Panik flieht. Churchill berichtet: «Der Stammesanführer stürmte auf die liegende Figur zu und zerhackte sie mit drei, vier Streichen seines Schwertes. Ich vergaß in diesem Moment alles, außer dass ich den Mann töten wollte. Mein langes Kavallerieschwert, gut geschärft, hatte ich bei mir. War ich nicht Fechtmeister der *public schools* gewesen? Der Wilde sah mich kommen, nicht mehr als sieben Meter von ihm entfernt. Er hob einen großen Stein auf, schleuderte ihn in meine Richtung und harrte meiner mit geschwungenem

III. Soldat, Autor, Politiker

Schwert. Andere warteten nicht weit hinter ihm. Ich ließ von dem Gedanken, meinen kalten Stahl zu zücken, ab und zog den Revolver, zielte, wie ich dachte, sehr genau und feuerte. Kein Ergebnis. Ich feuerte wieder. Kein Ergebnis. Ob ich ihn traf oder nicht, kann ich nicht sagen. Auf jeden Fall lief er circa einen Meter zurück und sackte hinter einem Felsblock weg. Die Salven gingen weiter. Ich sah mich um. Ich war allein vor dem Feind. Kein Freund in der Nähe. Ich lief so schnell ich konnte. Überall Kugeln. Ich kam zu der ersten Anhöhe. Hurra, die Sikhs hielten die andere. Sie gestikulierten wild in meine Richtung, und in wenigen Augenblicken war ich bei ihnen.»

Ein atemloser Stil – deutlich wird die Angespanntheit des Augenblicks. Churchill wird in seinen Berichten nichts unterschlagen: In puncto Grausamkeit halten sich beide Seiten die Waage, und keine gibt Pardon. Mehrmals erwähnt die offizielle Frontchronik Churchills Mut und Tapferkeit. Die stilisiert er in seinen Briefen an die Mutter, als sei er selbst Savrola, der Held, der damals als Figur seines Romans in ihm wach wird. Einmal schreibt er, wie er die Kampflinie entlanggeritten sei, «was vielleicht dumm war, aber ich spiele mit hohem Einsatz, und gibt es ein Publikum, so ist kein Akt zu wagemutig oder zu nobel. Ohne Theaterränge liegen die Dinge anders.» Verräterische Sätze: Der Soldat und Mann der Feder ist zugleich ein Schauspieler, er schielt auf das Publikum und möchte im Augenblick des Wagemuts, selbst wenn das eine kolossale Dummheit ist, gesehen werden. Auch über sein rhetorisches Feuer beichtet Churchill der Mutter: Es gehe ihm dabei in erster Linie weniger um die vertretenen Prinzipien als um den Eindruck, den er mit Worten erzielt «und um die Reputation, die sie mir verschaffen».

Im März 1898 erscheint das Buch «The Story of the Malakand Field Force». Darin zieht der Autor den Schluss, dass die Bergstämme der Pathaner letztlich «nicht pazifizierbar» seien. Aber entschuldigt das, so fragt er, die strategische Blindheit, die er erlebt zu haben glaubt? Churchill kritisiert das Fehlen befestigter Stützpunkte im Kampf gegen einen gut ausgerüsteten Feind, der moderne Gewehre und große Beweglichkeit besitzt und nach Guerillataktik vorgeht. «Das Ergebnis ist (...), dass die Truppen überallhin marschieren, und alle gestellten Aufgaben erfüllen können, außer der einen – den Feind zu erwischen; und dass alle ihre Bewegungen von Verlusten begleitet sind.» Kein Wunder, dass man dem Verfasser in Stabskreisen solche offenen Worte übel nimmt. Aber Churchill kennt keine Rücksicht: «Es ist Mode in der englischen Politik, die Leute an Ort und Stelle zu diskreditieren. Man unterstellt ihnen, sie seien zu leicht erregbar, voreingenommen und unfähig, überlegte und umfassende Urteile zu fällen. Dazu bedürfe es einer Atmosphäre kenntnisferner Indifferenz.» Ein Hohn auf die höheren Chargen.

Die Kritikerzunft dagegen äußert sich begeistert über den kraftvollen, lebendigen Stil des Buches, von dem 8500 Exemplare abgesetzt werden – kein schlechter Start für einen noch unbekannten Namen. Auch der Prinz von Wales, der künftige Edward VII., meldet sich zu Wort und schreibt an Churchill, mit dessen Vater er sich 13 Jahre zuvor hatte duellieren wollen: «Ich kann nicht widerstehen, Ihnen ein paar Zeilen zu schicken, um Ihnen zu dem Buch zu gratulieren. Ich habe es mit dem größtmöglichen Interesse gelesen und halte die Beschreibungen und die Sprache allgemein für exzellent. Alle lesen es, ich höre nur mit großem Lob von ihm sprechen.» Eine bessere Rezension konnte der angehende Schriftsteller sich nicht wünschen. «Dieses kleine Buch allein hatte mir in zwei Monaten mehr Geld eingebracht als zwei Jahre Leutnantssold», erinnerte er sich in der Rückschau auf seine Jugendjahre. «Ich beschloss, mich so bald als möglich von aller Disziplin und Autorität zu befreien und mich in voller Unabhängigkeit in England niederzulassen, wo niemand mir Befehle geben oder mich mit Trompetenstößen wecken konnte.»

Aber dafür war es noch ein wenig früh.

5. Zu Pferd am Nil

Zwei Bücher sind inzwischen geschrieben, «The Story of the Malakand Field Force» ist erschienen, während «Savrola» mit der Veröffentlichung noch bis 1900 warten muss. Da regt sich schon wieder

Krieg, diesmal im Sudan. Ein Aufstand des Mahdi («Messias»), der mit seinen Anhängern bereits 1885 General Gordons Truppen aufgerieben hat, ist dabei, die «Ungläubigen» ganz aus dem Sudan zu vertreiben. England tritt an, «Gordon of Khartoum» zu rächen und mit dem Sudan eine Verbindung zu seinen südlichen Kolonien in Afrika zu gewinnen. Ein alter Empire-Traum, diese durchgehende Landverbindung zwischen Ägypten, den Besitzungen in Ostafrika und der Kapkolonie im Süden des Kontinents, und der Sudan ist auch ein Bindeglied zur imperialen Route nach Indien. «Sirdar», also Oberkommandierender der britischen Truppen in Ägypten, ist seit 1890 Sir Herbert Kitchener (1850–1916), der nun, 1898, den Auftrag erhält, gegen die Derwische vorzurücken.

Auf seinem beschaulichen Hochsitz in Bangalore rechnet sich Churchill keine Chance aus, bei Kitchener mit dem Wunsch durchzudringen, sich für die Sudan-Kampagne den 21. Lancers anzuschließen. Also ist er für den Sommerurlaub 1898 wieder in London, als sein eigener Lobbyist, verstärkt durch die Bemühungen der Mutter auch bei Hof, bei ihrem Ex-Liebhaber, dem Prinzen von Wales. Doch Kitchener bleibt stur – er gehört zu den Militärs, die den Leutnant Churchill als zu vorlaut einstufen mit seiner Kritik an der Malakand-Strategie. So einen will er im Sudan nicht dabei haben, womöglich auch noch wieder als Korrespondenten im Nebenberuf. Er hält ihn, modern gesprochen, für einen *self-promoter*, auch für einen Ordensjäger. Da kommt Churchill wieder einmal Fortuna entgegen, in Gestalt des fast 70-jährigen Premierministers Lord Salisbury: Der interessiert sich für den Autor des viel diskutierten Buches über den Feldzug an der afghanischen Grenze und möchte sich mit ihm darüber unterhalten. Salisbury? War das nicht derjenige, der Churchills Vater in den 80er Jahren politisch kaltgestellt hatte und sich diebisch freute, als dieser 1886 das Handtuch warf? Und nun so freundlich gegenüber dem Sohn? War da das Bedürfnis nach einer späten Wiedergutmachung im Spiel? Wir wissen es nicht, wir wissen nur, dass Salisbury Kitchener Weisung gab, Churchill auf den Feldzug mitzunehmen. Der General lenkte, höchst widerwillig, ein.

Das Schreiben des wortkargen Haudegen an Churchill im Juli

1898, das voller Verachtung für den raffinierten Strippenzieher ist, zitiert dieser in seinen Jugenderinnerungen geradezu mit schnalzender Zunge: «Sie sind als überzähliger Leutnant den 21. Lancers der Sudan-Kampagne zugewiesen. Sie haben sich sofort in der Abassiyeh-Kaserne in Kairo zu melden, dem Hauptquartier des Regiments. Es versteht sich, dass Sie sich auf eigene Kosten auf den Weg machen und dass auf den britischen Armee-Fond keine Obligationen zukommen für den Fall, dass Sie in der bevorstehenden Operation oder aus irgendeinem anderen Grund getötet oder verwundet werden.» Wie einladend. Churchill, der überzeugt war, die Vorsehung werde ihn für Großes aufsparen, beruhigte seine Mutter – es werde ihm schon nichts passieren, das sage ihm seine Intuition. 1914, bei Ausbruch des Ersten Weltkrieges, fanden sich die beiden Sudan-Kontrahenten im Kabinett von Herbert Asquith wieder – Kitchener als Kriegsminister, Churchill als First Lord of the Admiralty, also als Marineminister. Mit Kitchener – beeindruckend mit seinem Schnauzbart und mit bohrendem Blick – warb England im Ersten Weltkrieg auf einem Plakat um Kriegsfreiwillige: «Your Country needs you!» Der Sudan braucht mich oder vielmehr: ich den Sudan – so dachte 16 Jahre früher der junge Churchill. Bewaffnet mit einem Auftrag der «Morning Post» hastete er an den Nil, um den bereits begonnenen Marsch zu erreichen. Es ging über Marseille, Kairo und Luxor – nördlich von Khartum konnte er schließlich zur Truppe aufschließen.

Am 2. September war es so weit: Churchill erlebte in Omdurman, gegenüber Khartum auf dem linken Nil-Ufer, eine der letzten Kavallerieattacken der englischen Kriegsgeschichte. Die Kämpfe dauerten fünf Stunden. Im Rückblick von 1930 schreibt er: «Eine Schlacht wie die von Omdurman wird man nie wieder erleben. Sie war das letzte Glied in der langen Kette dramatischer Kämpfe, die mit ihrer farbenprächtigen und erhabenen Großartigkeit so viel dazu beigetragen haben, dem Krieg einen glanzvollen Zauber zu verleihen.» Damit war es jetzt vorbei. Der Sudan markierte für Churchill eine Zäsur zwischen einer verflossenen Ära und der neuen, technisch bestimmten Zeit, zwischen denen es keinen Vergleich mehr gab. Die mit Lanzen und Säbeln und nur wenigen Schusswaffen ausgerüstete, numerisch weit überlegene Reiterarmee der Gotteskrieger wurde von Kitcheners Infanterie erbarmungslos hingemäht. Die Vernichtungsgewalt moderner Feuerwaffen, die schon im amerikanischen Bürgerkrieg erkennbar wurde, demonstrierte hier gegen eine kriegerische Formation aus dem Mittelalter ihre grausame Überlegenheit. Begeistert liefen die fanatischen Krieger in die britischen Kartätschen und Bajonette. Ein ungleicher Kampf. Auch Churchill, unerschrocken im Getümmel, wie die Leser von ihm erfahren, streckte zwei Gotteskrieger nieder.

Noch im gleichen Herbst macht er sich in London, wo er seinen Abschied vom Militärdienst vorbereitet, daran, seine jüngsten Kriegserfahrungen in zwei Bänden, zusammen 1000 Seiten stark, zusammenzufassen. «The River War. An Historical Account of the Reconquest of the Sudan» erscheint schon ein Jahr später, 1899. Bemerkenswert an dem Buch ist vor allem, wie schonungslos der Autor mit Kitchener und den Grausamkeiten des Expeditionskorps umgeht. Der General hatte beteuert, den verwundeten Derwischen sei jede Art der Zuwendung zuteil geworden. Das demaskiert Churchill: «Diese Behauptung ist so bar jeder Wahrheit, dass sie die Grenze des Lügenhaften zum Reich des Lächerlichen überschreitet.» Denn «der strenge und erbarmungslose Geist des Kommandeurs wurde auf die Truppe übertragen (...), in Handlungen von einer Barbarei, wie sie selbst durch die wilde und tückische Natur der Derwische nicht immer gerechtfertigt war». In dem Kavalleristen Churchill verbarg sich eben auch ein Kavalier alter Schule, und im Augenblick des Sieges so grausam mit den Feinden umzugehen, wie Kitcheners Truppen es taten, widerte ihn an. Auch das markierte den Wandel der Zeiten. Aber der 23-jährige Berichterstatter hatte schon am 6. Oktober 1898 für die Leser der «Morning Post» eine ungemütliche Prophetie bereit: Das schreckliche Ende «dieser Krieger eines falschen Glaubens und einer gefallenen Macht (...) nimmt nur das der Sieger vorweg. Denn der Lauf der Zeit, der lachend die Wissenschaft überholt, so wie diese jede Tapferkeit, wischt am Ende beide Kombattanten verächtlich hinweg.»

«The River War», dessen erster Band weit in die Geschichte des

Sudan und der britischen Kolonialpolitik zurückgreift, festigte Churchills Ruf als Schriftsteller. Das Buch fand 109 Jahre nach seinem Erscheinen als «Kreuzzug gegen das Reich des Mahdi» seine deutsche Erstausgabe in der «Anderen Bibliothek». Zu Recht beschrieb der deutsche Verlag Churchills brillante Studie als ein Werk «über die Geburtsstunde des modernen politischen Islam», das schon damals der uns bis heute bewegenden Frage nachging: «Woher bezieht der religiöse Fanatismus seine politischen Energien?»

1899: Zwei seiner Lebensentwürfe hatte Churchill nun erfolgreich getestet – den Soldaten und den Autor. Der Politiker hielt sich noch verborgen. Aber nicht mehr lange.

6. «Tory Democracy»

Churchill quittierte den Militärdienst im Frühjahr 1899. Allein mit seinen Sudan-Depeschen hatte er «fünf Mal so viel verdient, wie die Königin [Victoria] mir in drei Jahren fleißiger und manchmal gefährlicher Arbeit gezahlt hatte», so schrieb er in der Rückschau. Sein Militärsalär hatte jedenfalls «nicht für die Ausgaben fürs Polo und die Husarenuniformen» gereicht. In der Tat glaubte er, eine schleichende Geldnot wäre auf ihn zukommen, wenn er beim Militär geblieben wäre, zumal das Kriegsministerium nach der Sudan-Kampagne – und in Erinnerung an Churchills ungeschminkte Berichterstattung – verordnet hatte, dass kein Armeeangehöriger mehr während seines Dienstes als Journalist tätig sein dürfe. Kurzfristig erwog der Ex-Militär, in Oxford zu studieren, denn die fundierte Bildung und Beschlagenheit der politischen Elite imponierte ihm. Er hatte sie bereits im Hause des Vaters kennen gelernt und pflegte mit den Spitzen der Parteien im konservativen wie im liberalen Lager während seiner Londoner Aufenthalte regelmäßigen Umgang, eine Selbstverständlichkeit für einen Mann von so hoher aristokratischer Abkunft. Aber den Oxford-Gedanken verwarf er schnell, es wären ja Prüfungen in Latein und sogar Griechisch erforderlich gewesen, und «ich konnte mir einfach nicht vorstellen», so liest man in seinen Jugenderinnerungen in hübscher Pointierung, «mich mit griechischen irregulären Verben herumzuschlagen, nachdem ich bereits britische reguläre Truppen kommandiert hatte». Weiter publizieren und auf eine politische Laufbahn zusteuern – das wurden jetzt Churchills Prioritäten, wobei das Militär das Reservoir für seine politischen Kontakte abgab.

Auf der Heimfahrt aus dem Sudan zurück nach England hatte Churchill George Warrington Steevens getroffen, den Starreporter und Kriegsberichterstatter der gerade gegründeten «Daily Mail». Der veröffentlichte am 2. Dezember 1898 unter der Überschrift «Der jüngste Mann Europas» ein Porträt Churchills, in dem wir eines der berühmtesten Zeugnisse aus dessen Frühzeit vor uns haben. Hören wir Steevens, nur vier Jahre älter als der Porträtierte, in einigen Passagen seines Artikels:

«Den Jahren nach ist er ein Knabe. Auch dem Temperament nach ist er ein Knabe. Aber in (...) der Überlegtheit seiner Pläne und Zwecke, in der Art, wie er die Mittel seinen Zwecken anpasst, ist er bereits ein Mann. Jeder andere junge Husarenoffizier ist gewöhnlich ein lebenslustiger, simpler Junge mit einem vollen Herzen und einem leeren Kopf. Churchill aber ist ein Mann, dessen Ehrgeiz feststeht und der mit einem frühreifen, geradezu unheimlichen Urteilsvermögen bereits genau die Schritte vorgezeichnet hat, die nötig sind, um diesen Ehrgeiz zu erfüllen. Er ist kalkulierend, doch nicht kalt – das rettet ihn (...). Winston Spencer Churchill kann mit seinen 24 Jahren schwerlich viel von Regierung, Parlament und Politik gesehen haben, aber er bewegt sich in ihren Verschlingungen mit der Selbstverständlichkeit, wenn auch nicht mit den Kenntnissen eines erfahrenen Seemannes (...). Seine Selbstsicherheit hat ihm schon viele Zurückweisungen eingetragen. Aber Churchill lässt sich nicht zurückweisen. Sein Selbstvertrauen setzt sich gegen alle Widerstände immer wieder durch. (...) Sein Ehrgeiz ist vollblütig und heftig und reißt ihn wie einen Sturzbach dahin. Seine Berechnung besteht im Grunde in einer eigentümlichen gewitzten Fähigkeit, in sich selbst hineinzublicken und seine Gaben und seinen Charakter zu erkennen (...). Er wurde als Demagoge geboren, und er weiß es genau (...). Was aus ihm werden wird – wer könnte es voraussagen? (...) Bereits jetzt hat er einen gewaltigen Vorsprung vor allen seinen Zeitgenossen.» Der «Glühwurm», als den Churchill sich 1906 selbst beschreiben wird, ist in dieser Porträtskizze acht Jahre früher bereits vorgezeichnet.

Im Juni 1899 kommt die große Chance auf den Ehrgeizigen zu: In Oldham ist eine Nachwahl für einen Sitz im Parlament fällig, und die Konservativen bieten Churchill die Kandidatur an. Aber der Einsatz misslingt, Churchill fällt durch. Dieser gescheiterte erste Versuch auf seiner politischen Laufbahn barg dennoch eine wertvolle Erfahrung: Er lernte, die politische Philosophie der «Tory-Demokraten» schärfer zu fassen. Es war das Schlagwort der Konservativen in der Ära seines Vaters gewesen, der 1880 eine Partei innerhalb der Tories ausgerufen hatte, die «Vierte Partei», die den traditionellen Konservativen in deren Zeit als Oppositionspartei (bis 1885) das Leben schwer gemacht hatte. «Ich bin ein Tory-Demokrat», trug Churchill in Oldham wiederholt vor, «ich sehe in der Verbesserung der Lebensverhältnisse des britischen Volkes den wichtigsten Zweck einer modernen Regierung.»

Im 19. Jahrhundert drohten die Konservativen hinter den Liberalen im Wettlauf um die Wählergunst uneinholbar zurückzufallen. Diese hatten ein Reformpaket nach dem anderen im Unterhaus durchgebracht, sie schienen unter William Gladstone den Fortschritt gepachtet zu haben. Die Konservativen standen vor der Herausforderung, für die Arbeiterschichten, die hörbar an die Tür der Geschichte pochten, Perspektiven zu entwerfen, mit denen sie als Partei attraktiv werden konnten. Benjamin Disraeli, das große Vorbild, hatte ihnen mit der Idee der «One Nation»-Partei den Weg gewiesen. Daran knüpfte Lord Randolph an, um die bedrohlich wachsende Spaltung der Gesellschaft zu verhindern. Sein Reformanstoß war mit entscheidend dafür, dass die Tories 1885 an die Macht zurückkehren konnten.

Wie sein Vater beschwor auch Winston in Oldham die traditionelle «paternalistische» Verpflichtung der oberen Klassen für die Menschen aus den unteren Schichten. Randolph Churchill hatte großes Vertrauen in den grundsätzlichen Konsens der arbeitenden

Bevölkerung mit der konservativen Grundeinstellung der englischen Gesellschaft gesetzt. Zur Revolution würden sich die unteren Schichten nie verführen lassen, solange es Hoffnung auf eine greifbare Verbesserung der Lebensverhältnisse gab. Was Churchill 1905 in der Biographie über seinen Vater schrieb, war auch sein eigenes Credo: «Für ihn bestand kein Grund, warum die arbeitenden Massen nicht zu den Hauptverteidigern jener althergebrachten Einrichtungen werden sollten, mit deren Hilfe ihre Freiheit und ihr Fortschritt erkämpft worden waren.» Peu à peu entwickelte Churchill von da an eine immer liberalere, schließlich eine radikale Position, die ihn zunehmend mit seiner eigenen Partei in Konflikt brachte, bis er diese 1904 verließ und ins Lager der Liberalen wechselte.

7. Südafrika oder Ein Held wird geboren

Die Niederlage in Oldham 1899 schenkte Churchill eine unerwartete Gelegenheit, noch einmal als Reporter Kriegserfahrung zu sammeln, diesmal in Südafrika. Dort war der lang schwelende Konflikt zwischen den Briten und den Buren im Oktober 1899 zu einem regelrechten Krieg eskaliert, den London, die überlegene Weltmacht, leicht zu gewinnen hoffte. Das sollte sich bald als großer Irrtum erweisen – die erbitterten Kämpfe gingen erst mit dem Frieden von Vereeniging im Mai 1902 zu Ende. In seinem Kern drehte sich der Konflikt zwischen der Kapkolonie und Natal, zwei britischen Besitztümern, auf der einen Seite und den kleineren Burenrepubliken Oranje-Freistaat und Südafrikanische Republik (Transvaal) auf der anderen um die reichen Bodenschätze an Gold und Diamanten in den Burenterritorien. London hatte ein begehrliches Auge auf diese potenzielle Beute geworfen. Ein Strom von Abenteurern und Schatzsuchern, viele von ihnen Briten aus der Kapkolonie und Natal, hatte sich bereits in die Burenrepubliken ergossen, «Uitlanders», gegen die sich diese mit entschiedenen Ausgrenzungsgesetzen zur Wehr setzten.

England handelte nach dem Reflex einer Großmacht, die sich

III. Soldat, Autor, Politiker 87

berufen fühlt, bedrängten Landsleuten in Übersee zu Hilfe zu eilen, und begann, an der Nordgrenze zum Transvaal Truppen zu massieren. Am 14. Oktober 1899 stach Sir Redvers Buller zur Verstärkung in Southampton mit einem Expeditionskorps in See. An Bord: Winston Churchill, diesmal mit einem üppig dotierten Vertrag der «Morning Post» in der Tasche. Er genoss inzwischen als Journalist und Buchautor großes Ansehen und konnte seinen Preis nennen. Ein Karrieresprung.

In Südafrika hat Churchill Glück, das zuerst wie Pech aussieht: Am 31. Oktober angekommen, gerät er bereits zwei Wochen später im britischen Natal in einen Hinterhalt der Buren, die ihn und eine Gruppe Soldaten gefangen nehmen, während er versucht, die Lokomotive eines gepanzerten Eisenbahnzuges von den Anhängern abzukoppeln und damit zu entkommen. Man bringt ihn in ein Lager nach Pretoria im Transvaal, aber Churchill taugt nicht für Gefangenschaft und kann bereits am 11. Dezember fliehen. Diese Flucht quer durchs feindliche Territorium wird zur Legende. Er irrt umher, klopft halb verhungert an die Tür einer Hütte, rechnet mit erneuter Festnahme, doch es öffnet der britische Leiter einer Grube im Transvaal, der zufällig aus Oldham stammt – und der ihn in einem Stollen zeitweilig den Augen der Fahnder entziehen kann. Der Flüchtling erreicht schließlich auf einem Güterwaggon und unter Wollballen versteckt Laurenço Marques (heute: Maputo), die Hauptstadt des angrenzenden neutralen Mosambik, und von da am 23. Dezember Durban am Indischen Ozean, im gesicherten Natal.

Mit «Churchill tot oder lebendig» hatten die Buren steckbrieflich nach ihm gesucht und eine Belohnung von 25 Pfund auf seinen Kopf ausgesetzt, ein Vielfaches in heutiger Währung. Die Belohnung für den Draufgänger dagegen kam einem Goldregen gleich: Dem Empire, wo man deprimiert war über Gefechte, die unerwartet schlecht ausgegangen waren und mehr Verluste kosteten, als die Briten seit dem Krimkrieg Mitte des Jahrhunderts erlitten hatten, erschien Churchill wie ein Lichtstrahl der Hoffnung. Man feierte ihn als Helden, schon in Durban drängten sich die Massen, um ihn von seiner Flucht erzählen zu hören. Die Auflagen seiner Bücher schnellten in die Höhe,

III. Soldat, Autor, Politiker

Südafrika, Kriegskorrespondent der «Morning Post». Churchill lässt sich im Verlauf des Burenkrieges im ersten Halbjahr 1900 vor der umgestürzten Lokomotive eines gepanzerten Eisenbahnzuges fotografieren, die er erfolglos von den Anhängern abzukoppeln versucht hatte, um damit zu entkommen. Das führte im November 1899 zu seiner Gefangennahme, doch nach nur drei Wochen konnte er fliehen. Man beachte die Pose des jungen Dandys, lässig und mit Gehstock, seinem lebenslangen Utensil und der «Manchester Guardian» sicherte sich ihn als Korrespondenten für weitere Monate im Burenkrieg. Das Kriegsministerium in London erlaubte ihm für das erste Halbjahr 1900 in Südafrika sogar die Rückkehr als Leutnant im Husarenregiment South Africa Light Horse. Churchill wird einige der härtesten Kämpfe um Orte wie Spion Kop, Ladysmith oder Colenso an der Grenze zum Oranje-Freistaat erleben; er entgeht knapp dem Tod und zeichnet für sich und die Leser erneut das Janus-Gesicht des Krieges: «Ah, schrecklicher Krieg, diese erstaunliche Mischung des Glorreichen und des Schmutzigen, des Erbärmlichen und des Erhabenen. Wenn die Menschen der Moderne, erleuchtet und fortschrittlich, dein Gesicht aus der Nähe sehen könnten, würde das einfache Volk es kaum jemals wieder zu sehen wünschen.» Krieg erzeugte in Churchill immer zugleich Faszination und Abscheu, das eine war bei ihm nie ohne das andere zu denken, und dem bekannten Wort Wellingtons nach Waterloo 1815 hätte er sicher beigepflichtet: «Nichts außer einer verlorenen Schlacht ist auch nur halb so melancholisch wie eine gewonnene.»

Dabei schreibt Churchill über seine Gefangennahme und die Flucht wie ein geborener Erzähler von Abenteuerromanen. Die entsprechenden Passagen in seinen Jugenderinnerungen «My Early Life» gehören zu den dichtesten des ganzen Buches; noch in den 1970er-Jahren wurde dieses übrigens zur Vorlage für einen populären Fernsehfilm, «Young Winston». Doch erzählt Churchill ohne nationalistische Nebentöne, die Trunkenheit der Chauvinisten war diesem Getreuen des Empire immer ein Gräuel, und auch von der damals herrschenden Verachtung für die Buren setzt er sich weit ab. Im März 1900, die Buren haben die Belagerung von Ladysmith aufgeben müssen, teilt er den Lesern mit: «Ich würde die Buren mit aller Generosität und Toleranz behandeln, sogar Versorgung anbieten für die im Krieg Verkrüppelten und die verarmten Frauen und Kinder.» In den Erinnerungen von 1930 wird er ein Bekenntnis hinzufügen, das ihm von höchster Bedeutung ist – und mit ihm allen Churchill-Biographen:

«In meinem ganzen Leben fand ich mich mit den beiden historischen Parteien Englands, einmal mit dieser, dann mit jener, überkreuz. Ich habe nämlich immer darauf gedrängt, Kriege und andere Konflikte mit Macht auszutragen, bis zum überwältigenden Sieg, und dann den Verlierern die Hand der Freundschaft auszustrecken (...). Lord Birkenhead hat mir einmal ein lateinisches Zitat zugesteckt, das er so übersetzte: ‹Schone die Besiegten und bekämpfe die Stolzen.› Ich scheine diesem Gedanken mit meinen eigenen ungeschulten Überlegungen ziemlich nahegekommen zu sein. Die Römer haben oft meine besten Ideen vorgedacht, und ich muss ihnen auch bei dieser Maxime Patentrecht zubilligen. Ich ecke immer an, weil so wenige Leute mir in diesem Punkt folgen. (...) Der Fehler liegt wohl an dem menschlichen Gehirn und seinen zwei Hälften, von denen immer nur eine das Denken schafft, einmal rechtshändig, dann linkshändig. Wären wir richtig konstruiert, sollten wir Links und Rechts mit gleicher Kraft und gleichem Geschick einsetzen. Doch wie die Dinge liegen, sind diejenigen, die einen Krieg gewinnen können, selten in der Lage, einen guten Frieden zu machen, und diejenigen, die diesen bewerkstelligen könnten, haben selten einen Krieg gewonnen. Vielleicht treibe ich das Argument etwas zu weit, wenn ich andeute, ich könnte beides.»

Churchill war in der politischen und der militärischen Klasse seiner Zeit eine Ausnahmeerscheinung, und das in zweifacher Hinsicht: Sein kriegerisches Naturell erlaubte ihm Einblicke in geschichtliche Zusammenhänge, die dem Gros seiner politischen Zeitgenossen fremd waren, und zugleich besaß er eine Antenne für den Frieden, die der uniformierten Kaste abging. Er besetzte eine Position außerhalb der herrschenden Loyalitäten – für den Krieg geboren, zum Frieden bestellt. Das war so viel Eigenreklame wie ehrliches Credo, und es gab genügend Beobachter – George Warrington Steevens, Alfred George Gardiner, Violet Asquith und andere –, die ihn von frühauf in seiner Selbsteinschätzung als Solitär bestätigten. Nach seiner Flucht aus dem Gefängnis der Buren gewann er einen weiteren: Captain Percy Scott, den Militärkommandanten von Durban-Pietermaritzburg. Der schrieb ihm im Dezember 1899: «Ich bin stolz, Sie getroffen zu haben. (...) Auch wenn es in Pietermaritzburg nicht zu einem Handschlag reichte, habe ich das sichere Gefühl, Ihnen eines Tages die Hand als Premierminister von England reichen zu können. Sie besitzen die beiden dafür nötigen Qualifikationen: Genie und Sichabmühen [«genius and plod»]. Kommen beide zusammen, kann nichts sie aufhalten.»

Noch während er in Südafrika kämpft, schreibt Churchill in furiosem Tempo weiter: Zwei Bücher über den Burenkrieg erscheinen noch im Laufe des Jahres 1900 – «London to Ladysmith via Pretoria» im Mai, «Ian Hamilton's March» im Oktober. Sie stützen sich im Wesentlichen auf seine Zeitungsberichte. Den Abstieg der Kämpfe in gegenseitige Grausamkeiten, darunter die Einrichtung erster britischer Konzentrationslager für gefangene Buren, erlebt Churchill allerdings vor seiner Rückkehr nach London nicht mehr. Derweil wächst sein Œuvre unaufhaltsam an, denn im Februar 1900 ist auch der Roman «Savrola» erschienen. «Bis 25 hatte ich so viele Bücher geschrieben wie Moses», konstatierte Churchill später verschmitzt. Er ist jetzt 25 Jahre alt, und in seinen Jugenderinnerungen wird er schreiben, die Welt habe sich ihm wie Aladins Wundergrotte geöffnet: «Zwanzig bis fünfundzwanzig – das sind die Jahre!»

8. 1. Oktober 1900: Am Ziel

Mit Südafrika verändern sich auch seine politischen Aussichten. Als Meteorit am Empire-Himmel, mit einer berühmten Geschichte im Gepäck, kann man sich sogar in Oldham wieder sehen lassen, dem Ort seiner ersten Niederlage. Anders als 1899, wo es nur um eine Nachwahl ging, stehen jetzt Neuwahlen für das Unterhaus an, und die Konservativen schicken den jungen Helden in die Wahlschlacht. Der kann jetzt statt Tory Democracy die eigene Person in den Vordergrund stellen und aus dem Vorrat seiner Erlebnisse schöpfen, in der Gloriole des Ruhms. Die Stadt bereitet ihm einen begeisterten Empfang, die Begrüßungskapelle spielt aus Händels Oratorium «Judas Makkabäus» die bekannte Strophe «See the conqu'ring hero comes, / Sound the trumpets, beat the drums». (Nach dieser Musik entstand später in Deutschland das Adventslied «Tochter Zion».) Auf den Straßen drängen sich die Menschen, um den Dernier Cri der Zeitgeschichte zu erleben und seinem Vortrag zu lauschen. Churchill darf sich ausrechnen, dass seine Abenteuer hier im Norden die gewünschte Wirkung nicht verfehlen, dass die Menschen lieber für einen echten Kerl stimmen als für zweibeinige politische Programme. Die sind bei ihm ohnehin nicht klar entwickelt.

Und so geschah es: Am 1. Oktober 1900 wird der noch nicht ganz 26-Jährige in seinem zweiten Anlauf ins Unterhaus gewählt. Es ist nur ein knapper Sieg, irgendwie spüren die Wähler in Oldham, dass für den Mann vom Nil, von der *north-west frontier* Indiens und aus Südafrika der Norden Englands Terra incognita ist. Aber gewählt ist gewählt, mit welcher Mehrheit auch immer. Churchill betritt die Geschichte des britischen Parlamentarismus mit der letzten Wahl des 19. Jahrhunderts, die auch die letzte in der Ära der großen Queen Victoria ist. 52 Jahre später, als Victorias Ururenkelin den Thron bestiegen hat, Elizabeth II., sitzt er noch immer im Unterhaus, nicht mehr als Hinterbänkler, sondern auf den vorderen Bänken, als Premierminister. Dazwischen liegt die einzigartige Laufbahn eines Parlamentariers, der jenseits des militärischen und des literarischen Ruhmes immer den Palace of Westminster, die Wiege der britischen Demokratie, als seine eigentliche Heimat bezeichnet hat. Nur zwei Jahre, von 1922 bis 1924, hat er dem Parlament nicht angehört, zu seinem tiefen Verdruss. «Ich bin ein Kind des Unterhauses», bekennt er im Dezember 1941 vor beiden Häusern des amerikanischen Kongresses. Und als ein Angriff deutscher Bomber am 10. und 11. Mai 1941 das Unterhaus verwüstet, empfindet Churchill das wie einen persönlichen Verlust. Hier, in Westminster, hatte er 40 Jahre zuvor angefangen, als schmal gebauter junger Mann mit dünnem rötlichen Haar, wachen blauen Augen und jungenhaften Sommersprossen. Hier hatte sein Vater gestanden, als Verbündeter Disraelis und Widersacher Gladstones. Hier war die Bühne, auf der sich sein Ehrgeiz entfaltete, auf der sich sein Aufstieg und seine Abstürze abspielten. Ein Drama, das nie aufgehört hat, die Menschen, zumal die Historiker, zu fesseln.

Die konstituierende Sitzung des neuen Parlaments lässt Churchill aus: Er ist auf großer Vortragstournee, im November in Großbritannien, im Dezember in den USA, im Januar in Kanada. Man muss das Eisen schmieden, solange es heiß ist, gutes Geld winkt dem Abenteurer, der sich bislang schon fast ausschließlich durch Buch- und Zeitungshonorare finanziert hat. Parlamentarische Diäten gab es noch nicht, sie wurden erst 1911 eingeführt, mit zunächst 200 Pfund im Jahr, die 1935 auf 600 Pfund erhöht wurden. Die Gentlemen in beiden Kammern hatten begütert genug zu sein, um sich aus eigenen Mitteln zu finanzieren. Churchill, der Aristokrat in ständiger Geldnot, mit einer verschwenderischen Mutter obendrein, hätte da nicht mithalten können. Die Vortragsreise gab ihm daher willkommene Gelegenheit, seine Finanzen zu Beginn seiner Karriere als Abgeordneter auf gesunde Füße zu stellen.

Am 13. Dezember 1900 spricht er im großen Ballsaal des Waldorf Astoria in New York vor brechend vollem Haus darüber, «Wie Leutnant Churchill den Buren entkam». Auf der Einladungskarte steht: «Vor einem amerikanischen Publikum, eingeführt von Mark Twain». Amerikas literarische Ikone, der 65 Jahre alte Mark Twain, hebt so an: «Meine Damen und Herren, ich habe die Ehre, Ihnen Winston Churchill vorzustellen – Held von fünf Kriegen, Autor von sechs Büchern und künftiger Premierminister von England.» Aber das ist eine reine Captatio Benevolentiae, denn Twain kommt schnell zur Sache und nimmt sich Churchill zur Brust – der wisse nämlich alles über den Krieg, aber nichts über den Frieden. Krieg möge interessant sein für Leute, die solche Unterhaltung schätzen, aber er, Twain, gehöre nicht dazu. Doch der große Schriftsteller mildert ab: Er missbillige zwar die englische Einmischung bei den Buren, aber er tadele ebenso die amerikanische auf den Philippinen (die im spanisch-amerikanischen Krieg 1898 unter amerikanische Kontrolle gefallen waren, wie Kuba). England und Amerika seien verwandt in fast allem, «now they are kin in sin» – jetzt sind sie auch Verwandte in der Sünde. Und auf Winstons amerikanische Mutter anspielend schließt Twain versöhnlich: «Mr. Churchill ist eine Mischung aus Amerika und England – eine perfekte Paarung.»

Die «New York Times» berichtet anderntags, der Hauptredner habe «nach anfänglicher leichter Nervosität» schnell seinen Rhythmus gefunden und sich am Feuer seiner Erzählung erwärmt. Als überzeugter Anti-Chauvinist musste Churchill dem Publikum nicht nach dem Mund reden und zeigte sich bei allem Realismus der Schilderung von seiner humanen, seiner «römischen» Seite. Das kam an. Am 22. Januar 1901 erfuhr er in Winnipeg, der Hauptstadt der kanadischen Provinz Manitoba, vom Tod der Königin Victoria. Eine Ära war endgültig zu Ende und ein Jahrhundert dazu, dessen Erbe er weder abschütteln konnte noch jemals wollte.

Der finanzielle Ertrag dieser Vortragstournee, nebst den *royalties* (Tantiemen) für seine Bücher, war erklecklich. «Ich bin sehr stolz auf die Tatsache», schreibt er am 1. Januar 1901 an die Mutter, «dass auch nicht eine Person unter einer Million es geschafft hätte, in meinem Alter und in weniger als zwei Jahren 10 000 Pfund zu verdienen, ohne jegliches Startkapital.» Das war, nach heutigen Maßstäben, eine Summe in deutlich sechsstelliger Höhe. Schon 1906 flossen Churchill weitere Einkünfte aus der zweibändigen Biographie über den Vater zu, «Lord Randolph Churchill». Seine Unterhaus-Laufbahn begann er also im Besitz eines literarisch erwirtschafteten, komfortablen finanziellen Polsters. Churchill brauchte es, denn er liebte das Leben in barockem Zuschnitt. Anfang Februar 1901 nimmt er als Tory-Abgeordneter seinen Platz auf den hinteren Bänken des Unterhauses ein. Schon am 18. Februar wird er zu seiner Jungfernrede aufgerufen.

KAPITEL IV

Churchill wechselt die Partei und heiratet

1. Wachsende Entfremdung von den Tories

Das Unterhaus entdeckte schnell, dass der 26-jährige neue Abgeordnete der Konservativen, die damals die Regierung stellten, aus anderem Holz geschnitten war als das Gros seiner Partei. Das fing schon mit der Sprache des Neulings an: So wie Churchill in den folgenden Jahren redete damals fast niemand mehr, die Verflachung der Sprache nahm allgemein zu, aber Churchill gebärdete sich wie ein Nachkomme der großen parlamentarischen Redner des englischen 18. und 19. Jahrhunderts, die ihn schon beim Studium des «Annual Register» in Indien fasziniert hatten. Dwight D. Eisenhower, Präsident der USA von 1952 bis 1960 und Oberkommandeur der alliierten Streitkräfte im Zweiten Weltkrieg, berichtet in seinen Memoiren, was es hieß, einen Churchill vor sich zu haben und gegen dessen sprachlichen Einsatz in Diskussionen bestehen zu müssen: «Er konnte auf eine intensive Weise rhetorisch werden, auch in Einzelgesprächen, aber die singuläre Zielstrebigkeit bei ihm ließ seinen Vortrag immer natürlich und passend erscheinen. Er setzte Humor und Pathos mit gleicher Gewandtheit ein und zog zur Unterstützung seiner Argumente alle Register, ob griechische Klassiker oder Donald Duck, ob Klischees oder kräftigen Slang.»

Eine Eigenschaft kam hinzu, die Churchill von Anfang an nicht zu einem treuen Parteisoldaten qualifizierte: Er scheute die Kontroverse nicht, ja, je prominenter der Gegner, desto größer seine Lust, seine Pfeile gegen ihn abzuschießen, auch innerhalb der eigenen Partei. Gewohnt, sich in seinen Büchern ohne Schonung zu äußern, übertrug er diesen Stil auf seine parlamentarischen Auftritte. Was A. G. Gardiner (siehe Kap. II, 1 und III, 1) später feststellen sollte, diese Churchill'sche «Verachtung für jedes Sichverstellen», trat gleich zu Anfang deutlich hervor. Mortimer Menpes, ein bekannter australischer Maler seiner Zeit, dem Churchill während der Monate in Südafrika für eine Porträtskizze Modell saß, notierte sich Ähnliches: «Er ist viel zu direkt und offen, um zu schmeicheln, und würde sich nie dazu hergeben, anderen Menschen Qualitäten zu attestieren, die sie nicht haben.» Konnte man mit einer solchen Einstellung in der Politik reüssieren? Musste man nicht ständig anecken und alle Welt vor den Kopf stoßen? Das tat Churchill nach Kräften, und es kommt daher einem Wunder gleich, dass er trotz dieser Eigenart seinen Weg machte. Es war seine Ausstrahlung, die ihn immer wieder hochkommen ließ, trotz aller Rückschläge. An Churchill und seinen Fähigkeiten kam man bei allen Einwänden gegen die Weise, wie er sie einsetzte, nicht vorbei.

Seine erste Rede im Parlament, am 18. Februar 1901, gab ihm eine goldene Gelegenheit, die eigene Art zu demonstrieren. Es ging um Südafrika, den Burenkrieg, da kannte er sich aus. Seine Argumente arbeitete er vorher wie immer sorgfältig aus und lernte sie auswendig. Die Notwendigkeit zur minutiösen schriftlichen Vorbereitung der Reden ist bei Churchill umso auffallender, als er alle seine Bücher und Artikel nach «The River War» im Ganzen oder zu großen Teilen diktierte. «Er schrieb seine Reden und sprach seine Bücher», wie Harold Nicolson, der Politiker und Essayist, es einmal als Bonmot formulierte. Im Grunde hatte Churchill sein rhetorisches Credo bereits in «Savrola» vorgetragen, wo er über den Helden sinniert: «Er wusste, dass nichts Gutes ohne Bemühung zu gewinnen ist. Improvisierte Hochleistungen der Redekunst existieren nur in der Vorstellung der Zuhörer; die Blüten der Rhetorik waren Treibhauspflanzen».

Der junge Tory-Abgeordnete hatte Glück an jenem 18. Februar 1901: Sein Vorredner, Lloyd George von den Liberalen, schwankte in dem, was er zur Zukunft Südafrikas vorzutragen hatte. Churchill setzte nach, die liberale Opposition und die eigene Regierung bekamen beide ihr Fett ab. Dann aber schockierte er die eigenen Mannen mit seinen Versöhnungsvorschlägen, sprach nobel von der Tapferkeit des Gegners und der Liebe der Buren zu ihrer Heimat, bis zu dem in konservativen Ohren wahrhaft anstößigen Satz: «Wäre ich ein Bure, ich hoffe doch, ich würde auch im Felde kämpfen.» Erstaunlich: Gerade hatte er sie noch bekämpft und war doch bereit, ihre Argumente zu verstehen. Die Tories fragten sich, was für einen seltsamen Vogel sie sich da eingefangen hatten.

Diese Fragezeichen steigerten sich zum Alarm, als Churchill in seiner Unterhausrede am 12. Mai zu einer Generalattacke auf den Kriegsminister John Brodrick ansetzte und also zu einem Angriff auf die eigene Regierung. Diskutiert wurde die Heeresreform und darin der Plan des Ministers, sechs neue Armeekorps aufzustellen, von denen drei für Einsätze im Ausland vorgesehen waren. Churchills Rede an diesem Tag gilt als früher Höhepunkt seiner parlamentarischen Laufbahn. Als Paradebeispiel dafür, wie geschickt er seine Reden komponierte und wie er ohne Scheu seine Persönlichkeit in die Waagschale warf, lohnt dieser Text eine nähere Betrachtung. «Ich stehe hier, um der Sache der Sparsamkeit das Wort zu reden», so begann der jugendliche Abgeordnete und erinnerte an den Kampf seines Vaters gegen einen aufgeblähten Militärhaushalt, damals, 1886. Lord Randolph hatte einen Heeres- und Flottenetat von insgesamt 31 Millionen Pfund untragbar gefunden und war darüber als Schatzkanzler zurückgetreten. Mr. Brodrick, so rief Churchill, verlange jetzt das Doppelte, 59 Millionen, bloße 15 Jahre später. Der Sohn Lord Randolphs, längst entschlossen, seinen Vater zu rehabilitieren, höhnte: «Sind wir inzwischen doppelt so reich geworden? Hat sich die Bevölkerung des Empire verdoppelt? (...) Gibt es bei uns zu Hause überhaupt keine Armut mehr? Ist der Ärmelkanal ausgetrocknet? Sind wir keine Insel mehr? Wird das Staatseinkommen so mühelos aufgebracht, dass wir nicht mehr wissen, wie wir es ausgeben sollen?»

Es könne nur an den Generälen liegen, fuhr der Abgeordnete sarkastisch fort. «Wenn unsere Generäle aus Südafrika nach Hause kommen und keine Welten mehr vorfinden, die sie erobern können, müssen wir ihnen anscheinend eine Armee liefern, damit sie nicht aus der Übung kommen! Ich bin noch ein sehr junger Mann – woran ich häufig erinnert werde – und gestehe, dass ich so etwas noch nie gehört habe. Ich hatte immer geglaubt, die Generäle seien für die Armee da und nicht die Armee für die Generäle.» Dann, im ernsteren Ton: «Europa ächzt unter dem Gewicht seiner Armeen. Wir müssen vermeiden, sklavisch den tönenden Armeen des europäischen Kontinents nachzueifern, was uns kein militärisches Übergewicht und auch nicht die gewünschte Sicherheit brächte, sondern nur die natürliche Quelle unserer Kraft beschädigen und aufheben würde – die Navy, unsere Marine.»

Mit dem Kriegsminister und seinen drei für ausländische Einsätze gewünschten Armeekorps – «diesen teuren, angeberischen, gefährlichen militärischen Spielzeugen, auf die er so versessen ist» – machte Churchill grausam kurzen Prozess: «Der Minister wird wissen, dass uns dies nicht schützen wird und dass, sollten wir gegen eine Großmacht in den Krieg gehen, seine drei Armeekorps kaum mehr als eine Nachhut abgeben dürften. Wenn wir gehasst werden, wird man uns ihretwegen nicht lieben. Wenn wir in Gefahr sind, werden sie uns nicht sicher machen. Sie taugen gerade noch als Irritation, sie reichen nicht, um tief zu beeindrucken. Und doch, obwohl sie uns nicht unverwundbar machen, lassen sie uns draufgängerisch erscheinen.»

Der Redner war nicht mehr zu bremsen. Was er nach der persönlichen Abrechnung mit dem Kriegsminister vortrug, erstaunt noch heute durch die Klarsicht, mit welcher der 26-Jährige das Unglück eines möglichen europäischen Krieges beschrieb. Ein verbales Unwetter entlud sich über den Köpfen der Parlamentarier, hier sprach ein kommender Historiker: «Wir dürfen einen solchen Krieg nicht als ein Gesellschaftsspiel betrachten, an dem man mit Glück und Geschick einen Abend lang teilnimmt, um sich dann mit dem Gewinn in der Tasche nach Hause zu begeben. So ist das nicht. Ein europäischer Krieg kann nur ein grausamer, herzzerbrechender Kampf sein, der auf Jahre hinaus die jungen Männer der Nation in Anspruch nehmen, unsere sämtlichen Friedensindustrien stilllegen und die gesamten Lebensenergien der Gesellschaft auf ein einziges Ziel konzentrieren wird. (...) Ein europäischer Krieg [kann] nur mit dem Ruin der Besiegten und der kaum weniger verhängnisvollen Erschöpfung des Siegers enden. (...) Die Kriege der Völker werden schrecklicher sein als die Kriege der Könige.»

Unglaublich – ein frisch gewählter Abgeordneter in den ersten Monaten seiner parlamentarischen Laufbahn! Henry William Massingham, ein den Liberalen nahestehender Journalist, war so beeindruckt, dass er in seinem nächsten Artikel schrieb, er hoffe, Churchill werde eines Tages Premierminister – natürlich der Liberalen. Die Konservativen dagegen rückten nur noch weiter von ihrem jungen Kollegen ab, der so gar nicht ihren Traditionen und ihrem Credo entsprach. Brodrick – der im Übrigen seine Reform nicht durchbrachte – empfahl Churchill väterlich, seine ererbten Talente an Mut und Eloquenz zu zügeln und auch das andere Erbe seines Vaters abzulegen, einen «Imperialismus zu billigen Konditionen». Aber Churchill war längst auf dem Weg des Renegaten, wobei ihm sein Vater mehr und mehr zum Vorbild wurde: der Außenseiter, der Gründer der «Vierten Partei» mit ihrer Reformidee der Tory Democracy (siehe Kap. III, 6), der mächtige Redner, voller Ungeduld mit der eigenen Partei. Die Arbeit an der Biographie des Vaters geriet Churchill unter der Hand zu einer Rechtfertigung seines kommenden Abfalls von den Konservativen. Im Oktober 1904 – da hatte er die Tories bereits verlassen – brach es einem Freund gegenüber aus ihm heraus: «Ich bin ein englischer Liberaler, ich hasse die Tory-Partei, ihre Leute, ihr Vokabular, ihre Methoden.»

Noch etwas anderes imponierte Winston an seinem Vater: Lord Randolph hatte nicht die «Ochsentour» absolviert, den allmählichen, Kräfte verzehrenden parteiinternen Aufstieg. Vielmehr war er in seiner politischen Karriere ziemlich rasch an die Spitze vorgedrungen, bis zu einem Punkt, wo man in ihm einen potenziellen künftigen Premierminister zu sehen glaubte. Diesem Tempo wollte auch sein ehrgeiziger Sohn folgen. Einer solchen steilen Kurve nach oben stellte er den «beflissenen Parteimenschen» gegenüber, der doch nur «ein stilles Arbeitstier wird, das sich fragt, warum es überhaupt nach Westminster gekommen ist. Ehrgeizige Jugend dagegen», so las man in der Biographie über den Vater, «weicht aus in Kritik oder sogar Feindseligkeit oder sucht anderswo Auslauf für ihre Energien.» Zum Beispiel im Publizieren: Seine besten Unterhausreden der frühen Jahre brachte Churchill bereits 1903 heraus, in einer 102-Seiten-Broschüre unter dem Titel: «Mr. Brodrick's Army». Selbstvermarktung, eine früh entwickelte Technik. Er übertrug auch das auf den Vater, von dem er schrieb: «Er besaß die seltsame Fähigkeit, sich ins Gespräch zu bringen, und hatte das Talent eines Showman, öffentliche Aufmerksamkeit zu erzielen mit allem, was er sagte oder tat.» Der Sohn wusste, wovon er schrieb.

Die Biographie seines Vaters lässt er mit einem bewegenden Ausblick enden: «Es gibt ein England, das sich weit jenseits der wohl gedrillten Massen erstreckt, wie Parteimaschinerien sie hinter sich versammeln (...), ein England weiser Menschen, die ohne Selbsttäuschung der Fehler und Torheiten beider politischen Parteien gewahr werden. Das war das England, an das Lord Randolph appellierte.» Scharfsichtige Beobachter urteilten über den jungen Churchill weniger erhaben. Sie sahen in ihm einen durchtriebenen Karrieristen, dem jedes Mittel recht war weiterzukommen. Wo hörte bei ihm der Opportunismus auf, wo begannen die Prinzipien? «Natürlich bin ich ein Egoist», frotzelte Churchill in seinem späteren Leben, «aber wohin käme man, wenn man keiner wäre?» Der Realpolitiker der eigenen Laufbahn sah, dass um 1903 die Konservativen im Abend ihrer Macht standen und die nächste Wahl mit Sicherheit verlieren würden. Wenn man nicht als Hinterbänkler der Oppositionspartei im Parlament verschmachten und viele Jahre vergeuden wollte, musste man rechtzeitig nach dem Sieger Ausschau halten und die Leine nach ihm auswerfen. Churchill hatte gute, durchaus nicht nur opportunistische Gründe, sich von den Tories zu verabschieden. Wieder einmal stand die Zollreform auf der Agenda der konservativen Regierung, was ein Euphemismus war für Protektionismus, und den lehnte der «Free Trader» Churchill ab, auch in seiner abgemilderten Form einer Zollfreiheit nur für das Empire, einer «Imperial Customs Union». Bereits 1903 schrieb Churchill an Premierminister Arthur Balfour, er müsse seine Position überdenken, wenn *free trade* in seiner Partei nicht mehr durchkomme.

Auch stieß ihn die Empire-Trunkenheit der Tories ab, ihre «Stadtrand-Selbstgefälligkeit», wie der Churchill-Biograph Geoffrey Best sie nannte, welche die Konservativen unempfindlich für die Nöte im Mutterland machte. Der Abgeordnete von Oldham fand es unrühmlich, das hohe Lied des Empire zu singen, während es im eigenen Land nicht einmal mit der Abwasserbeseitigung klappte. Er war ein «liberaler Imperialist», für den Entwicklung und Expansion in Übersee Hand in Hand zu gehen hatten mit gesellschaftlicher Gesundung und sozialem Fortschritt zu Hause. Die Augen für «die Lage der arbeitenden Klassen in England», um es mit Friedrich Engels berühmtem, ein halbes Jahrhundert zuvor erschienenen Buch zu sagen, waren ihm durch das aufrüttelnde Werk des jungen Sozialreformers Benjamin Seebohm Rowntree geöffnet worden: «Poverty. A Study of Town Life». Am Beispiel der Stadt York schilderte der Autor haarsträubende Zustände von Elend und Unterversorgung, die auch einfachsten Ansprüchen menschlicher Würde nicht genügten. Das viel diskutierte Buch bestärkte Churchill nicht nur in der Überzeugung, zu den Liberalen wechseln zu müssen, es weckte auch seinen eigenen sozialreformerischen Elan, der in seiner Phase als Handelsminister (President of the Board of Trade, ab 1908) und Innenminister (ab 1910) zu voller Entfaltung kommen sollte.

2. Willkommen bei den Liberalen

Im Januar 1904 schließen die Tories den querköpfigen Churchill aus ihrer Unterhausfraktion aus, am 31. Mai nimmt er auf den Bänken der Liberalen Platz. Bei der Wahl Ende 1905 wird er liberaler Abgeordneter in Manchester-Northwest, nach einer neuerlichen Wahl 1908 Abgeordneter im schottischen Dundee. In diesen Jahren erlebt Churchill fünf Premierminister: Lord Salisbury war der letzte Tory-Grande der viktorianischen Ära an der Spitze der Regierung, ihm folgte 1902 sein Neffe Arthur Balfour. 1905 verdrängten die Liberalen die Konservativen von der Macht, Sir Henry Campbell-Bannerman wurde ihr erster Premier, nach dessen frühem Tod 1908 Herbert Asquith die Zügel in die Hand bekommt und England – widerwillig – in den Krieg führt, in dessen Mitte Lloyd George nach oben rücken wird. Zu diesen Wechseln an der Spitze des Landes kommen die keimende Arbeiterbewegung, der Verfassungskonflikt zwischen dem House of Lords und dem Unterhaus, Irland, die Suffragetten, Streiks, soziale Reformen, der Erste Weltkrieg. Umwälzungen, die nicht abreißen wollen.

Die Vorhersage von Churchills Gegnern, er habe mit dem Parteiwechsel seine Karriere beschädigt, trat nicht ein: Auf der Seite der Liberalen ging es erst richtig los auf Churchills Erfolgsleiter. Premierminister Campbell-Bannerman machte ihn im Dezember 1905 zum Unterstaatssekretär für die Kolonien, eine offenkundige Ernennung für den Mann, der sich nach Teilnahme an drei Kolonialkriegen in dieser Materie schließlich auskannte. Und da der zuständige Minister, Lord Elgin, im Oberhaus saß, lag die parlamentarische Vertretung der Belange dieses Ministeriums zumeist in Churchills Händen, was ihm Gelegenheit gab, sich geschäftig auszubreiten. Beamte beschwerten sich, er mische sich überall unnötig ein, und dem Minister wurde berichtet, der Umgang mit dem Unterstaatssekretär sei «sehr ermüdend». Schon damals legte Churchill eine Arbeitswut und Unermüdlichkeit an den Tag, die sich im Zweiten Weltkrieg geradezu beängstigend steigerten und zu einer Herausforderung für seine Mitarbeiter wurden.

Von Oktober 1907 bis Januar 1908 weilte er auf Erkundigungstour im östlichen Afrika, in Kenia und Uganda, ging den Quellflüssen des Weißen Nils nach, gab sich der Großwildjagd und dem Networking unter Kolonialverwaltern hin, schrieb Berichte für das Londoner «Strand Magazine» und veröffentlichte noch 1908, gleichzeitig in England und den USA, das entsprechende Buch, «My African Journey»: eine farbige Erzählung von seinen dortigen Abenteuern und Begegnungen, durchmischt mit Ratschlägen zur rücksichtsvollen Behandlung der Eingeborenen und ihrer Eigenart – sofern sie sich nicht gewaltsam gegen die britische Herrschaft auflehnten.

IV. Churchill wechselt die Partei und heiratet 103

«Ich hasse die Tory-Partei, ihre Leute, ihr Vokabular, ihre Methoden»:
Der Abgeordnete und Renegat, kurz nach seinem Übertritt zu den
Liberalen, 1904

Aber noch während der Reise vertiefte er sich anhand mitgeführter Literatur in die Frage des Sozialismus, und was nötig wäre, um das proletarische Volk vor dieser Verführung zu bewahren. Die sozialen Ungleichheiten in einem Land wie England, das sich für fortschrittlich hielt, ließen ihn nicht los. Noch aus Afrika schrieb er an den Herausgeber der «Westminster Gazette» einen Brief, der das

Denken des künftigen Sozialreformers Churchill in aller Schärfe umriss: «Die Menschen wenden sich zunehmend sozialen und wirtschaftlichen Themen zu, diese Revolution ist unaufhaltsam (...). Wie Feuerstein werden sie sich gegen die Macht des Geldes stemmen, dieses Erbe aller anderen Mächte und gestürzten Tyranneien, sowie gegen die damit verbundenen Ungerechtigkeiten (...). Die Arbeiterklasse wird auf jeden Fall nicht mehr – sie könnte es nicht! – diese schrecklichen Unsicherheiten ihres Lebens ertragen. Mindestlohn und Mindestkomfort, Versicherung gegen Krankheit, gegen Arbeitslosigkeit – das sind die einzigen Themen, wenn Parteien in der Zukunft noch ein Leben haben wollen. Wehe dem Liberalismus, wenn ihm das durch die Finger gleitet.»

Krieg gegen die Armut und für die vom Fortschritt ausgeschlossenen Millionen – «the left-out millions» –, das wurde fortan Churchills Motto. Nicht sozialistische Gleichheit war sein Ziel, sondern die allmähliche Verbesserung der Lebensumstände zur jeweils nächsthöheren Stufe, ein «levelling-up», Sozialreform als das «ungepflügte Feld der Politik». Das verband er mit immer schärferen Attacken gegen die Konservativen – es war der ganz persönliche Klassenkrieg eines aristokratischen Renegaten: «Wir wissen, was wir erwarten dürfen, wenn sie [die Tories] je an die Macht zurückkehren – Korruption zu Hause, und um sie zu verbergen, Aggression im Ausland; die Tricks mit ihrem protektionistischen Dschungel; die Tyrannei der Reichtum-geölten Parteimaschine; eimerweise Rührseligkeit, literweise Patriotismus und Imperialismus, offene Hände am Staatssäckel, offene Türen an den Pubs, überteuerte Nahrung für Millionen, billige Arbeitskräfte für Millionäre ...» Wenn man nicht wüsste, dass Churchill der Redner war, könnte man meinen, hier spreche ein spät berufener Marxist in vibrierenden Satzperioden.

Das war schon immer Churchills Problem und sollte es bleiben – ein gewisser rhetorischer Overkill, «die Tendenz, eine Situation zu übertreiben» (Alfred George Gardiner, 1911), eine «Brutalität der Rede» (Arthur Balfour, 1905), der dramatische Umgang mit Sprache, den viele auf das Schauspielerische in Churchills Charakter zurückführten. Diese Neigung färbte lange Zeit auf die Einschätzung seines

Urteilsvermögens ab, man vermisste die Balance. Zu Churchills Entlastung trug bei, dass bei ihm Ranküne oder nachtragende Ressentiments völlig fehlten. Für ihn waren Rede und Sprache letztlich auch ein großer Sport, ein Kreuzen der Klingen, und wenn ein Strauß ausgefochten war, kehrte man allemal zum zivilisierten Umgang miteinander zurück. So konnte er beispielsweise nicht begreifen, dass Stanley Baldwin, als er 1935 die Regierung übernahm, ihn, Churchill, nicht ins neue Kabinett berief. Hatte er ihm nicht zwischen 1924 und 1929 treu gedient? Die anschließenden Sottisen gegen die eigene Regierung – das war doch längst vorbei! «Meine Pfeile, auch wenn sie notwendigerweise gespitzt daherkommen, sind doch nie mit Absicht vergiftet», schrieb er 1932 einmal an Baldwin, den Parteifreund. Der dachte anders darüber.

3. «Die radikalen Zwillinge»: Lloyd George und Churchill

Mit großem Enthusiasmus stürzte sich Churchill auf sein neues Anliegen. «Er ist vollauf mit dem Problem der Armen beschäftigt, die er gerade für sich entdeckt hat», registrierte Charles Masterman, ein liberaler Politiker, Journalist und Freund. «Er glaubt, die Vorsehung habe ihn gerufen. ‹Warum blieb ich immer aufgespart, und das um Haaresbreite am Tod vorbei, wenn nicht um etwas für sie zu tun? (…) Manchmal habe ich das Gefühl, als könnte ich die ganze Welt auf meine Schultern heben.›» Aber seine Motive schwankten, wie er Masterman gegenüber selbst zugab: «Einmal möchte ich Gutes tun in der Welt, dann wieder scheine ich mich um nichts anderes zu kümmern als um meine eigene Karriere.» Mit der ging es allerdings immer weiter nach oben: 1908 ernennt ihn Premierminister Herbert Henry Asquith zum Handelsminister und zwei Jahre später zum Innenminister. Kabinettsrang mit 33 Jahren – das hatte es seit dem jüngeren Pitt 90 Jahre zuvor nicht mehr gegeben. Man kann sich streiten darüber, wie tief alles ging bei dem erregbaren Churchill und wie schnell er sich auf eine gerade neue Aufgabe stürzte, die ihn oft die

IV. Churchill wechselt die Partei und heiratet

«Die radikalen Zwillinge», Schatzkanzler David Lloyd George (Mitte links) und Handelsminister Winston Churchill (Mitte rechts) auf dem Weg ins Unterhaus, 1910

vergangene vergessen ließ – eines hat die Geschichte ihm jedoch konzediert: Seine Tätigkeit an der Seite des gleich gesinnten Schatzkanzlers David Lloyd George in den drei Jahren von 1908 bis 1911 hat Großbritannien auf den Weg der sozialpolitischen Moderne geführt und sozialstaatliches Denken auf der Insel zu verankern geholfen. Es ist kurios, dass es dazu zweier so unterschiedlicher Geister bedurfte wie Lloyd George, aus armen walisischen Verhältnissen hochgekommen, und des Abkömmlings aus der aristokratischen Familie der Marlboroughs.

Freilich, in einem waren sie sich sehr ähnlich: Beide liebten die öffentliche Rede, auch wenn diese dem elf Jahre älteren Waliser spontan gegeben war, während Churchill, wie wir sahen, sich in mühsamer Arbeit rhetorisch fit machen musste. Violet Bonham Carter hat Recht, wenn sie in ihren Erinnerungen schreibt, Churchill habe von dem Kabinettskollegen «die Sprache der Radikalität gelernt». Doch war Radikalität «Lloyd Georges Muttersprache, während Churchill bei allem Bemühen immer noch anders sprach». Das lag sicherlich auch an der literarischen Qualität seiner Texte, die eine besonders druckreife Form der Rhetorik anstrebten. Dennoch erkannte Churchill in dem Älteren seinen Meister an. «Lloyd George war in seinem ganzen Leben die einzige politische Führungsfigur, die er ohne zu fragen akzeptierte» (Violet Bonham Carter). Ein programmatisches Vorbild nahmen sich beide Minister an dem Modell der bereits unter Bismarck eingeführten deutschen Sozialversicherung. Lloyd George und Churchill hatten sich auf getrennten Besuchen in Deutschland informieren lassen – «eine große Scheibe Bismarckismus» schwebte dem jüngeren Minister für sein eigenes Land vor. In einem Brief an Asquith resümierte er: «Deutschland, mit einem härteren Klima und weniger aufgehäuftem Reichtum, hat es geschafft, erträgliche Grundbedingungen für seine Menschen zu schaffen. Das Land ist nicht nur für den Krieg organisiert, sondern auch für den Frieden, während wir bei uns für nichts anderes organisiert sind als für Parteipolitik.»

Die Liste der Reformen war beeindruckend: die erste allgemeine Arbeitslosenversicherung, begleitet von Arbeitsämtern nach deutschem Modell; bessere Arbeitsbedingungen in den Kohlegruben; Arbeitszeitverkürzung und Mindestlohn; Vorschriften zur Unfallverhütung am Arbeitsplatz – der englische Arbeiter lebe nicht «unter Bedingungen von Progress, sondern unter progressiver Degeneration», bemängelte der Handelsminister im Unterhaus. Was unerledigt blieb, weil er 1911 schon wieder ein neues Ressort übernahm, das Marineministerium, überließ Churchill dem Schatzkanzler zur Weiterbehandlung, so die medizinische Versorgung, die Lloyd George in seinen National Insurance Act von 1911 integrierte. «Die radikalen Zwillinge», wie man sie bald allgemein nannte, dominierten die Agenda. Dafür fand Beatrice Webb, eine berühmte Sozialistin ihrer Zeit und spätere Mitbegründerin der London School of Economics and Political Science (LSE), das treffende Wort: «Lloyd George und Winston Churchill haben praktisch das Rampenlicht gestohlen, nicht nur von ihren Kabinettskollegen, sondern auch von der Labour-Partei. Sie ragen heraus als die fortschrittlichsten Politiker.»

Sozialprogramme in dieser Fülle bei gleichzeitiger Belastung

108   IV. Churchill wechselt die Partei und heiratet

Der Handelsminister und Wilhelm II., 1909 während der Kaisermanöver nahe Würzburg. Außenminister Sir Edward Grey: «Was mischt sich dieser Churchill ständig in die Außenpolitik ein?»

durch die aus dem Burenkrieg resultierenden Staatsschulden – das wollte finanziert sein. Beim Wehretat sah Churchill die beste Möglichkeit zu Einsparungen, wieder einmal, wie schon zu John Brodricks Zeiten, 1901. Der frühe und der mittlere Churchill waren Abrüster, was am stärksten in seiner Zeit als Finanzminister hervortreten sollte, zwischen 1924 und 1929, wovon noch die Rede sein wird. Bis 1911 nahm der Sparzwang ihn und Lloyd George fast vollkommen gefangen. Alle Biographen betonen diesen Zug bei Churchill – die Tendenz nämlich, sich in seinen diversen Ressortverantwortungen gelegentlich so total auf die vorliegenden Prioritäten zu konzentrieren, dass das «laterale» Denken, die Beobachtung von thematischen «Nebenkriegsschauplätzen» darüber zu kurz kommen konnte. So begriff Churchill erst als einer der Letzten die Herausforderung durch das Deutsche Reich in der Flottenfrage. Die Sozialgesetze verlangten Kürzungen, darum ging es, und am meisten brachten Einsparungen im Wehretat ein, besonders bei der Flotte. «Ich hoffe, Sie werden von mir nicht erwarten», verkündete der Handelsminister 1909 auf einer Großveranstaltung in Manchester, «dass ich einer prahlerischen und sensationellen Politik der Aufrüstung das Wort rede.» Nein, von der Geißel Sir John Brodricks konnte man solches wirklich nicht erwarten.

Aber was Churchill damals zu Deutschland zum Besten gab, verwunderte, behauptete er doch 1908, «dass Großbritannien und Deutschland nichts haben, *worum* sie kämpfen, keinen Preis, *um den* sie kämpfen, und keinen Ort, *an dem* sie kämpfen müssten». Sein Kabinettskollege, Außenminister Sir Edward Grey, war empört: «Was mischt sich dieser Churchill ständig in die Außenpolitik ein?» Und empört reagierte auch das Parlament auf Finanzminister Lloyd George, als dieser in seinem Etat 1908/09 Hand anlegen wollte an die geheiligten Dreadnoughts, den neuen Typ von Kriegsschiffen. Lloyd George, dem Wahlprogramm seiner Partei folgend, wollte die Dreadnoughts von sechs auf vier kürzen, was die Tories mit dem Slogan konterkarierten: «We want eight and we won't wait.» Im Parlament und im Kabinett dachte man längst an die deutsche Konkurrenz, und Lloyd George, vom Kabinett überstimmt, war gezwungen nachzugeben: Die Finanzplanung für den Marine-Etat wurde entsprechend geändert und Mittel für acht Dreadnoughts vorgesehen.

4. «The People's Budget»:
Ein Aristokrat gegen die Aristokratie

Woher aber das Geld nehmen? Diesmal halfen keine Kürzungen mehr, diesmal half nur jenes Mittel, das alle Regierungen in finanzieller Not gerne aus der Tasche ziehen: neue Steuern. Verglichen mit dem Kampf, der darüber zwischen der Regierung und der Legislative losbrach, verblasste selbst der Streit um die Etatmittel für die Marine. Lloyd George nämlich wollte vor allem Grund und Boden der Aristokratie und der *landed gentry*, des niederen Adels, besteuern. Beide zusammen verfügten über das Gros des Grundbesitzes im Land und stellten zudem die konservative Mehrheit im Oberhaus, das damals Vorlagen der Regierung noch zu Fall bringen konnte. So geschah es auch mit dem «People's Budget» von 1909 – es wurde abgelehnt. Lloyd George gab nach, zog die Steuer zurück, aber setzte mit einem anderen Hebel an: Er drohte dem House of Lords, seine Macht, dem gesetzgebenden Unterhaus in die Parade fahren zu können, zu brechen. Der Erfolg stellte sich ein, als die Regierung durchblicken ließ, sie wolle durch den König die Zahl der Peers im Oberhaus so weit erhöhen lassen, bis eine liberale Mehrheit herauskommen würde. Erst vor dieser Drohung gab das Oberhaus nach, und in einer historischen Abstimmung am 10. August 1911 stimmte es dem Parliamentary Act zu. Es war eine Wasserscheide der britischen Demokratiegeschichte, die Lords verloren ihre angestammte Macht.

Der Streit um das «People's Budget» wurde für Churchill der Höhepunkt seiner Abrechnung mit den Konservativen und ihrer Stütze im Adel, dem er doch selbst angehörte. Auf vielen Vortragsreisen warb er für die Haushaltsvorlage in einer Art, die einen tiefen Keil zwischen die gewöhnlichen Menschen im Lande und die adligen Mitglieder des Oberhauses trieb und die Tories erschreckte. Welche Töne dieser «Nestbeschmutzer» da anschlug, in Brandreden wie «The

Peers against the people» («Die Lords gegen das Volk») und «The industrious classes against the idle rich» – «Die fleißigen Arbeiterklassen gegen die reichen Müßiggänger» – das belegte erneut, wie weit Churchill sich vorwagen konnte, wenn ein Thema ihn vollkommen gefangen nahm. In seinem früheren Wahlkreis Oldham machte er sich zum Beispiel lustig über Lord Curzon, den damaligen Vizekönig von Indien und späteren Außenminister, der verkündet hatte, alle Zivilisationen seien «das Werk von Aristokraten» gewesen. Unter riesigem Beifall und lauten Zurufen – «Weiter so, weiter so!» – konterte Churchill, das Curzon-Zitat wie eine Beute hochhaltend: «Wie das? Es wäre richtiger zu sagen, der Unterhalt der Aristokratie hat sich immer nur der harten Arbeit jeder Zivilisation verdankt.» Der 35-jährige Abtrünnige betitelte das Oberhaus als «alte Tatterlords, mächtige Brauer mit Zwiebelnasen. Alle Feinde des Fortschritts finden sich da versammelt – Schwächlinge, geschmeidige, selbstgefällige, geruhsame, aufgeblasene Individuen.» Es war, als wolle er den Schatz an Verwünschungen, den jede Sprache zur Verfügung stellt, wie einen Kübel Unrat über das Oberhaus und seine Okkupanten ausschütten.

Bedenkt man, wie viel an sozialen Reformen die Briten, zumal die Arbeiterschaft, dem frühen Churchill und Lloyd George verdanken, so überrascht, wie wenig davon auf die Einschätzung Churchills abgefärbt hat. Für die Labour-Partei blieb er der vorübergehend in ihre Breiten verschlagene Aristokrat mit leutseligen Antrieben. Hinzu kam, dass er als Innenminister in den kurzen 20 Monaten seiner Amtszeit, von Februar 1910 bis Oktober 1911, für Fragen der öffentlichen Ordnung verantwortlich war, wo das Gesetz und die streikenden Arbeiter zusammenprallen konnten und soziale Wohltaten nicht ausreichten, um erregte Gemüter zu besänftigen. Das war etwa in Tonypandy der Fall, einem Ort in Südwales, im Rhonda-Tal der Kohlegruben, wo ein Bergarbeiterstreik im November 1910 die Ordnungshüter herausforderte. Churchill schickte Verstärkung durch die Londoner Metropolitan Police und ließ Truppen sich bereithalten, die aber nie zum Einsatz kamen. «Remember Tonypandy!», verfolgte Churchill noch Jahre später, obwohl die Obrigkeit, nach der er gerufen hatte, nicht eingriff. Die Wahrnehmung war eine andere. Noch 1978 bekam sein Enkel, der konservative Abgeordnete Winston Churchill, als er sich in einer Unterhausdebatte zur Frage der Bezahlung von Bergarbeitern meldete, vom Labour-Premierminister James Callaghan zu hören, er solle sich hüten, «die Vendetta seiner Familie gegen die Bergleute von Tonypandy fortzusetzen».

Auch der Eisenbahnerstreik in Liverpool von 1911, der von Solidaritätsausständen in fast allen englischen Häfen begleitet wurde, warf Fragen auf über Churchills Krisenmanagement. Er sah schnell eine «nationale Gefahr» auf sich und das Land zukommen, mobilisierte das Militär und beklagte gegenüber Finanzminister Lloyd George, als dieser schließlich durch Verhandlungen die Lage entschärft hatte: «Tut mir außerordentlich leid, das zu hören. Es wäre besser gewesen, durchzuhalten und diesen Burschen kräftig den Hosenboden zu versohlen.» Arbeitskämpfe widersprachen seiner Überzeugung, dass die arbeitende Klasse von den alten Institutionen des Landes zwar eine Verbesserung ihrer Lebensumstände erwarten könne, der Staat aber nicht erpressbar sein dürfe durch Lohnforderungen, die von Streiks unterstützt wurden. Churchill sah sich mehr als besorgter Anwalt der Benachteiligten, die ihm dankbar sein müssten für das, was er für sie unternahm. Das entsprach immer weniger der harten Realität der Auseinandersetzungen im Industriezeitalter.

Sein Image als Mann des überzogenen Einsatzes hatte sich schon vor dieser Streikwelle verfestigt, durch die «Battle of Sidney Street» im Januar 1911. Lettische Anarchisten hatten sich im East End Londons verschanzt und lieferten sich mit der Polizei eine regelrechte Schlacht. Innenminister Churchill begab sich höchstpersönlich an den Ort des Geschehens. Ein berühmtes Pressefoto zeigt ihn im Schutz eines baufälligen Schuppens, den Kopf nach vorne gestreckt, in einer Gruppe von Polizisten – einer mit schussbereitem Gewehr, andere ein paar Schritte davor in ebenfalls kampfbereiter Stellung. War eine plötzliche Anwandlung über ihn gekommen, die Erinnerung an Konfrontationen in Nordindien oder dem Sudan? In der Presse und im Parlament übertrumpften sich die Kritiker mit Sticheleien über den impulsiven Churchill mit seiner leicht erregbaren Art. Was hatte ein Innenminister inmitten eines kriminellen Geschehens zu suchen? Der Spott, den er gerne austeilte, schlug jetzt auf ihn zurück. Aber seinem Verhalten, das so ostentativ jedem bürokratischen Reflex widersprach, blieb er Zeit seines Lebens treu. Dabei sein war alles.

5. Oh my darling, Clementine

Frauen – kamen sie bei diesem Draufgänger und Abenteurer nicht vor? Es hat unter Historikern lange die Annahme geherrscht, Winston Churchill sei vor seiner Hochzeit mit Clementine Hozier im September 1908 vollkommen desinteressiert gewesen am anderen Geschlecht, es sei denn – wie wir zu Anfang von Kapitel II sahen – als Folie für sein überlebensgroßes Ego und als Bewunderer seiner atemberaubenden Lebenskurve. Diese Sicht musste in den vergangenen Jahren korrigiert werden, wozu Churchills jüngste Tochter Mary, Lady Soames (1922–2014), mit ihren Publikationen über die Eltern viel beigetragen hat. Auch sind bei den Londoner Auktionshäusern Sotheby's und Christie's zuletzt mehrere Briefkonvolute aus Churchills Feder aufgetaucht, die von glühender Leidenschaft des ehrgeizigen jungen Mannes in den 20er-Jahren seines Lebens sprechen. Obendrein haben private Nachlässe ihre Schätze zugänglich gemacht. Eine Studie des amerikanischen Historikers Michael Shelden, 2013 unter dem bezeichnenden Titel «Young Titan» erschienen, rundet das Bild ab.

Der frühe Churchill wirkt jetzt nuancierter auf uns. Sein Drang zum Risiko, zum Wagnis war eine Seite – ein starkes Bedürfnis nach Partnerschaft die andere. Dabei hielt alle Welt den Mann für eher linkisch im Zusammensein mit Frauen, Small Talk war nicht seine Sache, und wie wollte Amor zum Zuge kommen, wenn Politik und andere Fachsimpeleien die Gespräche dominierten? Churchills Großmutter, die 7. Herzogin von Marlborough, schrieb nach der Lektüre von Churchills Jugendroman «Savrola», den der Enkel ihr zur Beurteilung vorgelegt hatte, offen an ihn, die Gestalt der Lucile, seine Heroine, sei eine «schwache und uninteressante Person»; überhaupt verrate der Autor, dass er von Frauen rein gar nichts verstehe und offensichtlich noch keine Erfahrung in der Liebe gemacht habe. Wie tief diese Erfahrungen in der Folgezeit gingen, wissen wir nicht, aber an Leidenschaft gebrach es Churchill offensichtlich nicht. Die junge, attraktive Pamela Plowden begegnete ihm bereits 1896 während seiner Zeit in Indien, beide waren 22 Jahre alt, der Husarenleutnant und die Tochter des Kolonialbeamten Sir Trevor Chichele-Plowden, der im nordindischen Assam die Polizei leitete. Winston dinierte im Hause ihrer Eltern, Pamela und er nahmen gemeinsam an Elefantenritten teil, und über zwei Jahre lang bombardierte er sie mit seinen Briefen und heißen Wünschen. Aber der Vater verweigerte 1899 dieser Verbindung seinen Segen, worauf Churchill der schönen Angebeteten schrieb: «Wäre ich ein Träumer von Träumen, ich würde sagen: Heirate mich, und ich erobere die Welt und lege sie Dir zu Füßen.» Aber Pamela war nicht zu bewegen, so dass Churchill seine Anstrengungen verdoppeln musste. Jetzt versuchte er es mit der Macht seiner Worte und schickte ihr das Manuskript von «Savrola» mit einem enthüllenden Begleitbrief: Die Erzählung liefere ihr «einen Spiegel des Autors», und sollte die Adressatin ihn beehren hineinzuschauen, so fuhr er fort, so werde sie finden, «dass das zurückgeworfene Bild an Schönheit gewinnt». Es half nichts, ohne Geld und Zukunftsaussichten war Leutnant Churchill in den Augen von Pamelas Vater einfach nicht diskutabel. Pamela Plowden heiratete 1902 den 2. Earl of Lytton, aber sie und Churchill blieben ein Leben lang befreundet, bis zu ihrem Tod 1959.

Zurückgewiesen, stürzte sich der junge Mann in eine Leidenschaft für die amerikanische Schauspielerin Ethel Barrymore, um 1900 der Schwarm der Männerwelt auf beiden Seiten des Atlantiks und für zwei Spielzeiten in London auf der Bühne zu bestaunen. Nicht die Welt – sich selbst legte Churchill ihr zu Füßen, und auch diesmal kam ihm die Bitte, ihn zu heiraten, flüssig von den Lippen. Dabei war Churchill nie ein Schürzenjäger im Stil der leicht morbiden edwardianischen Gesellschaft, wie etwa sein politischer Kampfgefährte David Lloyd George, der seine Libido nicht zu bremsen wusste, oder gar der König selbst, Edward VII. Churchill war

IV. Churchill wechselt die Partei und heiratet 115

Romantiker – Arthus-Legenden schwebten ihm vor, der Ritter und die hohe Dame, in heroischem Gewand sah er das Leben und die Liebe. 1904, im Aufwind seiner politischen Karriere als jetzt liberaler Abgeordneter, begegnete er Muriel Wilson, der Tochter eines Schiffsmagnaten, und wieder ergriff ihn die Sehnsucht nach dem Bild ewiger Liebe. Waren finanzielle Überlegungen im Spiel, die Aussicht auf eine gute Partie? Die sieben Briefe an Muriel, die 1994 bei Christie's in London versteigert wurden, lassen nicht darauf schließen. Es spricht genuine Leidenschaft aus ihnen, vermischt mit der Angst, erneut zurückgewiesen zu werden.

Er gesteht Muriel ohne Umschweife, dass er sich mit einem Nein nicht zufriedengeben würde: «Je mehr man mich abweist, desto stärker werden meine Gefühle – ich werde mich nicht ohne Kampf in meine graue Welt der Politik zurückstoßen lassen.» An solchen Stellen gewinnt die Korrespondenz des jungen Churchill biographische Brisanz. Er klagt über seinen Alltag: «Zwei Reden pro Tag, immer zu unterschiedlichen Themen, das ist höchst ermüdend. Ich muss mir das Gehirn zermartern für neue Ideen und strenge mein Gedächtnis an, sie zu finden.» Und dann der enthüllende Satz, dass er um seine latent bipolare Veranlagung wusste, die von der Geschichtsschreibung inzwischen als Erbe der Marlboroughs erkannt wurde: «Wenn ich zu arbeiten aufhöre, werde ich niedergeschlagen. Solange ich weitermache, habe ich weniger Zeit nachzudenken. Ich habe keine Zeit zum Leben – denn ich habe außer der Arbeit überhaupt kein Leben zu leben.»

In dem Jahr, in dem er dies schrieb, begegnete Winston Churchill der 20-jährigen Clementine Hozier zum ersten Mal, auf einem *dinner dance*. Lady Churchill erinnerte sich später: «Er war ziemlich unbeholfen, hat mich kein Mal zum Tanzen aufgefordert, auch nicht zum Essen.» Peinlich berührt von dem Mann, der sie wie ein Ölgötze anstarrte, wandte sie sich ab und suchte sich einen anderen Tanzpartner. Aber beide erhielten eine zweite Chance vier Jahre später, im April 1908. Wieder war es eine Dinner-Einladung, diesmal im Hause von Lady Helier, Clementines Tante. Churchill, inzwischen Handelsminister, erschien wie so oft verspätet – und sah sich zu seiner Überraschung neben Clementine Hozier platziert, der neun Jahre Jüngeren. Bei beiden schlug diesmal der Blitz ein, und wo früher qualvolle Briefe den schmachtenden Mann lange Zeit peinigten, brauchte es jetzt nur vier Monate bis zur Verlobung. Am 12. September wurde auch schon geheiratet, in der St. Margaret's Church, im Schatten der Westminster Abbey.

Winstons und Clementines Ehe wurde zu einem innigen Pas de deux: eine Beziehung zwischen zwei konträren Persönlichkeiten, die sich gegenseitig ergänzten und stützten und in unverbrüchlicher Treue zueinander standen, von keinem außerehelichen Abenteuer getrübt – der Eros zur Politik muss Churchill davor bewahrt haben. Dabei gab es Streit und Drama genug – die eher abwägende, menschenkluge Frau und der stürmische Mann mit seinen Urteilssprüngen, sie vergaben sich nichts, wussten aber, was sie aneinander hatten. Fünf Kinder würden dieser Ehe entstammen, das vierte, Marigold, starb 1921 im Alter von drei Jahren an einer Blutvergiftung. Die Eheleute schrieben sich Briefe, Telegramme, Notizen, zuweilen mehrmals am Tag – Mary Soames hat den Bestand der 1700 Dokumente gesichtet und daraus im Jahr 1999 eine 700 Seiten lange Auswahl herausgegeben, sie nennt den Briefwechsel «einen lebenslangen Dialog». Aber er ist mehr als das, er ist eine der bedeutendsten Quellen nicht nur zum Leben Churchills, sondern auch zu den großen zeitgeschichtlichen Zäsuren, die diesem Leben seine historische Bedeutung gaben. Niemals werden wir in der Ära der E-Mails wieder einen solchen Schatz an Zeitgeschichte in Briefen vor uns haben.

Clementine («Clemmie») Hozier war ein Kind aus der gescheiterten Ehe zwischen Sir Henry Hozier und Lady Blanche. Sie war sechs Jahre alt, als die Eltern sich trennten und der Mann seine Frau und vier Kinder enterbte. Seine Vorwürfe der ehelichen Untreue fielen auf ihn selbst zurück: Es wäre schwer zu sagen, wer von beiden sich außerhalb der Ehe mehr vergnügte. Die Mutter ließ sogar Freunde wissen, Clementine und Kitty, eine weitere Tochter, seien gar nicht von Sir Henry, sondern von einem ihrer vielen Liebhaber gezeugt worden, einem gewissen Captain George Middleton. Überlassen wir diese

IV. Churchill wechselt die Partei und heiratet 117

Eine deutsche Zeitung feiert die Eheschließung von Winston Churchill und Clementine Hozier 1908. Den brillanten Aufsteiger umgibt bereits die Aura einer Celebrity

Frage den diversen Denkschulen und halten fest, dass Winston Churchill einer Frau den Heiratsantrag machte, deren fein ziselierte Züge Willen und Sanftmut, Beherrschtheit und Anpassungsvermögen ausstrahlten, nicht zu vergessen eine gute Portion Bildung, die sie sich bis zur Abiturreife an der Berkhamsted-Mädchenschule in London erworben hatte, mit einem Higher School Certificate in Französisch, Deutsch und Biologie. Zweimal schon hatte Clementine Heiratswünsche anderer Männer ausgeschlagen, diesmal konnte sie nicht widerstehen.

Nachdem Clementine und Winston sich einander am 11. August 1908 im Palast von Blenheim versprochen hatten, setzte Churchill einen Brief an die Mutter seiner Braut auf, um sie um die Hand der Tochter zu bitten: «My dear Lady Blanche», so begann er, «Sie kennen meine Familie schon seit vielen Jahren, so dass ich hier nicht viel zu sagen brauche. Ich bin nicht reich und nicht etabliert als mächtige Figur, aber Ihre Tochter liebt mich, und mit dieser Liebe fühle ich mich stark genug, diese große und heilige Verpflichtung auf mich zu nehmen. Ich glaube, ich kann sie glücklich machen, mit einer Stellung und einem Leben, die ihrer Schönheit und ihren Tugenden angemessen sind.» Der Eintrag in Englands Standardwerk zu Biographien der britischen Geschichte, «The Oxford Dictionary of National Biography», resümiert das Gespann Winston/Clementine lakonisch treffend: «Ihr durchgehend kluger Rat wurde immer fröhlich angehört, aber selten befolgt. Da ‹Clemmie› hauptsächlich an Winston interessiert war, genau wie er, war die Beziehung zwischen ihnen immer enger als die zu ihren Kindern.»

Bemerkenswert an der lebenslangen Korrespondenz ist, wie geschickt sich die «Kat» Clementine von Anfang an auf ihren «Mops» («Pug») Winston einzustellen wusste – es waren die Kosenamen, die sie bevorzugt füreinander benutzten. Clementine, von Natur aus besorgt, war oft die Mahnerin gegenüber ihrem Mann, wann immer er sich in Starrsinn zu verirren drohte. 1940, in den ersten Wochen nach Churchills Amtsübernahme als Premierminister, erlebte sie, wie angespannt und gestresst ihr Mann war, seinen aufmunternden Worten an die Nation zum Trotz; vor allem seine Mitarbeiter bekamen das zu spüren. Clemmie, die «Kat», erhob am 27. Juni mahnend ihre Pfote: «My darling, Du bist nicht so freundlich wie sonst (...) Hast Du nicht immer das französische Sprichwort zitiert: ‹on ne régne sur les âmes que par le calme›? [‹Man kann seine Autorität nur dadurch zur Geltung bringen, dass man ruhig bleibt.›] Du wirst nicht die besten Resultate erzielen durch Reizbarkeit & Grobheit. Das wird entweder Abneigung oder Sklavenmentalität erzeugen (wo Rebellion im Krieg ja nicht in Frage kommt).»

Diese Mitteilung gehörte zu den vielen, die Clemmie ihrem Mann zuweilen unter der Tür seines Dienst- oder Schlafzimmers hindurchschob, wenn sie ihn durch direkte Ansprache nicht stören wollte. Auch wenn seine Stimmung sich nach einer vorangegangenen Auseinandersetzung noch nicht besänftigt hatte, nahm sie gerne zu dieser diskreten Kommunikation Zuflucht. In der Regel suchte sie Streit zu vermeiden. «Ich streite mich nicht mit Winston», sagte sie zu seinem Leibarzt Lord Moran. «Wenn ich also etwas Wichtiges zu sagen habe, schicke ich ihm eine Notiz.» So glimpflich ging es nicht immer ab, doch die Hingabe an das Gemeinsame ließ es nicht zu, dass die dunklen Wolken jemals allzu lange über diesem Gespann hingen. Churchill «hinterging» seine Frau nur einmal, und das in einer wichtigen Frage – dem Kauf von Chartwell im Jahre 1922. In dieses große Anwesen in der Hügellandschaft von Kent hatte der Landedelmann, der er heimlich war, sich beim ersten Anblick verliebt. Er kaufte, ohne Clementine vorher konsultiert zu haben, und stellte sie vor die vollendete Tatsache einer baulichen und gesellschaftlichen Herausforderung, die ihre ganzen Kräfte in Anspruch nahm, ja, sie oft überforderte. Erst spät machte Clemmie ihren Frieden mit Chartwell, aber unwandelbar loyal erfüllte sie ihre Aufgabe einer Grande Dame der Gastfreundschaft und Stütze ihres meist übermäßig geforderten Mannes, unter Hinnahme seiner gelegentlich paschaartigen Tendenzen.

Was ihr ebenfalls gegen den Strich ging, waren manche Freunde ihres Mannes, vor allem unter den Medienzaren, deren Einfluss sie missbilligte – ein Lord Beaverbrook von der «Express»-Gruppe etwa oder Lord Rothermere vom «Daily Mail». Auch hatte sie wenig übrig für die Vorliebe ihres Mannes für den französischen Midi und die

Clique seiner reichen Freunde dort, die «Riviera-Gesellschaft», in deren Lebensstil es sich Churchill wohl sein ließ. Clementine missbilligte diesen Umgang auch wegen der Nähe zum Casino von Monte Carlo, in dem Churchill manchmal mehr aufs Spiel setzte, als seinem Portemonnaie gut tat. Das waren Unverträglichkeiten zweier Persönlichkeiten, die freilich ihrer tiefen Liebe zueinander keinen Abbruch taten. Auch als Clementine auf zwei Fernostreisen auf Lord Moynes Yacht «Rosaura» in den 30er-Jahren eine flüchtige Zuneigung zu Terence Philip empfand, einem reichen und schneidigen Kunsthändler, war für sie klar, dass dieser Exkurs nicht länger dauern konnte als das magische Erlebnis der tropischen Welt von Borneo, Celebes, den Molukken, Neukaledonien und den Neuen Hebriden.

Der Briefwechsel zwischen Winston und Clementine ist von einer tiefen Gefühlssprache geprägt, die man dem englischen Naturell, oberflächlich betrachtet, kaum zutraut, erst recht nicht einem rastlosen Egomanen wie Churchill; das gibt den Dokumenten ihre besondere Würze und erweitert unser Bild von Churchill. Auf seiner Autoreise nach Deutschland kommt er im September 1909 nach Straßburg und schreibt von dort an seine Frau: «Ich habe den innigen Wunsch, noch vollständiger in Dein liebes Herz und Deine Natur vorzudringen und mich einzurollen in Deinen geliebten Armen.» Es ist der erste Jahrestag ihrer Hochzeit, der 12. September, die Glocken des Straßburger Münsters wecken in ihm die Erinnerung an die Hochzeitsglocken der St. Margaret's Church im Jahr zuvor, und er resümiert: «Ich fühle mich so sicher bei Dir, und auch ich trage nicht die geringste Verstellung in mir. Bitte verachte nicht die Liebkosungen Deines Dir ergebenen Pug.» Den Schluss des Briefes widmete er Gedanken an die zwei Monate zuvor geborene Diana, ihr erstes Kind, und was für eine Zukunft ihr vielleicht blühen mochte – «sie sollte eigentlich einige seltene Qualitäten an Geist und Körper mitbringen». Prophetisch fügte er hinzu: «Aber die bringen nicht immer nur Glück und Frieden mit sich.» Am 19. Oktober 1963, nach zwei gescheiterten Ehen und einem verlorenen Kampf gegen den Alkohol, beging Diana Churchill mit einer Überdosis von Barbituraten Selbstmord.

Die Korrespondenz der Eheleute müsste uns hier nicht so eingehend beschäftigen, wäre da nicht auch der Politiker und Historiker Churchill, der sich immer wieder zu Wort meldet. Churchill hatte am 15. September 1909 nahe Würzburg tagsüber das Kaisermanöver beobachtet und kurz mit Wilhelm II. gesprochen, der sich dabei «launig über Sozialisten echauffierte», wie Martin Gilbert berichtet. Churchills Beobachtungen lesen sich erstaunlich. «Die Leute hier sind von einer solch eingefahrenen Routine, dass auch das Kleinste, was nicht dem seit Monaten feststehenden Plan entspricht, sie furchtbar aufregt.» Worte von großer Hellsicht folgen: «Diese Armee ist eine schreckliche Maschine. Sie legt 35 Meilen am Tag zurück und zählt Köpfe wie Sand am Meer, mit allen modernen Annehmlichkeiten, die man sich denken kann. In Deutschland herrscht eine tiefe Kluft zwischen zwei Lagern – den Imperialisten und den Sozialisten. Nichts vereint sie, sie stellen zwei unterschiedliche Nationen dar. Hier ist alles schwarz und weiß – die preußischen Farben.»

Der sich dann anschließende emotionale Ausbruch ist in der Churchill-Literatur berühmt geworden: «Wie leicht die Menschen die Dinge verbessern könnten, wenn sie nur alle zusammen daran arbeiteten! Auch wenn der Krieg mich anzieht und meinen Geist fasziniert, mit seinen gewaltigen Situationen, fühle ich doch jedes Jahr immer tiefer & kann dies Gefühl inmitten all der Waffen hier ermessen, was für eine abscheuliche und bösartige Torheit & und was für eine Barbarei dies alles ist.»

Die «bösartige Torheit», mitsamt ihrer «Barbarei», sollte nicht mehr lange auf sich warten lassen.

KAPITEL V

Der Krieg rückt näher

1. Der deutsche «Panthersprung»

Wilhelm II. und das Deutsche Reich lagen in tiefem Hader mit England und seiner Gleichgewichtspolitik. Die aufstrebende Kontinentalmacht rieb sich an einem Prinzip, das sie als Einengung ihrer eigenen Ambitionen verstand – zur Vormacht in Europa zu werden. Zunächst hatte der Kaiser in naiven Vorstellungen geschwelgt, wie sie später auch Hitler hegte. England und Deutschland sollten sich gewissermaßen den Kuchen teilen: das Meer den Briten, den Deutschen Europa. Nach der Beerdigung von Queen Victoria, seiner Großmutter, im Januar 1901 verriet Wilhelm seinem Onkel, dem englischen König Edward VII.: «Wir sollten eine deutsch-englische Allianz bilden, Du, um über die Meere zu wachen, während wir für das Land verantwortlich wären; mit solch einer Allianz würde keine Maus in Europa sich ohne unsere Erlaubnis zu rühren wagen.» Das war ahnungslos gesprochen gegenüber Englands eisernem Grundsatz, keine Hegemonialmacht auf dem Kontinent zu dulden, und ahnungslos gegenüber der eingeschränkten Aktionsfreiheit des englischen konstitutionellen Monarchen, des «King in Parliament».

Doch der Kaiser lernte schnell hinzu. In einem Brief an Reichskanzler Bernhard von Bülow aus demselben Jahr, 1901, klagte er, Lord Salisbury, der britische Premierminister, sei «von der Idee besessen, es gebe ein Gleichgewicht der Kräfte in Europa. Es gibt kein Gleichgewicht der Kräfte in Europa als mich, mich und meine fünfundzwanzig Korps.» Auch dem britischen Außenminister erklärte er:

«Das Gleichgewicht der Kräfte in Europa bin ich.» Während der Juli-Krise 1914, am Vorabend des Weltkrieges, nahm der Hass Wilhelms auf England, das Land seiner Mutter – Vicky war das älteste der neun Kinder von Königin Victoria –, «immer pathologischere Formen an», wie sein Biograph John C. G. Röhl, dem wir die Zitate verdanken, schreibt. In Randnotizen auf diplomatischen Dokumenten ließ der in die Ecke Gedrängte seinem Wahn freien Lauf. Wiederholt wetterte er gegen «dieses verhasste, verlogene, gewissenlose Krämervolk» mit seiner «pharisäischen Friedensheuchelei» eines Kräftegleichgewichts in Europa, das nichts anderes bedeute als «die Ausspielung aller Europäischen Staaten zu Englands Gunsten gegen uns!» Und er bekräftigte: «Wenn wir uns verbluten sollen, dann soll England wenigstens Indien verlieren.» Was nach dem Zweiten Weltkrieg tatsächlich eintrat. Röhl folgert, «dass die Empörung des Kaisers über Großbritanniens Festhalten an einem Gleichgewicht der Kräfte in Europa die Welt dem Krieg einen merklichen Schritt näher brachte.»

Wie die Insel ihrerseits die Lage taxierte, lässt sich einem Gastbeitrag entnehmen, zu dem die deutsche Monatsschrift «Nord und Süd» den konservativen *elder statesman* Arthur Balfour für ihre Juni-Nummer 1912 eingeladen hatte. Balfour schrieb: «Wenn die Engländer sicher sein könnten, dass die deutsche Flotte nur zu Verteidigungszwecken verwendet werden wird, also gegen eine Aggression, so wäre es ihnen völlig gleichgültig, wie groß sie ist. Denn ein Angriffskrieg gegen Deutschland ist für England völlig undenkbar. (...) Ohne eine überlegene Flotte würde Großbritannien nicht mehr zu den großen Mächten zählen. Besäße dagegen Deutschland überhaupt keine Flotte, wäre es noch immer die größte Macht Europas. Die Engländer sind deshalb aus reinem Selbsterhaltungstrieb genötigt, nicht nur das Anwachsen der ausländischen Flotten zur Kenntnis zu nehmen, sondern auch mit Sorge die Beweggründe jener zu wägen, die diese Flotten bauen.»

Das war die traditionelle britische Sicht auf seine Seemacht als Instrument der Defensive, daher Balfours Hinweis, «ein Angriffskrieg gegen Deutschland ist für England völlig undenkbar». Aber die meisten Zeitgenossen außerhalb Englands sahen dies überhaupt nicht so, beispielsweise der deutsche Liberale Friedrich Naumann, der bereits am 11. März 1900 in der Zeitschrift «Die Hilfe» schrieb (worauf Wolfgang Mommsen in der Festschrift für Paul Kluke (1981) hinweist): «Gegenüber der unerhörten, unheimlichen Übergewalt Englands gibt es nur zwei Möglichkeiten: Entweder man beugt sich oder man kämpft. Unsere Kinder werden kämpfen. Wenn irgendetwas in der Weltgeschichte sicher ist, so ist es der zukünftige ‹Weltkrieg›, das heißt der Krieg derer, die sich vor England retten wollen.» Für Mommsen verraten diese und ähnliche Äußerungen jener Jahre «ziemlich krude Vorstellungen über den Charakter des britischen Imperialismus (...), in Verkennung des überwiegend defensiven Grundzugs insbesondere der offiziellen Empire Politik.»

Am 1. Juli 1911 erscheint der Geist europäischer Zwietracht leibhaftig vor Agadir, dem Hafen an der Südwestküste Marokkos, in der Form des deutschen Kreuzers «Panther». Kaiser Wilhelm II. hatte sein Kanonenboot nach Marokko entsandt zum Schutz deutscher Bürger und deutscher Wirtschaftsinteressen dort, angesichts eines bedrohlichen Aufmarsches französischer Truppen aus dem benachbarten Algerien, die der Sultan gegen einen Rebellenaufstand ins Land gebeten hatte. Der «Panther» wird fünf Tage später durch die «Berlin» abgelöst, aber die Geschichte, zumal die Medien, immer auf Farbe erpicht, hatten ihre Schlagzeile: «Der Panthersprung nach Agadir».

Eigentlich war dies von deutscher Seite nicht als Demonstration der eigenen neuen Macht zur See gedacht, sondern eher als Fingerzeig, dass sich das Reich in seinen kolonialen Interessen von Frankreich nicht herumstoßen lasse. In der Tat gab es bereits im November 1911 zwischen Paris und Berlin eine gütliche Einigung, wonach den Deutschen ein paar tausend Quadratkilometer «Kongo-Sumpf», wie die französische Presse höhnte, überlassen wurden. In England gab man sich weniger entspannt. «England zog den Atlas zu Rate und begann sich zu fragen», schrieb Churchill in seinem fünfbändigen Werk über den Ersten Weltkrieg, «The World Crisis» (1923–1931), «welche Auswirkungen ein deutscher Flottenstützpunkt an der afrikanischen Atlantikküste auf die eigene Sicherheit zur See haben mochte.» Von Flottenstützpunkt war zwar auf deutscher Seite nie die Rede, aber der umtriebige Innenminister, der Churchill im Juli 1911 noch war, nie zufrieden mit den eigenen Ressortgrenzen, stellte seine Antennen nach dem Agadir-Vorfall in andere Richtungen und nahm als geborener Krieger die Witterung neuer Konflikte auf. Vorbei die Tage, in denen Churchill behauptete, «dass Großbritannien und Deutschland nichts haben, worum sie kämpfen müssten» (siehe Kap. IV, 4). Premierminister Asquith wurde in einer Reihe von Memoranden zur künftigen Sicherheitslage, unterzeichnet mit den bekannten Initialen «WSC», eingeweiht. Der Regierungschef war immer geneigt, dem ungestümen Jüngeren zuzuhören, mit der Herablassung des in Kriegsfragen untrainierten und uninteressierten Intellekts. Andere dagegen, Außenminister Edward Grey zum Beispiel, reagierten eher spöttisch: «Winston», so kommentierte er, «wird sehr bald aufgrund der schieren Aktivität seines Geistes unfähig sein, irgendetwas anderes im Kabinett zu sein als Premierminister.»

Einen unfreiwilligen Skandal löste Churchill als neu bestallter Marineminister im Februar 1912 mit einer Rede in Glasgow aus, als er einen Vergleich anstellte zwischen der britischen und der deutschen Flotte. Darin wiederholte er zunächst die altbekannte These von der defensiven Natur der britischen Flotte, die auch Arthur Balfour in dem eben zitierten Artikel vier Monate später vortragen sollte: «Der Zweck der britischen Seemacht ist ihrem ganzen Wesen nach defensiv. Wir denken nicht an Aggression (…). So groß und übermächtig unsere Flotte auch werden mag, könnten wir mit ihr doch nie den Frieden auch nur eines einzigen Dorfes auf dem europäischen Festland bedrohen.» So weit, so gut. Doch dann definierte der Redner präziser – und das Kind fiel in den Brunnen: «Es besteht ein Unterschied zwischen der Flottenmacht Großbritanniens und der Flottenmacht des großen und befreundeten Deutschen Reiches. Die britische Flotte ist für uns eine Notwendigkeit, während die deutsche Flotte für Deutschland von einigen Gesichtspunkten aus betrachtet eher eine Art Luxus ist. Für uns bedeutet die Flotte unsere Existenz (…). Großbritannien ist eine Großmacht aufgrund der britischen Flotte. Deutschland war bereits eine auf der ganzen Welt geachtete Großmacht, noch ehe es ein einziges Schiff besaß.»

«A kind of luxury», «eine Art Luxus», hatte Churchill gesagt – das meint im Englischen etwas Entbehrliches, Überflüssiges, nicht Notwendiges – etwas, das Freude machen kann, aber nicht wesentlich ist. Keineswegs impliziert es Luxus im Sinne von schwelgender Opulenz, von Protz. Doch genau so missverstand man in Deutschland die Worte Churchills – sie lösten einen Sturm der Empörung aus. Das Wort von der «Luxusflotte» machte die Runde, in falscher Wiedergabe des englischen Wortsinns, der Kaiser war verstimmt, die Medien sprachen von Beleidigung, und Churchill wurde von nun an als «Deutschenhasser» aufgebauscht, was er nachweislich nicht war und zeitlebens nie wurde. Auch in England war man nicht ungeteilt glücklich über seine Rede.

Doch Churchill, gerade noch ein glühender Vertreter der Abrüstung, war über Nacht ein ebenso glühender Advokat neuer Verteidigungsanstrengungen geworden. Die Wege der beiden «radikalen Zwillinge» Lloyd George und Churchill trennten sich. Ehrlich beschreibt Churchill seine Wandlung im ersten Band der «World Crisis»: «Sobald ich auf dieses Gebiet geraten war, beherrschte es alle meine anderen Interessen. Während der nächsten sieben Jahre dachte ich an kaum etwas anderes mehr. Die liberale Politik, das ‹People's Budget›, Freihandel, Frieden, Sparsamkeit und Reform – alle die Schlachtrufe unserer Wahlkämpfe wurden angesichts dieser neuen Gedankenwelt, die mich beschäftigte, völlig unwirklich. Einzig Irland [die ungelöste Frage der irischen Unabhängigkeit] hielt seinen Platz unter diesen widrigen Wirklichkeiten.» Asquith, dem Churchill mit seinen permanenten Memoranden in den Ohren lag, sah in ihm schließlich den geeigneten Kandidaten, wenn nicht fürs Kriegsministerium, dann doch für eine dringend gewordene Neubesetzung der Spitze der Admiralität. So ernannte er den Innenminister am 21. Oktober 1911 zum First Lord of the Admiralty, zum Marineminister. Mit knapp 37 Jahren erhielt der Marlborough-Nachkomme die Verfügungsgewalt über das mächtigste Instrument der Verteidigung in der Welt, die Royal Navy.

2. Marineminister auf der Kommandobrücke

Es war die richtige Personalentscheidung zur Reform einer Institution, die drohte obsolet zu werden. Die Navy war nach 50 Jahren ohne Kampferfahrung veraltet, hierarchisch verkrustet und immun gegen Veränderungen. Als ein Admiral gegenüber Churchill einmal von den Traditionen der Marine schwärmte, soll dieser geantwortet haben: «Welche Traditionen? Rum, Sodomie und die Peitsche!» Man hat nie herausgefunden, ob Churchill das wirklich gesagt hat, aber er gab später zu verstehen, dass er es gerne gesagt hätte. Der Satz wanderte in den Schatz von Zitaten, die ihn ein Leben lang, ob Legende oder Wirklichkeit, begleiteten.

Von Lord Fisher, dem alten Haudegen, der von 1904 bis 1910 First Sea Lord gewesen war, die ranghöchste Stellung in der Royal Navy, ließ Churchill sich in einigen Grundzügen der Reform beraten. Darunter waren die Erweiterung des Kalibers der Dreadnought-Kanonen, die Gründung des Royal Navy Air Service, der Marineflieger also, und, am wichtigsten, die Umstellung der Befeuerung der Schlachtschiffe von Kohle auf Öl, was den britischen Schiffen gegenüber ihren deutschen Konkurrenten einen Vorteil an Schnelligkeit und Reichweite gab. Ein Deal mit der Anglo-Persian Oil Company (APOC) im Iran hatte diese Umstellung 1912 möglich gemacht, er sicherte langfristig die Versorgung der britischen Flotte mit dem neuen Treibstoff.

Auch die Marine-Luftwaffe, die nach dem Krieg mit einem ähnlichen Arm des Heeres zur Royal Air Force (RAF) verschmolz, bekam unter Churchill Wind unter ihre Doppeldecker-Flügel – sie wurde geradezu sein Lieblingsobjekt, vernarrt wie er war in alle technischen Neuerungen. Er investierte große Etatsummen in ihre Entwicklung und lernte – verwegen wie immer – selbst das Fliegen, bis er es nach über 100 Versuchen und etlichen Bruchlandungen auf Bitten von Clementine aufgab; einer seiner Fluglehrer kam Stunden, nachdem er Churchill unterrichtet hatte, bei einem Absturz ums Leben.

Ein so auf Ehre und Tradition eingeschworenes Instrument wie die Royal Navy musste den Antritt des jugendlichen Heißsporns und

Zivilisten an seiner Spitze argwöhnisch beäugen, und man nahm ihn mit entsprechend ungnädigen Kommentaren in Empfang. Churchill entwaffnete seine Kritiker resolut, gab der Navy zum ersten Mal in ihrer Geschichte einen Admiralsstab, in den er neu ernannte Admiräle wie Sir David Beatty und Sir John Jellicoe berief, und verschaffte sich durch seinen ansteckenden Enthusiasmus und eine schier unglaubliche Arbeitsleistung in kürzester Zeit großen Respekt. Die Admiralty-Yacht «Enchantress», die «Verführerin», verführte ihn zu Hochleistungen des Managements. Er besuchte, wie er später schrieb, «jedes Dock, jede Werft, jede Marineeinrichtung auf den britischen Inseln und im Mittelmeer und jedes wichtige Kriegsschiff (...) Ich machte mich genau damit vertraut, wie alles aussah, wo alles war und wie sich alles ineinander fügte. Am Ende hatte ich auf Anhieb alles bereit, was gebraucht wurde.»

25 Jahre später, am 1. September 1939, wurde Churchill erneut zum Marineminister ernannt, betrat seine alte Wirkungsstätte in Whitehall, im Londoner Regierungsviertel, fand in seinem Büro noch immer die Landkarte der Nordsee vor, die einst genau die Positionen aller deutschen und britischen Kriegsschiffe markiert hatte – und ging mit dem gleichen Elan, diesmal als fast 65-Jähriger, an die Arbeit. Sein Sinn für Geschichte entsprang nicht nur einer einzigartigen Witterung, die er allen Politikern seiner Zeit voraus hatte, er wurde zugleich immer wieder durch die Geschichte selbst bestätigt, was ihn glauben ließ, von einem besonderen Schicksal geleitet zu sein, seiner «destiny», die er nie müde wurde sich in Erinnerung zu rufen.

3. 24. Juli 1914:
«Ein fahles Licht fiel auf die Landkarte Europas»

In den Wochen vor den «Kanonen des August» (Barbara Tuchman) widmete die britische Politik der europäischen Meteorologie keine besondere Aufmerksamkeit – nichts Unheilvolles schien sich zusammenzubrauen. Vielmehr verbohrte man sich in den Zankapfel Irland und die noch ungelöste Frage der «Home Rule», der Unabhängigkeit für die Insel. Am 24. Juli, als auch das Kabinett die Irland-Frage erneut diskutiert, bekommt Außenminister Sir Edward Grey mitten in die Beratungen hinein ein Papier gereicht – die österreichische Note an Serbien vom Tag zuvor, «eindeutig ein Ultimatum», wie Churchill in «The World Crisis» schrieb, «aber von einer Art, wie es in modernen Zeiten noch niemals aufgesetzt worden war». Grey las langsam vor. «Das Kabinett schien eine Art von Seufzer hervorzustoßen, und für einen oder zwei Momente senkte sich atemloses Schweigen auf uns alle», erinnerte sich später Lord Morley, Lord President of the Council, der am Tag der britischen Kriegserklärung an Deutschland, am 4. August, zurücktreten würde. Churchill dagegen, mit seinem sprachlichen Flair, erfasste den Zustand als Panorama: «Die Dörfchen und Pfarreien von Fermanagh und Tyrone [umstrittene Orte entlang der Demarkationslinie zwischen Ulster und dem irischen Süden] sanken augenblicks zurück in Irlands sturmgepeitschte graue Nebelschleier, und ein fahles Licht fiel auf die Landkarte Europas und begann, stetig heller zu werden.»

Merkwürdige Worte, ehrliche Worte. Es war für Churchill das Licht der Erkenntnis über eine Lage, die er seit Längerem geahnt hatte und die er nun wie bestätigt fand – die Wirklichkeit des Krieges, die sich nicht mehr leugnen ließ. Asquith allerdings missverstand Churchills innere Bereitschaft für das Kommende als «äußerst kriegslustig»: «Winston, der einen von Ideen überquellenden Verstand hat, voller Bildkraft, ist außer Rand und Band angesichts der Kriegsaussicht, was für mich einen Mangel an Phantasie bedeutet.» Es war aber in Wirklichkeit genau das Gegenteil – eine hochgradig entwickelte Vorstellung von dem, was nun zu tun war. Noch am 28. Juli erteilte der Marineminister auf eigene Faust eine Order an die in Portland an der Südküste Englands versammelte Flotte – man hatte gerade die sommerlichen Manöver hinter sich –, unter größter Geheimhaltung bei Nacht ins schottische Scapa Flow auf den Orkney-Inseln aufzubrechen und dort Gefechtsposition zu beziehen. Den Premierminister hatte Churchill immerhin eingeweiht. Asquith, so schrieb er später, «sah mich mit einem harten, starren Blick an und gab eine Art

Grunzen von sich. Mehr brauchte ich nicht.» Lord Morley durchschaute seinen Kabinettskollegen – Churchill habe «mit all seiner dämonischen Energie zur sofortigen Mobilmachung angetrieben», so zitiert ihn Robert Rhodes James in «The British Revolution. British Politics, 1880–1939» (1976/77).

Am 28. Juli schreibt der 39-Jährige nachts von seinem Amtssitz im Admiralty House an seine geliebte Clementine, die gerade an der See in Norfolk mit den beiden Kindern Diana und Randolph ein Feriendomizil bezogen hat: «28 July Midnight / My darling One & beautiful – Alles treibt auf Katastrophe und Zusammenbruch zu. Ich bin interessiert, in vollem Gang und glücklich. Ist es nicht schrecklich, so gebaut zu sein? Die Vorbereitungen üben auf mich eine widerliche Faszination aus. Ich bete zu Gott, dass er mir solche furchtbaren Anwandlungen der Leichtigkeit verzeiht. – Und doch würde ich mein Bestes geben für den Frieden & nichts könnte mich dazu verleiten, unberechtigterweise den ersten Schlag zu führen. Ich kann nicht spüren, dass wir auf unserer Insel in irgendeinem ernstzunehmenden Grad verantwortlich sind für die Welle des Wahnsinns, die den Geist der Christenheit überspült hat. Niemand kann die Folgen absehen. Ich habe mich gefragt, ob diese dummen Könige und Kaiser nicht zusammenkommen und wahres Königtum wiederbeleben könnten, indem sie die Nationen vor der Hölle bewahren. Wir alle driften in dumpfer, starrer Trance dahin. Als ob es die Operation von jemand anderem wäre.»

Ein Gefühl dieser «dumpfen, starren Trance» empfand man auch in anderen Hauptstädten Europas. Reichskanzler Bethmann-Hollweg sprach von dem «verrückten europäischen Krieg», Zar Nikolaus II. sah «ein monströses Schlachten» kommen, und Churchills Kabinettskollege David Lloyd George war «angefüllt vom Horror des Bevorstehenden», wie Margaret MacMillan in ihrem Werk «The War that Ended Peace» (2013) rekapituliert. Alle diese Äußerungen belegen sinnfällig, wie Europas kollektive «Schlafwandler» – so der Titel von Christopher Clarks Buch über die Vorgeschichte des Ersten Weltkrieges – offenen Auges und doch in «starrer Trance» dem Unheil entgegengingen. Kaiser, Könige, Politiker – eine Quadrille der Verdammten.

Doch Churchill, nie ein Mann der reinen Kontemplation, tat in dieser Stunde nichts anderes, als sich seinen Aufgaben zu stellen, in beschleunigter Sachlichkeit, zum Krieg entschlossen. Das Kabinett war gespalten in Pazifisten, Zauderer und Realisten, wobei sich unter Letzteren neben Churchill Außenminister Grey und in zunehmendem Maße auch Lloyd George fanden. Erst am 4. August, einen Tag nach dem deutschen Einmarsch in Belgien, gibt die pazifistische Opposition im Kabinett widerwillig nach, und London erklärt Deutschland den Krieg; nur zwei Minister – anstatt acht – machen den angedrohten Rücktritt wahr. Churchill aber hat längst ohne verfassungsmäßige Deckung, ohne königliche Proklamation die Mobilisierung der Flotte in Gang gesetzt. Und um 15.50 Uhr am Sonntag, den 3. August, während die deutsche Antwort auf das britische Ultimatum, sich aus Belgien zurückzuziehen, auf sich warten ließ, hat der Marineminister ein Signal an alle britischen Schiffe und Marinebasen geschickt: «Commence hostilities against Germany» – ab Mitternacht sollen sie sich auf den Beginn von Kampfhandlungen gegen Deutschland einstellen.

Niemand hat Churchill in diesem Sommer 1914 besser beschrieben als der in Kanada geborene Max Aitken, der spätere Lord Beaverbrook, der seit 1910 im Unterhaus saß und einer der engsten Weggefährten Churchills werden sollte. «Er war nicht überrascht», schreibt er in seinen Memoiren «Politicians and the War 1914–1916» (1928), «er legte nicht den Kopf zwischen die Hände (…) oder beklagte sich beim Himmel, dass die Welt untergehe. Er legte weder Furcht noch Unsicherheit an den Tag, auch kein Zeichen der Freude (…). Er hatte alles, was geschehen würde, so weit vorausgesehen, dass sein Gemüt nicht im Geringsten erschüttert war, als die vorhergesehenen Ereignisse eintrafen.» Diese Sätze hätte er auch auf den Churchill von 1939/40 münzen können, so genau beschreiben sie einen Charakter, der sich im Augenblick höchster Anspannung in einer an der Geschichte geschulten ruhigen Gewissheit übte. Unter den Politikern war Churchill 1914 wie 1940 der einzige «Krieger», aber als Premierminister gelang ihm, was ihm im Ersten Weltkrieg aufgrund mangelnder politischer Amtsgewalt noch nicht gelingen konnte. Damals trat er bereits neun Monate nach Kriegsbeginn vor die Schranke der Geschichte – und wurde zurückgewiesen, geschlagen, entmutigt, verhöhnt. In seinem Charakterprofil fehlte noch ein Moment: die Erfahrung einer Niederlage – Gallipoli.

KAPITEL VI

Churchill ohne Fortüne

1. Die Flotte ist nicht entscheidend

Was der britischen Seemacht in den ersten Monaten des Krieges an Fehlern und Verlusten widerfuhr, gereichte dem Marineminister nicht eben zur Vermehrung seines Ansehens. Zu seinem Glück hatte er als First Sea Lord, als Flottenchef, den deutschstämmigen Prinz Louis Battenberg an seiner Seite, der manche Pfeile der Kritik, die eigentlich auf Churchill gerichtet waren, auf sich lenkte – jedenfalls bis zu seiner Entlassung Ende Oktober 1914, die vom Druck der öffentlichen Meinung quasi erzwungen wurde, weil ein «Deutscher» nicht verlässlich den Befehl über die britische Marine führen und britische Interessen vertreten könne. Drei britische Kreuzer wurden an einem helllichten Septembertag nahe der Doggerbank in der Nordsee von deutschen Torpedos versenkt, mit dem Verlust von 1459 Mann. Churchill wollte Battenberg über diese Gefahr im Vorhinein gewarnt haben, aber im Gedächtnis der Zeitgenossen blieb, was der Minister am Tag davor, dem 21. September, in einer Rede in Liverpool prahlend verkündet hatte: dass, wenn die deutsche Marine sich nicht zum Kampf stelle, sie «wie Ratten aus einem Loch geholt wird». Den König, George V., verleitete das anschließend gegenüber Premierminister Asquith zu der trockenen Bemerkung: «Die Ratten kamen ganz freiwillig heraus, und das auf unsere Kosten.»

Äußerst kritisch urteilte die Presse, als ruchbar wurde, dass das deutsche Schlachtschiff «Göben» und der kleinere Kreuzer «Breslau» allen Versuchen sie abzufangen entkommen und durch die Meerenge der Dardanellen nach Konstantinopel durchgeschlüpft waren. Und das zu einer Zeit, als im Osmanischen Reich große Empörung herrschte wegen Londons Weigerung, zwei türkische Kriegsschiffe, die auf britischen Werften praktisch fertig zur Auslieferung lagen und bereits bezahlt waren, freizugeben. Das sollte auf türkischer Seite die Entscheidung mitbeeinflussen, neben den Achsenmächten in den Krieg einzutreten, was am 12. November 1914 geschah.

Wie schnell der Krieg aus befreundeten Nationen gegenseitige Vernichter machen konnte. Beim großen Flottenfest in Kiel im Juni 1914 wehte auch der Union Jack über dem Hafen, sieben englische Kriegsschiffe waren zu Gast. Es war der 30. Juni, zwei Tage nach dem Mord von Sarajewo, und zum Abschied trug der englische Admiral einen herzlichen Farewell-Gruß vor: «Friends today, friends in future, friends for ever!» Was für eine Illusion.

Hin und her wogte die Bilanz auf den Meeren, ob vor der chilenischen Küste, nahe den Falkland-Inseln oder in der Nordsee. Bedenkt man, wie stark vor dem Krieg das Flottenthema die Gemüter bewegt hatte, auf beiden Seiten des Ärmelkanals, bleibt das Resümee selbst ernüchternd: Die Marine spielte im Krieg nicht die tragende Rolle, die man von ihr erwartet hatte nach der Vorkriegsaufregung um das deutsch-britische «Wettrüsten». Selbst die Schlacht von Skagerrak im Juni 1916, «die größte Seeschlacht der Weltgeschichte», als die man sie apostrophierte (die Briten nennen sie «Battle of Jutland»), endete im Patt. An eine Offensive des Deutschen Reiches zur See, welche die Vorstöße durch Belgien und Frankreich flankiert hätte, war nicht zu denken. Im Gegenteil: Die britische Seeblockade in der Nordsee entfaltete im Verlauf des Krieges ihre einschnürende Wirkung, was ab 1916 die Versorgung Deutschlands mit Nahrungsmitteln krisenhaft erschweren sollte. Erst der uneingeschränkte U-Boot-Krieg gab dem Deutschen Reich einen kurzfristigen taktischen Vorteil, letztlich jedoch einen kontraproduktiven, da er 1917 die USA zum alles entscheidenden Kriegseintritt auf Seiten der englisch-französischen Entente bewog.

2. In Antwerpen geht der Marineminister an Land

Nach all dem Gesagten verwundert es nicht, dass Churchill mit seinem ausgreifenden Verstand und seiner unbändigen Energie sich nicht allein auf die Marine beschränken konnte und wollte. Im Grunde seines Herzens war er ein Mann des Heeres, dort hatte er seine Kriegserfahrungen gesammelt, und man muss nur an die Reihe der Memoranden denken, mit denen er Asquith traktierte, um zu wissen, dass er den Krieg immer als Gesamtphänomen begriff – und sich selbst als den Mastermind, der alles im Blick hat. In einer dieser Mitteilungen an den Premierminister hatte er zum Beispiel einen möglichen deutschen Vorstoß bis zur Marne vorausbeschrieben und auch vorhergesagt, dass dieser nach 40 Tagen zum Stillstand kommen und die Deutschen unter der Wucht der Gegner zum Rückzug gezwungen würden – was dann im September 1914 tatsächlich eintrat. Paul Addison überschreibt das entsprechende Kapitel seiner Churchill-Biografie mit «Der Liliput-Napoleon». Im Kabinett übertrumpfte der 40-Jährige kraft seiner Eloquenz den eher einsilbigen, 25 Jahre älteren Kriegsminister Kitchener, sein Geist operierte in großen Szenarien. So kam etwa die Idee des Tanks, des Vorläufers der Panzer, der zunächst als «Landschiff» figurierte und viele Köpfe gleichzeitig beschäftigte, dank Churchills Drängen voran. Zuweilen träumte er sich in die Rolle eines bedeutenden Oberkommandierenden. Feldmarschall Earl Alexander erzählt in seinen Memoiren, wie Churchill ihm während des Zweiten Weltkrieges einmal anvertraute: «Ich beneide dich, du hast das tun können, was ich immer wollte – siegreiche Armeen befehligen. Ich kam dem einmal im Ersten Weltkrieg sehr nahe, als ich die Truppen in Antwerpen kommandierte. Ich dachte damals, dies sei meine große Chance.»

Antwerpen – das sollte ein weiteres Signalwort für die Churchill-Feinde werden, nach «Tonypandy» und «Sidney Street», gekrönt schon bald von «Gallipoli»: Etappen eines von brillantem Ungestüm verführten Abenteurers. Im August 1914 drohte ein deutscher Durchbruch auf der rechten Flanke der belgischen Truppen. Antwerpen, wohin der König und die Regierung geflüchtet waren, geriet in Ge-

VI. Churchill ohne Fortüne

fahr, womit der größte anzunehmende Ernstfall in greifbare Nähe rückte: die Einnahme der belgischen und französischen Kanalhäfen. In dieser Stunde besannen sich Asquith und Kitchener wie auch Grey ihres wie mit den Füßen scharrenden Kollegen und entsandten Churchill nach Antwerpen, um den belgischen Widerstand mit neuem Mut zu infizieren. Er war der Mann, den man jetzt brauchte, die sinkende Kampfmoral wieder aufzubauen.

Was der Marineminister, kaum dass er am 3. Oktober in Antwerpen eingetroffen war, auch umgehend in Angriff nahm. Er spielte den Deus ex machina, füllte mit seinem Enthusiasmus das politische Vakuum, überredete die belgische Regierung, die Evakuierung Antwerpens aufzuschieben, holte eine Brigade der Royal Marines heran, eine Infanterietruppe von leider nur niedrigem Ausbildungsstand, und versprach französische Verstärkung. Churchill war in seinem Element, die Antwerpen-Mission ergriff ihn wie ein Taumel. Entsprechend setzte er am 5. Oktober ein Telegramm an den Premierminister auf, das in die Geschichte eingehen sollte als die wohl seltsamste Depesche eines britischen Kabinettsmitglieds an seinen Regierungschef: «Sollte die Regierung Ihrer Majestät glauben, dass ich hier zu Diensten sein kann», telegraphierte Churchill, «bin ich bereit, mein Ministeramt aufzugeben und das Kommando zu übernehmen zur Entsetzung und zur Verstärkung der Verteidigungskräfte in Antwerpen, in Zusammenarbeit mit der belgischen Armee. Voraussetzung ist, dass man mir den nötigen Rang und die Autorität überträgt sowie die komplette Gewalt eines Kommandanten einer eigenen Streitkraft im Feld. Ich empfinde es als meine Pflicht, meine Dienste anzubieten, da ich sicher bin, dass dies Arrangement die beste Aussicht bietet für den siegreichen Ausgang eines Unternehmens, in das ich tief involviert bin. Ich harre Ihrer Antwort.»

Als Asquith das Telegramm in der Kabinettsrunde vorlas, erfüllte «homerisches Gelächter» den Raum. Kein Gedanke daran, Churchill, wie Kitchener (vielleicht ironisch) vorschlug, zum Generalleutnant zu befördern – einen Abtrünnigen seines Ressorts, der einmal mehr die Frage aufwarf, ob er sein Urteilsvermögen nicht einem mächtigen Impuls zuliebe preisgegeben hatte wie, im kleineren Maßstab, schon während der «Battle of Sidney Street». Doch das Urteil der Geschichte über diese Episode in Churchills Leben fiel gnädiger aus. Gewiss, die erhoffte französische Verstärkung blieb aus, die britischen Kräfte waren zu gering bemessen und zu schlecht ausgebildet, und Antwerpen wurde am 10. Oktober von den Deutschen eingenommen. Aber die eine Woche, die der Marineminister mit seinem Einsatz herausholen konnte, erlaubte den Alliierten, Calais und Dünkirchen zu sichern, zwei wichtige Nachschubhäfen – in der Folge gelang es den deutschen Truppen im Raum der belgischen Kanalküste nicht, das britische Expeditionskorps von seinen Versorgungslinien abzuschneiden. Dennoch schlug Antwerpen gegen Churchill zurück als der erste militärische Testfall, bei dem man ihm seine große Impulsivität als Handicap vorhielt. Es war der Vorläufer dessen, was ein halbes Jahr später geschehen sollte und was seine politische Karriere zu einem abrupten Ende brachte – vorerst.

3. Scheitern auf Gallipoli

Das unentschiedene Hin und Her um jeweils ein paar hundert Meter Boden an der Westfront empörte den strategischen Sinn Churchills. Es konnte nicht angehen, dass England seine Söhne im Stellungskrieg verheizte, ohne dass ein anderer Plan dahinter stand, als dem Gegner gleiche Opfer abzuringen, Blutzoll um Blutzoll, in der Hoffnung ihn niederzuringen. Kriegsziele sehen anders aus. So verfasste der First Lord of the Admiralty am 29. Dezember des ersten Kriegsjahres eines seiner aufrüttelnden Memoranden für den Premierminister, mit einer Analyse, wie sie schonungsloser nicht ausfallen konnte: «Keine Seite wird die Stärke aufbringen, auf dem westlichen Kriegsschauplatz die Linien des Gegners zu überwältigen, auch wenn zweifellos mehrere hunderttausend Männer vergeudet werden zur Befriedigung der militärischen Planer. Wenn diese Sicht zutrifft, erhebt sich die Frage: Wie sollen wir unsere Militärmacht einsetzen? Gibt es keine andere Wahl, als unsere Armeen nach Flandern zu schicken, um dort Stacheldraht zu kauen? (...) Wenn es unmöglich oder unzumutbar kostspielig ist, die deutschen Linien an den bekannten Fronten zu durchbrechen – sollten wir dann dem Gegner nicht an neuen Frontabschnitten gegenübertreten und die Russen dazu bringen, das Gleiche zu tun?»

Stacheldraht kauen in Flandern – niemand außer Churchill, mit seiner unnachahmlichen, bildgesättigten Sprache, hätte das angesprochene Problem derart plastisch in Worte fassen können. Die Idee, den Gegner nicht dort zu treffen, wo er bereits steht, sondern an einer neuen Front zu versuchen, ihn zu stellen und zu schwächen, ist in der jüngeren Vergangenheit als Militärdoktrin unter dem Begriff der «horizontalen Eskalation» neu belebt worden – Caspar Weinberger, Ronald Reagans Verteidigungsminister, hat sie Anfang der 1980er-Jahre in das strategische Dispositiv der USA aufgenommen.

Als lohnendster Ort für eine solche neue Front erschien Churchill die Meerenge der Dardanellen, jene 60 Kilometer lange Wasserstraße von der Ägäis bis ins Marmara-Meer, durch die man auf Konstantinopel vorstoßen konnte, was der Macht des Sultans, der gerade auf der Seite der Achsenmächte in den Krieg eingetreten war, den Todesstoß versetzen sollte. In der Literatur läuft dieses Kapitel der Kriegsgeschichte oft auch unter dem Namen jener felsigen Halbinsel, die den Norden der Dardanellen säumt – Gallipoli. Ein Sieg an dieser Front, so Churchills Kalkül, würde den Seeweg zum russischen Alliierten öffnen, dem die Munition auszugehen drohte und der sich von türkischen Angriffen im Kaukasus bedrängt sah. Die noch zögernden Balkanstaaten Bulgarien und Rumänien, auch Italien und Griechenland könnten vielleicht durch einen Erfolg der Entente überzeugt werden, sich ihr anzuschließen – diese Länder «warteten auf Angebote», wie Geoffrey Best mit schöner Ironie feststellt. Und schließlich: Die strategische Schwächung der Mittelmächte an ihrer südöstlichen Flanke würde in Flandern zur Entlastung führen, was den Krieg, wenn alles gut ging, um entscheidende Monate verkürzen müsste. Ein verlockender Gedanke.

Aber Churchill war nicht oberster Kriegsherr, ihm standen lauter Wenn und Abers im Kabinett und unter der Admiralität im Wege, darunter auch der unberechenbare Lord Fisher, den er Ende Oktober als Ersten Sea Lord für den entlassenen Prinz Louis Battenberg aus der Pensionierung geholt hatte. Fisher, inzwischen 74 Jahre alt, war ein militärisches Schwergewicht, mit einem noch größeren Ego als Churchill, seine aufbrausende, imperiale Art musste über kurz oder lang mit dem jugendlichen Minister zusammenprallen. Doch Churchill hing an dem Mann, von dem er einst alles über die nötigen Navy-Reformen gelernt hatte. Eine solche Ikone konnte die Admiralität nur stärken, dachte er. Es kam aber ganz anders.

Auf die Anfrage aus London, ob man die Operation Dardanellen allein mit Schiffen durchführen könnte, antwortete der im östlichen Mittelmeer verantwortliche Vize-Admiral Sackville Carden mit einem vorsichtigen Ja. Fisher widersprach – es müsse ein amphibisches Unternehmen zu See und zu Land werden. Dafür freilich fehlte es in der britischen Tradition an jeglicher Erfahrung, Marine und Armee waren es nicht gewohnt zusammenzuarbeiten, und so gingen die Vorschläge hin und her, wobei Kriegsminister Kitchener einmal dieser, dann jener Option zuneigte und Premierminister Asquith sich hinter seiner gewohnten Entscheidungsunlust verschanzte – der Mann mit einer «Dauerkarte auf der Strecke des geringsten Widerstandes», wie Leo Amery ihn in seinen Tagebüchern ironisierte. Die Karikaturisten zeichneten Asquith als «Premierminister des Wait and See».

Für einen Ungeduldigen wie Churchill war all das ein Gräuel. Am 13. Januar 1915 legte er dem Kriegsrat einen Plan vor, wonach die Marine in die Meerenge vorstoßen und die türkischen Forts auf Gallipoli und der gegenüberliegenden kleinasiatischen Seite außer Gefecht setzen sollte. Der Kriegsrat reagierte enthusiastisch. Fisher würde später vor dem Dardanellen-Komitee aussagen: «Churchill was beautiful! Er hat das Gehirn eines Moses und die Stimme eines Aaron. Er könnte einen Vogel zum Verlassen des Baumes überreden, alle waren überwältigt von seinen Worten. Ich für meinen Teil nicht.» Die Erwartung, dass Kriegsminister Kitchener Truppen aus Flandern abziehen und für eine Gallipoli-Invasion bereitstellen würde, enttäuschte dieser Mitte Februar mit einem kategorischen Nein, und so begann am 19. Februar von der ägäischen Seite aus die Bombardierung der äußeren türkischen Forts, die bis Anfang März ausgeschaltet waren; nur die mobilen türkischen Batterien waren intakt geblieben.

Ein Monat verstrich, ehe am 18. März der Konvoi aus britischen und französischen Kriegsschiffen endlich in die dicht verminte Meerenge vorstieß und jetzt auch die inneren Geschützstellungen auf Gallipoli angriff. Doch hatte das Minenräumkommando zuvor nicht alle Minen entdecken können, und fünf britische Kreuzer sowie ein französisches Schlachtschiff gingen unter oder wurden schwer beschädigt. Weil Kitchener jetzt doch in einer erstaunlichen Wende die 29. Mittelmeer-Division für eine Landung auf Gallipoli freimachen wollte, riet Admiral de Robeck, der dem erkrankten Carden gefolgt war, zum einstweiligen Rückzug der in die Meerenge eingedrungenen Restflotte. Churchill hielt dagegen: Das Bombardement müsse fortgesetzt werden, noch ehe die Truppen einträfen, es bedürfe nur weiterer Schiffe, zusätzlich zu den immerhin noch 36 des Entente-Konvois, um die Meerenge für den Durchstoß zu öffnen. Aber de Robeck setzte sich durch – Churchill sollte ihn später immer nur sarkastisch «de Row-back» nennen: den Zurückruderer. Dem Marineminister war die Steuerung endgültig entglitten, das Kriegsministerium nahm jetzt die Zügel in die Hand und verwandelte, was als Marine-Unternehmen in den Dardanellen begonnen hatte, entschlossen zu einer regelrechten Invasion von Gallipoli. Zu seiner Orientierung in diesem Teil Europas führte General Ian Hamilton, der Anführer der Marinedivision und Freund Churchills seit den Kämpfen in Südafrika, einen Baedeker-Führer von 1908 über Konstantinopel mit sich – kaum ideal für eine Militäroperation auf der felsigen Halbinsel.

Die weitere Verantwortung auf diesem Kriegsschauplatz hatten jetzt andere als Churchill zu tragen – Kitchener, de Robeck, Hamilton, auch der von einer weiteren Marine-Offensive abratende Fisher. Verbündete Truppen aus den Dominien Australien und Neuseeland stellten ein eigenes Kontingent zur Verfügung, 30 000 Mann stark, das Australian and New Zealand Army Corps (ANZAC), das hier zum ersten Mal in einer Operation des Mutterlandes eingriff. Mit verheerenden Folgen. Vom Beginn der Invasion am 25. April 1915 an

VI. Churchill ohne Fortüne 143

steigerte sich das Dardanellen-Unternehmen zu einem Crescendo der Aussichtslosigkeit gegenüber gut vorbereiteten türkischen Kräften unter Leitung des deutschen Generals Otto Liman von Sanders. Der hatte aufgrund der zögerlichen Entscheidungen in London genug Zeit gehabt, die türkische Präsenz auf Gallipoli zu verstärken. In Gallipoli kämpfte als Offizier übrigens auch ein gewisser Kemal Pascha, der spätere Begründer der modernen türkischen Republik und ihr erster Staatspräsident, bis heute in seinem Land als Atatürk von vielen tief verehrt.

Namen wie Ansac Cove, Suvla Bay oder Cap Helles, alles Orte auf Gallipoli, wurden so notorisch wie Ypern, Langemarck oder die Somme, und aus dem gleichen Grund: Beide Seiten verbissen sich in die vergebliche Hoffnung eines Durchbruchs, der Vorstoß blieb auch hier im Grabenkrieg stecken, und es gab auch auf Gallipoli keine Alternative zum «Kauen von Stacheldraht», das Churchill den eigenen Truppen aus dem besten aller Motive heraus hatte ersparen wollen. Im Dezember 1915 verfügte Kitchener den endgültigen Rückzug, der bis zum Januar des folgenden Jahres beendet war. Die Bilanz: über 100 000 Tote, davon circa 44 000 auf Seiten des Empire und der verbündeten Franzosen. Noch heute begeht man in Australien an jedem 25. April den ANZAC-Day, zur Erinnerung an die 12 000 ANZAC-Soldaten, die dem gescheiterten Gallipoli-Unternehmen geopfert wurden.

Auch an der Westfront ging es nicht voran, Asquiths letzte Monate als Chef einer allein aus Liberalen gebildeten Regierung brachen an, im Frühjahr 1915 wurde eine Koalition mit den Konservativen zwingend. Die witterten eine Gelegenheit, den Verräter Churchill loszuwerden, der 1904 zu den Liberalen gewechselt und 1910/11 zur Geißel der Tories geworden war. Ergo: Ein Zusammengehen mit den Liberalen gab es nur unter der Bedingung, dass Churchill nicht mehr dabei sein dürfe. Vergeblich bestürmte Clementine den Premierminister in einem langen Brief, ihren Mann nicht dem Koalitionspoker zuliebe zu opfern. Es half nichts, Asquith beehrte den Brief nicht einmal mit einer Antwort und trennte sich von Churchill, indem er ihn als Kanzler des Herzogtums Lancaster (Duchy of Lancaster) einsetzte, eine honorige Stellung mit Kabinettsrang und der Befugnis, die königlichen Ländereien zu beaufsichtigen; das Amt existiert noch heute. Auch würde er als Mitglied der Regierung der Dardanellen-Kommission angehören, versicherte ihm Asquith, und dort seine Ansichten zum Fortgang des Gallipoli-Unternehmens vortragen können.

Churchill, in die Enge getrieben, nahm einen vielleicht ehrenwerten, aber für ihn fatalen Ausweg: Während alle Welt in ihm den Sündenbock für das sich auf Gallipoli abzeichnende Fiasko sah, versteifte er sich darauf, das Unternehmen zu verteidigen, und bekämpfte selbst noch im Herbst Kitcheners Beschluss zum Rückzug. In einer Sitzung des Komitees giftete er: «Warum empfindet man in dieser Runde die Verluste in Gallipoli als so viel schwerwiegender als die an der westlichen Front?» Worauf der Generalstaatsanwalt Sir Edward Carson ihm antwortete: «Weil die Verluste in Frankreich damit zu tun haben, dass wir Deutsche töten.» Doch wie bei Antwerpen milderte sich das Urteil über Churchill auch bei Gallipoli mit wachsendem zeitlichem Abstand. Schon der Abschlussbericht der Dardanellen-Kommission vom Juni 1917 sah die Schuld bei vielen Teilnehmern, wobei man auf Asquith die meiste Kritik ablud. Ein angesehener Militärhistoriker wie Basil Liddell Hart beschrieb in den 20er-Jahren das Dardanellen-Unternehmen als «solides und weitsichtiges Konzept, verdorben freilich durch eine Kette von Irrtümern, wie sie in der britischen Geschichte bis dahin unerreicht war».

Man kann sich leicht in die Frustration Churchills hineinversetzen, der überzeugt war, dass ein zweiter Anlauf in den Dardanellen, wie er ihn vergeblich vorgeschlagen hatte, den Durchbruch hätte schaffen können. Das wurde nach seinem Tod von türkischer Seite bestätigt. 1969 besuchte Martin Gilbert im Verlauf seiner unermüdlichen Quellensuche für die im Entstehen begriffene offizielle Churchill-Biografie auch Ismet Inönü in Ankara, der auf Gallipoli als Leutnant unter Kemal Pascha gedient hatte und später dessen Nachfolger als Präsident der Türkei wurde. Inönü berichtete Gilbert, der Angriff der Navy habe um Haaresbreite zum Erfolg geführt – die Kriegsschiffe der Verbündeten waren bereits sehr weit in die Meerenge vorgedrungen, nur wenige Hindernisse standen noch im Wege. Bei einem Durchbruch ins Marmara-Meer wäre die türkische Flotte durch die vereinten Seestreitkräfte der Entente dezimiert und Konstantinopel erreicht worden. Ganz zu schweigen davon, dass die enormen Verluste auf den Stränden und in den Gräben der Halbinsel vermieden worden wären. Bei seinen Erkundigungen in Ankara begab sich der Biograph auch in das Haus Atatürks, einen nationalen Schrein, wo ihn Atatürks langjährige Sekretärin herumführte. In der Bibliothek des «Vaters der modernen Türkei» fand er eine Ausgabe von Churchills fünfbändigem Werk «The World Crisis» und darin unterstrichen die Stelle, wo Admiral de Robeck einen zweiten Vorstoß in der Meerenge ablehnte. Atatürk hatte sich am Rand ein geflügeltes türkisches Wort notiert: «Die Geschichte ist schonungslos mit dem, der ohne Schonungslosigkeit ist.»

Das Dardanellen-Desaster wirkte bis in die Planungen während des Zweiten Weltkrieges hinein – Churchills Zögern bei der Eröffnung einer «zweiten Front», zu der Stalin die Alliierten drängte, hatte auch mit der Erinnerung an Gallipoli zu tun, die Lektionen aus dieser Episode standen für die Strategen im Vordergrund. Sie begriffen, wie notwendig eine gründliche Vorbereitung war, die es beim Dardanellen-Unternehmen nicht gegeben hatte. Diesmal wurden alle Teilstreitkräfte mit einbezogen und die Kommunikation zwischen ihnen perfekt durchgeprobt, um sicherzustellen, dass alle am Platz waren, sobald sie dazu aufgefordert waren.

Churchill litt tief unter dem Fiasko von Gallipoli. Zehn Jahre lang, seit seinem Eintritt in die Regierung als Under-Secretary im Kolonialministerium, hatte er einen meteorgleichen Aufstieg erlebt, bewundert viel und viel gescholten, gewiss, aber er war dennoch ein unübersehbarer Faktor der britischen Politik geworden und hatte Grund zu glauben, dass er inzwischen unverzichtbar war. Sein eigentliches strategisches Defizit lag allerdings bei der Einschätzung Russlands. Der Traum des russischen Imperiums von der Beherrschung des Bosporus, einem Durchbruch in die Ägäis und ins östliche Mittelmeer und von da durch den Suez-Kanal in den arabischen Raum kam in Churchills Denken nicht vor. Das überrascht, wo

VI. Churchill ohne Fortüne

Der entlassene Marineminister in seiner inneren Qual: Sir William Orpen gelingt 1916, nach Churchills Gallipoli-Desaster, dieses beeindruckende Gemälde des 41-Jährigen

doch «The Great Game», die Eindämmung Russlands, seit Generationen zu den Grundpfeilern britischer Außenpolitik gehörte, der schließlich auch der junge Kavallerist 1898 in den Schluchten Nordwestindiens unterstellt war. Das Osmanische Reich hatte in dieser Kalkulation seinen Part zu spielen, als Puffer, als Element einer frühen Form von «containment»-Politik. Die Triple Entente zwischen England, Frankreich und Russland von 1907 und die Waffenbrüderschaft im Krieg machte diese Koordinaten zunichte. «The Great Game» schien überwunden, alle Überlegungen galten jetzt dem armen, bedrängten Zaren an seiner türkischen Flanke, Hilfe für St. Petersburg war vorrangig und die Kontinuität der imperialen Ziele Russlands wie aus dem Gesichtsfeld verschwunden. Erst das Russland der bolschewistischen Revolution sollte für Churchill wieder ein bedrohliches Profil annehmen.

Noch im ersten Band seiner Memoiren zum Zweiten Weltkrieg, «The Gathering Storm», in dem er die Genese des Kriegsausbruchs beschreibt, kommt Churchill auf Gallipoli zurück. «Im Jahr 1915 bin ich wegen der Dardanellen-Frage gestürzt worden», liest man da, «und ein Unternehmen von überragender Bedeutung wurde aufgegeben, weil ich von meiner untergeordneten Stellung aus eine bedeutende, entscheidende Operation durchzuführen versucht hatte. Die Menschen sind schlecht beraten, wenn sie dergleichen wagen. Diese Lektion hat sich mir tief eingeprägt.» Und noch eine zweite Lektion nahm er für seine spätere Laufbahn mit: Nie wieder dürfe es dazu kommen, so schrieb er bereits in «The World Crisis», dass Admiräle und Generäle das letzte Wort über das Kriegsgeschehen haben. Die Zügel müssten unbedingt in ziviler Hand liegen, denn nur so könne der Binnenkampf divergierender Interessen der verschiedenen militärischen Ressorts ausgeschaltet bleiben. 1940, als Kriegspremier und höchste politische Gewalt, konnte Churchill beide Lektionen in die Tat umsetzen.

Aber Gallipoli haftete an ihm wie ein Fluch, auch heutige Briten mögen oft wenig über den Churchill vor 1940 wissen – Gallipoli ist ihnen geläufig. Randolph, Churchills Sohn, erinnerte sich, wie er auf dem Internat Eton einmal einen Klassenkameraden fragte: «Willst du mein Freund sein?» «Nein», kam die schroffe Antwort. «Warum nicht?», fragte der junge Randolph zurück. «Dein Vater ermordete meinen Vater!» «Was meinst du damit?» «Bei den Dardanellen.» Nach dem Tod ihres Mannes meinte Lady Churchill im Gespräch mit Martin Gilbert: «Gallipoli verfolgte Winston für den Rest seines Lebens. Er meinte, es sei um ihn geschehen. Er glaubte nicht, dass man ihn je in die Regierung zurückholen würde. Ich dachte, er würde vor Kummer sterben.»

KAPITEL VII

Die Wiederkehr des Winston Spencer Churchill

1. Wie die Malerei Churchill aus der Depression rettete

Um die Jahreswende 1921/22 erschien in dem Monatsmagazin «Strand» ein Essay, der zu den berühmtesten autobiographischen Texten gehört, die wir von Churchill besitzen. Auch zu seinen schönsten. Darin schildert er die Niedergeschlagenheit, die ihn nach dem Verlust seines Ministeramtes ereilte, das Marlborough-Erbe, den «schwarzen Hund», der ihn immer dann ansprang, wenn er aus einem Höhenflug intensivster Aktion in erzwungene Inaktivität abstürzte. Aber eine Metamorphose setzte diesmal ein, die in Churchills eigener Bildersprache am besten zum Ausdruck kommt:

«Als ich Ende Mai die Admiralty verließ, blieb ich noch Mitglied des Kabinetts und des Kriegsrats. In dieser Position erfuhr ich alles und konnte doch nichts ausrichten. Der Wechsel von einer intensiven regierungsamtlichen Tätigkeit zu den eng umschriebenen Aufgaben eines Beraters ließ mich nach Luft ringen. Wie ein aus großer Tiefe gehobenes Seeungeheuer oder ein Taucher, der zu plötzlich an die Oberfläche kommt – so, bedroht von Druckabfall, fühlten sich meine Venen an, wie zum Bersten. Ich war erfasst von großer Sorge, ohne sie mildern zu können. (...) Lange Stunden von absolut unerwünschter Muße, in der ich die schreckliche Entfaltung des Krieges durchdenken konnte, waren mein Los. In einem Augenblick, in dem alle meine Adern nach Aktion dürsteten, ward ich zum Zuschauen bei der

Tragödie verdammt, und das in der ersten Reihe. Aber genau in diesem Moment war es, dass die Muse der Malerei zu meiner Rettung erschien (…) und sprach: ‹Wären diese Spielzeuge nichts für dich? Manchen Leuten geraten sie zur Kurzweil.›»

«Painting as a Pastime» nannte Churchill seinen Essay – «Malen als Zeitvertreib». Vermehrt um ein weiteres Capriccio bald danach («Hobbies»), ist dieses autobiographische Kabinettstück immer wieder aufgelegt worden, ein Beweis seiner andauernden Faszination. 2012 hatte sich auch Amerikas Ex-Präsident George W. Bush von Churchills Essay verführen lassen, das Malen zu erlernen, und das schwankende Resultat seiner Bemühungen stellte er bereits 2014 mit einer Ausstellung von Politikerporträts in Dallas der Öffentlichkeit vor. Für Churchill wurde die Malerei freilich zu einer geradezu existentiellen Entdeckung, zu einem Lebenselixier, einer Besänftigung der Unruhe auf dem Grund seiner Seele. In Hoe Farm nahe Godalming in Surrey, wo Clementine für die inzwischen fünfköpfige Familie 1915 eine Sommerresidenz gemietet hatte, bekamen die Churchills oft Besuch von Lady Gwendoline («Goonie»), der Frau von Churchills Bruder Jack, der auf Gallipoli im Einsatz war, und deren zwei Söhnen. Gwendoline, entschlossen, ihren Schwager aus seinen trüben Gedanken zu erlösen, lud ihn eines Tages ein, ihr beim Malen mit Wasserfarben zuzuschauen. Churchill ließ sich verlocken, es seinerseits zu probieren, mit wachsendem Erstaunen über seine Faszination für das ihm ungewohnte Metier, besonders, als er zu Öl überging. «Eine künstlerische Aussaat lag da, um zum Leben erweckt zu werden», so beschreibt Churchills jüngste Tochter, Lady Soames, diesen Augenblick im Leben ihres Vaters, in ihrer eindringlichen Studie «Winston Churchill. His Life as a Painter».

Es ist nicht die Aufgabe der vorliegenden Biographie, Churchill als Vertreter der «letzten Phase des Impressionismus» zu würdigen, wie Sir John Rothenstein, der ehemalige Direktor der Londoner Tate-Galerie, Churchill einordnete – so reizvoll das sein mag. Uns interessiert vor allem, wie es möglich war, dass Churchill aus der Malerei neue Stabilität, eine neue Konstanz schöpfte. Wir haben ihn bisher als einen Mann der Tat beschrieben, unbändig in seinem Vor-

VII. Die Wiederkehr des Winston Spencer Churchill

Churchill an der Staffelei vor dem Château St. Georges-Motel in der Normandie, wo er als Gast von Consuelo Vanderbilt weilte, der geschiedenen ersten Frau seines Cousins, des 9. Herzogs von Marlborough, 1935

wärtsdrang. Wie wollte dazu eine kontemplative Tätigkeit wie das Malen passen, das überhaupt nur in ruhiger Versenkung gelingen kann? Anders gefragt: Wie viel von dem bekannten Winston Churchill ging auch in seine neue Leidenschaft ein, unter neuen, künstlerischen Bedingungen?

Das Glück wollte es, dass die Churchills damals in ihrer Londoner Stadtwohnung in 5 Cromwell Place den Maler Sir John Lavery und dessen Frau Hazel, auch sie eine begabte Malerin, zu Nachbarn hatten, und sogleich holte sich der Ex-Minister bei beiden den professionellen Rat, den er jetzt benötigte. In seinem Essay erzählt er von seinen ersten Schritten mit humorvollem Aplomb. Staffelei, Leinwand, Pinsel, Farben und Palette waren gekauft – aber wie beginnen? Vorsichtig, so schreibt er, übertrug er mit dünnem Pinsel ein Hellblau auf die Leinwand, dort, wo er sich ein Stück Himmel für sein Sujet ausgedacht hatte. «Aber das war eine Markierung, nicht größer als eine Bohne, so gedämpft, so verhalten, ja, fast verkrampft – es blieb ohne Wirkung.» Da ertönte hinter ihm die resolute Stimme von

Lady Lavery: «Was zögern Sie? Geben Sie mir einen breiten Pinsel – den großen.» Die Augen flossen dem Adepten über, als er zusah: «Hinein in das Terpentingefäß, Suhlen in Blau und Deckweiß, heftige Schwünge auf der längst nicht mehr sauberen Palette – und dann etliche große, wilde Schläge und Hiebe von Blau auf die sich duckende Leinwand; jeder sah, dass sie sich nicht wehren konnte. Aber kein böses Schicksal rächte sich für die bittere Gewalttat. Der Zauber war gebrochen, alle Hemmungen wie verschwunden.»

Was für eine Lektion! Gesehen, getan: «Ich ergriff den größten Pinsel und fiel mit berserkerhafter Wut über mein Opfer her. Seither habe ich nie wieder irgendwelche Scheu vor einer leeren Leinwand gehabt.» Mit der Moral von der Geschichte hält der keimende Künstler nicht lange hinterm Berg: «Kühnheit macht einen großen Teil der Malkunst aus», vertraut er seinen Lesern an, und «das Malen eines Bildes ist, wie wenn man in eine Schlacht geht». Beides gehorcht dem gleichen Prinzip – «einem langen, sich langsam enthüllenden, in sich verknüpften Argument. Es geht um eine These, die, ob von wenigen oder vielen Teilen gestützt, dem einheitlichen Kommando einer Konzeption gehorcht.» Der französische Maler Paul Maze, mit dem Churchill ab den 30er-Jahren eine enge Freundschaft verband, bestätigte diesen in seinem expressiven Drang: «Male, wie du schreibst oder sprichst – jeder Schwung des Pinsels muss wie ein Statement sein, das man fühlt und sieht.» Kühnheit, «audacity» – das empfahl Churchill selbst allen angehenden Malern als Grundvoraussetzung des Temperaments. War Kühnheit nicht auch ein Grundmerkmal seines Naturells? Auch die Malerei wurde somit für Churchill eine Bewährungsprobe. Das ist der Grund, warum er sich dieser neuen Liebhaberei so rückhaltlos ergab. Gewiss, Talent war da, eine «künstlerische Aussaat», wie Lady Soames es formulierte. Aber als sie aufging, musste Churchill entdecken, wie ganz und gar angemessen dieser «Zeitvertreib» war für seine immer beschäftigte, nie ruhende Natur – die Malerei hielt ihn in Bewegung, wenn er Stunden vor der Leinwand verbrachte, bis der Drang nach Fertigstellung eines Bildes befriedigt, bis die Schlacht gewonnen war.

Die Motive, die er wählte, könnten über diese Gesetzmäßigkeit hinwegtäuschen. Es dominieren die klassischen Genrebilder der Natur: ruhendes oder vom Wind animiertes Wasser, makelloser Schnee, dunkle Bäume mit dichtem Laub wie auf Wache oder von Sonnenlicht überflutet, ferne Berge, der Saum des Meeres, das ihn vor allem im Midi immer wieder fesselte, und über allem das pralle Ockerlicht einer funkelnden Sonne, seine Lieblingsfärbung. Keine Andeutung von Kampf, Tragödie, drohendem Unwetter, Nachtszenen. Geschickt hält er sich fern von Sujets, die ein langfristiges akademisches Studium vorausgesetzt hätten, wie etwa das Porträt oder überhaupt jede figürliche Darstellung. Churchill schwor auf den schnellen Zugriff – «seine Spontaneität gehört zu seiner stärksten Ausstrahlung», schrieb 1953 Thomas Bodkin, der Direktor der Nationalgalerie Irlands. «Der Maler muss wählen zwischen Eindrücken einerseits», lesen wir bei Churchill selbst, «wenn sie frisch, warm und lebendig sind, und der kalten, intensiven Anstrengung von Wissen und Willenskraft andererseits, verlängert vielleicht auf Wochen hinaus, woraus allein ein Meisterwerk resultiert. Aber es ist besser, man hadert nicht allzu sehr mit Letzteren», empfiehlt er. «Überlasse den wunderbaren Prozess von Bildaufbau und Bildentstehung den Meistern der Malkunst, die das in einem Leben der Hingabe geübt haben. Geh du hinaus in das Sonnenlicht und sei glücklich mit dem, was du siehst.»

Die freundliche Empfehlung unterschlägt, wie tief Churchill über die Aneignung des Augenscheins im Prozess malerischer Umsetzung nachgedacht hat. Ein Zeugnis seiner Hellsicht hat ihm der 1936 nach England emigrierte Kunsthistoriker Ernst Gombrich ausgestellt, der als Akademiker dem gleichen Problem auf der Spur war: wie das menschliche Gemüt Objekte der Anschauung bildlich erfassen und übertragen kann. In «Kunst und Illusion», zuerst 1959 auf Englisch erschienen, unterwarf Gombrich die folgende Passage aus Churchills «Painting as a Pastime» einer eingehenden Betrachtung: «Ich würde es begrüßen, wenn eine wirkliche Autorität einmal genau die Rolle untersuchen würde, die dem Gedächtnis beim Malen zukommt. Wir blicken gezielt auf das darzustellende Objekt, dann auf die Palette und schließlich auf die Leinwand. Die Leinwand empfängt somit eine Botschaft, die meist ein paar Sekunden früher von dem gewählten Motiv in der Natur ausgesandt wurde. Aber diese Botschaft geht auf ihrem Weg durch ein Postamt, das sie in Codeform weiterbefördert, als in Farbe verwandeltes Licht. So verschlüsselt kommt sie, als ‹Kryptogramm›, auf der Leinwand an. Erst wenn sie zu allem, was sich sonst noch auf der Leinwand vorfindet, in die richtige Beziehung gebracht wird, kann die Botschaft entziffert werden, wird ihre Bedeutung offenbar – aus dem bloßen Pigment wird wieder Licht, allerdings nicht das Licht der Natur, sondern das Licht der Kunst.» Gombrich rühmte die Luzidität dieser Darstellung – Churchill, so schrieb er, habe die komplexe Beziehung zwischen Objekt und Kunstwerk «klarer erfasst als jeder berufsmäßige Kunsttheoretiker». Es ist das große Verdienst Peter Alters, in seiner Churchill-Monographie (2006) auf Gombrich hingewiesen und Churchill als Maler nicht wie viele andere Biographen übergangen zu haben.

An die 500 Bilder von Churchills Hand sind bekannt, etwa die Hälfte davon entstand in dem Jahrzehnt 1929–1939, als er kein politisches Amt bekleidete. Anders als seine Bücher und Zeitungsbeiträge, aus denen Churchill sein stattliches Einkommen bezog, verband er mit dem Malen keine kommerziellen Nebengedanken. Eher zögernd, wie verschämt über «meine kleinen Schmierflecken» («my little daubs»), näherte sich der Autodidakt dem Kunstmarkt. Dazu wurde er zum ersten Mal von dem französischen Maler Charles Montag gedrängt, der ihm riet, unter Pseudonym – Charles Morin – einige seiner Bilder 1921 in Paris in einer Ausstellung von Postimpressionisten unterzubringen; immerhin fanden sechs davon ihre Käufer. 1925 folgte der erste Preis in einer Amateurkunstausstellung in London, wo von jedem Maler nur ein unsigniertes Bild erlaubt war. Churchill gewann mit «Winter Sunshine», einer Darstellung seines Landsitzes Chartwell im Schnee.

Sir John Lavery machte ihm in seiner Autobiographie, «The Life of a Painter», ein großes Kompliment: «Ein übers andere Mal hat auch mir Churchill mit seiner charakteristischen Furchtlosigkeit und Freiheit von jeder Konvention gezeigt, wie man's macht. Hätte er von früh auf die Malerei statt der Staatskunst gewählt, ich glaube, er wäre ein großer Meister des Pinsels geworden.» Im Katalog zur großen

VII. Die Wiederkehr des Winston Spencer Churchill

Maler Churchill, der Spätimpressionist: Goldfischteich in Chartwell, 30er-Jahre

Churchill-Ausstellung von 1959 in der Royal Academy in London werden «die geschickte Hand, das wählerische Auge und die emotionale Antwort auf die Wirkungen der Natur» gleichermaßen gerühmt. Sein Pinsel sei «kühn und freudig bewegt». Schon 1948 hatte ihn die Academy, die jährlich einige seiner Gemälde in ihre Sommerausstellung aufnahm, zum «Royal Academician Extraordinary» gewählt.

Die Malerei half Churchill, «sein Gleichgewicht zu finden», wie sein Leibarzt, Lord Moran, sich nach dem Zweiten Weltkrieg notierte. Auch unterbrach die Vertiefung in die Leinwand «wohltätig seinen unendlichen Redefluss», wie Lady Soames registrierte, ein zusätzlicher Vorteil für Churchills Umgebung. Die Tochter zählte als Grundausstattung für viele seiner Reisen in der Nachkriegszeit auf: «Fünfzehn Rahmen, etliche Dutzend Leinwände, sechs oder acht Staffeleien, drei bis vier Leuchtkörper und immer ein Studio, das bereitstehen musste.» Der Barockmensch in Churchill mit seiner überlebensgroßen Energie und Lebenslust ließ sich auch als Maler nicht ins Kleinformat zwängen. Aber schon lange vorher, ob als Kolonialminister 1921 in Jerusalem und Kairo oder 1927 beim Besuch in der schottischen Königsresidenz Balmoral, waren Churchills Malutensilien unverzichtbare Requisiten auch auf beruflichen Reisen. König George V. ließ ihm in Balmoral bereitwillig den «Ministerraum», der für Regierungsbesuche aus London gedacht war, als Atelier einrichten.

Wenige Tage vor Ausbruch des Zweiten Weltkrieges besuchte Churchill zusammen mit Paul Maze Schloss St. Georges-Motel in der Normandie, einen Besitz der Vanderbilt-Erbin Consuelo, der Ex-Frau des 9. Herzogs von Marlborough, Churchills Cousin. Maze und er malten um die Wette, um das Wasserschloss zu erfassen. Der Franzose berichtete später, wie Churchill ihm prophezeite: «Dies ist das letzte Bild, das wir für sehr lange Zeit malen werden.» Es folgten politische Kommentare, so über die Deutschen und ihre Armee, Churchills Gedanken machten Ausflüge von der Leinwand. «Schließlich», so fährt Maze in seinem Bericht fort, «nahm sein Unterkiefer seine große Zigarre wie in die Zange, und ich spürte die Entschlossenheit seines Willens, als er sagte: ‹Oh ja, trotz allem – wir werden ihn [Hitler] kriegen›.» «Wenn es nicht das Malen gäbe, könnte ich nicht leben», gestand Churchill später gegenüber John Rothenstein, dem Direktor der Tate-Galerie. «Ich könnte die Anspannung der Dinge nicht ertragen.» Und in «Painting as a Pastime» teilte er dem Leser mit dem Augenzwinkern des Agnostikers mit: «Wenn ich dereinst im Himmel bin, werde ich eine beträchtliche Anzahl meiner ersten Million Jahre dem Malen widmen und so dem Thema auf den Grund kommen.»

Während des Zweiten Weltkrieges musste Churchill seine Malleidenschaft ruhen lassen, die Konzentration auf den Krieg und dessen Ziele erlaubte keine Ablenkung. Umso berühmter wurde die Entstehung des einzigen Bildes, das er der Beanspruchung durch den Krieg abtrotzte. Es war der letzte Tag der Konferenz von Casablanca, der 24. Januar 1943. Präsident Roosevelt hatte sich zur Abreise bereit machen wollen, aber Churchill konnte ihn überreden, mit ihm zusammen nach Marrakesch zu reisen. Im vierten Band seiner Geschichte des Zweiten Weltkrieges, die auch eine Geschichte Winston

VII. Die Wiederkehr des Winston Spencer Churchill

Marrakesch, Januar 1943: Morgensonne vor der Kulisse des Atlas-Gebirges. Das einzige Gemälde, zu dem Churchill im Zweiten Weltkrieg die Zeit fand

Churchills in dieser Zeit ist, berichtet er, wie er FDR für die Idee gewann: «Sie können doch nicht diesen ganzen Weg bis nach Marokko gemacht haben, ohne Marrakesch zu sehen! Lassen Sie uns doch zwei Tage dort verweilen. Ich muss neben Ihnen sitzen, wenn Sie den Sonnenuntergang über den schneebedeckten Gipfeln des Atlas-Gebirges erleben.» Marrakesch hatte Churchill schon auf einer Reise im Winter 1935/36 verzaubert.

Roosevelt willigte ein, und so brach eine 30 Mann große Gruppe um die beiden Staatsmänner und ihre Entourage am 24. Januar zur 240 Kilometer weiten Fahrt von Casablanca nach Marrakesch auf. Auf halbem Wege der vierstündigen Reise machte man in offenem Wüstengelände Halt zum Picknick, während stark bewaffnete Sicherheitskräfte die Gruppe beschützten, in der Höhe unterstützt von patrouillierenden Flugzeugen. In Marrakesch nahm man dann Quartier im Hause des amerikanischen Vizekonsuls. Die Villa war gekrönt von einem «Berber-Turm», von dem aus man einen grandiosen Blick auf die Stadt und die Atlas-Berge hatte. Zur vorgesetzten Zeit wurde FDR von zwei Männern seiner Begleitung die Wendeltreppe des Turms hochgetragen, und er und Churchill, Freunde und Kriegslenker, nahmen Platz und vertieften sich in das Schaubild, während die letzten Sonnenstrahlen Marrakesch und den Schneesaum der Atlas-Kette erglühen ließen.

Früh am nächsten Morgen bricht der Präsident auf, doch Churchill hat sich verspätet, kommt in seinem berühmten roten Morgenmantel mit den aufgestickten goldenen Drachen herunter und beharrt darauf, Roosevelt auf der Fahrt zum nahegelegenen Flugplatz zu begleiten, in seinem unkonventionellen Aufzug. Zurückgekehrt, besteigt er erneut den Turm der Villa, um sich noch einmal in den Anblick zu versenken, diesmal im Morgenlicht. Lord Moran, wie immer bei Auslandsterminen Churchills an dessen Seite, notierte sich, wie Churchill lange in stummem Staunen verharrte – «er schien unwillig, die Illusion eines Urlaubs zu zerstören, die ihm für ein paar Stunden die Chance gegeben hatte, Atem zu schöpfen.» Dann wurden Malutensilien aufgebaut, und Churchill begab sich an die Arbeit. Das Gemälde machte er später FDR zum Geschenk, zur Erinnerung an dieses kurze Interludium im Malstrom des Krieges. Zur gleichen Zeit, an einem anderen Ort des Geschehens, verblutete die deutsche 6. Armee im Kampf um Stalingrad.

2. In den Schützengräben Flanderns

«Veränderung ist der Schlüssel», gestand sich Churchill in «Painting as a Pastime» ein. «Veränderung ist ebenso gut wie eine Ruhepause», belehrte er im Zweiten Weltkrieg seine vielgeplagten, treu ergebenen Sekretärinnen, wenn wieder einmal eine seiner vielen Reisen anstand. Aktivierung, permanente Regeneration – darauf kam es an. So schrieb er auch am 12. November 1915 an Premierminister Asquith: «Ich fühle mich nicht in der Lage, in Zeiten wie den unseren in gut bezahlter Inaktivität zu verharren. Ich bitte daher, dem König meinen Rücktritt von der Regierung mitzuteilen. Ich bin Offizier und

VII. Die Wiederkehr des Winston Spencer Churchill

unterstelle mich rückhaltlos den militärischen Autoritäten, wobei ich bemerken möchte, dass mein Regiment [die Oxford-Husaren] in Frankreich kämpft.» Ein höchst ungewöhnlicher Vorgang: Da begibt sich ein ehemaliger Minister aus Seiner Majestät Regierung in die Schützengräben, um an der Front Erfahrungen zu sammeln und seinen Horizont zu erweitern, unbekümmert um jene Urteile in der Öffentlichkeit, die in diesem Schritt nur eine weitere Churchill'sche Extravaganz sehen wollten, ähnlich seinem spontanen Begehren im September 1914, in Antwerpen das Oberkommando zu übernehmen. In einer satirischen Kolumne im Londoner «Star» amüsierte sich ein gewisser Edward Verrall Lucas ungemein: «Mr. Winston Churchill geht an die Front. Panik erfasst den Feind.»

Am 18. November setzt der «entflohene Prügelknabe» (Martin Gilbert) nach Frankreich über und erklärt bald darauf einem Stabsoffizier im Hauptquartier der British Expeditionary Force (BEF) in St. Omer: «Ich werde niemals mehr irgendetwas mit Politik oder Politikern zu tun haben, sondern, wenn dieser Krieg erst vorbei ist, mich ganz auf Schreiben und Malen begrenzen.» Welch rührende Selbsttäuschung. Sir John French, Oberkommandierender der BEF, bietet ihm, seinem Standing gemäß, das Kommando über eine Brigade (vier Bataillone) an, aber Asquith blockiert, was Churchill nicht unrecht ist, denn er will die Situation in den Gräben mit eigenen Augen kennen lernen. Er wird stattdessen Anfang 1916 Oberstleutnant im 6. Bataillon der schottischen Füsiliere, die im September/ Oktober 1915 in der Schlacht von Loos schwere Verluste erlitten hatten. 800 Mann sind ihm unterstellt. Das Regiment liegt bei Ploegstreet (englisch Plugstreet) im Bezirk Hainaut, westlich vom belgischen Kortrijk, nördlich der französischen Stadt Armentières, in einem vergleichsweise ruhigen Winkel des Frontverlaufs.

Spontan wie immer geht der Oberstleutnant seine Aufgabe an. «Gentlemen», so verkündet er am Tag seiner Ankunft, «ich bin jetzt euer kommandierender Offizier. Wer mich unterstützt, für den werde ich sorgen. Wer gegen mich ist, den werde ich brechen. Good afternoon.» Die markige Eröffnung verschleierte den Führungsstil des neuen Kommandeurs, zum autokratischen Element sollte sich rasch ein sentimental-paternalistisches gesellen, die Signatur seiner aristokratischen Herkunft. Churchill gewann seine Leute im Handumdrehen, verschaffte ihnen neue Ausrüstungen, organisierte sportliche Spiele mit Mannschaften aus Nachbarabschnitten, erklärte ihnen nicht nur, *was* sie zu tun hatten, sondern auch, *warum* (eine seltene Tugend bei einem *commanding officer*), ließ die Drainage in den Gräben verbessern und war in Fragen der Disziplin geradezu skrupelhaft fair. Wenn ein Fall vor ihn kam, war seine erste Frage: «Waren Sie bei der Battle of Loos dabei?» Lautete die Antwort «Ja», schlug er den Fall meist nieder. Seine Eloquenz tat ein Übriges, die Untergebenen für ihn einzunehmen.

Churchill war nie ein konventioneller Militär und auch später nie ein konventioneller Staatsmann. Er wusste aus eigener Erfahrung, welche Qualen Soldaten auf dem Schlachtfeld durchlaufen, und hatte instinktiv Sympathie für die niederen Ränge, ob bei der Armee oder der Marine. Die staunten, wenn sie ihn 1916 in der zerschossenen Laurence Farm, dem vorgezogenen Standort des Bataillons nahe dem Niemandsland, beim Malen erlebten und sahen, wie er sich abmühte, die Einschlagspur eines Geschosses an einer verfallenen Hauswand abzubilden, bis eine Dosis Deckweiß seinen Kunstsinn endlich befriedigte.

Ein Leutnant seines Stabes, Francis Napier-Clavering, bestätigte später Churchills herausragenden Mut, der anderen schon in Malakand, im Sudan und im Burenkrieg aufgefallen war: «Er war ein Mann ohne Furcht vor dem Tod. Nie duckte er sich oder ging in Deckung, wenn eine Granate explodierte.» Da spielte auch eine Portion Fatalismus mit. In einem Brief an seinen Cousin, den 9. Herzog von Marlborough, schrieb Churchill: «Ich liebe das Soldatenleben um seiner selbst willen, und wenn ich an der Spitze meines Bataillons getötet werde, wird das ein ehrenvolles und würdiges Finale sein. Glaubst Du, ich verdiene das Familienmotto der Churchills, ‹Fiel pero desdichado› [‹Treu, aber glücklos›]»? Ähnlich ungerührt schrieb er an seine Frau, nachdem ein deutsches Geschoss ihn knapp verfehlt hatte: «Da siehst Du mal, wie müßig es ist, sich Sorgen zu machen. Alles ist Zufall oder Schicksal, und unsere launischen Schritte soll-

VII. Die Wiederkehr des Winston Spencer Churchill 161

ten wir am besten ohne allzu viel Vorbedacht setzen. Man muss sich einfach und natürlich der Stimmung des Spiels hingeben. Gottvertrauen sagt das Gleiche, nur auf andere Weise.» Es ist kaum vorstellbar, dass die besorgte Clementine von solchen Worten, die an Übermut – wenn nicht an Hochmut – grenzten, besonders beruhigt wurde, zumal es keinen Grund gab, bei ihrem Mann religiöse Anwandlungen zu vermuten. Zu erwähnen ist hier auch der berühmte Text, den Churchill im Juli 1915 in seinem Büro der Duchy of Lancaster aufgesetzt hatte, eine Art Testament, das er in einem Umschlag versiegelte und mit der handschriftlichen Weisung versah: «To be sent to Mrs Churchill, in the event of my death. WSC». Darin stand: «Trauere nicht zu viel um mich. Ich bin ein Geist, aufgefangen in der Überzeugung vom rechten Weg. Der Tod ist nur ein Vorfall & nicht einmal der wichtigste, der uns in unserem Sein zustößt. (...) Wenn es danach irgendwo einen Ort gibt, werde ich dort nach Dir Ausschau halten.»

100 Briefe wechselte das Ehepaar zwischen dem 18. November 1915 und dem 2. Mai 1916, kurz vor Churchills Rückkehr nach London. Bei ihr meldete sich immer wieder die nagende Sorge um die Sicherheit ihres Mannes, bei ihm die alte politische Leidenschaft, sein Status in Westminster. Dabei hatte er doch nicht vorgehabt, jemals wieder etwas mit Politik und Politikern zu tun zu haben! Im März 1916 lesen wir bei der 30-jährigen Clementine eine bewegte Klage über das entrinnende Intimleben zweier noch Jungverheirateter: «My Darling, diese schweren öffentlichen Sorgen sind sehr ermüdend – Wenn wir uns demnächst wiedersehen, hoffe ich doch, dass es ein wenig Zeit für uns beide ganz allein geben wird – Wir sind doch noch jung, aber die Zeit fliegt dahin, stiehlt die Liebe & lässt bloße Freundschaft zurück, was sehr friedlich ist, aber kaum stimulierend oder erwärmend.»

Darauf antwortet Churchill mit einem Bekenntnis auch seiner Sehnsucht: «Oh my Darling, schreib mir nichts von Freundschaft zu mir – ich liebe Dich jeden Monat mehr und fühle, wie Du und alle Deine Schönheit mir fehlen. Auch ich sehne mich manchmal nach Ruhe und Frieden. Dieses grobe, wilde Leben unter dem Hammer des Thor lässt auch mich als den Älteren – und das zum ersten Mal –

an andere Dinge denken als fortwährende Aktion.» Aber Aktion war seine Droge, ohne die er nicht leben konnte. Als sein Bataillon im Mai 1916 aufgelöst und mit einem anderen im selben Regiment verschmolzen wird, sieht er darin einen guten Grund, nach London zurückzukehren und sich wieder in die politischen Geschäfte zu stürzen; schließlich hatte er während der sechs Monate in Frankreich seinen Wahlkreis nicht verloren. Am 16. Mai 1916 wird sein Gesuch um Entlassung aus dem Heer genehmigt.

3. Zurück in die Politik

Der Heimkehrer von der Front sollte sich als heftiger Gegner der Strategie der Generalität um William Robertson und Douglas Haig profilieren, die im Juli 1916 an der Somme und ein Jahr später während der dritten Ypernschlacht Tausende junger Menschen in den Tod schickte, in einem Aufbäumen fehlgeleiteter offensiver Anstrengungen. Im Sommer seiner Rückkehr trägt Churchill im Unterhaus ein wachrüttelndes Resümee seiner Erfahrungen vor, wie es sonst in keiner Volksvertretung der kriegführenden Nationen zu hören war: «Die Männer in den Gräben stehen vor der härtesten Prüfung, die je einer kämpfenden Truppe abverlangt wurde. Ich sage mir jeden Tag: ‹Was passiert da eigentlich, während wir hier bequem sitzen, zum Dinner gehen oder nach Hause in unsere Betten? Fast eintausend Männer – Engländer, Briten, Menschen unserer eigenen Rasse – werden alle 24 Stunden in blutige Bündel verwandelt, zu hastig aufgeworfenen Gräbern oder Feldhospitälern gebracht, und zu alledem fließen Ströme von Geld in breitem Flussbett dahin, wie der Premierminister geklagt hat.» Diesen Worten fügt Churchill im März 1917 eine Abrechnung mit «diesen trostlosen Prozessen von Verschwendung und Schlachterei» hinzu, «die man Abnutzung nennt». So hätte fast ein Pazifist sprechen können, und in der Tat artikulierte sich hier bei Churchill eine Zivilisationsklage, die auf vielen Seiten von «The World Crisis» ihren Niederschlag finden sollte.

In der Rückschau nahm der Krieg für ihn traumatische Züge an, die ihn zu düsteren Voraussagen führten: «Nie zuvor ist die Menschheit in dieser Lage gewesen», schreibt er 1924 in dem Essay «Sollen wir alle gemeinsam Selbstmord begehen?», dessen wuchtige Anfangspassagen er unverändert in sein Werk über den Ersten Weltkrieg übernimmt. «Ohne dass sie nachweislich an Tugend gewonnen hat oder an weisem Rat gewachsen ist, hat sie zum ersten Mal Werkzeuge in ihrer Hand, mit denen sie unfehlbar ihre eigene Auslöschung vollenden kann. Das genau ist der Punkt unseres Schicksals, zu dem die Ruhmestaten und Mühen des Menschen ihn letztlich geführt haben. Er wird gut daran tun, anzuhalten und seine neue Verantwortung zu überdenken. Der Tod steht auf Habacht, gehorsam, erwartungsvoll, bereit zu dienen, bereit, Menschen *en masse* hinzumähen; bereit, auf einen Wink hin zu pulverisieren, was von der Zivilisation übrig geblieben ist, und das ohne Hoffnung auf Wiederaufbau (…) Und lasst uns auch nicht einen Augenblick lang glauben, die Gefahr einer neuen Explosion in Europa sei vorbei.»

Im Dezember 1916 löste Lloyd George endlich Asquith an der Spitze der Koalitionsregierung ab, den «Wait and See»-Premierminister, dem auch Hans-Peter Schwarz in seiner umfassenden Studie «Das Gesicht des 20. Jahrhunderts» (2010) «Phantasielosigkeit und Anfälle von Lethargie» nachsagt. An seine Stelle trat nun ein professionelles Management der nationalen Herausforderung. Noch sträubten sich die Tories gegen eine erneute Aufnahme Churchills ins Kriegskabinett, aber als die Dardanellen-Kommission ihn im Frühjahr 1917 weitgehend von der Hauptverantwortung für das Gallipoli-Desaster freisprach, wollte Lloyd George an seinem Mitstreiter aus der Vorkriegszeit nicht mehr vorbeigehen und ernannte ihn am 17. Juli 1917 zum Rüstungsminister (Minister of Munitions). Es war ein neugeschaffenes Ressort, das Lloyd George selbst als Erster geleitet und mit dessen Hilfe er eine straffe Koordination der gesamten Kriegsanstrengungen aufgebaut hatte, ähnlich wie Rathenau in Deutschland, eine moderne zentralistische Behörde, die weit über Parteigrenzen hinausgriff und Experten aus allen Teilen der Gesellschaft, insbesondere der Wirtschaft, in die Kriegführung einband. Dieser «Kriegssozialismus» bedeutete, dass die Regierung den Einkauf von Kriegsgütern den einzelnen Ressorts aus der Hand nahm, ihn zentralisierte und gleichzeitig die Kontrolle der nationalen Versorgung mit Nahrung und Energie übernahm.

Unter Churchill, dem Unermüdlichen, stieg die Rüstungsproduktion, die ernste Lücken gezeigt hatte, in ungeahnte Höhen, und auch die Fertigung des neuen «Landschiffs», des Tanks, trieb er energisch voran, gegen den Widerstand der Generalität, die misstrauisch gegenüber dieser neuen Technik blieb. Eine königliche Prüfungskommission attestierte Churchill nach 1918: «Es war der Aufgeschlossenheit, dem Mut und der Tatkraft des sehr Ehrenwerten Winston Spencer Churchill zu verdanken, dass die zunächst vage Idee der Verwendung von Panzerwagen für Kampfzwecke verwirklicht werden konnte.»

Derweil verlor Churchill nicht aus dem Auge, welche Wirkung seine Persönlichkeit auf die Öffentlichkeit ausübte. Die Menschen begegneten ihm noch immer mit Skepsis, Tonypandy, Antwerpen, Gallipoli waren mitnichten vergessen. Da half es, dass ein Fan und erster Biograph, ein schottischer Liberaler namens Alexander MacCallum Scott, sich an die Überarbeitung seiner Churchill-Biographie aus dem Jahre 1905 machte und sich dazu von dem Beschriebenen selbst briefen ließ, noch vor dessen Ernennung zum Rüstungsminister. Eine goldene Einladung, «Winston Churchill in Peace and War» (1916) redigierend zu begleiten. «Diejenigen, die seine öffentliche Laufbahn für beendet halten», las man da, «haben die Lehren der Geschichte nicht begriffen, besitzen kein Verständnis der menschlichen Natur, der Macht des Genies und der Sehnsucht der Massen nach Führerschaft. Männer des Schicksals warten nicht darauf, gerufen zu werden; sie kommen, wenn sie ihre Zeit für gekommen halten. Sie bitten nicht um Erkanntwerden, sie deklarieren sich selbst; sie kommen wie das Fatum; sie sind unausweichlich.» Das klang mehr nach einer Hagiographie als nach einer Biographie, und ungemütlich berührt den heutigen Leser der Rekurs auf eine kommende Führergestalt. Aber es belegte, dass es Churchill allen Kritikern zum Trotz, die ihm nie verloren gingen, auch nie an Bewunderern gebrach. Zur überarbeiteten Auflage der MacCallum Scott-Biographie steuerte sein Freund James Louis Garvin, der Herausgeber des «Observer», das Vorwort bei: «Er ist noch jung. Er hat den Mut eines Löwen. Keine Feinde können ihn in seiner Fähigkeit und Kraft niederringen. Die Stunde seines Triumphes wird kommen.» Solche Sätze waren für Churchill mindestens so wertvoll wie eine gewonnene Schlacht gegen die *brass hats*, die Helme der höheren Generalität. In Werbung in eigener Sache kannte er sich aus.

4. Versailles

«Mit dem Ruin der Besiegten und der kaum weniger verhängnisvollen Erschöpfung des Siegers»: so, wie der junge Abgeordnete für den Wahlkreis Oldham es 1901 prophezeit hatte, endete der «Große Krieg», «The Great War», wie der Erste Weltkrieg in der angelsächsischen Literatur bis heute oft genannt wird. Groß waren die Opfer (fast neun Millionen Soldaten auf allen Seiten), groß die wirtschaftliche Not und groß vor allem in Frankreich der Hass auf den Erzfeind Deutschland. England folgte anderen Reflexen. Alte Sorgen um das europäische Gleichgewicht traten wieder zutage, im Osten entstand mit dem kommunistischen Russland ein neuer Machtfaktor – konnte es da im britischen Interesse liegen, Frankreich die Deutschen demütigen zu lassen und das europäische Kernland dem Status dauernder Zweitrangigkeit auszusetzen? Die Briten vermissten an dem Versailler Vertragswerk jede Regelung zum wirtschaftlichen Wiederaufbau Europas. Deutschland sollte zahlen, zahlen, zahlen und damit die alliierten Schulden mindern; auch Premierminister David Lloyd George brauchte deutsche Reparationen, um die britischen Kredite an die USA zurückzahlen zu können. Aber darin konnte sich die Frage der europäischen Zukunft nicht erschöpfen.

Zu einem der schärfsten Versailles-Kritiker wurde der Ökonom John Maynard Keynes, der Leiter der Delegation des britischen Finanzministeriums bei der Friedenskonferenz. Schon 1919 veröffentlichte er seine Warnschrift, «Die ökonomischen Folgen des Friedens», in der er die Rachementalität der Alliierten gegenüber Deutschland frontal anging, mit prophetischen Vorgriffen auf die Zukunft: «Wenn

VII. Die Wiederkehr des Winston Spencer Churchill

Oktober 1918: Britische Truppen haben Lille befreit, man trifft sich zur feierlichen Zeremonie. Im Bild vorne links Oberstleutnant Bernard Montgomery, im Zweiten Weltkrieg Feldmarschall Lord Montgomery von Alamein

der europäische Bürgerkrieg damit enden sollte, dass [die westlichen Mächte] jetzt ihren momentanen Sieg ausnutzen, um das daniederliegende Deutschland zu zerstören, dann laden sie sich ihre eigene Zerstörung auf.» Lloyd George stimmte zu. Bereits in einer Denkschrift an sein französisches Gegenüber Clemenceau und den amerikanischen Präsidenten Wilson vom 25. März 1919, dem sogenannten Fontainebleau-Memorandum, hielt er fest: «Die größte Gefahr (...) ist die, dass Deutschland sich mit dem Bolschewismus zusammentun und seine Hilfsmittel, seinen Verstand, seine große Organisationskraft den revolutionären Fanatikern zur Verfügung stellen könnte, deren Traum es ist, die Welt mit Waffengewalt für den Bolschewismus zu erobern. (...) Ich würde deshalb in den Vordergrund des Friedens die Versicherung stellen (...), dem deutschen Volk zu helfen, dass es wieder auf die Beine kommt. Wir können nicht zugleich Deutschland verkrüppeln und erwarten, dass es uns zahlt.»

Auch Churchill teilte diese Sicht. Hören wir seine eigenen Worte über das, was ihn nach Kriegsende mit Blick auf Deutschland be-

VII. Die Wiederkehr des Winston Spencer Churchill

wegte, nachzulesen in «The Aftermath» (1929), dem vierten Band von «The World Crisis», der 1930 als «Nach dem Kriege» auch auf Deutsch erschien. Es ist der Abend des Waffenstillstandes, der 11. November 1918, Churchill diniert allein mit Lloyd George in der Downing Street: «Meine eigene Stimmung war geteilt zwischen der Sorge um die Zukunft und dem Wunsche, dem gefällten Gegner zu helfen. Das Gespräch berührte die großen Eigenschaften des deutschen Volkes, den furchtbaren Kampf, den die Deutschen gegen Dreiviertel der Welt ausgefochten hatten, und die Unmöglichkeit, Europa ohne ihre Hilfe wieder aufzubauen. Damals glaubten wir, dass sie tatsächlich verhungerten und dass unter dem zweifachen Druck von Niederlage und Hungersnot die bereits in Revolution befindlichen deutschen Völker in den scheußlichen Abgrund gleiten würden, der bereits Russland verschlungen hatte. Mein Vorschlag lautete, wir sollten ungesäumt, ohne weitere Nachrichten abzuwarten, ein Dutzend großer Schiffe mit Lebensmitteln voll beladen nach Hamburg dirigieren. Obwohl die Bedingungen des Waffenstillstandes die Blockade in Kraft beließen, war doch der Friede unterzeichnet, die Verbündeten hatten versprochen, das Nötigste bereitzustellen.» Entsprechend früh sprach sich Churchill gegen einen zu harten Friedensvertrag mit Deutschland aus. Aber das war bei den Menschen in seinem Wahlkreis nicht populär. Ähnlichen Widerstand erlebte er 1919 in einer Gemeinde in Nordfrankreich, der er den folgenden Spruch für ihr Kriegerdenkmal vorschlug: «Im Krieg: Entschlossenheit / In der Niederlage: Trotz / Im Sieg: Großmut / Im Frieden: Guter Wille». «Großmut» und «guter Wille» waren in diesem geschichtlichen Moment wohl zu viel gefragt. Dafür erinnerte sich Churchill nach 1945 wieder an seinen Vorschlag und erhob diese vier Zeilen zum Motto seiner Geschichte des Zweiten Weltkrieges.

Die Hysterie der Vorkriegs- und Kriegszeit verschwand in England wie ein Spuk, und stattdessen griff rasch eine pazifistische Stimmung um sich. «Nie wieder Krieg», war das dominante Gefühl; um jeden Militäretat musste im Unterhaus gefeilscht werden, die Tendenz ging zur Abrüstung, von Churchill als Finanzminister bald stark befördert, wie wir noch sehen werden. Ein neues Einvernehmen mit

Deutschland war gefragt, dem nach allgemeiner Auffassung in Versailles großes Unrecht zugefügt worden war. Churchills Antenne nahm aber noch andere Signale auf. In seinem bereits zitierten Essay von 1924 «Sollen wir alle gemeinsam Selbstmord begehen?» findet sich diese Analyse:

«Von einem Ende Deutschlands zum anderen vereint intensiver Hass auf Frankreich die ganze Bevölkerung. Große Kontingente deutscher Jugend kommen Jahr für Jahr ins militärtaugliche Alter, inspiriert von den wildesten Gefühlen, und die Seele Deutschlands schwelgt in Träumen eines Befreiungskrieges oder der Rache. Solche Ideen werden im Moment nur zurückgehalten durch das physische Unvermögen, sie umzusetzen.» Diesem Befund fügte Churchill im selben Aufsatz hinzu: «Lasst uns auch nicht einen Augenblick lang glauben, die Gefahr einer neuen Explosion in Europa sei vorbei.» Umso enthusiastischer begrüßte er 1925 den Vertrag von Locarno, in dem Deutschland, Belgien, Frankreich und England gegenseitig ihre Grenzen anerkannten und garantierten. Die kollektive Sicherheit schien zusätzlich garantiert, als Deutschland 1926 in den Völkerbund aufgenommen wurde.

5. Der Kriegsminister vor der bolschewistischen Bedrohung

Nach der gewonnenen Wahl vom Dezember 1918 konnte Lloyd George, obwohl die Tories numerisch die größte Fraktion stellten, eine zweite Koalitionsregierung bilden, in der Churchill eine Stufe höher kletterte und sich im Januar 1919 als Secretary of State for War and Air wiederfand, als Kriegsminister mit gesonderter Verantwortung für den Bereich der Luftfahrt. Das Junktim verwies auf die wachsende Rolle der Luftwaffe, in Zeiten angespannter Haushalte ein willkommenes Instrument zur Entlastung der Bodentruppen, besonders auf entlegenen Schauplätzen des Empire; die Royal Air Force (RAF) war am 1. April 1918 gegründet worden, ein Zusammenschluss des Royal Flying Corps (RFC) und des Royal Navy Air Service (RNAS). Churchill galt als *problem solver*, auch Sparmaßnahmen rückten erneut in seinem Denken nach vorne. Brauchte England, die Seemacht, überhaupt ein stehendes Heer, jetzt, da Europa erschöpft am Boden lag? Auf sein Drängen hin beschloss das Kabinett 1919, dass das Empire in den nächsten zehn Jahren keinen Krieg mehr zu kämpfen habe und dass daher England auch kein Expeditionsheer mehr benötige. Große Einsparungen winkten – in jüngerer Zeit sprach man nach dem Fall der Berliner Mauer von der «Friedensdividende». Die sogenannte Ten Year Rule wurde von da an jedes Jahr neu fortgeschrieben, bis zu ihrer zögerlichen Aufhebung 1932. Doch hatte sie ihre Wirkung bis dahin längst getan in einer kriegsmüden, pazifistisch gestimmten Gesellschaft, die sich später nur zu gerne dem Appeasement öffnete.

Außenpolitisch war aus Russland, dem Verbündeten in der Triple Entente, ein Feind geworden, zutiefst verhasst nicht nur wegen der Revolution, sondern auch wegen seiner militärischen Kapitulation 1917 und damit dem Verrat an den Alliierten. Auch in Deutschland und Ungarn drohten kommunistische Revolten, gab es revolutionäre Energien unter der Arbeiterschaft, wo man bewundernd auf die Ereignisse in Russland schaute. Das galt selbst für England. Noch vor der Gründung der britischen Kommunistischen Partei 1920 einigten sich die Gewerkschaften und die Labour-Partei, deren Unterhaussitze zwischen 1910 und 1918 von 40 auf 142 gestiegen waren, auf den Slogan: «Hands off Russia», «Hände weg von Russland».

Gelänge es dem Bolschewismus, neben Russland auch Deutschland zu erobern, stünde man in Europa einem roten Block bis zum Pazifik gegenüber – das wurde Churchills Hauptsorge. Deshalb war den Siegern des Großen Krieges Großherzigkeit und Freundschaft gegenüber Deutschland anzuempfehlen, was Churchill in einen eigenen Slogan fasste, als Kontrast zu dem von Labour: «Kill the Bolshie, Kiss the Hun» – «Tötet den Bolschewisten, küsst den Hunnen». Die britische Außenpolitik sollte auf eine antibolschewistische Allianz hinarbeiten, unter Einschluss eines versöhnten und wiederbewaffneten Deutschland: Wenn man den Bolschewismus nicht in seinen

Anfängen vernichte, werde man später einen hohen Preis dafür bezahlen müssen.

Aber nach 1918 einen neuen Krieg riskieren? Dem würden sich die Briten verweigern, wie Churchill bald einsehen musste. Zunächst glaubte er, im Besitz der nötigen Mittel zu sein. Neben dem Vereinigten Königreich wollten 1917 auch Frankreich, Japan und die USA Russland davon abhalten, sich aus dem Krieg zu verabschieden. Was, wenn das gelieferte Hilfsmaterial den Deutschen in die Hände fallen würde? Daher waren nach der Oktober-Revolution rund um die Außengrenzen des riesigen Landes Truppen aus vielen Nationen gelandet, die auch am Ende des Krieges noch bereitstanden. Großbritanniens Kontingent, vor allem um Murmansk und Archangel stationiert, belief sich auf rund 14 000 Mann. An eine Allianz im großen Stil, wie sie sich Churchill in einem kurzen Auftritt während der Versailler Friedenskonferenz erhoffte, war dennoch nicht zu denken.

Das dämpfte jedoch seinen Tatendrang keineswegs, Kampfeslust drang aus jeder seiner öffentlichen Äußerungen, der Wille, «den bolschewistischen Staat schon bei der Geburt zu erwürgen». Hatte sich Churchill einmal in einen großen Gedanken verbissen, ließ er nicht locker. Wie einst Edmund Burke gegen die Französische Revolution wütete er jetzt gegen die Bolschewisten, in Salven rhetorischer Schmähungen: «Ein vergiftetes Russland, ein infiziertes Russland, ein Seuchenträger Russland; ein Russland bewaffneter Horden, nicht nur mit Bajonetten und Kanonen, sondern auch typhusverseuchtem Ungeziefer, das ihnen vorausgeht, dazu eine politische Doktrin, welche die Gesundheit und selbst die Seele von Nationen zerstört.» Da war wieder dieser verbale Overkill – das Zuviel machte misstrauisch und kehrte sich gegen den Sprecher. Wie hatte er in «Painting as a Pastime» geschrieben? «Ich ergriff den größten Pinsel und fiel mit berserkerhafter Wut über mein Opfer her. Seither habe ich nie wieder irgendwelche Scheu vor einer leeren Leinwand gehabt.» Und keine Scheu vor politischen Dämonen.

Wir finden den gleichen Churchill in vielen Verkleidungen. Bei Hitler erwies sich «der größte Pinsel» schließlich als das entscheidende politische Utensil. Churchill war nie im Zweifel darüber, was

VII. Die Wiederkehr des Winston Spencer Churchill 171

er für sein Land, bei allen Abstrichen, letztlich bedeutete. In einem längeren Gespräch mit Sir John Rothenstein, dem Direktor der Tate-Galerie, der ihn 1949 in seinem Atelier in Chartwell aufsuchte, gestand er: «Wenn ich meinen Mitmenschen irgendwelche Dienste geleistet habe, dann nie, indem ich mein Selbst unterdrückt, sondern immer, indem ich ihm freie Fahrt gelassen habe.» Der Satz klingt kräftiger in der Verkürzung des Originals: «If I have been of any service to my fellow men, it has never been by self-repression, but always by self-expression.» Diese extrovertierte Seite seines Charakters, diese «self-expression», oft sein Handicap, erwies sich in entscheidenden Momenten als seine größte Stärke.

Russland 1919 war kein solcher Moment. Churchill las die historischen Runen falsch. Er irrte, wenn er glaubte, der Bolschewismus werde bei passendem Widerstand als Splittererscheinung «dekuvriert und durch allgemeine Wahlen, unter alliierter Aufsicht, hinweggeschwemmt». Er irrte mit der Einschätzung, in Russland könne «der Status quo ante hergestellt und eine demokratische Regierung installiert» werden. Und er irrte mit seiner Erklärung im Oktober 1919, als das revolutionäre Russland auf allen Seiten umzingelt war, der Bolschewismus stehe kurz vor dem Zusammenbruch – er freue sich schon auf die Gelegenheit, nach Moskau zu fahren und General Anton Iwanowitsch Denikin, einen der Anführer der weißrussischen Streitkräfte, bei der Ausarbeitung einer neuen Verfassung beraten zu können. Was trieb Churchill zu all dem an? Ihn empörte vor allem, wie die Oktober-Revolution gegen die Aristokratie gewütet hatte. Auch fühlte er gegenüber den kämpfenden zaristischen Offizieren die ritterliche Verpflichtung, sie nicht im Stich zu lassen. Lloyd George kommentierte das in seinen Memoiren bissiger: «Sein herzogliches Blut empörte sich gegen die massenhafte Ausmerzung russischer Großherzöge.»

Die Politik und mit ihr das Gros der Briten folgten Churchill nicht. Die russischen Generäle, die man unterstützen würde, waren keine liberalen Demokraten – ein Argument, das im Zweiten Weltkrieg wieder auftauchte bei der Frage, ob man dem deutschen Widerstand gegen Hitler entgegenkommen solle, was mit Nein beantwortet wurde. Im Übrigen eint zerstrittene Parteien nichts so sehr wie Einmischung von außen. Last but not least fehlte es an Geld für ein größeres militärisches Unternehmen, für das im Land ohnehin keine Begeisterung herrschte. Churchills Rhetorik dagegen klang so, als stünde ein neuer Krieg bevor – das schreckte Links wie Rechts ab. In seiner ersten Order als frisch bestallter Kriegsminister hatte er bei allen Militärkommandanten angefragt, ob ihre Leute sich bereithalten würden für neue Einsätze im Ausland. Die Antwort war eindeutig: «Ja, überall – nur nicht in Russland.» Als Ende März 1920 die Nachricht in London eintraf, dass sich Denikins zersprengter Haufen auf die Krim zurückgezogen hatte, kommentierte Sir Henry Wilson, der Chef des Generalstabs, lakonisch: «So endet ein weiterer von Winstons militärischen Versuchen in praktischem Desaster – Antwerpen, Dardanellen, Denikin.»

6. Churchills Handschrift im Nahen Osten

Anders als Gallipoli blieb das Russland-Kapitel für Churchill ohne nachteilige Folgen. Keine Menschenleben wurden aufs Spiel gesetzt, es war ein Einsatz nur mit Churchills üppiger Rhetorik. Lloyd George hielt es dennoch für ratsam, seinen Kriegs- und Luftfahrtminister aus der Schusslinie zu ziehen, indem er ihn im Februar 1921 zum Minister für die Kolonien ernannte, aber er überließ ihm weiterhin die Verantwortung für die Air Force. Damit war Churchill im Alter von 46 Jahren bereits auf seinem sechsten Ministerposten angelangt, drei Jahre später – wir greifen voraus – sollte das Schatzamt folgen, das Finanzministerium, dem er fünf Jahre lang vorstand. Bis auf das Außenministerium hatte Churchill vor seiner Berufung zum Regierungschef 1940 alle bedeutenden Ressorts der britischen Politik durchlaufen. Kein Premierminister vor und nach ihm brachte für das höchste Regierungsamt eine ähnlich gründliche Schulung mit. Nimmt man Churchills unablässige Studien und Schriften zur Geschichte hinzu, die mit der fünfbändigen Schilderung des Ersten Weltkrieges einen neuen Höhepunkt erreichen, so steht vor uns in den 1930er-

VII. Die Wiederkehr des Winston Spencer Churchill 173

Jahren eine aus Geschichte und eigener Gestaltung der Geschichte geformte Figur, was auch Zeitgenossen, die mit Churchill haderten, anerkennen mussten.

Im Kolonialministerium war Churchill mit einigen der heikelsten Aufgaben der britischen Politik nach dem Ersten Weltkrieg konfrontiert. Es brannte überall. In Irland, damals noch immer Teil des Empire, drohte der Bürgerkrieg zwischen dem katholischen Süden und dem protestantischen Norden auszubrechen, und im Nahen Osten erlebte London einen «imperial overstretch», eine Überdehnung seiner imperialen Mittel und Möglichkeiten. Auf der Versailles-Nachfolgekonferenz von Sanremo (1920) wurden England Palästina (das heutige Israel und Jordanien) sowie Mesopotamien (weitgehend der heutige Irak) als Mandate zugesprochen, aus der Erbmasse des zerbrochenen Osmanischen Reiches. Die Satzung des neugegründeten Völkerbundes verpflichtete Großbritannien unter Artikel 22, «sich dieser Gebiete anzunehmen bis zu einem Zeitpunkt, an dem sie auf eigenen Füßen stehen» konnten.

Das war leichter proklamiert als getan. In beiden Territorien gab es weder feste Grenzen noch etablierte arabische Führungen. Schon die Vorgeschichte stellte eine Last dar. Nur sehr verschwommen war die Devise von einem unabhängigen arabischen Reich gewesen, das vor allem ein gewisser T. E. Lawrence, der später weltberühmte Armeeoffizier «Lawrence of Arabia», der führend auf der Seite der arabischen Stämme kämpfte, diesen zugesagt hatte. Das Versprechen wurde in einem langen Briefwechsel zwischen dem britischen Hohen Kommissar in Ägypten, Sir Henry McMahon, und Hussein Ibn Ali, dem haschemitischen Großscherif von Hedschas und Mekka, im Februar 1916 bekräftigt. Freilich war der Text so vage gehalten, ohne verbindliche territoriale Zusagen, dass die Briten sich nicht allzu sehr gebunden fühlen mussten.

Prompt unterminierte London noch im selben Jahr die recht undeutliche Zusage durch eine Geheimabsprache zweier Diplomaten, des Briten Sir Mark Sykes und des Franzosen François-Georges Picot (Sykes-Picot-Abkommen). Darin einigten sich London und Paris im Mai 1916 auf die Aufteilung ihrer kolonialen Interessen nach der Zerschlagung des Osmanischen Reiches: Frankreich markierte seine Einflusssphäre im Gebiet des heutigen Libanon und Syrien bis ins türkische Anatolien, Großbritannien die seine in Palästina und einem langen Landstrich von Bagdad bis südlich an den Saum des Persischen Golfes. An dem Abkommen hatte auch das damals noch zaristische Russland stillen Anteil – ihm wurden Konstantinopel, die Dardanellen-Meerenge und armenische Provinzen zugesprochen. Kaum war der Zar gestürzt, hatten die Bolschewisten allerdings nichts Eiligeres zu tun, als den Wortlaut dieses Geheimpapiers in der «Prawda» und der «Iswestija» zu veröffentlichen – «die Briten waren blamiert, die Araber entsetzt, die Türken entzückt», wie der Nahost-Historiker Peter Mansfield es später formulierte.

Einen weiteren Schlag gegen arabische Hoffnungen riskierte London mit der Balfour-Deklaration vom 2. November 1917, deren Nachwirkungen bis in unsere Tage anhalten. Außenminister Arthur Balfour erklärte gegenüber der Zionistischen Weltorganisation, die britische Regierung betrachte «mit Wohlwollen die Errichtung einer nationalen Heimstätte für das jüdische Volk in Palästina» und werde sich «nach besten Kräften bemühen, das Erreichen dieses Zieles zu ermöglichen, wobei klar sein muss, dass nichts unternommen werden darf, was die zivilen oder religiösen Rechte bestehender nicht-jüdischer Gemeinschaften in Palästina oder die Rechte und den politischen Status von Juden in anderen Ländern präjudizieren könnte».

Die Sprengkraft dieses Dokuments sollte sich bald herausstellen. Zwar wurde den Juden in einem Weißbuch der Regierung ausdrücklich untersagt, «den Bewohnern von ganz Palästina eine jüdische Nationalität aufzuerlegen», aber den Arabern verwehrte man Gleiches gegenüber den Juden. Damit war nichts gelöst, während die jüdische Einwanderung stetig zunahm. Erste blutige Zusammenstöße der beiden Gruppen waren die Folge. Churchill war immer von der optimistischen Annahme ausgegangen, dass bei genügend gutem Willen eine Koexistenz möglich sein müsste; für religiöse Dogmen und deren Ausschließlichkeit hatte er ohnehin kein Ohr. Einen Riegel schob er jüdischen Wünschen nur in einer Hinsicht vor: Die Einwanderung in

VII. Die Wiederkehr des Winston Spencer Churchill 175

Hoch zu Kamel vor der Sphinx, Februar 1921: Clementine, Winston, Gertrude Bell, die große Orientkennerin, Archäologin und Beraterin der britischen Regierung, sowie T. E. Lawrence, «Lawrence of Arabia», Kämpfer für die arabische Unabhängigkeit

das Gebiet östlich des Jordan, nach Transjordanien, dem heutigen Jordanien, wurde den Juden strikt untersagt.

Langfristig schwebte Churchill vor, den Zionismus als Bollwerk gegen den Kommunismus einzusetzen, wobei die verfolgten Juden Osteuropas und Russlands in Palästina «eine eigene nationale Idee von sich» gewinnen könnten. Churchill dachte sogar früh an einen selbstständigen jüdischen Staat, so in einem Beitrag für den «Illustrated Sunday Herald» vom 8. Februar 1920: «Wenn in unserer Lebenszeit an den Ufern des Jordan ein jüdischer Staat errichtet würde, mit drei bis vier Millionen Juden unter dem Schutz der britischen Krone, wäre das ein weltgeschichtliches Ereignis mit wohltätigen Folgen, vor allem für das britische Empire.» Auch ohne den Schutz der britischen Krone und ohne das Empire hat sich Churchills Vision erfüllt, allerdings über Umwege, deren Düsternis er sich damals nicht vorstellen konnte.

Keinen besonderen Enthusiasmus konnte er für die beiden Mandate des Völkerbundes aufbringen. Das für Palästina hätte er lieber den USA angetragen gesehen. Aber die Amerikaner schieden für solche Unternehmungen bald gänzlich aus und zogen sich in Isolationismus zurück. In Mesopotamien war England bereits im Oktober 1914 mit einem Expeditionskorps der British Indian Army – Mesopotamien unterstand damals der Indien-Abteilung des Foreign Office – in Basra an Land gegangen, hatte die Türken vertrieben und Bagdad im März 1917 erobert. Doch schon drei Jahre später erhob sich eine arabische Revolte, in der Sunniten und Schiiten Frieden miteinander schlossen, um den gemeinsamen neuen Feind aus dem Land zu treiben. Die Briten mussten große Verluste hinnehmen, um der Aufstände Herr zu werden. Das Ausmaß der Kosten wurmte Churchill, der auch 1919 im Kriegsministerium, wie vor dem Weltkrieg im Handels- und im Innenministerium, als Sparkommissar angetreten war. Wofür die rasche Demobilisierung, die Auflösung der Expeditionary Force, die «Ten Year Rule», wenn man im Zweistromland das Geld hinauswerfen musste?

Für Palästina und Mesopotamien hatte er im Parlament oft nur abschätzige Worte übrig. Beide Gebiete seien «übermäßig ausgestattet mit gepfefferten, streitsüchtigen, stolzen Politikern und Theologen, die zufällig auch noch ziemlich knapp bei Kasse sind». Im englischen Original kommt seine Vorliebe für Alliterationen besser zur Geltung, wenn er über die «peppery, pugnacious, proud politicians» seine ganze Verachtung ausschüttete. Noch 1924 klagte er als Finanzminister offen: «Lasst uns alle britischen Kosten im Irak kappen. Ich hasse das Land. Ich wollte, wir wären nie hineingegangen.» So sehen es manche britischen Politiker auch heute, nach der Invasion von 2003.

VII. Die Wiederkehr des Winston Spencer Churchill 177

In der vertrackten Lage an Euphrat und Tigris kam Churchill der Stabschef der Royal Air Force, Sir Hugh Trenchard, entgegen. Wo Bodentruppen nur verlustreich eingesetzt werden konnten, lieferte nun die Luftwaffe einen «imperialism on the cheap» (Norman Rose), einen Imperialismus zu verbilligten Konditionen. Jetzt wurde das Flugzeug zur Hauptwaffe, zu einem neuen Mittel der Eindämmung von Unruhen am Rande des Empire. «Air policing» war der offizielle Name dieses Instruments. Ohne Flugzeuge, so ist geschrieben worden, wäre die gesamte Struktur der britischen kolonialen Kontrolle in sich zusammengefallen.

Dabei haftet an Churchill bis heute der Vorwurf, er habe auch vor dem Einsatz von Giftgas nicht zurückgeschreckt. 1920 – Churchill ist noch Kriegsminister – mahnte Trenchard eine Entscheidung der Regierung zugunsten einer verstärkten Strategie aus der Luft an. Churchill antwortete ihm am 29. August: «Meiner Meinung nach sollten Sie unbedingt mit den Versuchen mit Gasbomben fortfahren, vor allem mit Senfgas, um aufsässige Einheimische bestrafen zu können, ohne ihnen schwere Verletzungen beizubringen.» Mit Senfgas bestrafen «ohne schwere Verletzungen» war ein Widerspruch in sich – Churchill musste wissen, dass Senfgas blind machen und töten konnte. So viel Kaltblütigkeit kontrastiert freilich mit einem anderen Brief an Trenchard ein Jahr später – Churchill ist inzwischen Minister für die Kolonien geworden und rügt den RAF-Stabschef am 22. Juli 1921 wegen eines Vorfalls, bei dem Frauen und Kinder, die in einem See Schutz gesucht hatten, aus der Luft angegriffen wurden: «Es wundert mich», schreibt er, «dass Sie die verantwortlichen Offiziere nicht vor ein Kriegsgericht stellen. Sollten solche Vorgänge öffentlich werden, würde es das RAF-Projekt [das Vorhaben, die RAF als unabhängigen Arm der Streitkräfte zu etablieren] ruinieren. Mit solchen Vorkommnissen setzen wir uns auf die tiefste Stufe.» Wie reimen sich diese Äußerungen?

Der Historiker Lawrence James schreibt in «The Rise and Fall of the British Empire», dass bis zum September 1920 der kommandierende General in Mesopotamien, Sir Aylmer Haldane, «verzweifelt Nachschub an Giftgas forderte. Dabei wurde es gar nicht benötigt, denn die Air Force stellte jedes Mal Überlegenheit her, sobald es brenzlig wurde.» Zu einer Bitte von RAF-Offizieren an Churchill um die Erlaubnis, mit Giftgas einzugreifen, meint James: «Er gab ihnen statt, aber kein Gas kam zum Einsatz.» Geoff Simons widerspricht dem in «Iraq: From Sumer to Saddam» und hält an der Behauptung fest, in Mesopotamien sei durchaus mit Chemiewaffen gekämpft worden, «wenn auch kaum aus der Luft, aus praktischen Gründen». All diese Widersprüche erinnern stark an den irakischen Diktator Saddam Hussein und seine wiederholten Andeutungen über die Existenz von Massenvernichtungswaffen in seinem Land, mit welchen er die Welt in die Irre führte. Der Amerikaner Ray M. Douglas folgert denn auch in einem Aufsatz im «Journal of Modern History» (Dezember 2009), Churchills markige Worte hätten der gleichen Absicht gedient: den Besitz von Chemiewaffen vorzutäuschen, «die es in Mesopotamien in Wahrheit gar nicht gab, was die Ereignisse von 2003 auf ironische Weise vorwegnimmt».

Den Nachgeborenen bedeutet dieser Streit um Churchills Rolle im Zweistromland wohl weniger als die Gewissheit, dass der Kampf gegen die irakischen Aufständischen in den Jahren 1920/21 den Durchbruch zu einer neuen Brutalität der Kriegsführung markierte, zum Krieg aus der Luft, der im Zweiten Weltkrieg, von der deutschen Luftwaffe begonnen, im Flächenbombardement deutscher Städte seinen Höhepunkt erreichte. «On the cheap» war das freilich nicht mehr.

Jedenfalls besiegelten die Experten, die sich im März 1921 im Hotel Semiramis in Kairo zwei Wochen lang um den Minister für die Kolonien versammelten, die Landkarte des Nahen Ostens, wie wir sie bis heute kennen. «Churchill and his forty thieves» bürgerte sich bald als geflügeltes Wort für dieses Aufgebot ein – im Englischen werden die 40 Räuber aus der Geschichte von Ali Baba als «Diebe» übersetzt. Es ging um eine Befreiung aus dem Wirrwarr, in das sich London mit seinen bisherigen Dokumenten – dem McMahon-Hussein-Briefwechsel von 1915/16, dem Sykes-Picot-Geheimabkommen von 1916 und der Balfour-Deklaration von 1917 – verrannt hatte. Über allem schwebte Churchills Wunsch nach drastischer Erleichterung für den britischen Staatssäckel – das treibende Motiv des Konferenzvorsitzenden. Seine Trumpfkarten waren Emir Faisal Ibn Ali, der jüngere Sohn des Herrschers im Hedschas, sowie dessen Bruder Prinz Abdallah: Dieser wurde in Transjordanien installiert, jener im Irak. Dabei traf Churchill die folgenschwere Entscheidung, aus dem religiös und ethnisch tief zerklüfteten Irak eine staatliche Einheit zu schneidern, mit Kurden, Sunniten und Schiiten unter einer Legislative, obwohl besonders die Kurden auf ein eigenes Staatsgebilde gepocht hatten, im Zusammenschluss mit den im Norden angrenzenden verwandten Stämmen in der Türkei. Churchill lehnte ab, da London mit den als sicher angenommenen Ölquellen um Mosul leichten Zugriff auf Iraks künftigen Reichtum behalten wollte.

Erst Mitte April 1921 sollte Churchill, von Clementine begleitet, nach England zurückkehren. Der Nahe Osten weckte auch seine Malleidenschaft wieder, und die entsprechende Ausrüstung durfte in Kairo und Jerusalem nicht fehlen. Wenn die Verhandlungen sich hinzogen, pflegte der Kolonialminister vor dem «Semiramis» seine Staffelei aufzubauen, unbekümmert um einzelne Demonstranten, die mit «Nieder mit Churchill»-Protesten vorbeigingen. Friedlichen Passanten empfahl er, ja nicht das Malen als Inspiration zu vernachlässigen. Bei einem Kamelritt zu den Pyramiden wird er von seinem Tier abgeworfen, besteht aber darauf, wieder aufzusteigen – das Weltwunder von Gizeh wartet auf Palette und Pinsel. Überhaupt muss man sich von allen Vorstellungen hektischer Betriebsamkeit, dem Siegel unserer heutigen politischen «Kultur», befreien, will man sich Churchill als Großwesir der Ereignisse zurückrufen. Schon zur Zeit des arabischen Aufstands in Mesopotamien, als er mit Trenchard die Strategie zur Bekämpfung der Rebellen diskutierte, meldete sich Churchill am 25. September 1920 seelenruhig zu einem zweiwöchigen Urlaub in sein geliebtes Frankreich ab. «Self-expression» statt «self-suppression».

Und Irland? Beschäftigt wie Churchill war mit der «roten Gefahr», brauchte es bei ihm bis Anfang 1920, bevor er begriff, dass Irland wieder einmal ins Chaos abzudriften drohte. Der Ruf der Iren nach «Home Rule», seit dem letzten Drittel des 19. Jahrhunderts unüberhörbar, hatte bedrohliche Dezibelstärken angenommen. Doch ehe es zum anglo-irischen Vertrag vom Dezember 1921 kam, bei dessen Verhandlungen Churchill eine führende Rolle spielte, musste einiges Blut fließen. Ein Kriegsrecht verweigerte das Kabinett in London dem aufmüpfigen Süden zwar, aber die protestantischen Paramilitärs der «Black and Tans» hätten auch gut in den 50 Jahre späteren Bürgerkrieg in Nordirland gepasst. Terroranschläge gegen IRA-Mitglieder, auch Morde an unschuldigen Zivilisten waren keine Seltenheit, und als selbst diese Einschüchterungstaktik nicht half, schlug Churchill die Bildung eines 30 000 Mann starken Kontingents von protestantischen Ulstermen vor, um die britische Autorität in ganz Irland aufrechtzuerhalten.

Der anglo-irische Vertrag vom Dezember 1921 schuf schließlich den Irish Free State und wurde die Basis der Machtteilung auf der grünen Insel, wie sie noch heute besteht: Der Süden unter der Herrschaft des Dubliner Parlaments erhielt seine Unabhängigkeit, mit Dominion-Status innerhalb des Empire, die neun protestantischen Grafschaften in Ulster hingegen erhielten die Möglichkeit, sich vom Irish Free State loszusagen, und eine eigene Selbstverwaltung im Parlament von Stormont.

KAPITEL VIII

Churchill wird Finanzminister und schwächt das Militär

1. Der gut verdienende Autor

Churchills politische Laufbahn erlebte einen starken Dämpfer, als er bei der Unterhauswahl im November 1922 den Wahlkreis Dundee verlor und sich damit ohne Parlamentssitz wiederfand. Er hatte sich kurz vor der Wahl einer Blinddarmoperation unterziehen müssen, so dass er Clementine bat, im Wahlkampf für ihn einzuspringen; er selbst trat erst in der Schlussphase auf, wurde in einer Art Sänfte auf die Bühne getragen und dort prompt mit Verwünschungen wie «What about Antwerp?», «What about Gallipoli?» konfrontiert. «Von einem zum anderen Moment», so belustigte er sich im Nachhinein in dem Essay «Election Memories» (1931), «stand ich da ohne Amt, ohne Unterhaussitz, ohne Partei und ohne Blinddarm.» Der Ex-Kolonialminister, 48 Jahre alt, musste bis 1924 warten, ehe er mit Epping bei London einen neuen Wahlkreis gewann (der später in Woodford umbenannt wurde) und sich damit für seine potenzielle Rückkehr in die Regierung qualifizierte. Es waren die einzigen Jahre zwischen 1901 und 1964, in denen er nicht im Parlament, auf seiner natürlichen Bühne, erscheinen konnte.

Damals verlor er auch sein Einkommen als Politiker, das ihm zuletzt erlaubt hatte, seinen durchaus nicht bescheidenen Lebensstil zu bestreiten und die Familie zu ernähren. Das Salär eines Ministers stand bei jährlich 5000 Pfund, nach heutiger Kaufkraft etwa 130 000 Pfund, was üppig war im Vergleich zur 400-Pfund-Jahresdiät eines Abgeordneten. Churchill konnte auf kein Business, keine Rechtsanwaltskanzlei, keine Latifundien zurückgreifen, um sich außerhalb der Politik zu finanzieren – dafür aber auf ein bereits vielfach bewiesenes literarisches Talent, und das sollte von nun an für den Rest seines Lebens die eigentliche Einnahmequelle für ihn und die Familie werden. Politik war sein Beruf, aber sein Leben bestritt er als Autor. Nie mehr verließ ihn nun der Druck von Deadlines bei Verlagen und Redaktionen, aber er arbeitete termingenau und mit unerschöpflicher Energie, ein literarischer Ausstoß von noch heute schier unbegreiflicher Fülle.

Als Erstes machte er sich an das mehrbändige Memoirenwerk «The World Crisis», seine Darstellung des Ersten Weltkrieges. Etliche Assistenten halfen ihm bei der Sammlung und Durchsicht der Dokumente – dieselbe Technik wandte er auch später an, als er junge Forscher aus Oxford und Experten für Militärgeschichte und andere historische Spezialgebiete bat, ihm bei seinen großen Geschichtswerken der 30er- und 40er-Jahre zu helfen. Zu einer Zeit, da Historiker durch Sperrfristen von 50 und mehr Jahren von regierungsamtlichen Quellen abgeschnitten waren, durfte Churchill beim Ausscheiden aus einem Ministerium jeweils Kisten von Papieren mitnehmen, aus denen er in «The World Crisis» lange Auszüge zitierte, wenn auch in einigen Fällen um der Geheimhaltung willen freiwillig zensiert. Nicht zuletzt aufgrund dieses Materials aus erster Hand galt das dreibändige Werk – zwei Nachtragsbände kamen 1929 und 1931 hinzu – lange Zeit als *der* authentische Abriss des Weltkriegsgeschehens.

Der Vorschuss von 27 500 Pfund, den Churchill noch in seiner Zeit als Kolonialminister aushandelte, übertraf seine kühnsten Erwartungen – er entsprach einer Summe von heute ungefähr einer dreiviertel Million Pfund. Diese Vorauszahlung setzte sich zusammen aus Zahlungen des englischen und des amerikanischen Verlegers sowie aus den Tantiemen für Vorabdrucke in beiden Ländern. 1921 war ihm zudem die Erbschaft aus einem irischen Trust zugefallen,

VIII. Churchill wird Finanzminister 183

den seine Großmutter Frances (Fanny) angelegt hatte und der nun jährlich ein Einkommen von 4500 Pfund abwarf. Churchill stand also finanziell sehr gut da, noch ehe das politische Aus ihn im November 1922 ereilte.

Zweifellos führte Churchills Gewohnheit zu diktieren dazu, dass seine historischen Werke – «The World Crisis» (1923–1931), die vierbändige Marlborough-Biographie (1933–1938) und die sechsbändige Geschichte des Zweiten Weltkrieges (1948–1954, die deutsche Ausgabe umfasst, weil luftiger gedruckt, zwölf Bände) – sich zu Überlängen dehnten, so dass er selbst sie um der größeren Verbreitung willen nachträglich für gekürzte Ausgaben überarbeitete. «Ich lebte vom Mund in die Hand», pflegte er zu witzeln. Oft brachte er noch im Fahnenstadium der entstehenden Werke umfangreiche Korrekturen an, was die Drucker verzweifeln ließ und ihm beträchtliche Zusatzkosten verursachte, die er in Kauf nahm, auch dies ein Teil seiner «self-expression».

Churchill sah sein Leben immer als Teil der Familiensaga der Marlboroughs und insofern als Teil der Geschichte der britischen Nation. Geschichte und Autobiographie flossen bei ihm zusammen, als Berichterstatter von Selbsterlebtem hatte er seine Kunst geschärft, mit der «Story of the Malakand Field Force», dem «River War» und den beiden Büchern über den Burenkrieg. In den Weltkriegen begriff er sich erneut als wichtigen Ingenieur im Maschinenraum des Demiurgen, im Zweiten Weltkrieg mit noch größerer Berechtigung als im Ersten. Arthur Balfour prägte 1923 nach Erscheinen der ersten zwei Bände von «The World Crisis» das hübsche Bonmot, es handele sich hier um «eine Autobiographie, als Geschichte des Universums verkleidet». Streicht man einmal das maliziöse «Universum» und ersetzt es durch «Weltkrieg», konnte Churchill durchaus einverstanden sein mit diesem Urteil. Im zweiten Band stellte er sich der Debatte um den historischen Wert seines Opus: «Ich muss gleich zu Anfang die Position eines Historikers abstreiten», hieß es da, «es obliegt mir nicht, mit meiner Bilanz und meinem Standpunkt ein abschließendes Urteil zu verkünden. Das muss anderen zu anderer Zeit überlassen bleiben. Was ich hier vorstelle, ist ein *Beitrag* zur Geschichte.»

Das war reine Koketterie bei einem Autor, der sich durchaus anheischig machte, Geschichte zu schreiben, und zwar mehr als nur einen «Beitrag» dazu. Wie alle historischen Werke Churchills siedelte auch «The World Crisis» im Grenzland zwischen Geschichtsschreibung und Literatur. Beiseite ließ er Wirtschaft und Gesellschaft, Ideengeschichte, komplexe intellektuelle Zusammenhänge – im Vordergrund stand die grandiose Erzählung eines historischen Dramas. Da er unleugbar Geschichte gemacht hatte, wollte er sich nicht das Vorrecht nehmen lassen, sie auch zu beschreiben; für dieses Privileg fand er nach 1945, als er sich an die Niederschrift seiner Geschichte des Zweiten Weltkrieges machte, eine noch phantasievollere Rechtfertigung, wie wir sehen werden (siehe Kap. XVI, 5). Schon in einer Karikatur von 1923 kam das satirische Magazin «Punch» dem Doppelanspruch Churchills, Geschichte gemacht und beschrieben zu haben, sehr nahe. Da sah man auf einem Sockel den lorbeerumkränzten Kopf Julius Caesars, daneben Churchill, der seinen Mini-Hut vor ihm zieht und sagt: «Wir beide haben Geschichte gemacht und sie geschrieben. Lass uns die Kopfbedeckung tauschen.»

«The World Crisis» endet prophetisch, eingehüllt in eine berühmte Aufeinanderfolge von Fragezeichen: «Ist dies das Ende? Soll es nur ein Kapitel in einer grausamen und sinnlosen Geschichte sein? Wird eine neue Generation geopfert werden, um die Bilanz zwischen dem Teutonen und dem Gallier auszugleichen? Werden auch unsere Kinder bluten und um Luft ringen auf zerstörter Flur? Oder wird aus den Feuern des Konflikts jene Versöhnung der drei großen Kombattanten entstehen, die ihren Genius vereinen und ihn Europa zum Wiederaufbau seiner Glorie schenken könnten, in Sicherheit und Frieden?»

2. Chartwell I: «200 Ziegel und 2000 Wörter pro Tag»

Erbschaft und Vorschüsse erlaubten es Churchill, sich endlich seinen innigsten Wunsch zu erfüllen – Besitz zu erwerben in der *countryside* mit dazugehörigem Land, die Vorbedingung für seine genussgeleitete

MR. CHURCHILL AND FRIEND.

Churchill, Autor der «World Crisis», seiner Geschichte des Ersten Weltkrieges, salutiert Julius Caesar: «Wir beide haben Geschichte gemacht und sie geschrieben. Lass uns die Kopfbedeckung tauschen.» Karikatur aus dem «Punch», 1923

VIII. Churchill wird Finanzminister

Lebensweise. Clementine ahnte nichts Gutes, kannte sie doch den Hang ihres Mannes, aufgrund optimistischer Annahmen kommender Einkünfte die Gegenwart zu belasten. «Darling», so schrieb sie ihm mahnend im Juli 1921, «lass uns unser neu gewonnenes Vermögen nicht mit Operationen aufs Spiel setzen, die wir nicht verstehen und die zu lernen wir nicht die Zeit haben.» Es half nichts, Churchill hatte sich in ein reichlich renovierungsbedürftiges viktorianisches Anwesen auf den North Downs-Hügeln der Grafschaft Kent verliebt, von dem man einen herrlichen Ausblick über das weite Land hatte, den *Weald* von Kent. Hier durfte sich der Abkömmling aus dem Hochadel gebührend aufgehoben fühlen in seinen Lebensgewohnheiten und Leidenschaften, vom Malen und Maurerarbeiten bis zum ungestörten Diktieren und Redigieren, von der Pferde- und Kleintierhaltung bis zur politischen Einflussnahme auf die Händel der Hauptstadt.

Chartwell mit seinen 22 Schlafräumen, großzügigen Empfangsfluchten und Bibliothekszimmern erwarb Churchill hinter dem Rücken von Clementine. Auf viele Jahre hinaus musste seine Frau die Last dieses Erwerbs tragen, was die Organisation der Verwaltung und den nötigen Umbau des weiträumigen Anwesens anging. Die Pflichten der Gastfreundschaft gegenüber einem Strom von Besuchern würden hinzukommen – in der Summe genau jene «Operation», vor der sich Clementine gefürchtet hatte und die sie dann doch mit stoischer Bravour bewältigte.

Persönlicher Kummer der Churchills unterminierte allerdings zeitweilig ihre nach außen gezeigte Unerschütterlichkeit. Im April 1921 erschoss sich Clementines Bruder William Hozier in einem Pariser Hotel. Churchills Mutter Jennie starb zwei Monate später nach einer Beinamputation an Wundbrand. Am schlimmsten traf es das Ehepaar, als im August ihr viertes Kind, Marigold, gerade drei Jahre alt, nach einer Blutvergiftung starb. Ende des Jahres brach Clementine, von nervöser Erschöpfung gezeichnet, zusammen – die Hoffnung auf «ein wenig Zeit für uns beide ganz allein», von der sie ihrem Mann im März 1916 an die Front geschrieben hatte, ging einfach nicht in Erfüllung. Letztlich aber setzten sich bei ihr Widerstandskraft und Unbeugsamkeit durch, und im September 1922 kam das fünfte Kind zur Welt, Mary, die spätere Lady Soames, deren Bücher über die Familie eine Fundgrube auch für die Wissenschaft geworden sind. Der Aufwand für Chartwell war gewaltig. In den Betrieb fest eingebunden zählen wir in den Jahren vor dem Zweiten Weltkrieg acht oder neun Hausdiener, eine Gouvernante, zwei Sekretärinnen, einen Chauffeur, drei Gärtner, einen Stallburschen, einen Gutsverwalter sowie immer mindestens eine historische Hilfskraft. Die laufenden Ausgaben beliefen sich auf jährlich 10 000 Pfund, das Doppelte eines Ministergehalts. Zweimal stand Churchills Lebenstraum vor dem Aus, nach Spekulationsverlusten in den USA in den frühen 30er-Jahren und weiteren Einbrüchen an der Wall Street 1938, als Churchill fast sein gesamtes Vermögen verlor. Bernard Baruch, ein mächtiger amerikanischer Bankier und Freund Churchills, hatte diesem Aktienempfehlungen gegeben, die während der Rezession Mitte der 30er-Jahre fehlschlugen. Das dafür geliehene Geld konnte Churchill nicht an seine Bank zurückzahlen, und so sah er sich 1938 sogar gezwungen, Chartwell zum Verkauf anzubieten. Vor der Kalamität des tatsächlichen Verkaufs rettete ihn der britische, in Österreich geborene Finanzier Sir Henry Strakosch, der Churchills Schulden beglich und seine gesunkenen Aktien übernahm. Mit Strakosch, einem entschiedenen Hitler-Gegner, hatte Churchill in den Jahren des Kampfes um die britische Wiederaufrüstung gegen Nazi-Deutschland nähere Bekanntschaft geschlossen. Aufgrund der jüdischen Abstammung seines Gönners wurde diese Bekanntschaft später von den Nationalsozialisten als Beweis für die Verbindungen des Judentums zur britischen Politik ausgeschlachtet.

Zahlreiche Besucher haben über ihre Eindrücke von Chartwell und der Figur, um die sich dort alles drehte, geschrieben. Darunter auch ein gewisser James Scrymgeour-Wedderburn, der es in den 1960er-Jahren ins Oberhaus und dort zur Stellung eines Staatsministers im Foreign Office bringen sollte; er durfte im September 1928 als junger Mann mehrere Tage in Chartwell logieren. In seinem Tagebuch notierte er sich am 21. des Monats: «Winston baut mit eigenen Händen eine Behausung für seinen Butler wie auch eine neue Gartenmauer. Er verwendet auf seine Maurerarbeiten etwa vier Stunden

188 VIII. Churchill wird Finanzminister

Chartwell Manor in Kent, von Churchill 1921 erworben: ein Blenheim *en miniature*, sein Refugium und seine Leidenschaft, doch für Clementine, seine Frau, eine immerwährende Herausforderung

pro Tag, neunzig Steine pro Stunde, ein ziemlich hoher Ausstoß. Dazu eine beträchtliche Zeitspanne jeden Tag für den letzten Band der ‹World Crisis›. Seine Ministerpapiere werden ihm jeden Tag aus der Treasury nach Chartwell gebracht.» Anfang September desselben Jahres teilte der Landedelmann von Chartwell Premierminister Stanley Baldwin frohgemut mit: «Ich hatte einen wunderbaren Monat – ich baute ein kleines Haus und diktierte ein Buch: 200 Ziegel und 2000 Wörter pro Tag.» *Self-expression* à la Churchill.

Lady Asquith, die Frau des Ex-Premierministers, notierte sich nach einem Besuch: «In Chartwell konservierte er das Feuer, die

Beschwingtheit und die Begeisterung der Jugend. Seine glückliche Familie, sein Enthusiasmus und seine schiere Aktivität bewahrten ihn vor der durchschlagenden Wirkung der Churchill'schen Melancholie.» So weit war es im Übrigen mit der «glücklichen Familie» nicht immer her. Die Wände vibrierten vom Lärm der Auseinandersetzungen, wenn vor allem Vater und Sohn Randolph wieder einmal aufeinander prallten. «Wir empfinden eine tiefe animalische Liebe füreinander», reflektierte Churchill einmal, «doch jedes Mal, wenn wir uns begegnen, endet es mit einem verdammten Krach.» In Chartwell hielt der Maler, Steinmetz, Autor und Politiker Winston Churchill Hof in dem Gefühl, so etwas wie ein zweites Kraftzentrum auf der Insel zu bilden. Heute ist das Anwesen ein gepflegtes Juwel des National Trust, Jahr für Jahr von Tausenden Besuchern angesteuert, die hier große Vergangenheit einatmen können.

3. Das Schiff verlässt die sinkenden Ratten: Churchill wechselt erneut die Partei

Für Churchills Partei, die Liberalen, wurde nach dem Ersten Weltkrieg der politische Raum immer enger. Labour hatte es bei der Unterhauswahl von 1922 bereits auf 142 Sitze gebracht, mehr als die 116 der Liberalen, eine ominöse Entwicklung. Wenn sich aber eine neue Art von Zwei-Parteien-Landschaft herausbilden würde – was hieß das dann für Churchill und seine Hoffnung auf weiteren Aufstieg? Wo lag seine Heimat im Kaleidoskop der neuen Verhältnisse?

Labour konnte es nicht sein. Längst hatte er sich angewöhnt, Labour als die große Gefahr für das britische Gemeinwesen zu attackieren, ähnlich wie außenpolitisch den Bolschewismus. Als die konservative Regierung unter Stanley Baldwin im Januar 1924 eine Vertrauensabstimmung verlor und Labour mit Ramsay MacDonald an der Spitze kurzfristig eine Minderheitsregierung bildete, von den Liberalen geduldet, brach für Churchill eine Welt zusammen – der Sozialismus stand vor der Tür! Churchills weitere Schritte wurden von da an unausweichlich. Im März 1924 bot sich ihm bei einer

VIII. Churchill wird Finanzminister

Nachwahl die nächste Gelegenheit, wieder ins Unterhaus zu kommen, aber diesmal trat er nicht mehr als Liberaler an, sondern als «Unabhängiger Anti-Sozialist». An Baldwin schrieb er kurz vor dem Wahltermin über «die Verstärkung, die ich für Sie mitbringe. Handeln Sie jetzt mit Entschiedenheit, und wir werden für das nationale Interesse zusammenarbeiten können.» Wenn das keine Bewerbung um eine Wiederaufnahme in die Reihen der Konservativen war!

Die Nachwahl verliert Churchill knapp – es fehlen ihm 48 Stimmen. Dafür macht seine Annäherung an die Konservativen gute Fortschritte. Bei der Unterhauswahl im Oktober 1924 hat er sich bereits als neues Mitglied der Konservativen eingeschrieben, seiner alten Heimat, aber er ist vorsichtig und bittet Baldwin, ihn in Epping als «Unabhängigen Konstitutionalisten und Anti-Sozialisten» antreten zu lassen, um nicht allzu opportunistisch dazustehen. Der Erdrutschsieg der Tories – 419 Sitze zu 151 für Labour und nur noch 40 für die Liberalen – bringt auch Churchill ins Unterhaus zurück, dem er auf weitere 40 Jahre angehören wird, bis zum Oktober 1964, drei Monate vor seinem Tod. Was noch mehr überrascht: Stanley Baldwin betraut ihn am 6. November mit einem Spitzenressort, der Treasury, dem Finanzministerium, das schon Churchills Vater Randolph 1886, wenn auch nur kurz, angeführt hatte. Winston kann sich jetzt mit der Robe Lord Randolphs schmücken, die er in all diesen Jahren wie eine Reliquie verwahrt hat.

Es ist sein zweiter Parteiwechsel, ein Vorgang, den die Briten «crossing the floor» nennen, den Übertritt von einer Seite des Unterhauses zur anderen. Zum zweiten Mal hat das Schiff die sinkenden Ratten verlassen, hat sich Churchill von einer vom Untergang gezeichneten Partei getrennt. In der jüngeren Vergangenheit wäre es damit um einen Politiker geschehen gewesen, niemand hätte ihm mehr irgendetwas abgekauft, und schon gar nicht wäre er mit einem Schlüsselressort belohnt worden. Ein doppelter Parteiwechsel war auch in der englischen Parlamentsgeschichte eine absolute Seltenheit. Und dann vollzog ihn ausgerechnet Churchill, von dem man wusste, dass er keiner Partei so sehr ergeben war wie sich selbst und seinem Stern. Aber er hinterließ bei seinen Wechseln keine ideologischen Scherben, da er sich auch nie ideologisch fesseln ließ. Er war eben immer nur er selbst, «the author of himself», dazu ausgestattet mit unbändiger Energie und Arbeitswut. Die waren jetzt erneut gefragt.

Baldwins Entscheidung zum Trotz grollten viele Konservative dem «turncoat» Churchill noch immer für seinen Austritt 1904 und dafür, wie er 1910 zusammen mit Lloyd George seine Breitseiten gegen sie und ihre politischen Werte gefahren hatte. Churchill hielt es daher für ratsam, seinen zweimaligen Wechsel zu erläutern. Er tat es 1927 mit einem Aufsatz unter dem Titel «Beständigkeit in der Politik» – Überzeugung oder Opportunismus, das waren die Gegensätze, denen er sich stellte. Argumentationshilfe holte er sich bei einem berühmten Essay des amerikanischen Autors Ralph Waldo Emerson über «Self-Reliance» (1841) – die Kunst, sich selbst treu zu bleiben. Darin stand ein Satz, der noch heute zum Schatz englischer geflügelter Worte gehört und den Churchill gleich im zweiten Absatz seines Textes wie eine Trophäe zitiert: «A foolish consistency is the hobgoblin of little minds», was man übersetzen könnte mit: «Törichte Konsequenz ist der Kobold kleiner Geister.» Anhand dieser Aussage entwickelt Churchill dann seine Gedanken zum Thema Veränderung und Treue.

«Die einzige Art und Weise, wie der Mensch unter wechselnden Umständen beständig bleiben kann», so argumentiert er, «ist, sich mit ihnen zu wandeln und doch seinem beherrschenden Sinn und Zweck treu zu bleiben.» Der Satz ist von raffinierter Zweideutigkeit: Wenn es Churchills «beherrschender Zweck» war – sein «dominant purpose», wie es im Original heißt –, im Spiel um die Macht voranzukommen, dann musste er zwei Mal die Partei wechseln, weil er mit den Tories 1904 und mit den Liberalen 1924 in der Sackgasse der Opposition gelandet wäre, also der politischen Ohnmacht. Das wäre auf die Anklage «Opportunismus» hinausgelaufen. Wenn dagegen mit dem «beherrschenden Sinn und Zweck» seine Überzeugungen von Freihandel, Fortschritt und kapitalistischer Wirtschaftsordnung gemeint waren, so rechtfertigte auch dies den doppelten Parteiwechsel. Denn 1904 propagierten die Konservativen Protektionismus, und 1924 widerstanden die Liberalen in Churchills Augen nicht entschieden genug der Gefahr des Sozialismus, während er selbst treu zu den Ideen hielt, mit denen er ursprünglich ein Tory und später ein Liberaler geworden war. Das wäre eine Entlastung vom Vorwurf der Untreue gewesen – nach dem Motto: Nicht ich habe mich geändert, sondern die Partei, der ich jeweils angehörte, war eine andere geworden. Eigentlich war er immer «konservativ», mit kleinem «k», auch in seiner Zeit bei den Liberalen, verpflichtet dem Empire, der Monarchie und der leutseligen Verantwortung für die weniger Privilegierten. Dies setzte sich von nun an bei ihm durch.

4. Finanzminister und Abrüster

Großbritanniens Wirtschaft befand sich nach dem Krieg in beklagenswertem Zustand. Es herrschten Armut, Unterernährung, Arbeitslosigkeit, vor allem in Nordirland, Wales und Schottland und dem Norden Englands, hervorgerufen durch das dramatische Abfallen der industriellen Leistung im Vergleich zur Vorkriegszeit und die Störungen des Welthandels während der Kriegsjahre. Die einzige Hoffnung für die britischen Exportindustrien, so argumentierte man in der Politik und in der Bank of England, lag in der Stabilisierung des Pfundes durch Abbau der Importzölle und Wiedereinführung des 1919 aufgehobenen Goldstandards. Aber die Kosten von Produktion und Energie stiegen weiter an, weswegen Baldwins Regierung auf neue Investitionen in Industrieanlagen setzte – und auf eine Reduktion der Löhne. Schon im Juli 1925 verkündete er: «Alle Arbeiter dieses Landes müssen eine Senkung ihrer Löhne in Kauf nehmen, um der Industrie wieder auf die Beine zu verhelfen.» Der neue Finanzminister fand sich somit mit zwei Brandherden konfrontiert: der Unzufriedenheit in der Arbeiterschaft und der Fixierung des Pfundes auf die Vorkriegsparität zur amerikanischen Leitwährung von 4,86 Dollar.

Letztere war ein riskanter Schritt. Das Pfund war mit der neuen Parität grotesk überbewertet, die Politik des teuren Geldes bei gleichzeitiger Aufhebung der Importzölle konnte nur in Deflation münden, auf die Löhne drücken und die Arbeitslosigkeit im Industriesektor steigern. Es war eine Finanzpolitik, die Vorteile für die Businesswelt mit ihren Verbindungen zur Wall Street brachte, nicht aber für die lohnabhängigen Menschen. Kein Wunder, dass John Maynard Keynes, der Prophet expansionistischer Geldpolitik, heftig gegen den Goldstandard polemisierte, in einem Pamphlet, das er «The Economic Consequences of Mr. Churchill» nannte. Aber was konnte der finanzpolitische Novize dagegen unternehmen? Nur wenig, außer zuhören. Bei Admirälen, Generälen und dem Umgang mit militärischen Zahlenkolonnen kannte er sich aus, aber seine Intuition sagte ihm nur wenig darüber, wie der Rat seiner finanzpolitischen Stichwortgeber zu bewerten sei. So folgte er beim Goldstandard der gängigen Orthodoxie, womit er die Konservativen und die City, das Londoner Finanzzentrum, beeindrucken konnte. Ohnehin fiel genug Steuerung der nationalen Geschäfte in seine Obhut, was aus den jährlichen Budgetverhandlungen im Parlament eine große Vorstellung des Schauspielers Winston Churchill machte. Wieder rückte die Senkung öffentlicher Ausgaben an die Spitze seiner Prioritäten, und wieder war es die militärische Verteidigung des Landes, bei der er das Sparskalpell ansetzte.

Die fatale Entscheidung für die Festsetzung des Goldstandards (der 1931 als einer der Gründe für die Weltwirtschaftskrise wieder abgeschafft wurde) sowie der Generalstreik von 1926 prägten das Bild seiner fünf Jahre als Schatzkanzler. Der Arbeitskonflikt begann Anfang Mai 1926 mit einer Aussperrung von nahezu einer Million Bergarbeitern, die gegen die Forderungen der Grubenbesitzer nach einer Stunde Mehrarbeit pro Tag bei gleichzeitiger Kürzung der Löhne um 13 Prozent protestierten. Wie immer schlug Churchill im Kabinett und in der Öffentlichkeit die härtesten Töne an, man hatte noch im Ohr, wie er gegen die Bolschewisten und die neue sozialistische Gefahr zu Felde gezogen war. Diesmal gründete er kurzzeitig eine Propaganda-Zeitschrift, die «British Gazette», ein Scharfmacherblatt, das seine Reputation als rotes Tuch bei Arbeitern und gemäßigten bürgerlichen Kreisen nur festigen half. Aber der Streik brach in sich zusammen, und die Bergarbeiter kehrten in die Stollen zurück – die lohnlose Zeit hatte sie zermürbt.

194   VIII. Churchill wird Finanzminister

Der Schatzkanzler und seine Frau vor der Treasury, auf dem Weg zum Unterhaus, zur Vorlage von Churchills letztem Haushalt, 1929

Nach Streikende schlug Churchill sofort versöhnliche Töne an und bemühte sich, für die Bergarbeiter einen «fair deal» herauszuholen, treu seiner Maxime: Kämpfen bis zum Sieg, aber Großmut gegenüber den Besiegten. Im Kabinett plädierte er für unabhängige Instanzen zur künftigen Schlichtung von Arbeitskonflikten, für ein Dreiertreffen zwischen Unternehmern, Gewerkschaften und der

Politik sowie dafür, dass jede Verringerung der Löhne in Zukunft mit einer Senkung der Profite der Grubenbesitzer einhergehen müsse. Ein gewagter Vorschlag für einen konservativen Politiker. Es wurde jedoch alles abgelehnt. Das Kabinett empfahl den Unternehmern und den Bergarbeitern, sich untereinander zu einigen. Immerhin machte Churchill Mittel frei für durch den Streik in Not geratene Familien wie auch für den Bau neuer Bergarbeitersiedlungen.

Für Englands weitere Geschichte wurde ein anderer Schritt Churchills bedeutsamer: Als Finanzminister schwächte er in diesen Jahren den britischen Militäretat unter dem Furor seiner Sparpolitik. Bei der Frage, wo im Haushalt man kürzen konnte, kam ihm entgegen, was er zu sehen glaubte: Friede und Entspannung. Hatte er nicht bereits 1919 als Kriegsminister die «Ten Year Rule» durchgesetzt? Gegenüber dem inzwischen ins Oberhaus beförderten Lord Balfour erläuterte er im Juni 1928 noch einmal seine zugrunde liegende Einschätzung: «Ein großer Krieg ist in keiner Weise wahrscheinlich, und daher besteht für uns auch keine Notwendigkeit, in permanenter Bereitschaft zu stehen, wie wir das vor 1914 für nötig hielten.» Ergo: Die Kosten für Verteidigung dürfen gesenkt werden. Gewiss, 1928 war Hitler noch kein Faktor, aber der damalige Chef der Marine, Admiral David Beatty, hatte Recht mit seinem prophetischen Kommentar: «Die Politiker behaupten, es gebe keine auswärtigen Gefahren. Das mag so sein, aber wenn, dann nur dank der Tatsache, dass wir stark sind. Sobald wir schwach werden, schießen die auswärtigen Gefahren wie Pilze aus dem Boden.» Diese Erkenntnis war auch für Churchill selbstverständlich, als er nach 1933 zum unablässigen Warner vor der deutschen Aufrüstung wurde, der England in seinen Augen nichts Gleichwertiges entgegenzusetzen hatte. Acht Jahre früher klang es jedoch anders bei ihm. Es verwundert nicht, dass er im ersten Band seiner Geschichte des Zweiten Weltkrieges, der nacherzählt, «wie die Englisch sprechenden Völker durch ihren Unverstand, ihre Sorglosigkeit und Friedfertigkeit es zuließen, dass die Bösen aufrüsteten», sein Wirken als entschiedener Abrüster vollständig überging.

Der Abwärtstrend bei der britischen Verteidigung im Verlauf der 20er-Jahre war dramatisch – 1919/20 lag der Etat bei noch nachkriegsbedingten 766 Millionen Pfund, 1932/33 belief er sich auf 102 Millionen. Der Staatsekretär im Finanzministerium, Sir Warren Fisher, sprach später von einer «Konversion zu militärischer Impotenz». Fabriken für Waffen und Munition schalteten auf andere Produktionen um oder waren so unterbesetzt, dass bei Ende der «Ten Year Rule» im März 1932 ganze Industriezweige von Grund auf neu aufgebaut werden mussten. Hatte Churchill verdrängt, was er in den Schlussabsätzen der «World Crisis» beschwörend formuliert hatte? «Lasst uns auch nicht einen Augenblick lang glauben, die Gefahr einer neuen Explosion in Europa sei vorbei.» Marine-Chef Beatty jedenfalls war verzweifelt: «Dieser außerordentliche Kerl Winston ist verrückt geworden. Wirtschaftlich verrückt. Kein Opfer ist ihm groß genug, um zu erreichen, was er in seiner Kurzsichtigkeit als Allheilmittel anpreist: einen Schilling Einkommenssteuer zu sparen.»

KAPITEL IX

Die Jahre in der Wildnis

1. Der Großschriftsteller

Man nennt das Jahrzehnt Churchills zwischen 1929 und 1939 seine «Wilderness Years», ein Begriff, den er selbst nach 1945 prägte. Es waren die Jahre, in denen er sich ohne politisches Amt Gehör verschaffen musste, aber aufgrund mancher Volten seiner Meinungsbeiträge immer weniger ernst genommen wurde. Am Anfang stand der Wahlverlust der Konservativen am 30. Mai 1929, als die Labour-Partei die höchste Zahl von Parlamentssitzen in ihrer noch jungen Geschichte errang – 288 gegenüber den 260 der Tories – und zusammen mit den Liberalen, die auf 59 Sitze kamen, eine Koalition bildete, mit Ramsay MacDonald als Premierminister. Die Konservativen wanderten in die Opposition und Churchill, inzwischen 54 Jahre alt, mit ihnen. Diesmal traf es ihn allerdings nicht ganz so hart wie 1922, denn er hatte wenigstens seinen Wahlkreis Epping verteidigen können. Mehrfach bewarb er sich um die Rückkehr in ein politisches Amt, besonders nach 1935, als Stanley Baldwin neuer Regierungschef wurde, wovon sich Churchill die Wiederbelebung seiner Fortüne erhoffte. Vergebens. Die Einladung blieb aus, was den damals 60-Jährigen glauben ließ, die Geschichte habe ihn abgehängt, seine politische Laufbahn sei beendet.

Was ihm blieb, war das Schreiben, die Autorschaft. Sofort rückte 1929 das Marlborough-Projekt in den Vordergrund, die Idee, seinen illustren Vorfahren zu rehabilitieren gegenüber dem abschätzigen Urteil des großen Historikers Thomas Macaulay, der Marlborough in

IX. Die Jahre in der Wildnis

seiner «Geschichte Englands» als reinen Opportunisten geschildert hatte, bereit, sich jedem neuen Monarchen anzuschmeicheln und frühere Gönner zu verraten. Während Maurice Ashley, der gerade sein Geschichtsstudium in Oxford abgeschlossen hatte, die Materialien für das Werk zu sichten begann, für das erneut immense Vorschüsse sprudelten, begab sich Churchill 1929 zunächst auf eine längere Vortragsreise durch Kanada und die USA, begleitet von seinem 19-jährigen Sohn Randolph, seinem Bruder Jack und dessen Sohn John; auch die Malutensilien durften bei dieser Reise nicht fehlen.

Die Gruppe durchquerte Kanada von Quebec bis Vancouver in einem luxuriösen privaten Eisenbahnwaggon, eine Geste des Stahlmagnaten Charles M. Schwab, dem Churchill einst als Rüstungsminister lukrative Aufträge vermittelt hatte. Von Seattle ging es weiter nach Kalifornien, zu einer Begegnung mit dem Zeitungstycoon Randolph Hearst, der mit dem berühmten Gast sogleich einen üppigen Vertrag über mehrere Artikel für sein Imperium abschloss und ihn bei einem Lunch in den MGM-Studios mit Charlie Chaplin und anderen Hollywood-Größen bekannt machte. In New York sang Churchill wieder das Hohelied der angelsächsischen Familienbande, nachdem er zuvor das unnachgiebige Beharren der USA auf Rückzahlung der britischen Kriegsschulden gegeißelt hatte. Den 20. Oktober, den «schwarzen Dienstag», an dem die Aktienmärkte kollabierten, erlebte er in seinem Hotel in New York. Später erinnerte er sich: «Genau unterhalb meines Fensters warf sich ein Mann zwölf Stockwerke weit in die Tiefe und wurde in Stücke gerissen, was große Unruhe verursachte und die Feuerwehr auf den Plan rief.»

Durch den Crash der Aktienmärkte verlor Churchill mehr als 10 000 Pfund, eine hohe sechsstellige Summe nach heutiger Rechnung, die Weltwirtschaftskrise warf einen Schatten über seine ökonomische Sicherheit. In Chartwell wurden die Lichter ausgeschaltet und die meisten Räume mit Laken verhängt, nur Churchills Arbeitszimmer blieb zugänglich; die Familie bezog ein kleineres Nebenhaus, das eigentlich für den Butler vorgesehen war. Churchill antwortete auf die Lage mit einer geradezu frenetischen Mobilisierung seiner Kreativität – das Auskommen der Familie musste gesichert, der gewohnte Lebensstil erhalten bleiben. Sein Marktwert als Autor hatte zum Glück nicht gelitten, und durch einen Strom von neuen Publikationen und begleitenden Essays, zusammen mit schon fertigen Projekten, erholten sich seine Finanzen überraschend schnell. Gefragt war vor allem der Journalist und Kolumnist Churchill – die Zahl seiner Zeitungsaufsätze und -artikel in diesem Jahrzehnt schwankt in der Literatur zwischen 700 und 800, wobei er großes Talent im Recycling seiner Worte entwickelt hatte. Diese konnten einmal in Magazinen oder Tageszeitungen, dann unverändert in dem Buch erscheinen, an dem er gerade arbeitete. Derartige Reprisen finden sich bereits im vierten Band der «World Crisis», «The Aftermath» (1929), den er noch in seiner Zeit als Finanzminister beendet hatte.

Damit zündete er gleichsam die zweite Stufe seiner literarischen Karriere in den «Wilderness Years». Auf «The Aftermath» folgten seine Jugenderinnerungen, «My Early Life» (1930), auch sie noch im Amt so gut wie abgeschlossen. Die Marlborough-Biographie war bereits vertraglich zugesagt, aber statt sich ihr jetzt ausschließlich zuzuwenden, stürzte sich Churchill erneut auf das Geschehen des Ersten Weltkrieges und diktierte einen fünften Band, diesmal über «The Eastern Front», die Front im Osten. Kräftig unterstützt wurde er dabei von Zulieferungen aus Fachkreisen, da dieser Ausschnitt des Krieges ihm am wenigsten vertraut war. Das Buch, das 1931 erschien, war ein *pot-boiler*, geschrieben, um Churchills Kasse aufzubessern. Dazu diente auch seine zweite USA-Reise in diesen Jahren, im Winter 1931/32, die er antrat, obwohl die amerikanischen und britischen Verleger sich verzweifelt fragten, wann denn wohl das Manuskript für den ersten Band der Marlborough-Biographie auf ihren Tischen landen würde. Doch erst mussten die Vortragshonorare verdient werden – diesmal hätte Amerika allerdings Churchill fast das Leben gekostet: Gewohnt an den britischen Linksverkehr, überquerte er am 13. Dezember 1931 in New York auf dem Weg zu seinem Freund Bernard Baruch die Fifth Avenue, ohne die ganz andere Richtung des amerikanischen Verkehrs zu beachten. Ein Auto fuhr ihn an, zwei Monate lang war er seinen eigenen Worten nach «ein Wrack», erholte sich aber in Nassau auf den Bahamas so weit, dass er seine Tournee durch ganz Amerika mit 40 Vorträgen unter großen Beschwerden fortsetzen konnte. Der eiserne Wille, der uns schon beim Schüler Churchill begegnet war, verließ ihn auch jetzt nicht.

1933 erschien dann endlich der erste Band von «Marlborough. His Life and Times»; bis zur Beendigung 1938 wuchs das Opus auf vier Bände an. 1932 wurde noch rasch ein Sammelband von Churchills Aufsätzen und Artikeln aus den 20er-Jahren publiziert, mit dem bezeichnenden Titel «Thoughts and Adventures», «Gedanken und Abenteuer». Dem folgte 1937 ein meisterhafter Band mit Essays, «Great Contemporaries», von denen der Churchill-Biograph Roy Jenkins schreibt, «sie bleiben ein sehr heller Stern in der Konstellation von Churchills literarischem Œuvre». Sammelbände seiner Zeitungsaufsätze und Unterhausreden zur Sicherheitspolitik, «Step by Step» und «Arms and the Covenant», rundeten das Bild des Großschriftstellers ab.

Doch als reiche das alles nicht, trieb es Churchill immer wieder zu neuen Ideen. Ein größerer Plan war bereits 1929 in New York ausgeheckt worden, in Gesprächen mit seinem amerikanischen Verleger Charles Scribner. Diesmal schwebte Churchill eine Gesamtschau der englischsprachigen Völker vor, eine Nacherzählung der Geschichte Englands, seines Empire und der USA als Geburtshelfern der modernen Freiheitsrechte. Die Verhandlungen über dieses Projekt zogen sich in die Länge, bis im Dezember 1932 schließlich der Londoner Verlag Cassell die Rechte an dem auf mehrere Bände angelegten Werk «Geschichte der englischsprachigen Völker» erwarb – dabei war der erste Band der Marlborough-Biographie noch nicht einmal erschienen.

Unter manischem Hochdruck machte sich Churchill nach Beendigung von «Marlborough. His Life and Times» im August 1938 an die Erfüllung des Vertrags mit Cassell, während die Sudetenkrise alle politischen Sehnen spannte und der kommende Krieg seine Schatten vorauswarf. Als Hitler Polen überfiel, arbeitete Churchill gerade an ersten Druckfahnen schon fertiger Kapitel. Drei Viertel des Manuskripts waren beendet, ehe er es unter dem Anprall der Kriegsereignisse zurückstellen musste, um es erst als 80-Jähriger wieder

IX. Die Jahre in der Wildnis 201

Der Großschriftsteller, vertieft in die Arbeit an seiner
«Geschichte der englischsprachigen Völker», Februar 1939 in Chartwell

aufzugreifen; zwischen 1954 und 1958 vollendete er, kaum lagen die sechs Bände über den Zweiten Weltkrieg hinter ihm, auch dieses Großprojekt in vier Bänden. Eine Produktivität von barocken Proportionen.

Robert Rhodes James nennt Churchills Gedächtnis «napoleonisch». Churchill diktierte in einem Fluss, oft noch im Auto zwischen Chartwell und London oder sogar bei Maurerarbeiten; die Sekretärinnen mussten sich meist bis zwei oder drei Uhr morgens bereithalten, ob für Buchprojekte, für Reden oder die Korrespondenz. «Jedes Buch war ein Abenteuer», schrieb er, «anfangs ein Spielzeug, ein Amüsement, wurde es bald eine Geliebte, dann ein Beherrscher, schließlich ein Tyrann.»

Die literarische Spur Churchills über 60 Jahre hinweg ist im Gedächtnis der Gegenwart fast verschüttet. Dabei gehört sie untrennbar zu seiner Persönlichkeit und ergänzt sie um bedeutende Facetten. Sein erstes Buch veröffentlichte er noch unter Queen Victoria, sein letztes unter Elizabeth II. Was er immer erhielt, war Hilfe bei den Recherchen, so auch für die «Geschichte der englischsprachigen

Völker», von dem jungen Oxforder Dozenten Alan Bullock, der später mit «Hitler. A Study in Tyranny» berühmt wurde. Aber was Churchill mitbrachte, war sein Talent für harte Arbeit, seine Leidenschaft für das jeweilige Thema, seine enorme Konzentrationsfähigkeit und die Liebe zur Sprache und ihre literarischen Möglichkeiten. Der Historiker George Macaulay Trevelyan hatte recht, als er in den 30er-Jahren einmal aus Cambridge an Churchill schrieb: «Solange es Sie unter uns gibt, kann man nicht behaupten, dass die Kaste der Staatsmänner, die zugleich Hommes de Lettres sind, ausgestorben sei.» Von welcher politischen Figur ließe sich Gleiches heute sagen?

2. Churchill sucht eine klare Linie

Das Bild von dem Mann, wie er zu Anfang der 30er-Jahre vor den Zeitgenossen stand, auch in seiner äußeren Erscheinung, begann sich zu verändern. Churchills Figur war fülliger geworden und nahm gravitätische Züge an. Damals fing er an, gelegentlich seinen unmutigen Gesichtsausdruck aufzusetzen, diesen verhangen-dunklen Blick, den Yousuf Karsh mit einer Fotoserie 1941 weltberühmt machen sollte (siehe S. 41). Churchill näherte sich äußerlich mehr und mehr seiner Erscheinung der Jahre nach 1940 an, welche die Welt am besten in Erinnerung hat. Öffentlich trug er gerne Wohlwollen zur Schau, Leutseligkeit fast, der Abklatsch eines aristokratischen Habitus. Damit kontrastierte seine private Gewohnheit, sich nicht viel mit Leuten abzugeben, die er noch nicht kannte oder die ihn langweilten. Lieber sah er die vertrauten Gesichter seiner Umgebung, seiner Freunde. Dienerschaft war für ihn inzwischen selbstverständlich, freilich ohne dass er die Arroganz an den Tag gelegt hätte, die der gehobenen Klasse in «Downton Abbey» unterstellt wird. «Von einem Snob trennten Churchill Welten», wie Lord Hailes, der als junger Mann in Churchills Dienste getreten war, Martin Gilbert anvertraute, «er hatte überhaupt kein Klassenbewusstsein.» Churchill war viel zu humorvoll, auch gegenüber sich selbst, um solchen Allüren zu verfallen. Gewiss hatte er Launen, wenn er sich in seiner explosiven

Kreativität gestört wähnte, aber nachtragend war er nie. Dabei wurde er umsorgt und verwöhnt. Sein bester Freund, Frederick Edwin Smith, der spätere Earl of Birkenhead, prägte das Bonmot: «Winston ist ein Mann von einfachem Geschmack. Er ist immer bereit, sich bei allem nur mit dem Besten abzugeben.»

Mit Blick auf seine politischen Ansichten konnte man das nicht unbedingt behaupten. Seine Essays und Zeitungsartikel verraten keine immer nur eindeutige Linie. Tiefe Überzeugungen stehen neben Vorurteilen, Ambition neben Großmut, spielerischer Übermut neben situationsgerechtem Ernst. Geoffrey Best beschreibt den Churchill von damals treffend als «privilegierten Exzentriker». Zu welchen Wechseln in seinen Positionen die jeweiligen Umstände ihn brachten, lässt sich am besten an zwei berühmten Beispielen illustrieren – seinen Ansichten zu Mussolini und zur Sowjetunion.

Schon als Schatzkanzler hatte Churchill Mussolini 1927 in Rom zweimal bei gesellschaftlichen Anlässen getroffen. «Wäre ich Italiener», so schmeichelte er dem «Duce», «ich wäre ganz gewiss ebenfalls aus ganzem Herzen vom Anfang bis zum Ende auf Ihrer Seite gewesen in Ihrem triumphalen Kampf gegen die bestialischen Begierden und Leidenschaften des Leninismus (...). Italien zeigt uns, dass es einen Weg gegen subversive Kräfte gibt, auf dem sich unter der richtigen Führung die Massen versammeln lassen in dem Willen, die Ehre und die Stabilität einer zivilisierten Gesellschaft zu verteidigen. Italien zeigt uns das richtige Gegenmittel zum russischen Gift.» Tatsächlich beschrieb die Linksintellektuelle Beatrice Webb Churchill in den 20er-Jahren als eine Art britischen Mussolini, der ihrer Meinung nach auch auf der Insel eine dem Faschismus ähnliche Ordnung befürworte.

Auch Präsident Roosevelt war von Mussolini, «diesem bewundernswerten italienischen Gentleman», beeindruckt und übernahm manche von dessen Ideen für seinen «New Deal». Churchill pries Mussolini noch 1933 als «den größten Gesetzgeber unter den Menschen», als «römisches Genie» und potenziellen Bundesgenossen der westlichen Demokratien. Nach dem Hoare-Laval-Pakt von Ende 1935, in dem Großbritannien und Frankreich Mussolinis Erobe-

IX. Die Jahre in der Wildnis

rungen in Abessinien (dem heutigen Äthiopien) hinzunehmen bereit waren, sah man Churchill allerdings zerrissen zwischen seiner Ablehnung von Aggression und dem Wunsch nach freundlichen Beziehungen zu Italien als einem Gegengewicht zu Hitler-Deutschland.

Noch deutlicher war sein Meinungswandel gegenüber der Sowjetunion. Ein letztes Mal hörte man ihn im Mai 1931 im Stil seiner langen antibolschewistischen Kampagne auf einer öffentlichen Versammlung reden; damals protestierte er gegen die sowjetischen Arbeitslager. Mit Hitlers Aufstieg verstummte diese Stimme, und kein Wort findet sich bei Churchill zur Kollektivierung der Landwirtschaft in der Sowjetunion, den zehn Millionen geopferten Kulaken oder den Stalin'schen Säuberungen. Es dominierte von nun an die Fixierung auf den Nazismus. Eine wichtige Quelle für diesen Punkt in Churchills Biographie sind die Memoiren von Iwan Maiski, Moskaus Botschafter in London von 1932 bis 1943, mit dem Churchill seit 1934 vertrauliche Kontakte pflegte. Laut Maiski sagte Churchill bei ihrem ersten Treffen im Juli 1934: «Das britische Empire ist für mich das A und O. Was für das Empire gut ist, ist auch für mich gut; was für das Empire schlecht ist, ist auch für mich schlecht. 1919 glaubte ich, Ihr Land stelle die größte Gefahr für das Empire dar, und war deshalb ein Gegner Ihres Landes. Jetzt bin ich der Ansicht, dass Deutschland die größte Gefahr für das Empire ist. Warum sollten wir uns im Kampf gegen den gemeinsamen Feind nicht zusammentun?»

Vier Jahre später, am 29. März, wiederholt Churchill diesen Gedanken im Gespräch mit Maiski: «Heute geht die größte Gefahr für das britische Weltreich vom deutschen Nazismus mit seiner Idee der Welthegemonie Berlins aus. Deswegen bekämpfe ich gegenwärtig Hitler mit aller mir zu Gebote stehenden Macht. Sollte die Gefahr des Faschismus für das britische Weltreich verschwinden und erneut eine Bedrohung seitens des Kommunismus entstehen, dann würde ich – das sage ich absolut offen – erneut gegen Sie kämpfen. Aber in der absehbaren Zukunft und sicherlich bis zum Ende meines Lebens kann ich eine solche Situation nicht erkennen. Für diese Zeit haben wir und Sie den gleichen Weg.»

Der Kampf gegen Hitler verdrängte in Churchills Denken vieles andere, so weit, dass er selbst die Volksfrontregierung Léon Blums, die im Mai 1936 in Paris an die Macht kam, begrüßte. Er suchte Verbündete gegen Deutschland und rückte aus diesem Grund auch 1938 von Franco ab, als er zu fürchten begann, mit dem Sieg des «Caudillo» könnte Spanien verstärkt unter den Einfluss Hitlers geraten. Vom Mainstream der Konservativen unterschied sich Churchill vor allem darin, dass er nicht bereit war, Hitler klein zu reden im Lichte der größeren bolschewistischen Gefahr, die man damals allgemein als solche empfand. Im Gegenteil, Churchill regte bereits 1937 ein Bündnis aller von Deutschland bedrohten Staaten mit der Sowjetunion an, unter der Ägide des Völkerbundes.

Selbst in seiner eigenen Partei machte bald das Ondit vom «Kriegstreiber Churchill» die Runde. Sein altes Problem holte ihn ein – dass er die Dinge oft übertrieben darstellte, und das in seiner literarisch-farbigen Sprache, deren Attraktivität sich abzunutzen begann. Was in Buchform weiterhin hohe Auflagen erzielte, klang als öffentliche Rede oft leicht antiquiert. Sein Sinn für Dramatik, das Schauspielerische in ihm überstieg die Bereitschaft des Publikums ihm zuzuhören. «Ach, dieser Churchill-Schlager», meinte ein Tory-Abgeordneter einmal nach einer von Churchills Unterhaus-Vorstellungen im Gespräch mit der amerikanischen Journalistin Virginia Cowles, die davon in ihrer Biographie «Winston Churchill. The Era and the Man» (1953) erzählte. «Er liebt es, mit dem Säbel zu rasseln, und er macht das ganz ausgezeichnet. Aber man muss es immer mit einem Körnchen Salz nehmen.»

Mit dem Säbel rasselte Churchill in den 30er-Jahren zunächst vor allem in der Indien-Frage, gleich zum Auftakt des Jahrzehnts, womit er viel politischen Kredit verspielte und seine Warnungen vor Hitler stark entwertete. Das Ziel der britischen Politik, Indien den Status eines Dominion zu gewähren, also die Entlassung in die Selbstverwaltung bei weiterer Loyalität zur britischen Krone, konnte und wollte er nicht mittragen. Daher trat er im Januar 1931 unter Protest aus dem konservativen Schattenkabinett aus. Lord Irwin, Englands Statthalter in Indien, schrieb an einen Vertrauten Baldwins,

Nazi Movement — Local Version

Verrannt in der Frage der Autonomie für Indien, die Churchill fanatisch ablehnt: Der Karikaturist des «Daily Herald» zeichnet ihn im März 1933 in Gestalt eines stramm marschierenden SS-Mannes, in der Hand ein Pamphlet mit dem Titel: «Gedanken über Gandhi, von Adolf Churchill»

er entdecke bei Churchill «die alten besitzergreifenden Instinkte. Aber mit der Idee des Empire ist es vorbei.» Nicht so für Churchill. Als Irwin sich 1931 in Delhi im vizeköniglichen Palast mit Gandhi traf, leistete Churchill sich einen Ausrutscher, der unter den rhetorischen Entgleisungen, zu denen die politische Leidenschaft ihn verführen konnte, als eine der größten gilt – in Indien ist sie bis heute nicht vergessen: «Es ist beunruhigend, ja abscheulich, Mr Gandhi halbnackt die Stufen zum Palast des Vizekönigs emporsteigen und mit dem Vertreter des Königs und Kaisers auf gleichberechtigter Basis verhandeln zu sehen – ein aufsässiger Rechtsanwalt, der nun den Fakir gibt, wie man sie im Osten kennt, während er weiterhin die Kampagne des zivilen Ungehorsams organisiert und leitet.» Im März 1933 druckte der «Daily Herald» eine Karikatur, die Churchill als SS-Mann zeigt, wie er ein Pamphlet in der Hand hält: «Gedanken über Gandhi, von Adolf Churchill».

Churchills Beschreibung der nationalistischen Anführer in Indien als «böse, übelwollende Brahmanen, denen es in den Fingern juckt, nach der riesigen Beute aus einem verfallenden Empire zu greifen», war nicht dazu geeignet, seine Anklagen gegen das genuin Böse des Nationalsozialismus glaubhaft zu machen. Durch die Übertreibung seiner sprachlichen Bilder entwertete er die Währung der politischen Alarmrhetorik. Hatte er vor, Baldwin von der Spitze zu verdrängen? Dem Egomanen Churchill traute man alles zu. So verstärkte sich das Kopfschütteln über einen Mann, der wie mit der Streubüchse in diese und jene Richtung feuerte, unter Vernachlässigung der rationalen Abwägung des Schadens, den er damit seiner eigenen Glaubwürdigkeit zufügte.

So verhielt er sich auch in der Krise der Monarchie im Jahr 1936, als er sich entschieden auf die Seite Edwards VIII. stellte und diesen für den Thron zu retten versuchte, obwohl alles darauf hinwies, dass der König nie auf seine Liebe zu der zweimal geschiedenen Amerikanerin Wallis Simpson verzichten würde. Churchill, Monarchist durch und durch, bestritt in dieser Kontroverse dem Unterhaus und der Regierung das Recht, den Wünschen des Staatsoberhaupts, und seien diese verfassungsmäßig noch so bedenklich, in den Weg zu treten. Man verdächtigte ihn, einer «Königspartei» das Wort zu reden und damit erst recht eine Staatskrise heraufzubeschwören. Als er am 7. Dezember 1936 seine Position im Unterhaus darzulegen versuchte, wurde er förmlich niedergebrüllt. Erniedrigt und erschüttert über diese Abfuhr verließ Churchill die Kammer, ungewiss, welche Rolle er fürderhin in der britischen Politik würde spielen können.

KAPITEL X

Frieden oder Krieg?

1. München, Hauptstadt der Nicht-Begegnung

Zweimal vor 1940 wären sich Churchill und Hitler fast begegnet – 1915/16 an der Front in Flandern und 1932 in einem Münchener Hotel. Anfang 1916 lag Churchill mit den 6. Royal Scots Fusiliers (siehe Kap. VII, 2) nahe dem Wald von Ploegstreet, westlich des belgischen Kortrijk. Drei Kilometer davon entfernt lag ihm der Gefreite Adolf Hitler gegenüber, eine Ordonnanz im 16. Bayerischen Infanterieregiment, ein Meldegänger zwischen seinem Regimentsstab und den Stäben der Bataillone, mit geringem Abstand zur Hauptkampflinie der Westfront. In der Todeslotterie, die wahllos Hekatomben verschlang, blieben beide verschont, obwohl sie Risiken nicht scheuten.

Das zweite Mal wurden Bedacht und Planung in die Chance einer Begegnung investiert. Es war der August 1932, Churchill befand sich zu der Zeit auf Erkundungsreise zu den Schlachtfeldern der Feldzüge Marlboroughs in den Niederlanden und Deutschland. Im Juli hatte Churchills Sohn Randolph als Berichterstatter für den Londoner «Sunday Graphic» den Wahlkampf in Deutschland beobachtet, aus dem die Nationalsozialisten mit 37,3 Prozent der Stimmen als größte Partei im Reichstag hervorgingen. Randolph war mehrmals in der Maschine Hitlers mitgeflogen, was von dem für die Auslandspresse verantwortlichen Ernst («Putzi») Hanfstaengl arrangiert worden war, und beide waren der Meinung, der beinahe einwöchige Aufenthalt Winston Churchills in München im August müsste eigentlich die ideale Gelegenheit bieten, dass Hitler und Churchill sich kennen lernten.

Die Churchill'sche Besuchergruppe, zu der Clementine, Randolph, die Tochter Sarah, Lord Camrose, der Verleger des «Daily Telegraph», sowie Frederick Lindemann, Churchills wissenschaftlicher Berater, gehörten, traf sich im Hotel mit Hanfstaengl zur Vorbesprechung. Churchill hatte sich, wie er in seiner Geschichte des Zweiten Weltkrieges schrieb, «immer gewünscht, dass England, Deutschland und Frankreich befreundet sein sollten». Im Laufe des Vorgesprächs aber äußerte er sich kritisch über Hitlers Antisemitismus. Was habe es für einen Sinn, «einen Menschen einfach wegen seiner Geburt zu befehden»? Hanfstaengl muss diese Worte Hitler zugetragen haben, dem darüber die Lust – wenn er sie je verspürte – zu einem Treffen mit Churchill abhanden kam. Schlecht gelaunt und mit Akten beschäftigt, bei denen er nicht gestört werden wollte, raunzte er den Presse-Adlatus – der dies später in seinen Erinnerungen berichtete – an: «Was soll dabei herausschauen? Worüber soll ich denn mit diesem Churchill überhaupt reden?» Hanfstaengl: «Aber, Herr Hitler, mit keinem Menschen der Welt ist so leicht zu reden wie mit ihm – Kunst, Politik, Architektur, worüber Sie immer wollen. Churchill ist einer der einflussreichsten Männer in England und eines Tages bestimmt wieder in der Regierung. Sie müssen ihn unbedingt sehen.» Umsonst. «Hitler blieb stur», fährt Hanfstaengl fort, «und brachte tausend Einwände vor, wie immer, wenn ihm die Begegnung mit einer profilierten Persönlichkeit bevorstand, der er sich nicht gewachsen fühlte. In solchen Fällen wurde der unsichere Kleinbürger in ihm spürbar, der Mann (...), der seiner selbst nur sicher war, wenn es galt, eine tausendköpfige Menge in seinen Bann zu ziehen.»

2. Churchill und Hitler nehmen Maß

Zu Deutschland hatte Churchill lange Zeit über eine aus Hochachtung und Halbwissen gemischte Beziehung, geprägt durch die Erfahrung des Ersten Weltkrieges und Eindrücke, die er davor als Beobachter bei zwei kaiserlichen Manövern gesammelt hatte, 1909 und 1913. Ein Erbe der Gedankenwelt des romantischen Rittertums, ließ er es nie an Anerkennung für den Gegner fehlen, gegen den er gekämpft hatte. Berühmt wurde seine Bilanz des deutschen militärischen Einsatzes im Ersten Weltkrieg, die er in «The World Crisis» zog. Die wuchtigen Worte dieser Passage lesen sich wie ein fröstelndes Kompliment an eine überragende Leistung:

«In der Sphäre von militärischer Kraft verzeichnet die Spur der Menschheit nichts, was der Eruption des deutschen Vulkans gleichkäme. Vier Jahre lang bot Deutschland den fünf Erdteilen zu Land, zu Wasser und in der Luft kämpfend die Stirn. Die deutschen Heere (...) griffen auf jedem Kriegsschauplatz erfolgreich ein, standen überall auf erobertem Boden und fügten ihren Feinden mehr als den doppelten Blutverlust zu, den sie selbst erlitten. Um ihre Stärke zu brechen, ihr wütendes Toben zu zähmen, war es nötig, all die größten Nationen der Menschheit gegen sie ins Feld zu führen. Überwältigende Völkerzahl, unbegrenzte Hilfsmittel, unermessliche Opfer, die Seeblockade vermochten fünfzig Monate lang nichts gegen sie auszurichten. Kleine Staaten wurden niedergetrampelt (...), und nahezu zwanzig Millionen Menschen gingen zugrunde (...), ehe das Schwert der fürchterlichen Hand entwunden werden konnte. Fürwahr, ihr Deutschen, für die Geschichte reicht das aus!»

Dass es nicht ausreichte, konnte der Autor, der dies 1927 schrieb, noch nicht wissen. Doch beschlichen ihn Ahnungen, so 1924 in dem hier mehrfach zitierten Zeitschriftenessay «Sollen wir alle gemeinsam Selbstmord begehen?» (siehe Kap. VIII, 3 und 4). Dem stellte er 1930 einen Aufsatz über Wilhelm II., «The Ex-Kaiser», zur Seite, den er später in die Essaysammlung «Große Zeitgenossen» aufnahm. Darin findet sich dieses Psychogramm des deutschen Charakters: «Auf den Deutschen ruht eine immense Verantwortung für ihre Unterwürfigkeit unter den barbarischen Gedanken der Autokratie. Dies ist die Hauptbeschwerde der Geschichte gegen sie – dass sie trotz ihrer Intelligenz und ihres Mutes die Macht anbeten und sich an der Nase herumführen lassen.»

Im Grunde blickte Churchill lange vor Hitler mit besorgten Augen nach Deutschland. Doch als die NSDAP in der Reichstagswahl vom September 1930 auf 18,3 Prozent der Stimmen hochschnellte, eine Steigerung um 15,7 Prozent seit 1928, war er alarmiert genug, um in der deutschen Botschaft in London um ein Gespräch mit dem Geschäftsträger Prinz Otto von Bismarck zu ersuchen, einem Enkel des großen Kanzlers. Churchill trug ihm seine Sorgen über Hitlers Partei vor – diese sei verantwortlich für die Verschlechterung der auswärtigen Beziehungen Deutschlands in der letzten Zeit. Laut dem Gesprächsprotokoll, das Bismarck anschließend an die Berliner Zentrale schickte, war Churchill «überzeugt, dass Hitler oder seine Gefolgsleute bei erster Gelegenheit zu den Waffen greifen würden». Seit dieser Zeit hatte Churchill die deutschen Entwicklungen immer auf seinem Radarschirm.

Schon nach der Rückkehr von seiner Reise zu den Schlachtfeldern Marlboroughs greift er im Oktober 1932 vor dem Unterhaus Passagen aus dem Essay von 1924 wieder auf und stellt sie in größeren Zusammenhang: «Jetzt verlangen die Deutschen Parität in der Rüstung. Möge doch die Regierung Seiner Majestät sich nicht täuschen lassen, dass alles, was Deutschland erbittet, Parität sei. (...) Diese Scharen stämmiger teutonischer Jugend, wie sie durch die Straßen Deutschlands marschieren, mit der Glut des Verlangens in ihren Augen, für das Vaterland zu leiden – glauben Sie mir, sie werden, wenn sie erst einmal die Waffen haben, als Nächstes die Rückkehr der verlorenen Territorien verlangen.» Am 23. März 1933, zwei Monate nach Hitlers Ernennung zum Reichskanzler, kommt Churchill vor dem Parlament auf das Thema zurück, zeigt sich beunruhigt über den «tumultuarischen Ausbruch von Wildheit und kriegerischem Geist» und die «Verfolgung einer großen Zahl von Menschen allein aufgrund ihrer Rasse». Seine Bestürzung über diese Vorkommnisse «in einer der begabtesten Nationen der Welt, gelehrt und wissenschaftlich respekteinflößend», ist grenzenlos. Churchill vertrat nun die These, dass die Sieger erst abrüsten dürften, wenn die Beschwerden des Besiegten nicht mehr auf der Agenda stünden. Davor könne es keine Waffengleichheit geben, da sie das ungestillte deutsche Verlangen nur ermuntern würde.

Sein größtes Handicap neben dem Ansehensverlust, den er mit seiner überzogenen Kampagne in der Indien-Frage erlitten hatte, war der durchgehende Pazifismus in allen Schichten der Gesellschaft. Der Horror des letzten Krieges war noch längst nicht abgebaut und «Nie wieder Krieg!» die Grundmelodie. Ein sprechendes Beispiel lieferte die Debatte der Oxford Union, des angesehenen universitären Debattierclubs, vom 9. Februar 1933 über das Thema: «Dass dieses Haus unter keinen Umständen für seinen König und sein Land kämpfen wird». Der Antrag wurde nach stürmischer Aussprache mit 275 zu 153 Stimmen angenommen. Churchill äußerte sich im Unterhaus empört: Man könne förmlich sehen, «wie verächtlich die Lippen junger Männer in Deutschland, Italien oder Frankreich sich kräuseln, wenn sie die Botschaft lesen, die die Universität Oxford im Namen der Jugend Englands aussendet». Doch je kriegerischer Churchills Argumente, desto weniger hörte man ihm zu. Im Monat der deutschen Wiederbesetzung des entmilitarisierten Rheinlands, im März 1936, notierte sich Harald Nicolson in seinem Tagebuch im Anschluss an eine Debatte im Parlament: «Die Stimmung im Unterhaus ist schrecklich pro-deutsch, das heißt: man fürchtet sich vor einem Krieg.»

Viel zur pazifistischen Wetterlage trugen auch die Anti-Kriegsbücher jener Jahre bei, etwa Robert Graves mit «Goodbye to All That», Edmund Blunden mit «Undertones of War» oder Siegfried Sassoon mit «Memoirs of a Fox-Hunting Man» und «Memoirs of an Infantry Officer». Alle diese Bücher erschienen ungefähr zeitgleich mit Erich Maria Remarques flammender Anklage von 1929, «Im Westen nichts Neues». Selbst Anhänger Churchills in den Medien, etwa die Blätter der «Express»-Gruppe von Lord Beaverbrook, predigten einen «pazifistischen Isolationismus». Darauf antwortete Churchill mit klassischem Sarkasmus: Es spreche viel für eine solche Politik, sagte er, «wenn wir es nur schafften, das Vereinigte Königreich 1500 Meilen weit in den Atlantik abschleppen zu lassen».

Dennoch blieb ein deutlicher Zug von Unentschiedenheit in seinen öffentlichen Äußerungen lange erkennbar. Wie auch nicht. Ist es verwunderlich, dass auch Churchill sich von Zeit zu Zeit der Hoffnung öffnete, um das Vorurteil aufzubrechen, er lechze nur nach einer neuen Weltkrise? Als bestes Beispiel dafür gilt sein aufsehenerregender Aufsatz in dem Londoner Monatsmagazin «Strand» vom Oktober 1935, 'The Truth About Hitler», «Die Wahrheit über Hitler», in dem er wie ein politischer Notar die Bilanz des Für und Wider zu Hitler zog. Auch diesen Text nahm er in seine zwei Jahre später erscheinende Sammlung «Große Zeitgenossen» auf, unter dem veränderten Titel «Hitler's Choice» – «Hitler hat die Wahl»; offensichtlich hatte er keine Bedenken, dass die positiven Seiten, die er darin dem Diktator abgewann, seine Warnungen vor ihm unterminieren könnten. Es war ihm unmöglich und würde es immer bleiben, hinter Hitlers Wüten das bedeutsame Land zu vergessen, dem seit langem seine Hochachtung galt.

In dem Aufsatz beschreibt Churchill den «Führer» als ein «mystery», ein Geheimnis, aber doch auch als den Mann, «welcher der großen germanischen Nation ihre Ehre und ihren Seelenfrieden zurückgeschenkt und sie sicher, hilfsbereit und stark in den Kreis der europäischen Familie zurückgeführt hat». In einer Passage von ihm eigener Bildlichkeit schildert er, wie unentschieden die Zeitgeschichte vor dem Phänomen Hitler stehe: «Die Zukunft wird entscheiden, ob Hitler als Monster oder als Held in die Geschichte eingehen kann. Davon wird abhängen, ob er in der Walhalla neben Perikles, Augustus und Washington stehen wird oder im Inferno der Verachtungswürdigkeit neben Attila und Tamerlan. Es mag genügen festzustellen, dass im Augenblick beide Möglichkeiten offenstehen.»

In der nachgedruckten Fassung von 1937 strich Churchill den Passus über die Walhalla und das Inferno und beließ es bei dem allgemeinen Signal, mit dem sein Aufsatz beginnt: «Es ist nicht möglich, ein gerechtes Urteil über eine öffentliche Figur von so enormen Dimensionen wie Adolf Hitler zu fällen, ehe nicht sein Leben als Ganzes vor uns liegt. Die Geschichte ist voller Beispiele von Männern, die mit harten, grimmigen, selbst fürchterlichen Methoden an die Macht kamen und dann doch, wenn ihre Spur als Ganze erkennbar geworden war, für große Figuren gehalten wurden, deren Leben die Geschichte der Menschheit bereichert hat. So mag es auch mit Hitler gehen.» Respektvoll erinnert er an Hitlers Weg, und «wie Deutschland, als er begann, niedergestreckt vor den Alliierten lag». Dem lässt er eine Prophetie folgen, wie sie in jenen Jahren nur Churchill zu formulieren fähig war: «Es kann gut sein, dass er [Hitler] noch den Tag erlebt, wo das, was von Europa übrig ist, niedergestreckt vor Deutschland liegt.»

Berlin entrüstete sich über diese «unerhörte Verleumdung» durch den Ex-Minister Churchill, die Botschaft in London wurde zu einer entsprechenden Demarche angewiesen, die Verbreitung des «Strand»-Magazins in Deutschland verboten. Churchill ließ den Text, wie wir sahen, dennoch zwei Jahre später erneut erscheinen, während er nicht müde wurde, vor der Wiederaufrüstung Deutschlands zu warnen. Und seiner Vorstellungskraft das Äußerste abzuverlangen, um bei den Entwicklungen in Deutschland doch noch Gründe für leisen Optimismus zu finden. Den trägt er zum letzten Mal in einem Beitrag für den «Evening Standard» vor, am 17. September 1937 unter der Überschrift «Friendship With Germany». 1937 war ein im Allgemeinen ruhiges Jahr, manche Wogen schienen sich zu glätten, nur wurmte es Churchill, dass Goebbels und seine Kohorten ihn weiterhin als «Feind Deutschlands» verunglimpften. «Diese Bezeichnung ist völlig falsch», beginnt er seinen Artikel, um dann aufzuzählen, was er in seinem Leben alles für die friedlichen Beziehungen zwischen beiden Ländern unternommen habe. Jedermann würde auf die Frage, ob England die ausgestreckte Hand der Freundschaft mit den Deutschen ergreifen würde, selbstverständlich mit Ja antworten – «auch wenn wir nicht vorgeben können, eure neuen Institutionen zu mögen; wir haben uns vor langer Zeit schon von rassistischer und religiöser Intoleranz befreit».

Was aber weiter?, fragt Churchill. Muss England irgendetwas Besonderes zum Beweis seiner Freundschaft anbieten? Drei Dinge schließt er kategorisch aus: Man werde Deutschland nicht finanziell unterstützen, solange es jährlich Abermillionen in seine Rüstung stecke; auch könne man keine Kolonien gegen den Willen der dort Lebenden aushändigen. Aber am wichtigsten ist für Churchill – und sollte es für die Weltpolitik werden – der dritte Punkt: Keine Garantie für Deutschland, dass es, wenn es nur Frankreich und Großbritannien in Ruhe lasse, mit den Völkern im Zentrum und im Südosten Europas tun könne, was es wolle. Dann aber fällt ein Satz, der konträr zu den Kassandrarufen Churchills in jenen Jahren steht: «Man mag Hitlers System nicht mögen und dennoch seine patriotische Leistung bewundern. Wenn unser Land einmal geschlagen wäre, hoffe ich doch, wir würden einen ähnlich unbezwingbaren Champion finden, der unseren Mut wieder aufrichten und uns zurück auf den uns zustehenden Platz unter den Nationen führen würde.»

Wir müssen bei Churchill dazulernen. Nichts Menschliches war ihm fremd, selbst nicht die Anerkennung der Leistung eines ihm bald tief verhassten Menschen auf einem präzise markierten Feld. Churchills Denken war nie eindimensional, und wenn man ihm nur Gradlinigkeit unterstellt, versagt man ihm die Komplexität seines Charakters, seine Widersprüche, die immer wieder fesseln. Erst 1940 fielen diese Widersprüche mit Blick auf Hitler schließlich fort, und Churchill wurde mit sich, seinem Land und dem historischen Augenblick eins.

1937 war dieser Punkt noch nicht erreicht, konnten sich Prinzip und Opportunität in seiner Brust noch unvereint gegenüberstehen. Erstaunt las man zum Beispiel am 15. Oktober des Jahres im «Evening Standard», es sei jetzt nicht die Zeit, «Gefahren übertrieben auszumalen. Im Gegenteil: Wir müssen uns mutig auf sie einstellen. Trotz der Risiken, die mit Prophezeiungen einhergehen, erkläre ich meine Überzeugung, dass ein größerer Krieg nicht bevorsteht und eine gute Chance besteht, dass ein solcher in unserer Lebenszeit nicht stattfinden wird.» Die Leser konnten nicht wissen, was Churchill in einer Unterredung mit Joachim von Ribbentrop in der deutschen Botschaft kurz zuvor erfahren hatte und was er erst im ersten Band seiner Geschichte des Zweiten Weltkrieges enthüllen sollte. Es war eine Unterredung über Krieg und Frieden gewesen, und was der Botschafter Ribbentrop damals Churchill anvertraute, lief genau auf die große Wahrscheinlichkeit eines neuen Krieges hinaus, die Churchill im «Evening Standard» unter der Überschrift «Krieg steht nicht bevor» bestritt. Vermutlich wollte er nicht erneut in lauten Alarm verfallen, um dem Hauptvorwurf gegen ihn in diesen Jahren keine neue Nahrung zu geben. Dabei wäre Alarm diesmal mehr als gerechtfertigt gewesen.

Unter einer großen Weltkarte in den Räumen der Botschaft trumpfte der Botschafter damals in einem seiner beliebten Monologe machtpolitisch auf. Der Kern von Ribbentrops Äußerungen war, dass Deutschland die Freundschaft mit England erstrebe und gleichsam die Wache für die Sicherheit des britischen Empire übernehmen wolle. Deutschland müsse für seine wachsende Bevölkerung Lebensraum haben, so lesen wir bei Churchill, «Weißrussland und die Ukraine seien für die künftige Existenz Großdeutschlands mit seinen siebzig Millionen Einwohnern unentbehrlich. Von der britischen Völkergemeinschaft und dem Empire verlange man nur, dass sie sich nicht einmischten.» Churchill hielt dagegen: Nach seiner Überzeugung werde die britische Regierung nicht einwilligen, Deutschland im Osten Europas freie Hand zu lassen. «Wir standen gerade vor der Landkarte, als ich dies sagte. Ribbentrop wandte sich schroff von mir ab: In diesem Fall ist der Krieg unvermeidlich. Es gibt keinen Ausweg. Der Führer ist entschlossen. Nichts wird ihn aufhalten und nichts wird uns aufhalten.»

An dieser Stelle konterte Churchill: «Ich hielt es für angebracht, dem deutschen Botschafter Folgendes zu sagen (...): Unterschätzen Sie England nicht. Es weiß sich zu wehren. Wenn Sie uns alle in einen neuen Weltkrieg stürzen, wird England die ganze Welt gegen Deutschland einigen, so wie das letzte Mal. Der Botschafter stand erregt auf und sagte: ‹Ach, England mag sehr geschickt sein, aber diesmal wird es die Welt nicht gegen Deutschland einigen.›» Auf YouTube kann man anhören, wie Churchill selbst diese Begegnung aus seinen Memoiren vorliest.

3. Chartwell II: Hauptquartier der Regierungskritik

Winston Churchill verstand partout nicht, warum Stanley Baldwin und das britische Establishment sich seiner zu erwehren versuchten. Sein glückliches Naturell, das ihm nach beendeten Kämpfen erlaubte, zur Tagesordnung überzugehen, ließ keinen Platz, sich die Wunden vorzustellen, die er anderen geschlagen hatte. Er selbst hatte, wenn es ihn erwischte, ein dickes Fell. In Verkennung der Lage nahm er nach 1935, als die Tories unter Baldwin mit überwältigender Mehrheit an die Macht zurückkehrten, einfach an, alles sei wie früher und der verlorene Sohn werde von den Seinen freudig wieder aufgenommen. Baldwin dachte gar nicht daran. Er sah Churchill, seine Nemesis, mit kritischen Augen – humorvoll, aber dennoch abweisend. Einem Mitarbeiter vertraute er an: «Eines Tages werde ich ein paar beiläufige Bemerkungen über Winston fallen lassen, keine Rede, keine Rhetorik, nur ein paar Worte. Ich habe sie alle beisammen. Ich werde sagen, dass bei Winston, als er geboren wurde, sich lauter gute Feen auf seine Krippe niederließen, mit Gaben wie Phantasie, Eloquenz, Fleiß, Fähigkeit, aber dass sich dann eine weitere Fee einfand, die verkündete: ‹Kein Mensch hat das Recht auf so viele Talente›, worauf sie ihn hochhob und so durchschüttelte, dass ihm bei allen seinen Gaben Urteilskraft und Weisheit abhanden kamen. Das ist es, warum wir, während wir ihm im Unterhaus mit Vergnügen zuhören, seinen Rat nicht annehmen.» Churchill zahlte es dem Premierminister auf seine Weise heim. Auf die hypothetische Frage, was geschehen würde, wenn Baldwin im Amt stürbe, knurrte er während einer Nachtsitzung des Unterhauses hörbar vor sich hin: «Einbalsamieren, begraben, verbrennen. Nur kein Risiko eingehen!» So nachzulesen im zweiten Band von William Manchesters monumentaler Churchill-Biographie «The Last Lion. Winston Spencer Churchill», der den Untertitel trägt: «Alone, 1932–1940» (1988).

Churchill, übergangen, verdoppelte nun seine Anstrengungen, in Chartwell so etwas wie ein Nervenzentrum der Opposition aufzubauen, wo er sich kundig machte nicht nur über Interna der britischen Verteidigung, sondern auch über den laufenden Stand der deutschen Rüstung. Er hatte Zuträger aus der Regierung, die ihn aufsuchten und Fakten, Daten und Tabellen mitbrachten, da sie Churchills Sorgen um die militärischen Defizite des Landes teilten. Da war es besonders erstaunlich, dass Churchill eine amtliche Einladung erhielt, Mitglied eines Unterausschusses in dem geheimen Komitee für die Luftverteidigung zu werden. Ein Regierungskritiker – und derart hofiert? Churchill schrieb später, solche Widersprüche miteinander zu vereinbaren sei damals üblich gewesen in der politischen Kultur Englands, wie ja auch die schärfsten politischen Gegner persönlich befreundet sein konnten. Heute wäre ein solch gentlemanhaftes Verhalten in der Politik rein undenkbar, auch auf der Insel. Churchills Renommee als *elder statesman* von unleugbarem Format macht es allerdings auch im Rückblick plausibel, dass man ihn selbst als Außenseiter nicht ganz ausschließen konnte.

Im Jahr danach, 1936, gelang es Churchill, auch seinen engsten Mitarbeiter, Frederick Lindemann, «the Prof», wie er allgemein genannt wurde, in diesem rein beratenden Komitee unterzubringen. Wer sich Lindemann näher ansieht, kommt einen Schritt weiter an Churchills Charakter heran. In Baden-Baden als Sohn eines Elsässers und einer Amerikanerin geboren, studierte Lindemann Physik in Berlin, dann physikalische Chemie in Paris und wurde 1910 mit 24 Jahren Professor für Physik am Christ Church College in Oxford. Im Ersten Weltkrieg lernte er – wie Churchill – fliegen, aber mit wissenschaftlicher Absicht: Er wollte die aerodynamischen Gründe des Trudelns und Abkippens studieren, das in der Frühzeit der Flugzeuggeschichte zu vielen tödlichen Unfällen geführt hatte. Churchill war beeindruckt von dem Mut dieses Mannes, der das lebensgefährliche Trudeln an sich selbst ausprobierte, bis er sicher war, eine aerodynamische Lösung gefunden zu haben.

Vom Charakter her konnten beide nicht unterschiedlicher sein. Lindemann war strenger Abstinenzler, Vegetarier, Junggeselle – befremdlich für einen dem Hedonismus ergebenen Lebenskünstler wie Churchill. Der freilich übersah «diese kleinen Fehler», da er die Kompetenz des «Prof», die seiner eigenen technischen Neugier entgegenkam, über die Maßen schätzte. Es war ihm gleichgültig, was die wissenschaftliche Community über Lindemann verlauten ließ («unerträglich», «störend»); er selbst hatte unbegrenztes Vertrauen in ihn. Auch die extrem anti-deutsche Einstellung des «Prof» überging er. Schon in den frühen 20er-Jahren war Churchill von dem Naturwissenschaftler in die Kernspaltung eingeweiht worden, was er umgehend in seinem vielfach nachgedruckten Essay von 1924 «Sollen wir alle gemeinsam Selbstmord begehen?» verarbeitete: «Hat die Wissenschaft das Ende der Bombenentwicklung bereits erreicht? Oder wird es nicht eines Tages Methoden explosiver Energie geben, die unvergleichlich intensiver sind als alles, was wir bisher entdeckt haben? Könnte nicht eine Bombe von der Größe einer Orange erfunden werden, mit geheimer Kraft, ganze Häuserzeilen zu zerstören – nein, eine ganze Stadt auf einen Schlag zu vernichten?»

Als Mitglieder des genannten Komitees für die Luftverteidigung erfuhren Churchill und Lindemann früh von neuen Möglichkeiten der Abwehr von Luftangriffen, so auch von Robert Watson-Watts Forschungen für ein britisches Radarsystem. Baldwin hatte, als man zum ersten Mal über die Verwundbarkeit der Insel durch die Waffen aus der Luft nachdachte, die Devise ausgegeben: «Der Bomber kommt immer durch!» Dem stemmte sich Lindemann unter Berufung auf Watson-Watt und andere neue Techniken entschieden entgegen, und so wurde er, zunächst als Privatmann, dann als offizieller Berater der Regierung im Zweiten Weltkrieg, für Churchill unentbehrlich.

4. Appeasement als tragisches Konzept

Churchills Warnungen vor Nazi-Deutschland erreichten ihren ersten Höhepunkt in seiner Unterhausrede vom 12. November 1936, eine seiner größten, wie David Cannadine und mit ihm viele andere Historiker urteilen. Die Rede fiel in eine aufwühlende Verteidigungsdebatte, und der Abgeordnete aus Epping zog blank, mit einem Auftritt, den selbst die Appeasement-freudige «Times», sonst eine Kritikerin Churchills, «brillant» nannte. Außerdem stimmten die Zahlen und Fakten, Churchill war bestens im Bilde. «Der Marineminister hat uns neulich versichert», so legte der Sprecher einen seiner vergifteten Pfeile an, «'wir überarbeiten unsere Position ständig', alles sei völlig im Fluss. Ich habe keinen Zweifel, dass das stimmt. Jeder mag selbst sehen, was diese Position ist. Die Regierung kann sich nicht entschließen, oder sie kann den Premierminister nicht bewegen, es zu tun. So geht sie nach einem seltsamen Paradox voran, entschlossen, unentschlossen zu sein, entschieden, nichts als unschlüssig zu sein, unnachgiebig in ihrer Drift, fest gefügt in fließender Form, allmächtig vor Impotenz. So leisten wir uns weitere Monate und Jahre – wertvolle, vielleicht lebenswichtige für die Größe Britanniens –, damit die Heuschreckenschwärme kommen, sie zu fressen.» Baldwin muss diese Worte, die als «Locust-Rede» in die Geschichte eingegangen sind, wie einen Tiefschlag empfunden haben, er taumelte förmlich, als er später versuchte, Appeasement, in diesem Fall Beschwichtigung qua Verzicht auf Aufrüstung, als Defensivtaktik zu erklären.

Vielleicht ist hier ein kurzer historischer Exkurs am Platz. Ehe das Wort «Appeasement» nach dem Münchner Abkommen vom September 1938 zwischen Hitler, Chamberlain und Daladier und dem Verrat an der Tschechoslowakei seinen pejorativen Klang erhielt, gehörte es zum Standardrepertoire der britischen Außenpolitik, im Sinne der Befriedung von Konflikten. Die Bewahrung des Friedens – des europäischen Friedens vor allem – war seit mehr als einem Jahrhundert geradezu ein Hauptzweck der britischen Politik, und kein Politiker, der das nicht berücksichtigte, hätte im Parlament oder im Land die geringsten Chancen gehabt. Churchill selbst ist unser bester semantischer Zeuge, hatte er doch auf der Konferenz der Regierungschefs der britischen Dominien 1921 in London gesagt: «Unser Ziel ist es, eine Befriedung des furchtbaren Hasses und der Antagonismen zu finden, wie sie heute in Europa herrschen, und damit die Welt zur Ruhe kommen zu lassen. Ich habe kein anderes Ziel vor Augen als dies.» «Our aim is to get an appeasement», hieß es im englischen Original, und so unschuldig benutzte den Ausdruck auch Außenminister Anthony Eden noch nach Hitlers Einmarsch im Rheinland im März 1936: «It is the appeasement of Europe as a whole that we have constantly before us» – «es ist die Befriedung Europas als Ganzes, die uns beständig vor Augen steht.»

Dass der Friede in den 30er-Jahren wichtiger wurde als die Erhaltung des Versailler Status quo, hatte auch damit zu tun, dass die deutschen Forderungen sich auf Gebiete bezogen, die man ohne große Mühe als deutsch bezeichnen konnte. Das stützte, zumal im Lichte des Prinzips der «Selbstbestimmung der Völker», die Überzeugung, ein europäischer Krieg um eine Frage von untergeordneter Priorität könne einfach nicht in Betracht kommen. Das Rheinland war 1936 ganz bestimmt kein Anlass, den Frieden aufs Spiel zu setzen. Der Anschluss Österreichs im März 1938 – mit ein bisschen Wohlwollen – auch noch nicht. Aber die Sudetenfrage? Da stand man plötzlich vor einem Konflikt zwischen zwei Prinzipien – der territorialen Integrität eines Landes, der Tschechoslowakei, und dem Selbstbestimmungsrecht der sudetendeutschen Minderheit. Da begann sich plötzlich die Priorität des Friedens in eine Politik limitierter Konzessionen zu verwandeln. Der Weg zu «Appeasement» als Beschwichtigung war eingeschlagen.

Ein letztes Mal schlug selbst Churchill im Juli 1938 in einem Artikel im «Daily Telegraph» Töne an, die verdächtig nach dem Friedensargument in der Sudetenfrage klangen. Die britische Politik dürfe «der Halsstarrigkeit eines kleinen Staates [der Tschechoslowakei], dessen Existenz von den gewissenhaften Bemühungen anderer abhängt, keinen Mut machen», stand da zu lesen. Churchill rief nach «Konzessionen und Nachsicht» auf beiden Seiten des Streites, denn ein militärischer Angriff Deutschlands «würde zum Ausbruch eines allgemeinen Krieges führen». Man solle daher «jüngst von Herrn Hitler geäußerte Versicherungen in aufrechtem Geist willkommen heißen». Mit so viel Verständnis war es in den kritischen Septembertagen vor dem Münchner Abkommen bei Churchill vorbei.

Chamberlain, seit 1937 Premierminister, sprach vom Vorrang des Friedens in seiner unvergessenen Radioansprache vom 27. September 1938 mit fast larmoyanten Worten. Kurz zuvor war er mit Hitler in Bad Godesberg zusammengetroffen, zwei Tage später sollte er ihn in München wiedersehen. Derweil wurden in London aus Furcht vor einem Krieg bereits Verteidigungsgräben ausgehoben. «Wie furchtbar, phantastisch, unvorstellbar», so Chamberlain in seiner Rede an die Bevölkerung, «dass wir hier Gräben ausheben und Gasmasken anpassen sollten, weil in einem weit entfernten Land Völker im Streit liegen, von denen wir nicht das Geringste wissen. Und noch unmöglicher scheint es, dass ein Streit, der im Prinzip doch bereits beigelegt ist, zum Anlass eines Krieges werden sollte.»

Churchill hielt Appeasement aus Stärke immer für «großherzig und nobel», als möglicherweise «den sichersten und vielleicht einzigen Pfad zum Weltfrieden». Das bestimmte zum Beispiel seine entgegenkommende Haltung gegenüber dem besiegten Deutschland nach 1918. Erst als er feststellte, dass England in eine Position militärischer Schwäche abgerutscht war, wurde Appeasement in seinen Augen «futile and fatal», «fruchtlos und fatal». Schwäche könne keinen Frieden garantieren, sondern mache einen starken Gegner nur süchtig nach neuen Herausforderungen. Mit einer Friedenspolitik unter einem solchen Stern werde der Krieg nur noch wahrscheinlicher. Das war Churchills Hauptargument gegen die Kritiker, die ihm «Kriegstreiberei» vorwarfen: Nicht ich – die Friedensapostel um jeden Preis zündeln an der Lunte. Henry Kissinger hat diesen Gedanken in der Einleitung zu seiner Dissertation von 1957, «A World Restored» («Das Gleichgewicht der Großmächte»), mit einer berühmten Formulierung aufgegriffen: «Wenn die Erhaltung des Friedens – Frieden gedacht als Verhinderung des Krieges – oberstes Ziel eines Staates oder einer Staatengruppe war, hing das Schicksal des internationalen Systems von dem rücksichtslosesten Mitglied der internationalen Gemeinschaft ab.»

5. Appeasement als Kapitulation: München 1938

Neville Chamberlain, der im Mai 1937 Baldwin an der Regierungsspitze abgelöst hatte, argumentierte von vornherein vom Standpunkt realpolitischer Schwäche, als er Außenminister Eden brieflich wissen ließ, «dass unsere Außenpolitik durch den Stand der nationalen

Verteidigung wenn nicht vorgeschrieben, so doch eingeschränkt ist». Daher hatte er vorsorglich Halifax, damals Leader of the House of Lords, erlaubt, bei dessen Berliner Treffen mit Hitler im November 1937 Änderungen bei der deutsch-tschechoslowakischen Grenze wie auch in der Danzig-Frage «im Wege friedlicher Evolution» in Aussicht zu stellen. Das konnte nicht gut gehen.

Churchill verfocht demgegenüber noch in seinen Kriegsmemoiren die These, der Zweite Weltkrieg sei ein «unnötiger Krieg» gewesen: Eine militärische Gegendrohung hätte den Diktator 1938 abgeschreckt. Als Beleg diente ihm unter anderem eine Äußerung von Generalfeldmarschall Wilhelm Keitel beim Nürnberger Kriegsverbrecherprozess 1946. Der tschechische Vertreter der Anklage, Oberst Eger, stellte Keitel die Frage, die Churchill im ersten Band seiner Kriegsmemoiren zitiert: «Würde das Deutsche Reich die Tschechoslowakei 1938 angegriffen haben, wenn die Westmächte Prag unterstützt hätten?» Darauf Keitel: «Sicher nicht. Wir waren militärisch nicht stark genug. Das Ziel in München bestand darin, Russland aus Europa hinauszuwerfen, Zeit zu gewinnen und die deutschen Rüstungen zu vervollständigen.» Diese Äußerung Keitels scheint gestützt durch das, was im August/September 1938 in London vertraulichen diplomatischen Mitteilungen von deutscher Seite zu entnehmen war – unter anderem dieser mündlichen Botschaft von Außenamt-Staatssekretär Ernst von Weizsäcker an den inzwischen zum Außenminister aufgestiegenen Halifax: «Hitler und Ribbentrop werden wahrscheinlich gar nicht wagen, einen Krieg zu beginnen, wenn eine offene britische Erklärung es dem deutschen Volke klar vor Augen führt, dass ein großer Krieg im Falle eines Angriffs unvermeidlich ist.» Rainer Blasius hat in seiner Studie «Für Großdeutschland – gegen den großen Krieg» (1981) diese Zusammenhänge eingehend erforscht.

Was von Weizsäcker nicht bedachte, war, wie kriegsunwillig und kriegsunvorbereitet sich Chamberlain und das britische Militär fühlten – allein die Hälfte der britischen Armee war in Palästina gebunden. Die Lage war gleichsam ein Spiegelbild zu Keitels Aussage, man sei 1938 auf deutscher Seite «militärisch nicht stark genug gewesen», einen Krieg zu riskieren. Ebenso unberücksichtigt blieb bei Churchill und den deutschen Diplomaten, die unter hohen persönlichen Risiken ihre Drähte in und nach London bedienten, wie fest verwurzelt in England die Meinung war, man dürfe nie wieder wie 1914 wegen eines «sekundären Anlasses» einen Weltkrieg in Kauf nehmen. Zwar hatten Frankreich und die Sowjetunion eine Vereinbarung mit Prag, der Tschechoslowakei im Falle eines deutschen Angriffs beizustehen, was London, mit Frankreich verbündet, unter Zugzwang gesetzt hätte. Aber die britischen Stabschefs warnten, man habe nicht die Kräfte, Deutschland daran zu hindern, sogar die ganze Tschechoslowakei zu überrennen. Überhaupt: Wie sollte Moskau rein logistisch gesehen seine Truppen durch Polen an den möglichen Kriegsschauplatz führen? Durch Polen! Niemand hielt das für realistisch.

So lief alles auf die Bewahrung des europäischen Friedens und die Konzession des Sudetenlandes an den deutschen Diktator hinaus, nicht auf den Erhalt der territorialen Integrität der Tschechoslowakei. Chamberlains Regierung landete in einem peinlichen Paradox: Diskrete diplomatische Versuche, Deutschland mit der Wahrscheinlichkeit einer britischen Intervention abzuschrecken, kollidierten mit der Tendenz, die Tschechen mit dem Hinweis vom Kampf abzuhalten, eine solche Intervention sei eigentlich recht unwahrscheinlich; darüber wusste man in Berlin Bescheid. Allmählich nahm der Terminus «Appeasement» bei Chamberlain einen selbstgerechten, fast frömmlerischen Charakter an. Der Premierminister boxte alle Gegner zur Seite und flog im September 1938 ohne Außenminister oder Staatssekretär aus dem Foreign Office zu seinen drei Begegnungen mit Hitler nach Deutschland.

Nach dem ersten dieser Treffen, am 15. September in Berchtesgaden, ließ Churchill seiner prophetischen Klage freien Lauf: «Die Zerstückelung der Tschechoslowakei unter dem von England und Frankreich ausgeübten Druck bedeutet die völlige Kapitulation der Demokratien des Westens vor den nazistischen Gewaltandrohungen. (...) Ein derartiger Zusammenbruch wird weder England noch Frankreich Frieden oder Sicherheit bringen.» Doch zuversichtlich schwenkte der Premierminister dann am 30. September 1938 das

Abkommen mit Hitler durch die Luft, als er es nach der Rückkehr aus München auf dem Flugplatz Heston, wie Heathrow Airport in seinen Anfängen hieß, präsentierte. Das Königspaar ging am Abend dieser Rückkehr sogar so weit, Chamberlain im Buckingham Palace zu empfangen und mit ihm unter den begeisterten Zurufen der Menge auf dem Vorplatz des Schlosses auf den Balkon zu treten, die Bühne für große königliche Anlässe damals wie heute. Später, in die Downing Street zurückgekehrt, trat Chamberlain an ein Fenster, um sich noch einmal an die Jubelnden draußen zu wenden: «My good friends, zum zweiten Mal in unserer Geschichte [nach Benjamin Disraelis Erfolg auf dem Berliner Kongress 1878] ist ein britischer Premierminister aus Deutschland zurückgekehrt mit einem Frieden in Ehre. Ich glaube, es ist ‹Frieden für unsere Zeit›. Geht jetzt nach Hause und schlaft einen schönen ruhigen Schlaf.» Die «Times» schrieb über Chamberlains Rückkehr aus München: «Kein Eroberer, der siegreich heimkehrte, war je mit noblerem Lorbeer geschmückt.» Und Roosevelt kabelte an Chamberlain: «Well done! Good man.»

Gegen diesen Überschwang setzte Churchill in der dreitägigen Unterhausdebatte über München am letzten Tag, dem 5. Oktober, sein düsteres Resümee: «Ich will damit beginnen, was jedermann am liebsten ignorieren oder vergessen möchte, aber was nichtsdestoweniger konstatiert werden muss, nämlich dass wir eine vollkommene, eine totale Niederlage erlitten haben», eine «Niederlage ohne Krieg». Seine Worte wanderten wie über zerstörte Fluren: «Alles ist vorbei. Schweigend, trauernd, verlassen und gebrochen versinkt die Tschechoslowakei ins Dunkel, nachdem sie in jeder Hinsicht gelitten hat durch ihre Assoziation mit den westlichen Demokratien und dem Völkerbund. (...) Ich wage mir vorzustellen, dass in einem Zeitabstand von vielleicht Jahren oder auch nur Monaten das Land von den Nazis übermannt sein wird.» Die «Times» urteilte über Churchills Auftritt, er habe dem Unterhaus Prophezeiungen aufgetischt, «mit denen verglichen Jeremias ein Optimist war». Auch Beaverbrooks «Daily Express» tat die Rede als «alarmistische Vorstellung» eines Mannes ab, «dessen Geist durchweicht ist von den Eroberungen Marlboroughs».

X. Frieden oder Krieg? 227

Nach dem Münchner Abkommen begann für Churchill eine erneute Periode in der Wildnis. Er hatte sich wegen seiner «Illoyalität» gegenüber dem Premierminister zu rechtfertigen, sein Wahlkreis empörte sich über seinen «Aufstand» gegen das Friedensabkommen, fast hätte man ihn als Abgeordneten abgewählt. Davor rettete ihn Hitler, der mit der «Rest-Tschechei» verfuhr, wie Churchill am 5. Oktober vorausgesagt hatte – er nahm sie sich und ließ seine Truppen am 15. März 1939 – an den Iden des März – in Prag einmarschieren. Das Münchner Abkommen war gebrochen, selbst Chamberlain wachte jetzt auf. In seinem Tagebuch notierte er sich: «Winstons Chancen verbessern sich in dem Maße, wie Krieg zu einer Möglichkeit wird, und umgekehrt.» Am 31. März 1939 gaben London und Paris eine hastige Garantie für Polen ab, auch für Griechenland und Rumänien. Der Umschwung in der öffentlichen Meinung zu Churchills Gunsten war überwältigend. Der Mann, bei dessen Warnungen man sich bis vor kurzem am liebsten die Ohren zugehalten hätte, stand plötzlich als Prophet da, der von der Realität bestätigt war. Der Ruf, ihn in die Regierung zurückzuholen, wurde unüberhörbar.

Verzweifelt stemmte sich Chamberlain dem Kommenden entgegen. Noch am 23. August 1939 – der Konflikt um Danzig trieb dem Höhepunkt entgegen – schickte er seinen Botschafter in Berlin, Sir Nevile Henderson, auf eine Friedensmission zu Hitler nach Berchtesgaden, um den Diktator von seiner, Chamberlains, Bereitschaft zum Kompromiss zu überzeugen. In einem Memorandum für das Außenministerium in der Wilhelmstraße hieß es über die Unterredung unter anderem, der britische Premierminister wolle es als Beweis seines Entgegenkommens gewertet sehen, dass er Churchill bisher nicht in sein Kabinett aufgenommen habe. Doch es war umsonst. Die Kugel, die Hitler nach 1937 im weltpolitischen Casino kreisen ließ, landete immer auf Churchills Nummer. So auch am 1. September 1939, als Deutschland Polen überfiel, was die englischen und französischen Kriegserklärungen am 3. September provozierte und Churchill noch am selben Tag in sein altes Regierungsamt zurückkehren ließ, ins Marineministerium. Versailles war kein Friede mehr, sondern «ein Waffenstillstand von 20 Jahren», wie der französische Marschall Foch einst prophezeit hatte.

Die 30er-Jahre mögen, was seinen politischen Einfluss anging, Churchills «Wilderness Years» gewesen sein. Aber sie gaben ihm die Chance, zu studieren und zu schreiben und Geschichte und Gegenwart im gegenseitigen Widerschein zu begreifen. Im Grunde waren die amtlosen zehn Jahre Churchills Rettung: Er fühlte sich verjüngt und zuversichtlich, den kommenden Aufgaben gewachsen zu sein. Fast 65 Jahre alt, doch unverbraucht, trat er an mit neuer Kraft.

KAPITEL XI

Der Zweite Weltkrieg (1): «Walking with destiny»

1. Wieder Marineminister

An der Schwelle zu Churchills historischer Stunde müssen wir zu einem kurzen Resümee seines bisherigen Lebens innehalten. Vieles an diesem Mann war zwingend – sein Vorwärtsdrang, sein Mut, der Schwung seiner Rede. Doch wäre er im Alter von 65 Jahren gestorben, hätte sein Land ihn als einen Gescheiterten der britischen Politik angesehen, ähnlich seinem Vater, der freilich in noch jüngeren Jahren verbraucht gewesen war; im Ausland hätte man seiner kaum gedacht. Bis zu der Zeit, in der man üblicherweise an den Lebensabend denkt, hatte Churchill trotz seiner abenteuerlichen Laufbahn wenig erreicht, was von politischer Konsequenz war; er wurde mit keinem Weltbild identifiziert, außer dem des verblassenden Empire, und fühlte sich in keiner Partei richtig zuhause. Er war ein Gefolgsmann seines eigenen Sterns, auch ein Schriftsteller von Gnaden. Aber außer im Kreise seiner engsten Freunde war er nie populär. Die Außenwelt tat ihn mit zwei Attributen ab: hochbegabt, aber unzuverlässig.

So die Bilanz des Winston Spencer Churchill, der in einer Radioansprache am 3. September 1939, dem Sonntag der britischen und französischen Kriegserklärung an Deutschland, als frisch bestallter Marineminister sogleich das richtige Wort findet zur Beschreibung des Augenblicks, als sei er schon jetzt der Tonangeber der Nation:

«Winston is back!»: Bei Ausbruch des Zweiten Weltkrieges wird Churchill erneut Marineminister. Das Bild zeigt ihn vor dem Eingang der Admiralty, September 1939

«Der Premierminister [Chamberlain] hat geäußert, dies sei ein trauriger Tag, und wahrlich, das ist er. Aber in diesem Augenblick klingt noch eine andere Note an, ein Gefühl der Dankbarkeit, dass, wenn diese großen Prüfungen auf unsere Insel zukommen, eine Generation von Briten zur Stelle ist, die nicht unwürdig der Tage von einst ist und nicht unwürdig jener großen Männer, unserer Vorväter, die den Grundstein unserer Gesetze und der Größe unseres Landes gelegt haben. Dies ist keine Frage des Kampfes für Danzig oder für Polen. Wir kämpfen, um die ganze Welt vor der Pestilenz der Nazi-Tyrannei zu bewahren und in Verteidigung dessen, was den Menschen heilig ist (...). Im Kern ist dies ein Krieg, um auf unverrückbarem Fels die Rechte des Individuums aufzupflanzen und den Menschen in seiner wahren Statur zu etablieren und wieder aufleben zu lassen.» Schon in seiner ersten Wortmeldung zum Krieg setzte sich Churchill an die Spitze des Kreuzzuges zur Rettung Europas vom Joch des Nationalsozialismus.

Der Mann fühlte sich in seinem Element – er *war* in seinem Element. Ein berühmter amerikanischer Korrespondent, der damals in London arbeitete, James Reston von der «New York Times», folgerte bald in seinem Blatt, Churchill sei aus den ersten Wochen des Krieges als «wahrscheinlicher Nachfolger des 71-jährigen Neville Chamberlain» hervorgegangen; er werde «einen großen Anführer in diesen Kriegszeiten abgeben». Über dem Artikel hatte die Redaktion eine Karikatur von Churchill bei Maurerarbeiten abgebildet.

Ein Anführer von 65 Jahren, vor dieser Herausforderung? Churchill war sich des Problems seines Alters durchaus bewusst, mit einer selbstironischen Mischung aus Stolz und Trotz erinnert er daran im ersten Band seiner Kriegsmemoiren: «Obwohl der Premierminister einige Jahre älter war als ich, war ich doch fast der einzige Vorsintflutliche. Das hätte man mir wohl zum Vorwurf machen können in einer so kritischen Zeit, da es natürlich und populär war, die Kraft junger Männer und neuer Ideen zu fordern. Es war mir daher klar, dass ich alles aufbieten musste, um mit der Generation, die jetzt am Ruder war, und mit den frischen jungen Giganten, die jeden Augenblick auftauchen konnten, Schritt zu halten. Dabei verließ ich mich sowohl auf die Erfahrung wie auf meinen hochgespannten Eifer und die Energie des Geistes.» Das ganze Ungestüm in Churchills Charakter, sein Drang nach Selbstverwirklichung, seine «self-expression» – sie fanden in diesem Augenblick ihre patriotische Legitimation.

Doch nach Erfolg sah es zu Anfang gar nicht aus. Schwer traf den Marineminister, dass am 14. Oktober ausgerechnet auf der als gesichert geltenden Marinebasis Scapa Flow auf den Orkney-Inseln das

XI. Der Zweite Weltkrieg (1)

Eine deutsche Karikatur, an Churchill im Oktober 1939 geschickt, spielt auf die Verluste der Royal Navy an, die der Marineminister zu verantworten hatte

Schlachtschiff «Royal Oak» von einem deutschen Torpedo getroffen wurde und 800 Seeleute in den Tod riss. Churchill gab bei diesem Anlass eine Kostprobe seines Umgangs mit negativen Nachrichten – «jeder Verlust, den der Feind uns zufügt, wird sofort bekannt gegeben», konstatierte er am 8. November vor dem Unterhaus in seinem Bericht über die Versenkung der «Royal Oak». Im Laufe des Krieges wurde dieser Punkt vor allem von Deutschen, die den Mut hatten, die BBC abzuhören, als besondere Stärke der britischen Führung angesehen. Carl Brinitzer, der damals den German Service der BBC mitgestaltete, berichtet in seinem Buch «Hier spricht London. Von einem, der dabei war», was ihm ein deutscher Kriegsgefangener 1944 in einem Gespräch mitteilte: «Den größten Eindruck hat mir vielleicht Ihre Sendung am Abend des Falls von Singapur [Februar 1942] gemacht. Diese schlechte Nachricht kam als erste in der Nachrichtensendung. Nach Dünkirchen hatte ich geglaubt, dass England geschlagen sei. Aber als ich das hörte, sagte ich mir: Wenn die so offen eine Niederlage zugeben können, dann müssen sie sehr stark sein. Von dem Tage an wusste ich, dass der Krieg für uns verloren war.»

Die erste Phase des Krieges, die wir in Deutschland den «Sitzkrieg» nennen, die Briten «the phoney war», den unechten Krieg – Churchill wählte für sich «twilight war», den Krieg im Dämmerlicht –, stellte die stürmische Natur des Ministers auf eine harte Probe. Er war bereit, in den Angriff zu gehen, nur wo? Immer wieder überschritt er wie gewohnt die Grenzen seines Ressorts und bombardierte Chamberlain mit Memoranden und Vorschlägen, wie er das bereits im Ersten Weltkrieg mit Asquith getan hatte. Er schrieb sich die Finger wund, gewiss mit einem Auge auf die Nachwelt, wie spitze Zungen behaupteten. Aber auch weil er wusste, wie fremd dem gichtkranken Premierminister in Wahrheit Kriegsfragen waren.

Sicher, was nun zu tun sei, war aber auch Churchill nicht. Er konfrontierte seine Berater mit wilden Ideen, die sie ihm nur mit Mühe ausreden konnten. Da trat Norwegen ins Visier, namentlich der Hafen im Norden, Narvik, durch den Deutschland schwedisches Eisenerz bezog, wenn die obere Ostsee, der Bottnische Meerbusen, überfroren war. Eine Landung in Narvik ließe sich kombinieren mit der Verminung der norwegischen Gewässer entlang der Küste, der Route der deutschen Eisenerztransporte in dieser Jahreszeit. Doch die internen Diskussionen zogen sich hin, bis man am 8. April 1940 endlich mit der Verminung begann. In der gleichen Nacht starteten die Deutschen jedoch überraschend ihre eigene Operation, die Besetzung Norwegens und Dänemarks. In und um Narvik kam es zu heftigen Gefechten, die fast mit einem Sieg der britischen Kräfte zu Ende gegangen wären, hätte London nicht am 24. Mai seine Truppen abgezogen, um Frankreich zu Hilfe zu kommen, das durch Hitlers Westfeldzug in Bedrängnis geraten war.

2. Krönung der Laufbahn: Churchill wird Premierminister

Am 7. und 8. Mai findet im Unterhaus die große Aussprache – besser: die Abrechnung – über das Norwegen-Fiasko statt. Churchill, in superber Kampfeslaune, gibt rundum die Vorstellung eines gänzlich

Ungebeugten, der sich für nichts zu entschuldigen hat. Es sind lärmende Stunden im Parlament, in deren Verlauf Leo Amery von den Hinterbänken der Konservativen Chamberlain das berühmte Wort entgegenschleudert, mit dem im 17. Jahrhundert der Usurpator Oliver Cromwell das «Lange Parlament» auflöste: «Ihr habt hier schon länger gesessen, als gut tut bei eurer Arbeit. Weg mit euch, sage ich. Im Namen Gottes: Geht!» Die Abstimmung am späten 8. Mai endet mit einer schweren Niederlage für Chamberlain: Seine eigentlich unangreifbare Mehrheit von 283 Stimmen ist auf 81 geschrumpft. 33 Tories und andere, die normalerweise seine Partei ergriffen, haben gegen ihn gestimmt, 60 enthielten sich der Stimme.

Am Morgen des 9. Mai bittet Chamberlain Außenminister Viscount Halifax zu sich, um ihm zu eröffnen, es sei jetzt Zeit für eine Koalitionsregierung, doch kaum unter seiner, Chamberlains, Führung – die Chancen dafür seien verschwindend gering. Vielmehr laufe es auf Churchill oder Halifax zu. Für das höchste Regierungsamt aber hält sich Letzterer weder berufen noch befähigt. Und das nicht nur wegen des durch die Verfassung gegebenen Problems, dass er als Mitglied des Oberhauses kaum im Unterhaus auftreten und die Sache der Regierung dort vertreten könnte. Halifax' Biograph Lord Birkenhead schrieb 1965 von ihm, er habe seine spezifische diplomatische Begabung «als das genaue Gegenteil von dem eingeschätzt, was in diesem verzweifelten Moment von dem Anführer einer verlorenen Sache gefragt war. Ihm fehlten die Dynamik und die Rücksichtslosigkeit, auf die es jetzt ankam. Er wusste, das Churchill in beiden Kategorien herausragte.»

Chamberlain schlug eine Bedenkzeit vor und bat Halifax und Churchill zu einem nächsten Gespräch für 16.30 Uhr desselben Tages in die Downing Street, unter Einschluss des Fraktionsführers der Konservativen, David Margesson. Im Kreise der vier erklärte Chamberlain jetzt seine Bereitschaft, in einer Regierung unter Churchill oder Halifax weiter zu dienen. Es komme nun auf Labour an und was man in deren Lager denke. Der Viscount spricht als Nächster und wiederholt die Bedenken wegen seines Status als Oberhausmitglied. Im Tagebuch wird er rekapitulieren: «Winston, mit passenden

"*Himmel! It's That Man Again*"

«Die ganze Welt ist gegen Hitler und den Hitlerismus»: Dieser Aussage Churchills im Unterhaus widmet der «Evening Standard» am Tag darauf diese Karikatur, 13. November 1939

Ausdrücken demütigen Verständnisses, sagte, er könne nicht anders, als die Wucht meiner Argumente nachzuvollziehen, woraufhin der Premierminister, das Gespräch beendend, sich diesen widerstrebend anschloss, Winston dagegen mit eher geringerem Widerwillen.» Man beachte die feine Ironie in diesen Sätzen über den seine Chance witternden Marineminister. Um 18.15 Uhr schließen sich Labour-Chef Clement Attlee und sein Stellvertreter Arthur Greenwood der Vierergruppe an und lassen wissen, sie würden ihre Partei nicht dazu bewegen können, unter Chamberlain in die Regierung einzutreten. Labour hatte durchaus nicht den früheren Churchill und seine Kampagne gegen den Sozialismus vergessen, aber die Partei würdigte – anders als die Mehrheit der Konservativen – Churchills prinzipielle Gegnerschaft zu Hitler seit den späten 30er-Jahren und sah zu ihm in dieser Stunde keine Alternative.

In seinen Erinnerungen beschreibt Churchill diese Gesprächsrunden am Nachmittag des 9. Mai anders als Halifax in seinem Tagebuch – hier seine Version, deren Drama in ihrem Understatement liegt: «Chamberlain sagte uns, er habe sich davon überzeugt, dass er nicht imstande sei, eine nationale Regierung zu bilden. Die Antwort [der Labour-Führer] hatte ihn darüber nicht im Zweifel gelassen. Es frage sich daher, wen er dem König als seinen Nachfolger vorschlagen solle. (...) Ich habe in meiner politischen Laufbahn manches bedeutsame Gespräch geführt, und dieses war unzweifelhaft das bedeutsamste. Gewöhnlich pflege ich viel zu reden, diesmal aber schwieg ich. (...) Es trat eine sehr lange Pause ein. (...) Endlich ergriff Halifax das Wort. (...) Als er zum Ende kam, war es klar, dass die Aufgabe der Regierungsbildung auf mich fallen musste – dass sie tatsächlich mir zugefallen war.»

Am Morgen des 10. Mai fährt die Nachricht vom deutschen Überfall auf Holland, Belgien und Luxemburg wie ein Blitz in die britischen Überlegungen zur Chamberlain-Nachfolge. Wieder hat Hitler das Roulette gedreht – und wieder fällt die Kugel auf Churchills Zahl. Jetzt will erst recht niemand mehr in London den Beschwichtiger Chamberlain an der Spitze sehen. Zur Teatime meldet sich dieser daher bei George VI. im Buckingham Palace an und eröffnet ihm seinen Rücktritt. Über das Treffen mit Chamberlain notierte sich der König, auch er ein fleißiger Tagebuchschreiber: «Wir unterhielten uns informell über seinen Nachfolger. Ich deutete natürlich Halifax an, aber er berichtete mir, H sei nicht sehr begeistert, da er als Lord im Unterhaus, wo die entscheidende Arbeit stattfindet, nur als Schatten oder als Geist auftreten könne. Mich enttäuschte diese Erklärung, da ich H für die offenkundige Wahl hielt. (...) Ich wusste, dass es nur noch eine einzige Person gab, die das Vertrauen des Landes besaß und die ich mit der Regierungsbildung beauftragen konnte – und das war Winston.»

Damit war für den Monarchen gleichsam der Personalernstfall eingetreten. Die königliche Familie gehörte nicht zu den Bewunderern Churchills, um es höflich auszudrücken. Die Haltung am Hofe war pro Appeasement gewesen und im Zweifelsfall pro-deutsch. Den Landvogt von Chartwell hielt man mit dem Großteil der Tories eher für einen Friedensstörer. Noch auf seiner Nordamerika-Reise im Juni

XI. Der Zweite Weltkrieg (1)

1939 hatte der König während einer Begegnung mit dem kanadischen Premierminister Mackenzie King diesem anvertraut, wie King in seinem Tagebuch festhielt: «Er würde niemals wünschen, Churchill zu irgendeinem Amt zu berufen, es sei denn, es wäre absolut nötig in Kriegszeiten. Ich muss gestehen», so fährt das Tagebuch des Kanadiers fort, «ich war froh, dies aus seinem Munde zu hören, denn ich halte Churchill für einen der gefährlichsten Männer, die mir je begegnet sind.» Manche andere solcher Stimmen sind uns bereits im Eingangskapitel dieses Buches begegnet.

Der gefährliche Mann begibt sich um 18 Uhr des 10. Mai 1940 zur Audienz bei seinem König, der ihn gerufen hat. Auch in diesem Augenblick kann ein Brite die *tongue in cheek*, den gespielten Unernst, nicht sein lassen, wie wir aus Churchills Memoiren erfahren: «Seine Majestät empfing mich höchst huldvoll und bot mir an, mich zu setzen. Er sah mich einige Augenblicke suchend und fragend an und sagte dann: ‹Ich nehme an, Sie wissen nicht, warum ich Sie zu mir gebeten habe?› Ganz in diesem Tenor antwortete ich: ‹Sir, ich kann mir einfach nicht vorstellen, warum.› Er lachte und sagte: ‹Ich möchte Sie bitten, eine Regierung zu bilden.› Ich erwiderte, das würde ich gewiss tun.»

Auf der höchsten Sprosse seiner Lebensleiter angekommen, ergreift ein überwältigendes Gefühl der Befreiung den neuen Premierminister. Er wird es in berühmten Zeilen beschreiben: «Als ich um 3 Uhr früh zu Bett ging, [empfand] ich eine tiefe Erleichterung. Endlich verfügte ich über die Autorität, in jeder Richtung maßgebende Weisungen zu erteilen. Mir war zumute, als ob das Schicksal selbst mir den Weg wiese, als wäre mein ganzes bisheriges Leben nur eine Vorbereitung auf diesen Augenblick gewesen und auf diese Prüfung (...). Ich glaubte einen guten Überblick über die mir zufallenden Aufgaben zu haben und war sicher, dass ich nicht scheitern würde. Deshalb schlief ich gut und bedurfte keiner aufmunternden Träume. Tatsachen sind besser als Träume.» Im englischen Original lautet der Kernsatz dieser Passage: «I felt as if I were walking with destiny.» «Walking with destiny» hat sich seitdem als Muster der Beschreibung von Churchills Vita eingebürgert. Die besten Stichworte zu seinem Leben hat er allemal selbst geliefert.

Aber bei Churchill müssen wir uns gelegentlich fragen, ob in der Nachbetrachtung – «Der Zweite Weltkrieg» begann 1948 zu erscheinen – das Heroische nicht das Alltägliche übersieht oder es verdrängt. An jenem Abend nämlich verrät er seinem Leibwächter, Detective Sergeant W. H. Thompson: «Ich hoffe, es ist nicht zu spät. Ich fürchte, es könnte sein. Wir können nur unser Bestes tun.» Dass er dennoch «gut schlief», und zwar nicht nur in dieser Nacht, sondern im Auf und Ab des gesamten Krieges, verrät eine erstaunliche Konstitution sowie die innere Zuversicht eines Mannes, der vom Schicksal am Ende doch meinte, es weise ihm den Weg.

3. «Action this day»

Sein Bestes tun hieß für Churchill immer: es entschlossen und schnell tun. Schon um 10 Uhr am 11. Mai legt er dem König den Vorschlag zu einem gegenüber der Chamberlain-Regierung stark geschrumpften engeren Kriegskabinett vor, mit nur fünf Namen: neben ihm selbst Neville Chamberlain als Lord President, Halifax weiterhin als Außenminister sowie Attlee und dessen Stellvertreter Greenwood als Repräsentanten der Labour-Partei, wobei Attlee als stellvertretender Premierminister eingesetzt werden soll. Man sieht, wie vorsichtig Churchill, der an der Basis der Tories vorbei durch den König an die Spitze gekommen ist, vorgeht: Nicht nur trennt er sich nicht von den beiden Galionsfiguren der Appeasement-Politik, Chamberlain und Halifax – er bindet sie ein. Erst im Oktober, Chamberlain ist bereits vom Tod gezeichnet, übernimmt Churchill von diesem den Parteivorsitz. Um den Kern der fünf Namen gruppieren sich die Minister der diversen Ressorts und deren Staatssekretäre – auch die Liberalen werden mitbedacht. All das ist bis zum 14. Mai erledigt. Über allen Parteien stehen zu können – davon hatte Churchill lange geträumt. Jetzt war es Wirklichkeit geworden.

Als besonders wichtig erwies sich eine administrative Neuerung – Churchill machte sich als Premier und Leader des Unterhauses zugleich zum Leiter eines Ressorts, dessen Namen es bislang gar nicht gab: Er wurde mit Billigung des Königs auch Verteidigungsminister. Das verlieh ihm für die Kriegsführung eine Autorität, die vor ihm kein Premierminister besessen hatte: Die Generalstäbe der Teilstreitkräfte, auch das Komitee des Generalstabs wurden in allen Fragen der Strategie und der Operationen jetzt ihm zugeordnet. Praktisch spaltete Churchill das Kriegskabinett in zwei Teile: einerseits den strategischen Teil mit ihm selbst und den Stabschefs, wobei er den allseits geschätzten, diskreten und diplomatisch begabten General Sir Hastings Ismay zum Sekretär und seinem «Prellbock» machte, auch zu seinem Auge und Ohr in der militärischen Hierarchie; andererseits, für die allgemeinen Belange des Regierens, die übrigen Mitglieder des Kriegskabinetts, an die er bereitwillig die meisten administrativen und innenpolitischen Probleme delegierte. In Kriegsfragen entschied letztlich allein Churchill, in Absprache mit dem Komitee des Generalstabs. Mit dieser grundlegenden Neuerung zog er die Konsequenz aus seinen Erfahrungen im Ersten Weltkrieg und den damals oft kontroversen Beziehungen zwischen den «Röcken» (der zivilen Ebene) und den «Blechhelmen» (den Militärs). Während Lloyd George seine militärischen Ansichten vor den Kabinettskollegen vertreten musste, von denen einige nicht immer seiner Meinung waren, was zu neuem Zwist mit den militärischen Spitzen führte, brauchte Churchill das Kriegskabinett nur davon zu informieren, was er und die Stabschefs entschieden hatten; das Kabinett gab sich in der Regel damit zufrieden.

Die Militärs schätzten an Churchill sein Wissen über Krieg und Geschichte, für sie war er nicht nur die Spitze der Politik, sondern letztlich auch einer der Ihren, mit einschlägigen militärischen Erfahrungen, durch die er sich von den Politikern seiner Zeit markant abhob. Zwar rieb sich die Generalität oft an seinen Interventionen, aber ebenso oft musste sie sein strategisches Urteil anerkennen. Doch wenn die Stabschefs einmal einen Konsens gefunden hatten, der ihm widersprach, hütete sich Churchill, diesen außer Kraft zu setzen. Er war ein Faustkämpfer und Dickkopf bis zur Entscheidung und ein Teamplayer danach. Trotz seiner Machtfülle – der Historiker Richard Holmes nennt ihn «so etwas wie einen zivilen ‹Generalissimo›» – wurde die parlamentarische Kontrolle unter Churchill nie eingeschränkt oder gar ausgesetzt. Dreimal musste sich der Premier sogar während seiner schwärzesten Kriegszeit, 1941/42, einem Misstrauensantrag im Unterhaus stellen. Isaiah Berlin schrieb 1948 in einer Rezension zum ersten Band von Churchills Kriegsmemoiren, dessen «bleibende Leistung» bestehe darin, «den Marsch der vielen nicht durch diktatorisches Diktat geformt zu haben, sondern innerhalb eines freien Systems, ohne es zu zerstören oder auch nur zu verbiegen».

Aufgrund seiner Erfahrung mit dem Ganzen der Regierungsmaschinerie wusste Churchill um die inhärente Trägheit großer Apparate und nahm sich vor, diese aufzuscheuchen. Sein Mittel waren Hunderte von schriftlichen Direktiven, Bitten und Forderungen, die er über das Kabinett und die Beamtenschaft streute mit der unmissverständlichen Erwartung, man möge ihm in kürzestmöglicher Zeit mit triftigen Erklärungen antworten. Diese Direktiven versah er mit roten Aufklebern, auf denen stand: «Action this day» – Handeln noch an diesem Tag, anders gesagt: sofort. Noch an den äußersten Enden der Bürokratie konnte niemand sicher sein, ob das Suchlicht aus der Downing Street ihn nicht irgendwann erfassen und mit Weisungen fordern würde. Die Wirkung war dramatisch, es erhöhte den Pulsschlag des gesamten Regierungsapparats, wie Whitehall es noch nie erlebt hatte. «Respektable Beamte gingen nur noch im Laufschritt durch die Korridore», schrieb John Colville 1968 in einem Sammelband von Erinnerungen zu Churchills Führungsstil unter dem Titel «Action this Day». Der Apparat surrte und schnurrte, ob bei großen oder kleinen Anfragen des Premiers – ob die Flagge über der Admiralty, die man von der Downing Street aus sehen konnte, groß genug wehe oder wie viele Prominente der Innenminister bis Ende Juni 1940 interniert habe – 22 000 Österreicher und Deutsche wurden zwischen Mai und Juli 1940 interniert, aus panischer Angst vor einer «Fünften Kolonne» auf der Insel.

In seinen Kriegserinnerungen verkündete Churchill seinen Glauben an das geschriebene Wort wie ein Evangelium: «Ich bin fest davon überzeugt, dass die Amtsgeschäfte durch das *geschriebene Wort* geleitet werden sollten. (...) Schriftliche Weisungen besaßen so viel Gewicht, dass sie, ohne ausdrücklich als Befehle bezeichnet zu sein, sich häufig in Aktionen umsetzten.» Auch zur Frage der schriftlichen Antworten vertrat er eine eindeutige Meinung: «Es muss vollkommene Klarheit darüber herrschen, dass alle von mir ausgehenden Weisungen (...) nachher schriftlich bestätigt werden sollen und dass ich keine Verantwortung für Sachen der nationalen Verteidigung, die ich angeblich entschieden habe, übernehmen kann, wenn diese nicht schriftlich festgelegt sind.» Schriftliche Antworten besaßen höheren Dokumentarwert und waren auch deshalb dem mündlichen Vortrag vorzuziehen, weil sie Churchill Zeit ersparten.

Der Premierminister kannte keine Pause, konzentrierte Arbeit war sein Leben. Dass Leute mitten im Krieg ein paar Tage Ferien nahmen, wollte er partout nicht verstehen. «Ich wünsche Euch ein geschäftiges Weihnachten und ein hektisches Neujahr»: Mit dieser Botschaft beglückte er zur Wende 1940/41 seine unmittelbaren Angestellten; die hatten Mühe, mit dem Workaholic Churchill Schritt zu halten. Als Mann in den späten 60-er Jahren des Lebens hielt der Premier fünf Jahre lang eine Arbeitswoche von 90 Stunden durch und überlebte in der Zeit Herzanfälle und Lungenentzündungen. Es hätte einen Jüngeren aus dem Gleis geworfen.

Das Ungestüm an der Spitze, so hilfreich zum Anwerfen des Regierungsmotors, fand weniger Gnade vor den oberen Militärs. Am häufigsten rieb sich an dem Unruhegeist Churchill Feldmarschall Alan Brooke, seit 1941 Chief of the Imperial General Staff, Generalstabschef; 1943, nachdem er geadelt worden war, nannte er sich Lord Alanbrooke. «Winston hat zehn Ideen pro Tag», meinte er, «von denen nur eine gut ist, aber er weiß nicht, welche.» Das war noch vergleichsweise höflich formuliert; die Kriegstagebücher des Generals machten bei ihrer Veröffentlichung 1955 und 1957, obwohl vom Autor selbst zensiert, mit ihren Urteilen über Churchill und alliierte Stäbe einige Furore. Alanbrooke ist der klassische Fall des Strategen, der sich ungenügend gewürdigt fühlt, und er nahm Anstoß daran, wie flüchtig Churchill in seiner Geschichte des Zweiten Weltkrieges die Leistungen der Generalität behandelte. Das bewog ihn, seine nie für die

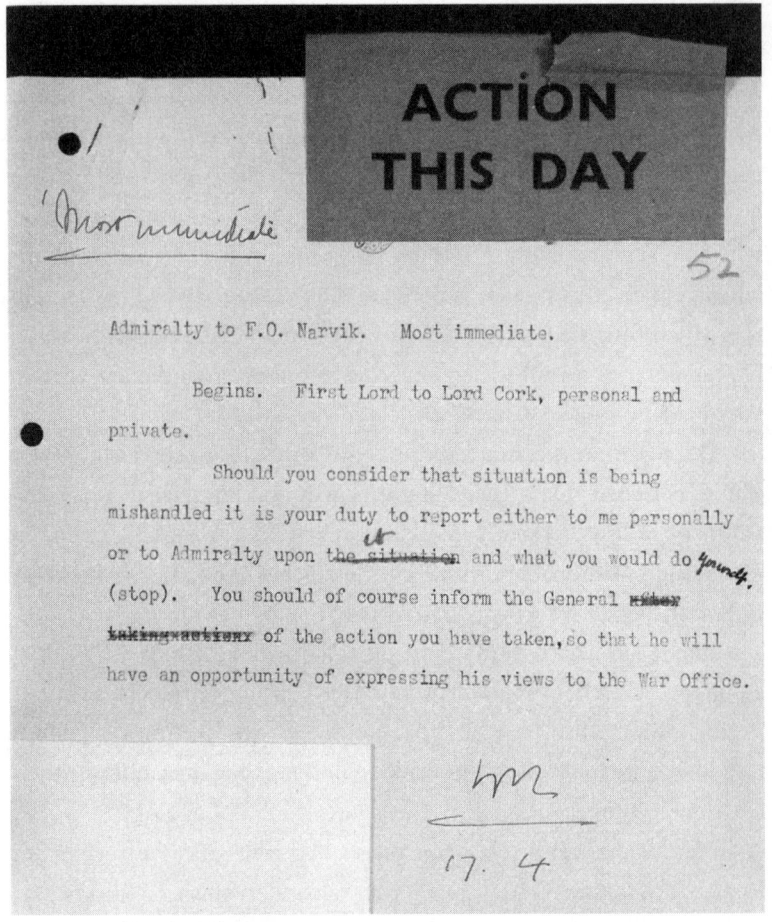

«ACTION THIS DAY»: Mit diesen Aufklebern auf seinen Weisungen trieb Churchill im Zweiten Weltkrieg das gesamte Regierungspersonal in beschleunigte Aktivität

Öffentlichkeit vorgesehenen Tagebücher doch zu publizieren. Auch wollte er eine offene Rechnung begleichen, hatte er Churchill doch nie verziehen, dass dieser sein Versprechen, ihn, Alanbrooke, als Oberbefehlshaber der alliierten Truppen bei der Landung in der Normandie durchzusetzen, brach und dem Druck der Amerikaner nachgab, diese Position General Dwight D. Eisenhower zu überantworten.

Eine Eintragung wie die vom 10. September 1944, erst 2001 in einer vollständigen Ausgabe der Tagebücher gedruckt, ist besonders aufschlussreich für diese gespannte Partnerschaft, in der sich Rivalität und gegenseitige Anerkennung letztendlich doch zu einem effizienten Resultat verbanden: «Das Wunderbare ist, dass drei Viertel der Menschheit Churchill für einen der großen Strategen der Geschichte hält, einen zweiten Marlborough, während das andere Viertel keine Ahnung hat, was für eine öffentliche Bedrohung er ist und während des ganzen Kriegsverlaufs war. Gut, dass die Welt davon nie erfährt und nie die tönernen Füße bei diesem übermenschlichen Wesen vermutet. Ohne Churchill wäre England mit Sicherheit verloren gewesen, mit ihm stand England ein um das andere Mal am Rand des Desasters. Noch nie habe ich einen Menschen mit gleicher Inbrunst bewundert und verachtet. Noch nie sind solche extremen Widersprüche in einem menschlichen Wesen zusammengekommen.»

Der Mitarbeiterstab, das engere Kriegskabinett, der Generalstab, die Schreibkräfte, aber auch Winston und Clementine Churchill selbst bezogen während des Krieges einen geheimen Untergrundkomplex im Office of Works am Ende und gegenüber dem Außenministerium, «Annexe» genannt, der heute als «Churchill War Rooms» der Öffentlichkeit zugänglich ist. Er wurde zum Nervenzentrum der Kriegsführung Großbritanniens, auch wenn Churchill trotz der Gefahren im Luftkrieg über England 1940/41 weiterhin bei Tage Sitzungen in der Downing Street abhielt und auch nachts häufig seine gewohnte Schlafstatt dort vorzog. Im Milieu der unterirdischen Räume und angesichts der alles überflutenden Aktivität verschwammen erst recht die Grenzen zwischen privat und beruflich – man aß gemeinsam und nahm gleichzeitig Aufträge entgegen. Auch Churchill und seine Frau setzten keine Barrieren zwischen sich und die Mitarbeiter, Clementine spielte häufig die Gastgeberin für einzelne Gesprächspartner oder kleinere Gruppen, während ihr Mann an seiner alten Gewohnheit festhielt, Besucher oder Berater morgens im Bett zu empfangen, auch Sekretärinnen zum ewig dringlichen Diktat, wie ein morgenländischer Potentat.

244 XI. Der Zweite Weltkrieg (1)

Keine Wolfsschanze, sondern Churchills Büro und Schlafstätte in den unterirdischen «War Rooms» in Whitehall, von wo aus er den Krieg leitete. Die Räume sind heute ein Museum

In John Colvilles hier mehrfach erwähnten Tagebüchern, «The Fringes of Power. Downing Street Diaries 1939–1955», lesen wir unter dem 27. Juni 1940: «Als ich gegen zehn Uhr das Schlafzimmer des Premierministers betrat, lag er in seinem roten Morgenmantel in seinem Bett, paffte eine Zigarre und diktierte Mrs. Hill, die mit einer Schreibmaschine am Fuße seines Bettes saß. Sein Aktenkoffer, halb voll mit Papieren, lag geöffnet auf der Bettdecke; neben ihm stand ein riesiger verchromter Spucknapf. Sein schwarzer Kater Nelson, der an die Stelle der alten schwarzen Nummer-Zehn-Katze getreten war, räkelte sich an seinem Fußende. Hin und wieder blickte er ihn zärtlich an und sagte: ‹Cat, Darling.›» Das waren die Usancen eines völlig seiner «self-expression» ergebenen Mannes, der sich gänzlich ungehemmt auslebte und damit eine Fama um sich verbreitete, die beträchtlich zur Steigerung seiner Popularität beitrug.

Den Zeitgenossen erschien Churchill als Exzentriker – «genau das, was die gedrückte Stimmung der Briten begrüßte», wie A. J. P. Taylor geschrieben hat. Es war mehr als nur ein Quäntchen von einem Schauspieler an ihm, bestimmte Utensilien gehörten zur Marke Churchill, seit langem sorgfältig von ihm gepflegt – die Zigarre, der Gehstock, die Kollektion seiner Hüte und Zylinder, der rote Morgenmantel, in dem er 1943 in Marrakesch vor Roosevelt erschien, um sich von ihm zu verabschieden (siehe Kap. VII, 1). Jetzt kam der *siren suit* hinzu, ein der Kindermode entliehener einteiliger, in der vertikalen Mitte durch einen Reißverschluss zu schließender Anzug, den Clementine für ihn hatte entwerfen lassen, weil er praktisch war, ein Allerweltskleidungsstück, das leicht an- und auszuziehen war. Die Feuerwehrleute trugen einen *siren suit* als ihre Berufskleidung, wenn Sirenen – daher der Name – einen neuen Luftangriff ankündigten. Später trat als wichtigstes Erkennungsmerkmal Churchills das V-Zeichen hinzu, die Adaption eines ursprünglich rüden Signals. Die Legenden von seinem Appetit und seiner Trinkfestigkeit taten ein Übriges, seinen Ruf als Ausnahmeerscheinung zu festigen. Harold Macmillan nennt Churchill in seinen Memoiren «einen superben Showman», was allgemeiner Einschätzung entsprach. Das betraf auch seine Sprache – er war in allem ein Meister der Selbstinszenierung. Alle diese Bühnenstützen hätten ihm freilich nichts genützt, wenn die Menschen nicht den Willen des geborenen Kriegers erkannt hätten, das eigentliche Charisma Churchills, und seinen Mut, auch in scheinbar aussichtsloser Lage vor Hitler nicht in die Knie zu gehen. Seinem Privatsekretär Sir John Martin verriet er: «Ich mag in Ihren Augen grimmig aussehen, aber grimmig bin ich nur einem gegenüber – Hitler.»

Im Übrigen verdankte Churchill seine erstaunliche physische Kraft nicht allein einer glücklichen Konstitution, sondern auch einem Schnippchen, mit dem er die Natur gleichsam überlistete. Der entsprechende Eintrag im zweiten Band seiner Kriegsmemoiren ist berühmt genug, um hier in Gänze zitiert zu werden. Er folgt der am Anfang dieses Kapitels zitierten Stelle über Churchills Entschlossenheit, seine «Energie des Geistes» zu mobilisieren, «um mit den jungen frischen Giganten Schritt halten» zu können: «Zu diesem Zwecke nahm ich meine Zuflucht zu einer Lebensführung, die mir in den Jahren 1914 und 1915 in der Admiralität aufgezwungen worden war und die, wie ich feststellen konnte, meine tägliche Arbeitsleistung gewaltig steigerte. Ich ging jeden Tag so bald als möglich nach Mittag auf mindestens eine Stunde zu Bett, wobei mir meine glückliche Begabung, fast augenblicklich tief einzuschlafen, vollauf zustatten kam. Auf diese Weise brachte ich es zustande, die Arbeit von anderthalb Tagen in einen einzigen hineinzuzwängen. Es liegt nicht in der Absicht der Natur, dass die Menschen von acht Uhr morgens bis Mitternacht arbeiten sollen, ohne die Erquickung eines gesegneten Vergessens, die, selbst wenn sie nur zwanzig Minuten währt, alle Lebenskräfte zu erneuern vermag. Es tat mir leid, dass ich mich selbst wie ein kleines Kind jeden Nachmittag ins Bett schicken musste, aber ich wurde dafür entschädigt, wenn ich dann imstande war, die Nacht hindurch bis zwei Uhr morgens oder noch später – manchmal viel später – zu arbeiten und den neuen Arbeitstag um acht oder neun Uhr zu beginnen. Den ganzen Krieg hindurch habe ich diese Gewohnheit eingehalten, und ich empfehle sie anderen, die es je notwendig finden, längere Zeit hindurch das Letzte an Energie aus dem menschlichen Organismus herauszuholen.»

Gönnte sich Churchill keine Erholung? Doch, Wochenenden in Chequers, dem Landsitz der Regierung, konnten punktiert sein von kurzen Stunden der Leichtigkeit und der Ablenkung, mit Gästen oder ausgewählten Mitarbeitern. Aber auch dort war der Tag der konzentrierten Arbeit gewidmet. Erst nach dem Dinner kamen bevorzugt Filme ins Programm, am besten mit heldenhaften oder humorvollen Themen. «That Hamilton Woman» mit Laurence Olivier und Vivien Leigh in den Hauptrollen (1941), über die Liebesbeziehung zwischen Admiral Nelson und Lady Hamilton, hatte es Churchill besonders angetan. Als ihm während einer Show mit den Marx Brothers am 10. Mai 1941 über die Landung von Rudolf Hess in

Schottland berichtet wurde, gab er zur Antwort: «Hess oder kein Hess – ich will jetzt die Marx Brothers sehen.» Die Absetzung Mussolinis in Italien am 25. Juli 1943 teilte er selbst seinen Gästen während einer Donald-Duck-Vorführung mit. War auch das nur wieder ein geschicktes Spiel mit seinem exzentrischen Image? Die Filmvorstellungen gingen meist gegen 22 oder 23 Uhr zu Ende, wonach Churchill erneut aufdrehte und zur Besprechung oder zum Diktat rief, bis in die frühen Morgenstunden. Man nannte es seine «midnight follies» – Churchills Mitternachtsverrücktheiten. Wer auf den Landsitz eingeladen wurde, wusste: Statt «dine and sleep» hieß es «dine and stay awake» – dinieren und wach bleiben.

KAPITEL XII

Der Zweite Weltkrieg (2): «England alone»

1. Mers-el-Kébir oder der Preis der Freiheit

Erstes Problem für Churchill war Frankreich. Das Land hatte nach seiner militärischen Niederlage Friedensverhandlungen mit Deutschland begonnen, und das warf die Frage auf: Was würde mit der französischen Flotte? Sie war stärker als die deutsche Marine, und der Gedanke, sie könnte jetzt Hitler in die Hände fallen, beunruhigte auch die USA. In Artikel 8 des Waffenstillstandsabkommens hatte das Deutsche Reich «feierlich und fest erklärt», es habe «nicht die Absicht, Forderungen bezüglich der französischen Flotte zu erheben» oder sie während des Krieges zu eigenen Zwecken einzusetzen. «Was ist der Wert solcher Versprechen?», rief der Premier dem Unterhaus am 25. Juni 1940 zu, «fragt ein halbes Dutzend Länder in Europa, was von solchen feierlichen Garantien zu halten ist.» Er forderte stattdessen von der französischen Regierung, mit der London noch immer alliiert war, die Schiffe in britische Gewässer oder weit weg vom europäischen Schauplatz in die Karibik zu überführen. Der Appell kam nicht an. Frankreichs Marineminister François Darlan versuchte, Churchill mit der Zusage zu beruhigen, die Flotte nicht in deutsche Hände fallen zu lassen. Die französischen Schiffe lagen verstreut vor Anker, einige befanden sich in britischen Häfen, aber das Gros war in Mers-el-Kébir/Oran im französischen Algerien versammelt.

Da traf Churchill eine gravierende Entscheidung: Am späten Nachmittag des 3. Juli 1940 ließ er durch ein britisches Marinegeschwader die französischen Schiffe beschießen. Diese waren selbstverständlich nicht auf einen Angriff seitens des Bündnispartners gefasst. 1297 französische Seeleute kamen ums Leben, ein Schlachtschiff wurde versenkt, fünf weitere Schiffe schwer beschädigt. Dem Parlament berichtete der Premier am Tag danach über «die Tragödie der französischen Flotte», die auch seine Tragödie war, die Tragödie eines Mannes, der keine gute Alternative sah, sein Land vor der möglichen Arglist des deutschen Gegners zu schützen. In seinen Kriegsmemoiren beschrieb er «die schreckliche Episode Oran» als eine «verhasste Entscheidung, die unnatürlichste and qualvollste, die ich je zu treffen hatte». Ein Leben lang hatte Churchill nur die höchste Bewunderung, ja Anhänglichkeit für Frankreich empfunden. Den Bündnispartner derart zu treffen, traf auch ihn selbst. Die Sicherung der Freiheit – ein Härtetest. Umso überraschter war der Premier, als sein Bericht über die Tragödie vom Unterhaus mit minutenlangem Beifall quittiert wurde, dem sich zum ersten Mal auch die eigene Partei, die Konservativen, rückhaltlos anschloss. «Er war überwältigt, seine Augen füllten sich mit Tränen», erzählte sein Privatsekretär Sir John Martin.

Noch gerührter war Churchill über die Reaktion von General Charles de Gaulle, der am 15. Juni nach England geflohen war und sich dort als Anführer der Truppen von «France libre», dem «freien Frankreich», etabliert hatte. In einer Radioansprache am 18. Juli versuchte de Gaulle, seinen französischen Zuhörern das bittere Geschehen in Mers-el-Kébir verständlich zu machen, indem er auf den Kern, den Erhalt der Freiheit, abhob: «Kein Franzose, der seinen Namen wert ist, kann zweifeln, dass eine britische Niederlage die Versklavung auch seines Landes auf immer besiegeln würde. Unsere beiden Völker sind noch immer miteinander verbunden. Entweder wir werden beide erliegen, oder wir werden Seite an Seite triumphieren.» Die Vichy-Regierung andererseits brach die Beziehungen zu London prompt ab, und auch der damals diskutierte Plan, England und Frankreich zu einer politischen Union zu vereinen, war indiskutabel geworden. Dafür stieg Churchills Popularität unter den Briten laut einer Gallup-Umfrage auf 88 Prozent.

Trotz seiner beschwichtigenden Worte trug de Gaulle schwer an Oran, es sollte seine Beziehungen zu den Angelsachsen – und deren Beziehungen zu ihm – empfindlich belasten. In Churchills Kriegsmemoiren lesen wir: «De Gaulle empfand es dem französischen Volk gegenüber als notwendig, eine stolze, hochmütige Haltung gegenüber dem ‹perfiden Albion› einzunehmen, obgleich er als Verbannter von unserem Schutz abhängig war und in unserer Mitte lebte. (...) Eines Tages erklärte er mir sogar diese Technik: Er musste rüde sein gegenüber den Briten, um vor französischen Augen zu beweisen, dass er keine britische Marionette war.» Außenminister Anthony Eden ging weiter: Ihm sei seit Ribbentrop noch niemand von solcher Grobheit begegnet wie dieser Franzose: «Er ist steif, arrogant, ein unverschämter Mann in seinem Starrsinn, seiner Eitelkeit und seinem völligen Fehlen jeder diplomatischen Finesse.» Präsident Roosevelt, der den General im Januar 1943 auf der Casablanca-Konferenz traf, kabelte von dort nach Washington: «Die temperamentvolle Lady de Gaulle war ziemlich hochnäsig.» Roosevelt und Churchill hielten Abstand zu dem gallischen Querkopf.

Doch waren sich der britische Premier und der Anführer von «France libre» einig, dass sie Frankreich nach dem Krieg wieder als europäische Macht etablieren wollten. Am 11. November 1944, dem Waffenstillstandstag des Ersten Weltkrieges, gingen Churchill und de Gaulle zusammen unter dem Jubel der inzwischen befreiten Franzosen die Champs-Élysées entlang. 14 Jahre später, de Gaulle ist inzwischen Staatspräsident der Fünften Republik geworden, überreicht er dem britischen Ex-Premier das Croix de la Libération, die höchste Auszeichnung für Helden der Befreiung Frankreichs. Da ist Oran längst in den Hintergrund gerückt. Im April 1960, während eines Staatsbesuchs in London, spricht de Gaulle öffentlich von «Le Grand Churchill», was diesen zu Tränen bewegt, die ihn oft zu übermannen pflegten. In seinen «Memoiren der Hoffnung» machte de Gaulle «Le Grand Churchill» ein großes Kompliment: «Es ist Winston Churchills unsterblicher Ruhm, in der härtesten Prüfung, die England je

252 XII. Der Zweite Weltkrieg (2)

Vereint im Sieg: Churchill und General de Gaulle am 11. November 1944 im befreiten Paris auf den Champs-Élysées, mit dem Arc de Triomphe im Hintergrund, im Gruß an eine jubelnde Menge

kannte, seinem Land und vielen anderen Lenker und Inspiration gewesen zu sein.» Auf der Potsdamer Konferenz vom Juli 1945 äußerte sich der neue amerikanische Präsident Harry Truman Churchill gegenüber ganz ähnlich: «Wären Sie wie Frankreich untergegangen, müssten wir die Deutschen heute vielleicht an der amerikanischen Küste abwehren.»

Churchill beschrieb später den 3. Juli 1940, trotz des persönlichen Kummers, den er empfand, als einen Tag von strategischer Bedeutung: «Dass die französische Marine als Machtfaktor fast mit einem einzigen Schlag durch eine gewaltsame Handlung ausgeschaltet wurde, machte in allen Ländern tiefen Eindruck. Da war dieses

England, das schon viele für erledigt gehalten hatten (...), und nun führte es einen rücksichtslosen Schlag gegen den besten Freund von gestern.» Ein Signal vor allem an die amerikanische Adresse. England war angeschlagen, aber noch nicht ausgezählt, bedroht, aber noch wehrhaft. Es sollte sich bald die Gelegenheit ergeben, dies erneut, und noch dramatischer, unter Beweis zu stellen.

2. England im Schatten des deutschen Diktators

Am 11. Mai hatte sich Goebbels in seinem Tagebuch notiert: «Churchill ist nun wirklich zum Premier ernannt. Klare Fronten! Das lieben wir.» Ähnlich triumphal äußerte sich der Diktator in seiner Rede vor dem Reichstag am 19. Juli 1940: «Herr Churchill sollte mir dieses Mal vielleicht ausnahmsweise glauben, wenn ich als Prophet jetzt folgendes ausspreche: Es wird (...) ein großes Weltreich zerstört werden, ein Weltreich, das zu vernichten oder auch nur zu schädigen niemals meine Absicht war. Allein, ich bin mir darüber im Klaren, dass die Fortführung dieses Kampfes nur mit der vollständigen Zertrümmerung des einen der beiden Kämpfenden enden wird. Mister Churchill mag glauben, dass dies Deutschland ist. Ich weiß, es wird England sein.»

Das befürchteten im Sommer 1940 auch viele Briten. Hätten sie gewusst, wie es wirklich um ihr Land stand, als die braune Macht von holländischen, belgischen und französischen Häfen und Flugplätzen zur Insel schaute, hätte der Kleinmut sie schier überwältigen können. Am 21. August 1940 sah sich Schatzkanzler Sir John Simon genötigt, das Kriegskabinett zu warnen, dass die Kosten für Munition, Rohmaterialien und Industrieausrüstungen, die man für den Einkauf in den USA in den nächsten zwölf Monaten veranschlagt hatte, sich auf 3,2 Milliarden Dollar beliefen, die verbleibenden Gold- und Dollarreserven der Bank of England aber nur noch weniger als zwei Milliarden Dollar ausmachten. Großbritannien werde mithin seine Rücklagen bis Dezember 1940 erschöpft haben und danach nicht mehr bezahlen können, was man für den Krieg, nein, fürs Überleben benötigte – Öl,

Nahrung, Rohmaterialien, Technologie, Waffen. Selbst wenn England also die drohende Invasionsgefahr überstehen würde, wäre es nicht in der Lage, den Krieg nach Neujahr 1941 lange fortzusetzen.

Churchill war sich der Lage längst bewusst, noch ehe die Zahlen des Ministers sie bestätigten. Das zeigte schon sein berühmtes Bekenntnis drei Tage nach seiner Ernennung zum Premierminister vor dem Kabinett und anschließend im Unterhaus – er habe «nichts anzubieten als Blut, Mühsal, Tränen und Schweiß». Bedenkt man, wie genau er die prekäre Situation der Insel kannte, klingt jener andere Passus aus dieser Rede vom 13. Mai umso trotziger: «Sie fragen – was ist unser Ziel? Ich kann es in einem Wort nennen: Sieg – Sieg um jeden Preis, Sieg trotz aller Schrecken, Sieg, wie lange und beschwerlich der Weg dahin auch sein mag; denn ohne Sieg gibt es kein Weiterleben. (…) Doch ich übernehme meine Aufgabe voller Hoffnung und Energie.» Zwei Wochen danach war zwar das Heer in Dünkirchen wie durch ein Wunder einer Katastrophe entgangen, aber unter Zurücklassung eines riesigen Arsenals von Kriegsmaterial. Gewohnt, nichts zu beschönigen, schenkte Churchill dem Unterhaus in seiner Rede vom 4. Juni 1940 reinen Wein ein: «Kriege werden nicht mit Evakuierungen gewonnen. Wir dürfen uns nicht blind stellen vor der Tatsache, dass das, was in Frankreich und Belgien passiert ist, einem kolossalen militärischen Desaster gleichkommt.»

Doch sofort schaltet er in derselben Rede auf unbeugsamen Widerstand. Wie in rhetorischem Tiefflug kommt es über die Köpfe der Abgeordneten: «Wir werden kämpfen bis zum Ende. Wir werden in Frankreich kämpfen, wir werden auf den Meeren und Ozeanen kämpfen. Wir werden mit wachsender Zuversicht und wachsender Stärke am Himmel kämpfen. Wir werden unsere Insel verteidigen, wie hoch auch immer der Preis. Wir werden auf den Stränden kämpfen, wir werden an den Landungsabschnitten kämpfen, wir werden auf den Feldern und auf den Straßen kämpfen, wir werden in den Hügeln kämpfen. Wir werden uns nie ergeben.» Nur die wenigsten wissen, was Churchill, als der Beifall nach dem letzten Satz wie eine Welle hochstieg, nach dem «We shall never surrender», einem Abgeordneten neben sich zusteckte: «Und wir werden sie bekämpfen mit den Enden zerbrochener Flaschen, denn das ist verdammt alles, was wir noch haben.» («We will fight them with the butt end of broken bottles because that's bloody well all we've got.») Das hat Kay Halle, eine amerikanische Erbin und Freundin der Churchill-Familie, in ihrem Erinnerungsband «The Irrepressible Churchill. Winston's World, Wars & Wit» (zuerst 1966) festgehalten.

«We shall never surrender» inspirierte ihn zur nächsten Herausforderung: «Man sagt uns, Herr Hitler habe den Plan einer Invasion auf den britischen Inseln. Das haben auch andere oft erwogen. Als Napoleon ein Jahr lang [1804/05] mit seinen Flachboden-Schiffen und seiner Grande Armée in Boulogne lag, sagte ihm jemand: ‹Es wachsen bittere Kräuter in England.› Davon gibt es eine ganze Menge mehr, seit unsere Truppen [aus Dünkirchen] zurückgekehrt sind.» England werde «nicht wanken noch weichen, sondern den Kampf fortsetzen, bis zur gottgewollten Stunde die Neue Welt mit all ihrer Macht und Kraft zur Hilfe und Befreiung der alten auftritt».

Zwei Wochen später, nach der Kapitulation Frankreichs, fallen dann die Worte, die das britische nationale Gedächtnis seither wie eine Ikone bewahrt: «Lasst uns darum unsere Pflicht tun und so, dass, wenn das britische Empire und sein Commonwealth noch tausend Jahre bestehen, die Menschen immer noch sagen werden: Dies war ihre größte Stunde.» Die «finest hour» – es ist das totemische Wort schlechthin, mit dem die Briten noch heute stolz auf 1940 und ihren Widerstand gegen Hitler zurückschauen. Dabei machte Churchill immer einen Unterschied zwischen dem Diktator und dem Land, das dieser sich gefügig gemacht hatte, Deutschland. Gegenüber de Gaulle, der aus dem englischen Exil die Truppen des «freien Frankreich» dirigierte, verriet er im Dezember 1940 auf dem Landsitz Chequers: «Wir kämpfen gegen die Nazis, nicht gegen Deutschland. Deutschland hat es schon vor der Gestapo gegeben.» So berichtet es John Colville in dem erwähnten Sammelband «Action this Day».

Dass die Briten sich auf ihrer Insel zum Kampf rüsten wollten, war Hitler ein Rätsel. Hatte er nicht nach Dünkirchen allerlei Fäden gezogen zur Auslotung eines Verhandlungsfriedens mit London? Von der Notwendigkeit einer Kooperation der «nordischen Völker» war er überzeugt. Freilich, seine Hochachtung vor den Engländern basierte auf einer völligen Fehleinschätzung ihres Charakters, den er sich als Spiegelbild eigener Rücksichtslosigkeit ausmalte. Wie sich Hitler und seine Vasallen England vorstellten, wird besonders deutlich in dem Handbuch der SS zur Vorbereitung der Invasion auf der Insel, das unauffällig-harmlos «Informationsheft Großbritannien» betitelt war und nach dem Krieg bekannt wurde. Diese Broschüre, für die der Leiter der Gruppe IV E im Reichssicherheitshauptamt (RSHA) verantwortlich zeichnete, der für die polizeiliche Spionageabwehr zuständige SS-Standartenführer Walter Schellenberg, ist eines der faszinierendsten Dokumente aus der deutsch-britischen Beziehungsgeschichte.

Immer wieder meldet sich in dem Text die traditionelle deutsche Bewunderung für die Vettern auf der anderen Seite des Kanals zu Wort, aber auf oft peinliche Weise. Attribute des englischen Nationalcharakters seien «Skrupellosigkeit, Disziplin, kühles Kalkulieren und ruchloses Handeln». Bei der Beurteilung der Elite-Erziehung an den englischen Privatschulen wird der Verfasser geradezu hymnisch: «Das ist der Ort, an dem der zukünftige Gentleman erzogen wird, der Gentleman, der (...) in Deutschland die Verkörperung des Bösen sieht, doch zugleich britische Macht für unantastbar hält. Alleiniger Zweck dieses Erziehungssystems ist es, Menschen von starkem Willen und grenzenloser Energie heranzubilden, die geistige Themen für Zeitverschwendung halten, aber die menschliche Natur kennen, und wissen, wie man herrscht. Dies sind wohlerzogene Leute, die in ihrer gewissenlosen Art englische Idealvorstellungen repräsentieren und den Sinn ihres Lebens einzig in der Beförderung der Interessen der herrschenden Klasse erblicken.»

Im Grunde war diese Passage, wie viele andere, nichts als eine verkappte Beschreibung eigener Art, projiziert auf ein Gegenüber, an dem man sich selbst hochstilisierte. Das entsprach wie gesagt ganz Hitlers eigenem Denken. Sogar in der zitierten Rede vor dem Reichstag am 19. Juli 1940 ließ er seinen Respekt vor England und dem britischen Empire durchblicken, in vielem sein – missverstandenes – Vorbild. Zum außenpolitischen Programm seiner Regierung habe immer «die Herbeiführung des gleichen Verhältnisses zu England» gehört – verräterisches Bekenntnis eines Diktators, der zur Weltmacht seiner Zeit aufzuschließen hoffte, ein Echo der Sehnsucht, die schon den letzten deutschen Kaiser umgetrieben hatte. Noch in den letzten Kriegstagen sollte Hitler in Gesprächen mit engsten Getreuen darüber klagen, dass sich die Insel ihm immer versagt hatte. Wenn das Schicksal diesem verkalkten England doch «einen zweiten Pitt» geschenkt hätte, «anstelle dieses verjudeten halb amerikanischen Trunkenboldes Winston Churchill!» (Joachim Fest, «Der Untergang»)

Doch der ließ sich nicht schmeicheln oder erweichen, nicht 1940 und nicht später. Und Hitler gab seine Antwort, mit der Weisung Nr. 16 vom 16. Juli: «Da England trotz seiner militärisch aussichtslosen Lage noch keine Anzeichen einer Verständigungsbereitschaft zu erkennen gibt, habe ich mich entschlossen, eine Landungsoperation vorzubereiten. Zweck dieser Operation ist es, das englische Mutterland als Basis für die Fortführung des Krieges gegen Deutschland auszuschalten und, wenn es erforderlich sein sollte, in vollem Umfang zu besetzen. (...) Das Unternehmen führt den Decknamen ‹Seelöwe›.» Für ein solches Unternehmen aber waren die deutschen Seekräfte seit Norwegen, wo man noch kaum aufgearbeitete Verluste erlitten hatte, nur schlecht gerüstet. Eine seegestützte Invasion konnte nur gelingen, wenn zuvor die Royal Air Force ausgeschaltet war. Also ließ Hitler am 1. August seine Weisung Nr. 17 folgen: «Um die Voraussetzungen für die endgültige Niederringung Englands zu schaffen, (...) befehle ich Folgendes: Die deutsche Fliegertruppe hat mit allen zur Verfügung stehenden Kräften die englische Luftwaffe möglichst bald niederzukämpfen.» Diese Hoffnung aber schwand während der folgenden «Battle of Britain» mehr und mehr, so dass der Zeitpunkt der Landung, ursprünglich für den 15. September vorgesehen, immer weiter verschoben werden musste, bis die Invasion nach dem Angriff Hitlers auf die Sowjetunion im Juni 1941 ganz aufgegeben wurde.

3. «The Battle of Britain»

Martin Gilbert, Churchills offizieller Biograph, entdeckte in den 60er-Jahren in einem Stoß von Materialien, die Churchills Sohn Randolph für die gerade begonnene Arbeit an der Lebensbeschreibung seines Vaters noch sichten wollte, wozu er aber wegen seines frühen Todes 1968 nicht mehr kam, eine erstaunliche Aufzeichnung. Sie stammte von einem gewissen Major Sir Murland de Grasse Evans, der einst zusammen mit Winston Churchill Schüler in Harrow gewesen war. Dort hatte der 16-Jährige ihm 1891 einen Traum mitgeteilt. «Ich werde London und England vor dem Unglück bewahren. In der hohen Stellung, die ich einnehmen werde, wird es mir zufallen, die Hauptstadt und das Empire zu retten.» Ein parapsychologischer Vorgriff auf 1940, der – bis auf die Rettung des Empire – in Erfüllung gehen sollte.

Als eine Eskalation in Zeitlupe, so entwickelte sich für die Insel das schicksalhafte Jahr 1940. A. J. P. Taylor nennt die «Operation Seelöwe» «eine Mischung aus Improvisation und Bluff». Es war eine Abfolge von Ad-hoc-Entscheidungen ohne systematische Vorbereitung. Vielleicht war der Diktator 1940 aufgrund seiner oft dokumentierten Bewunderung für England gehemmt. Und da er nie glaubte, dass Großbritannien Deutschlands Dominanz auf dem Kontinent behelligen könnte, musste er sich auch nicht bis zum Letzten erschöpfen bei dem Versuch, die Insel zu unterwerfen. Für Hitler lag der Hauptfeind nicht im Westen, sondern im Osten – Russland. Ein rascher Sieg dort würde England schon noch an den Verhandlungstisch bringen.

Von solchen Gedankengängen wussten die Briten im Sommer 1940 nichts. Hitlers Weisung vom 1. August an seine Fliegertruppe, «mit allen zur Verfügung stehenden Kräften die englische Luftwaffe möglichst bald niederzukämpfen», signalisierte ihnen, in welcher Gefahr sie schwebten. Außenminister Lord Halifax hatte am 22. Juli in einer kurzen Radiomitteilung, die ganz nach Churchill klang, mit dem deutschen «Friedensangebot» vom 19. Juli kurzen Prozess gemacht: «Hitler mag das Hakenkreuz aufpflanzen, wo er will. Aber

XII. Der Zweite Weltkrieg (2)

wenn er die Stärke Britanniens nicht untergraben kann, ist sein Reich auf Sand gebaut.» Die «Battle of Britain» begann.

Wir müssen sie nicht im Einzelnen nacherzählen. Die Royal Air Force litt neben der numerischen Unterlegenheit ihrer Kampfflugzeuge noch an einem anderen Handicap – einem Mangel an ausgebildeten Piloten. Die Neurekrutierten blieben hinter der Zahl der Verluste deutlich zurück. Was half, waren Piloten aus befreundeten, von Hitler besetzten Ländern, die auf der Insel Zuflucht gefunden hatten, darunter über 100 Polen. Auch das Commonwealth sprang ein. Unter den insgesamt etwa 3000 Piloten, die während der Battle of Britain zum Einsatz kamen, waren rund ein Fünftel Nicht-Briten. Aber auch die deutsche Luftwaffe operierte mit zwei großen Defiziten. Einmal unterschätzte man die Wirksamkeit der 50 rund um die Insel aufgestellten Radar-Frühwarnanlagen, dieses «Chain Home» genannte System mit seiner ausgeklügelten Kommunikation. Das zweite Defizit war die geringe Eindringtiefe der deutschen Messerschmitts: Deren 400-Liter-Treibstofffüllungen reichten, kaum hatte man den Kanal überquert, gerade noch 15 bis 20 Minuten für den Kampf über den südlichen Grafschaften Englands. Das RAF Fighter Command dagegen hatte sozusagen ein Heimspiel – war eine seiner wendigen Spitfires getroffen, konnte der Pilot über heimischem Boden abspringen und sofort wieder eingesetzt werden. Sein deutsches Gegenüber dagegen landete, wenn es überlebte, in der Gefangenschaft. Die Moral des Fighter Command – und, notabene, auch der Alkoholkonsum der Besatzungen – war hoch; man handelte nach einem krisentypischen «Carpe diem». «Wir schießen jeden Tag auf die Hunnen, dear boy», sagte Geschwaderkommandant Brian Kingcombe einmal zu einem Neuling, «und betrinken uns am Abend bestialisch.»

Der Sommerhimmel über Südengland glich im August/September 1940 einer wechselnden Geometrie von sich überkreuzenden weißen oder schwarzen Spuren, dem die Menschen am Boden beinahe fasziniert zusahen, wie bei einem Schaufliegen – der BBC-Kommentator Charles Gardener beschrieb eines dieser Luftduelle nach Art eines Kricket-Zweikampfes zwischen dem Werfer und dem Schlagmann. Auch Churchill ließ sich das Schauspiel von einem Fliegerhorst aus nicht entgehen. Doch die Bedrohung konnte rasch naherücken. Bei der Beerdigung der Toten des Großangriffs vom 30. August auf eines der wichtigsten Flugfelder, Biggin Hill in Kent, sprang der Geistliche in eines der offenen Gräber, um Deckung vor herannahenden Tieffliegern zu suchen.

Am 20. August pries der Premier im Unterhaus die Leistung der RAF-Piloten mit einem berühmten Wort: «Noch nie im Feld menschlicher Konflikte verdankten so viele so wenigen so viel» – «never in the field of human conflicts was so much owed by so many to so few.» Auch «the few» ist bis heute eines jener ikonischen Churchill-Zitate aus dem Krieg mit hohem patriotischem Erkennungswert. Zum ersten Mal wurde Hitler in einer militärischen Auseinandersetzung in die Schranken gewiesen. Der Heroismus der «few» wurde nach Oran das wichtigste Plus, vor allem in der amerikanischen Öffentlichkeit. England war allein, doch gerade darum umso bewundernswerter.

4. «The Blitz»

Aber die Briten entrannen der Niederlage nur knapp. In den zwei Wochen von Ende August bis Anfang September schwanden die Widerstandskräfte der RAF, die Verluste an Flugzeugen und Personal waren, trotz aller Rüstungs- und Rekrutierungsanstrengungen, kaum mehr wettzumachen. Da änderte die deutsche Seite, wie schon vor Dünkirchen, ihre Taktik auf unerwartete Weise. Der Auslöser dafür war Churchill, der eigentlich bis dahin in das Geschehen außer durch seine hochfliegende Rhetorik kaum eingegriffen hatte. Deutsche Bomben fielen am 24. August irrtümlich auf Ziele am Londoner Südrand, mit insgesamt 76 Einschlägen, obwohl bis dahin ein strikter Befehl Hitlers vorlag, London auszusparen. Churchill beorderte noch am folgenden Tag 81 schwere Bomber in Richtung Berlin, von denen 29 ihr Ziel erreichten, mit Bombenabwürfen von nur begrenztem Schaden, aber umso größerer psychologischer Wirkung.

Dass deutsches Territorium aus der Luft getroffen werden

konnte, widerlegte alle Zusicherungen des Gegenteils durch die Nationalsozialisten, vor allem durch Göring. Am 4. September 1940 steigerte sich Hitler im Berliner Sportpalast bei Gelegenheit der Eröffnung des Winterhilfswerks in eine seiner üblichen Ragen: «Wenn die britische Luftwaffe zwei- oder drei- oder viertausend Kilogramm Bomben wirft, dann werfen wir jetzt in einer Nacht 150 000, 180 000, 230 000, 300 000, 400 000, eine Million Kilogramm. Wenn sie erklären, sie werden unsere Städte in großem Maße angreifen – wir werden ihre Städte ausradieren!» Nichts derartiges hatte Churchill erklärt, Berlin war ein Nadelstich, mehr nicht. Doch Hitler blieb dem eigenen Wutschnauben treu und befahl eine Änderung der Taktik just in dem Moment, wo sie kurz vor dem Erfolg stand. Jetzt gab es nur noch ein überragendes Angriffsziel – die britische Hauptstadt und ihre Bevölkerung. Damit begann im September 1940 die eigentliche Battle of Britain, obwohl die Briten das, was nun auf sie zukam, in Verkennung des deutschen Blitzkrieges im Westen bald nur noch – und bis heute – «the Blitz» nannten.

Eine erste massive Bombensalve entlud die deutsche Luftwaffe bereits am 7. September über London, mit mehr als 400 Toten und über 4000 Verletzten. Dem folgte 57 Tage lang ein unaufhörliches Bombardement, bis zum 11. November; nur an zehn Tagen fiel die Hölle wegen Schlechtwetter aus. Keine Stadt hat im Zweiten Weltkrieg eine solche Dauerbelagerung seiner Substanz – und seiner Nerven – erlebt wie London. Auch keine der Industriestädte Großbritanniens, die ebenfalls von der deutschen Luftwaffe heimgesucht wurden, ob Portsmouth, Birmingham, Manchester, Southampton, Hull, Newcastle, Cardiff, Liverpool, Belfast, Coventry oder auch Glasgow. Die deutschen Bomber schonten weitgehend den Westen Londons, obwohl der Buckingham Palace insgesamt neun Treffer abbekam, davon den schwersten am 13. September nicht weit von den Privaträumen des Königspaares entfernt, das anwesend war. Auch verwüstete ein Volltreffer am 10. Mai 1941 die Abgeordnetenkammer des Unterhauses. Bevorzugtes Ziel waren immer wieder das East End, die Arbeitersiedlungen und die Themse-Docks, sowie die City.

Wie würde die Bevölkerung reagieren?, fragte man sich in der

In den Ruinen des Unterhauses: Ein Jahr nach seinem Antritt als Premierminister, in der Nacht zum 10. Mai 1941, zerstört eine Bombe die *debating chamber* des Unterhauses

Regierung. Heldentaten des Durchhaltens konnte niemand voraussetzen, die Nervosität war groß. Churchill hatte in einem Ukas «an die Regierungsangestellten in hohen Ämtern» wissen lassen: «Der Premierminister erwartet von allen, dass sie ein Beispiel von Festigkeit und Entschlossenheit geben. Sie müssen leichtfertige und schlecht verdaute Meinungsäußerungen in ihren Kreisen oder bei ihren Untergebenen unterdrücken und tadeln. Sie dürfen [andern-

XII. Der Zweite Weltkrieg (2)

falls] nicht zaudern, jeden Offizier oder Beamten anzuzeigen oder, wenn nötig, zu entlassen.» Aber der Slogan, der sich herausschälte, lautete ganz anders: «London can take it» – London kann es wegstecken. Dafür wurde der Ruf nach Vergeltung immer lauter. «London can give it!», schrieben Aufgebrachte an die Regierung, London kann auch austeilen. Viel zur Stärkung des Rückgrats trugen die königlichen Hoheiten bei, George VI. und Königin Elizabeth, die spätere Queen Mother, die darauf bestanden, in London auszuharren und sich nicht wie viele andere Mitglieder der Aristokratie ins sichere Ausland zu begeben oder aufs Land zu flüchten. Stattdessen besuchte das Königspaar zerbombte Stadtbezirke in einer deutlichen Demonstration der Solidarität. Churchill schrieb an den König: «Dieser Krieg hat den Thron und das Volk enger zusammengeschlossen als jemals zuvor.»

So auch ihn, Churchill, und die Regierten. Über seinen Besuch im Stadtteil Peckham, im Londoner Süden, am Tag nach dem ersten schweren Angriff vom 7. September schrieb er später in den Memoiren: «Schon waren mitten in den Ruinen kleine Union Jacks aufgepflanzt worden. Ich brach in Tränen aus. Ismay, der uns begleitet hatte, berichtet, er habe eine alte Frau sagen hören: ‹Seht ihr? Es geht ihm wirklich nahe. Er weint.› Aber es waren nicht Tränen der Sorge, sondern des Staunens und der Bewunderung. ‹Gebt's ihnen zurück!›, schrien die Leute. ‹Sie sollen auch was abkriegen.› Ich verpflichtete mich sogleich, darauf zu achten, dass ihre Wünsche erfüllt wurden; und dieses Versprechen ist ganz gewiss gehalten worden. Die Schuld ist in dem furchtbaren, systematischen Bombardement der deutschen Städte zehnfach, zwanzigfach heimgezahlt worden (...) Ja, der Feind hat alles reichlich wieder erhalten, ein gerüttelt Maß bis zum Überlaufen voll. Doch wehe der armen Menschheit.»

Größte Belastung für die Nerven der Londoner waren die anhaltenden Schlafstörungen. Jeder neue Alarm – der «Blitz» war in der Hauptsache ein Nachtkrieg – scheuchte die Menschen in primitive wellblechbedeckte Unterkünfte («Anderson shelters»), in die U-Bahn-Stationen oder schlecht ausgerüstete Bunker; viele zogen es vor, in vermeintlich sicheren Teilen ihrer Häuser Schutz zu suchen. Guter

Schlaf war knapp, zumal Innenminister Herbert Morrison Ende September 1940 verfügte, dass jedermann zwischen 16 und 60 pro Monat 48 Stunden Feuerwehrdienste leisten müsse. «Home Intelligence», eine Abteilung des Innenministeriums, in der Stimmungen und Reaktionen zum Krieg eingefangen wurden, erfasste die Lage in einem Bericht aus dem zerbombten Portsmouth sehr genau: «Die Verfassung der Leute ist ungebrochen, aber ihre Nerven sind dahin.» Dann, im nächsten Satz: «Sie wollen jedoch nicht nachgeben.»

Goebbels irrte, zumindest teilweise, als er sich am 6. September in seinem Tagebuch notierte: «Geraubter Schlaf wirft ein Volk nicht nieder. Die Demoralisation folgt erst der Verwüstung und dem Schrecken.» Richtig, der geraubte Schlaf warf London und die übrigen in Mitleidenschaft gezogenen Städte nicht nieder, aber Demoralisierung blieb trotz Verwüstung und Schrecken weitgehend aus. Diese Entdeckung mussten später auch die Alliierten machen, die der irrigen Annahme folgten, das *area bombing*, das Flächenbombardement, werde die Deutschen in die Knie zwingen oder in den Aufstand gegen Hitler treiben. «Wann wird Churchill kapitulieren?», befragte Goebbels sein Tagebuch im November 1940. Auch diese Hoffnung trog. Gewiss, hier und da machte sich Unmut über den Premier und die Maßnahmen der Regierung breit. Die Rationierung von fast allem, von Nahrungsmitteln über Kleidungsstoffe bis zu Gebrauchsgegenständen des Alltags, nicht zu vergessen die Einschränkungen beim Wasser- und Energieverbrauch – all das war kein Anlass zur Freude. Da fiel Churchills gelegentlich altmodische Rhetorik, mit dem Pomp ihrer Bildersprache, beim einfachen Mann oft wie unter Dornen.

Der Historiker Richard Toye hat in seinem Buch «The Roar of the Lion» (2013) nachzuweisen versucht, dass in der Nachbetrachtung Churchills berühmte Kriegsreden häufig übertrieben, das heißt übertrieben positiv geschildert worden seien. Ihr Echo «am Boden» war nicht annähernd so überwältigend wie gemeinhin angenommen, so Toye. Seine Quellen lesen sich faszinierend genug, wie immer, wenn ein Revisionist sich anschickt, am Sockel eines Denkmals zu rütteln. Und doch belegt auch Toye nur eines: Die britische Demokratie blieb auch unter den Herausforderungen des Krieges völlig

«The Blitz» und sein ikonisches Abbild: Die Kuppel der St Paul's Cathedral inmitten des Bombeninfernos

intakt. Abweichende Meinungen, aller Hader mit der Politik änderte jedoch nichts an der grundsätzlichen Gegnerschaft der Bevölkerung zu den Nazis – den «Narzees», wie Churchill es immer aussprach, mit weichem «s» in der Mitte.

Etwas viel Wichtigeres sticht beim Blick auf das England dieser Zeit ins Auge: Die Menschen fanden im Widerstand den Schlüssel zu ihrer eigenen Identität. Was war schließlich die Freiheit der Kritik anderes als ein Teil jener Freiheit, zu deren Verteidigung man Krieg führte? Da waren Äußerungen des Unmuts und der Unzufriedenheit sekundäre Phänomene. Schließlich hatte Churchill gleich zu Beginn seiner Amtszeit «Blut, Mühsal, Tränen und Schweiß» vorausgesagt.

Sollte das Volk in Jubel ausbrechen, als sich diese Vorhersage in den dunklen Nächten 1940/41 erfüllte? George Orwell fand eine gute Erklärung, als er 1941 in «The Lion and the Unicorn» schrieb: «In Momenten der tiefsten Krise gelingt es der Nation, sich plötzlich zusammenzufinden und rein nach Instinkt zu handeln, es ist in Wirklichkeit ein Verhaltenskodex, den jeder versteht, ohne dass er jemals ausformuliert worden wäre.» Auf dieser Ebene fanden sich die Menschen und ihr Kriegspremier. Die Zustimmung zu ihm fiel während des ganzen Krieges nie unter 78 Prozent.

Für Churchill und seine Korrespondenz mit Roosevelt waren die auf der Insel arbeitenden amerikanischen Medien eine große Hilfe. Gewohnt, auf das etwas verstaubte England mit seinen imperialen Ambitionen herabzuschauen, entdeckten diese Journalisten plötzlich ein ganz anderes Land, mit einem moralischen Rückgrat, das ihnen Bewunderung entlockte. Ed Murrow, damaliger Studioleiter des CBS-Büros in London, der mit seinen Rundfunkberichten aus dem umkämpften Großbritannien in den USA zu einem Star wurde, sah am Tag nach einem schweren Angriff im September 1940 Flaggen aus vielen Häuserblocks aufragen, «und keine einzige da oben war weiß». Murrow prägte nach dem Krieg ein berühmtes Wort über Churchills rhetorisches Arsenal: «Er mobilisierte die englische Sprache und schickte sie in die Schlacht, um seinen Landsleuten festen Halt zu geben und die Europäer zu ermutigen, auf die sich die lange Nacht der Tyrannis gesenkt hatte.» Vincent Sheean, ein Mitglied im CBS-Team, stellte bereits in seinen 1943 veröffentlichten Erinnerungen eine Art Bekehrung bei sich fest: «Es war in Dover, glaube ich, dass die Sache Englands in meinen Augen auch ‹unsere Sache› wurde.» Genau diesen Konnex hatte Churchill im Denken des amerikanischen Präsidenten zu verankern versucht.

«Ich glaube, wir haben es geschafft, den Krieg nicht zu verlieren», schrieb Harold Nicolson während der Bombardierungen an seine Frau Vita Sackville-West. «Aber wenn ich daran denke, wie um alles in der Welt wir ihn gewinnen wollen, ergreift Angst meine Vorstellungskraft.»

KAPITEL XIII

Der Zweite Weltkrieg (3): Churchill findet Entlastung

1. Lend-Lease und die Schlacht im Atlantik

Im November 1940 stellte sich Franklin Delano Roosevelt zum dritten Mal der Präsidentschaftswahl, was bedeutete, dass er zwischen Isolationisten, die eine Politik strikter Neutralität verlangten, und Interventionisten, die nach amerikanischer Hilfe für Großbritannien riefen, einen sorgfältig vieldeutigen Kurs steuern musste. Wenn die Kasse stimmte oder andere Vorteile für die USA winkten, konnte er es sich leisten, Hilfsabkommen mit den Briten zu schließen. Das war im September der Fall, im «Destroyer for bases agreement», als die Royal Navy endlich die von Churchill schon im Mai erbetenen 50 Zerstörer aus amerikanischen Weltkriegsbeständen erhielt, für 99 Jahre Nutzungsrechte an britischen Luft- und Seebasen in der Karibik und in Neufundland. Es war eindeutig ein Geschäft zum größeren Vorteil der USA, aber die Briten waren froh über jedes zusätzliche Schiff zum Schutz der Konvois über den Atlantik, ihrer Rettungsleine, auch wenn von den 50 alten US-Zerstörern bis Ende 1940 erst drei einsatzbereit waren. Roosevelt war vom Kampfgeist der Engländer tief beeindruckt. Schon bei Ausbruch des Krieges hatte er verkündet, dass die USA zwar ihrem Gesetz nach neutral seien, er aber keinem Amerikaner auferlegen könne, «auch in seinem Denken neutral zu bleiben».

Doch es war Churchill, der den nächsten Schachzug unternahm.

In einem langen Schreiben vom 7. Dezember bat er FDR eindringlich um militärischen Nachschub. «Wir können möglicherweise auf der Strecke bleiben», ließ er den Präsidenten auf dem Höhepunkt des deutschen Bombardements wissen, und die USA würden vielleicht nicht mehr genügend Zeit haben, ihre Verteidigung rechtzeitig zu vervollkommnen. Eile tue not. Dann griff Churchill der Zeitgeschichte weit voraus: Die einzige Hoffnung auf eine vernünftige Welt nach dem Krieg sei die See- und Luftvormacht von Amerika und Großbritannien, den beiden großen liberalen Völkern. Allerdings sollte keiner der beiden «die Position eines Bittstellers bei dem anderen einnehmen», es solle vielmehr «eine Partnerschaft unter Gleichen» herrschen. Schwang in dieser Wortwahl nicht die uneingestandene Erkenntnis mit, dass England bereits Bittsteller war und damit schon jetzt kaum mehr dem Anspruch genügte, ein Partner «unter Gleichen» zu sein? Es war das Wetterleuchten einer Erkenntnis, der Churchill im Verlauf des Krieges nicht mehr ausweichen konnte.

Immerhin brachte sein Schreiben den Präsidenten auf eine rettende Idee – das Leih- und Pachtgesetz (Lend-Lease Act). Zur Begründung griff Roosevelt auf der Pressekonferenz vom 17. Dezember 1940, mit der er den Plan vorstellte, zu einem Bild: Man werde doch einem Nachbarn, dessen Haus vom Feuer bedroht ist, nicht den Gartenschlauch verweigern können – den erhalte man nach Gebrauch doch wieder zurück. Mit Lend-Lease bekam England für die Dauer des Krieges auf Kredit all jene Güter und Materialien, für die es nach 1940 nicht mehr hätte zahlen können (siehe Kap. XII, 2). Kurz vor der Abstimmung auf dem Capitol Hill in Washington setzte Churchill dem Projekt noch einmal in einem «World Broadcast» der BBC, am 9. Februar 1941, den Stempel seiner aus Bild und Jargon gemischten Sprache auf: «Give us the tools, and we will finish the job» – gebt uns die nötigen Werkzeuge, dann werden wir den Job schon zu Ende bringen. Vor so viel Zuversicht kapitulierten selbst die isolationistisch geprägten Legislatoren auf der anderen Seite des Atlantiks und verabschiedeten das Gesetz am 11. März 1941.

Sie hatten guten Grund zuzustimmen. Schon 1940 arbeitete die amerikanische Luftfahrtindustrie zu 40 Prozent für Bestellungen aus England, und 25 Prozent der Munitionsproduktion gingen an den gleichen Auftraggeber, damals noch gegen Bezahlung, für die London seine Goldreserven und wertvolle überseeische Beteiligungen plündern musste. Die unter dem Leih- und Pachtgesetz zu erwartenden britischen Mehraufträge, allein für Tausende von Flugzeugen, konnte Roosevelt wenige Tage vor der Wahl als eine willkommene Injektion für den amerikanischen Arbeitsmarkt anpreisen, ganz abgesehen davon, dass auch die amerikanische Verteidigung von der erhöhten Produktivität profitieren würde. Der offizielle Name von Lend-Lease hieß denn auch «Ein Gesetz zur weiteren Förderung der Verteidigung der Vereinigten Staaten». Im Laufe des Krieges unterzeichneten die USA mit insgesamt 20 Staaten Lend-Lease-Abkommen, auch mit der Sowjetunion, nach dem Einmarsch der Deutschen im Juni 1941. Das war nicht Altruismus, sondern eine wohl durchdachte Politik zum nationalen Vorteil. Denn ehe mit dem Leih- und Pachtgesetz die eigenen Kräfte wie auch die der anderen Hitler-Gegner aufgerüstet wurden, hatte die US-Industrie weit unter Kapazität gearbeitet. Die Ausnutzung ihrer Fabriken lag bei 40 Wochenarbeitsstunden – bis 1944 wurden es 90. 1940 meldeten sich noch 8,7 Millionen Menschen arbeitslos – bis 1944 waren sie sämtlich in den Arbeitsprozess integriert. Und lag das Bruttoinlandsprodukt 1940 bei 88 Milliarden Dollar, so erreichte es binnen vier Jahren 135 Milliarden Dollar. Roosevelts Wort vom «Arsenal der Demokratie» erhielt seine den Krieg entscheidende Bedeutung.

Nirgends benötigte Churchill schnellere Entlastung als zur See – im Atlantik. Um zu überleben, war England von gesichertem Nachschub über diese Verbindung angewiesen, für Nahrung, Rohmaterialien, Truppen und deren Ausrüstung. Was nützte der Erfolg am britischen Himmel, wenn die Insel durch das Zerschneiden ihrer Lebensader ausgehungert werden konnte? Es fehlte vor allem an Begleitschiffen für die gefahrvolle Durchquerung des Atlantiks – dem Gegner war es gelungen, allein zwischen August und Dezember 1940 drei Millionen Bruttoregistertonnen an Nachschub zu versenken. Die «Schlacht im Atlantik», wie er sie nennen sollte, beschrieb Churchill in seinen Kriegsmemoiren als «das einzige, was mir im Krieg wirkliche Angst einjagte».

Demgegenüber verblasste in seinen Augen sogar die Gefahr einer deutschen Invasion. Nichts belegt dies besser als seine erstaunliche Entscheidung im August 1940, während die Battle of Britain gerade anhob und die deutschen U-Boote ihre Zerstörungskraft entfalteten, die größte verbliebene englische Panzertruppe nach Ägypten zu schicken, um einer drohenden Invasion Mussolinis zuvorzukommen. Tatsächlich musste Rommel 1941 in Nordafrika eingreifen, um die bereits im Dezember 1940 von der britischen Armee geschlagenen italienischen Truppen zu entsetzen.

Im Atlantik kam alles auf die USA an. Washington versprach im Lend-Lease-Abkommen auch, bei der Begleitung der Konvois im Westatlantik einzuspringen. Mehr und mehr bewegten sich die USA, inoffizieller Verbündeter der Briten auf hoher See, in Richtung eines unerklärten Krieges mit Deutschland. Was den Alliierten half, war die Entschlüsselung des deutschen militärischen Codes, der «Enigma»-Maschine, in Bletchley Park in der Grafschaft Buckinghamshire. «Ultra» lieferte in die Downing Street täglich die neuesten Auswertungen, die Churchill jeden Morgen als Erstes las. «Ultra half den Krieg gewinnen», urteilte er später gegenüber Vertrauten; das Geheimnis wurde erst 30 Jahre nach dem Krieg gelüftet. Auf der Weite des Nordatlantiks entwickelte sich zwischen 1941 und 1943 ein förmlicher Geheimdienstkrieg um Radiowellen. Ultra brachte immer nur für beschränkte Zeit Nutzen, wechselte die deutsche Seite doch regelmäßig ihren Code, dem man jeweils nur mit Verzögerung auf die Spur kam. Am wenigsten Anfang Februar 1942, als sich das neue System der deutschen Marine, Enigma M4, monatelang nicht entschlüsseln ließ. Die Verluste auf Seiten der Alliierten stiegen in dieser Zeit wieder sprunghaft an, die Versorgungslage Englands wurde prekär. Erst im Dezember 1942 fanden die Kryptographen in Bletchley Park dank eines erbeuteten deutschen Wettercodebuches Zugang zu Enigma M4 und konnten von da an fast zeitgleich die verschlüsselten Funksprüche entziffern.

Der Akkordausstoß von amerikanischen «Liberty»-Schiffen und neuen Bombern verschaffte schließlich die zusätzliche Überlegenheit, die im Atlantik die Wende brachte – U-Boot-Verluste für den Gegner von solcher Zahl, dass Admiral Dönitz, der Chef der deutschen Marine, am 23. Mai 1943 die Schlacht einstellte. Es war eine der längsten Kampagnen des Zweiten Weltkrieges, eine für England potenziell tödliche Bedrohung.

2. Ein fragwürdiger Verbündeter

Am Abend des 22. Juni 1941 trat Churchill vor das Mikrophon der BBC für einen weiteren «World Broadcast»: «Heute um 4 Uhr früh hat Hitler mit einer Invasion die Sowjetunion überfallen.» «Es war keine Überraschung für mich», ergänzte er. «Tatsächlich gab ich Stalin klare und präzise Warnungen vor dem, was bevorstand.» Aber der russische Alleinherrscher hatte diese und ähnliche Hinweise aus anderen Quellen in den Wind geschlagen. Churchill stand vor einem Dilemma: Attestierter Anti-Kommunist, der er war, musste ihn der neue Kampfgenosse gegen Hitler, die Sowjetunion, verlegen machen. So rettete er sich vor den Zuhörern in aller Welt in eine Apologie – an seiner Gegnerschaft zum Kommunismus lasse er nicht rütteln. «Niemand hat in den letzten 25 Jahren konsequenter gegen den Kommunismus opponiert als ich. Ich werde kein Wort [davon] ungesagt machen», deklarierte er, um in seiner typischen Sprachlust fortzufahren: «Aber das alles verblasst vor dem Schauspiel, das sich jetzt entfaltet. Die Vergangenheit mit ihren Verbrechen, ihren Torheiten und ihren Tragödien verschwindet wie ein Blitz. Ich sehe vielmehr die russischen Soldaten, wie sie an der Schwelle ihres Landes stehen, (...) ihre Häuser zu schützen, in denen Mütter und Ehefrauen für die sichere Heimkehr ihrer Lieben beten. (...) Ich sehe, wie gegen all das die Nazi-Kriegsmaschine ihren widerlichen Angriff führt, mit ihren zackigen, die Hacken klickenden dandygleichen preußischen Offizieren, frisch vom Niederwerfen Dutzender von Ländern. Ich sehe die stumpfen, gedrillten, widerstandslosen [im alliterierenden Original «dull, drilled, docile»], brutalen Massen der hunnischen Soldateska, wie sie sich wie ein Schwarm von Heuschrecken am Boden voranwälzen. Ich sehe deutsche Bomber und Piloten, immer noch leidend nach ihrer britischen Tracht Prügel, wie sie es genießen, ein leichter und sicherer zu treffendes Opfer vorzufinden.»

Bei einem Spaziergang auf dem Landsitz Chequers hatte Churchill am Abend vor Beginn des «Unternehmens Barbarossa», des deutschen Überfalls auf Russland, im Gespräch mit John Colville gemeint, dass es für ihn nur ein einziges Ziel gebe: die Vernichtung Hitlers; sein Leben sei dadurch «sehr vereinfacht» worden. Selbst in dem Fall, dass Hitler sich zur Eroberung der Hölle entschließe, würde er, Winston, «zumindest ein freundliches Wort für den Teufel einlegen». Vereinfachung des Lebens – sahen es die Nationalsozialisten nach dem Überfall auf die Sowjetunion etwa ähnlich? Als Graf von der Schulenburg, Berlins Botschafter in Moskau, am Morgen des 22. Juni im Kreml eintraf, um der sowjetischen Führung offiziell mitzuteilen, dass man sich im Kriegszustand befinde, fragte ihn Außenminister Molotow, warum Deutschland überhaupt den Nichtangriffspakt mit der Sowjetunion (23. August 1939) eingegangen sei. Der Botschafter entgegnete: «Ich habe persönlich während der letzten sechs Jahre alles, was mir möglich war, unternommen, um die Freundschaft zwischen der Sowjetunion und Deutschland zu befördern. Aber man kann dem Schicksal nicht im Weg stehen.» Schicksal, «destiny», Churchills Lieblingswort – das hatte auch Hitler für sich gepachtet, als «Vorsehung».

Stalins Vorschlag, britische Soldaten Seite an Seite mit der Roten Armee gegen die Deutschen kämpfen zu lassen, griff Churchill zwar nicht auf, aber er schickte schon im August 1941 den ersten Schiffskonvoi von den Orkney-Inseln in Richtung Murmansk, mit zwei Geschwadern «Hurricanes» an Bord. Die arktische Versorgungsroute nach Murmansk sollte sich, wetterbedingt und weil sie ständig im Visier deutscher U-Boote war, als die schwierigste Seepassage im Krieg überhaupt herausstellen. Für ihren neuen sowjetischen Kampfgefährten, den der US-Kongress ebenfalls ins Leih- und Pacht-Programm aufnahm, brachten die Alliierten große Opfer. Generalstabschef Alan Brooke, den wir als kritischen Begleiter Churchills bereits kennengelernt haben (siehe Kap. XI, 3), kommentierte verärgert in seinem Tagebuch: «Wir lieferten Panzer und Flugzeuge, die wir nicht entbehren konnten, und als Folge erlitten wir schwerste Schiffsverluste. Von den Russen erhielten wir nur Kritik über unsere ineffizienten Konvois.» Stalin war anspruchsvoll. Im Laufe des Krieges erhielt Russland, wie Andrew Roberts in «Hitler and Churchill. Secrets of Leadership» zusammenfasst, von den Briten und Amerikanern – das meiste von den Letzteren – 5000 Panzer, 7000 Flugzeuge, 51 000 Jeeps und 51 Millionen Paar Stiefel. Auch Ultra-Ergebnisse über deutsche Pläne an der Ostfront wurden Stalin zugespielt, was ihm besonders vor und während der Panzerschlacht bei Kursk im Juli 1943 große Dienste leistete.

In England dominierten nach dem deutschen Überfall auf die Sowjetunion pro-russische Gefühle. Beaverbrook, der für die Rüstung zuständige Minister, rief im Herbst 1941 eine «Panzer für Russland»-Woche aus, und Clementine Churchill begann, mittels ihres Fonds «Aid to Russia» Spenden für das sowjetische Rote Kreuz zu sammeln. «Thank God for Russia», resümierte Home Intelligence im Februar 1942 die Stimmung auf der Insel. Auf dem Dreiergipfel in Teheran im Dezember 1943 überreichte Churchill im Namen von König George VI. Stalin ein eigens für ihn gestaltetes «Stalingradschwert». Das britische Informationsministerium nährte die freundliche Einstellung zu Moskau kräftig, zum Beispiel durch eine Propagandabroschüre, wie die ideologische Furcht vor den Sowjets zu überwinden sei – etwa mit dem Argument, Behauptungen über den Roten Terror, die Stalin'schen Säuberungen der 30er-Jahre, seien nichts weiter als Nazi-Erfindungen ...

Solche gezielte Desinformation empörte niemanden mehr als einen Schriftsteller wie George Orwell. Er hatte seine anti-kommunistische Parabel «Farm der Tiere» in den Monaten von November 1943 bis Februar 1944 geschrieben, als Stalin sich unter den Briten höchster Beliebtheit erfreute, namentlich unter den Intellektuellen, was Orwell – selbst einer ihrer besten – besonders abstieß. Aber in keinem Verlag konnte er seinen neuen Roman unterbringen. Man lehnte das Manuskript ab, aus Furcht, ein solches Buch könnte die Allianz zwischen den USA, Großbritannien und der Sowjetunion nur stören, noch dazu in einem Moment, in dem das Leiden der russischen Bevölkerung auf der Insel eine Welle der Solidarität auslöste. Am 7. Juli 1944 erhielt Orwell auch einen Absagebrief von T. S. Eliot, dem Hohepriester alles Literarischen, der damals als Direktor im Verlag Faber & Faber arbeitete. Eliot beginnt sein Schreiben mit einem Kompliment an den Autor und «sein glänzendes Stück Literatur», die Haltung Orwells interpretiere er als «allgemein trotzkistisch». Aber auf welcher Seite stehe das Buch eigentlich: auf der Seite derer, die einen reineren Kommunismus wünschen, oder auf der Seite jener, die sich Sorgen um die Zukunft kleinerer Nationen machen? Was Eliot meinte, war: Ein «trotzkistischer» Autor beim tief bürgerlichen Faber & Faber? Undenkbar.

Churchill seinerseits hatte 1943 an seinen Verlag geschrieben, er wolle jetzt kein Buch mehr verfassen über «Europa seit der Russischen Revolution», worüber er noch 1939 einen neuen Vertrag abgeschlossen hatte. «Soll ich», so schrieb er, «den Horror der Russischen Revolution jetzt hochbringen? Meine ganze Auffassung hat sich geändert. Die Synopse [die vorgeschlagene Gliederung des Buches], die einmal galt, ist jetzt tot.» So sollte sich der Angriff Hitlers auf die Sowjetunion, zunächst eine strategische Entlastung für Churchill, zu einer – zum Glück nur vorübergehenden – Belastung für die Freiheit der Rede in England entwickeln. Erst 1945 veröffentlichte Secker & Warburg «Animal Farm». Da hatte sich das Klima schon wieder gewandelt, und mit der sowjetischen Besetzung Osteuropas legte sich der Schatten des Kalten Krieges düster auf das zeitgenössische Gemüt. Was 1944 noch unerwünscht war, wurde ein Jahr später zu einem prophetischen Text.

3. «Atlantic Charter» und Pearl Harbor

Roosevelts Annäherung an einen Quasi-Kriegszustand an der Seite Englands war ein sichtbares Anzeichen, dass es nicht mehr reichte, auf die wachsende Bedrohung durch Nazi-Deutschland nur ad hoc zu reagieren. Eine größere Vision war nötig, um der Welt zu erläu-

9. August 1941, auf dem US-Kriegsschiff «Augusta» in Neufundland: Präsident Roosevelt und Winston Churchill treffen zum ersten Mal zusammen, die Atlantic Charta entsteht. Roosevelt, gehbehindert seit seiner Polio-Erkrankung, wird gestützt von seinem Sohn Elliott, einem Captain im US Army Air Corps

tern, worum es den Angloamerikanern bei diesem Krieg ging – in den Amerika offiziell noch gar nicht eingetreten war. So vereinbarten der Präsident und der britische Premierminister ein Rendezvous, ihr erstes, in der Placentia-Bucht an der Küste Neufundlands. Das Treffen unter dem Codenamen «Riviera» dauerte vom 9. bis zum 14. August 1941. Churchill hatte mit der «Prince of Wales», gut eskortiert, den Atlantik überquert, FDR erwartete ihn auf der amerikanischen «Augusta». Auch die führenden Militärs waren dabei, zu ihrem ersten «Joint Staff Meeting».

Die «Atlantic Charter», das Resultat dieser Begegnung, war kein formelles Dokument, verabschiedet und unterschrieben, sondern ein per Kopie an die Medien ausgehändigter Text, eigentlich eine gemeinsame Presseerklärung, nebulös abgefasst. In acht Punkten gaben die beiden Anführer des Westens allgemeine Prinzipien ihrer Regierungen bekannt, viele Ideen der 1945 gegründeten Vereinten Nationen waren hier vorformuliert, andere Ideen, so die «Vier Freiheiten» aus Roosevelts Rede zur Lage der Nation vom Januar 1941, neu bekräftigt. Punkt 1 und 2 riefen nach Verzicht auf die gewaltsame Aneignung von Territorien, 2 und 3 hatten mit Menschenrechten und der Selbstbestimmung der Nationen zu tun, 4 und 5 postulierten Freihandel und wirtschaftliche Zusammenarbeit, 6 bis 8 behandelten allgemeine Fragen – Frieden, Freiheit von Furcht und Not, Abrüstung und ein System kollektiver Sicherheit.

Zündstoff enthielten vor allem der zweite und dritte Punkt der Charter, obwohl sie im Wortlaut unanstößig klangen. «[Die beiden Länder] wünschen keinerlei territoriale Veränderungen, die nicht im Einklang mit den in voller Freiheit ausgedrückten Wünschen der betroffenen Völker stehen», hieß es unter 2, und im dritten Grundsatz: «Sie achten das Recht aller Völker, sich jene Regierungsform zu geben, unter der sie zu leben wünschen.» Inoffiziell erhoben Polen und Tschechen Einwände. Was hieß «im Einklang mit den Wünschen der betroffenen Völker»? Auch der Deutschen? Dann stand es mit den polnischen Hoffnungen auf Schlesien, Pommern und Danzig sowie den tschechischen auf das Sudetenland schlecht. Auch Stalin machte später geltend, man müsse, insbesondere in Polen und im Baltikum, jeweils im Einzelfall entscheiden, ob die Atlantik-Charter auf sowjetisches Interessengebiet angewendet werden könne oder nicht.

Solche Einschränkungen machte auch Churchill. Dem Unterhaus teilte er am 9. September mit, man habe bei Punkt 3 «vor allem an die Staaten und Nationen Europas gedacht, die gegenwärtig unter dem Nazi-Joch leiden». Keineswegs gelte diese Passage «für Länder, die der britischen Krone Treue schulden». Indien reagierte mit großer Verärgerung darauf, dass die Ideale der Atlantik-Charter auf sein Gebiet nicht zutreffen sollten. Auch die amerikanische öffentliche Meinung wich, wie Roosevelt selbst, in der Frage der britischen Kolonien scharf von Churchill ab. Der Dissens in diesem Punkt legte sich im Verlauf des Krieges oft erschwerend auf die Beziehungen zwischen Roosevelt und Churchill, doch nie bis zum Zerwürfnis – dafür war beiden die Zusammenarbeit zu wertvoll. Vorrang hatte «die endgültige Zerstörung der Nazi-Tyrannei», wie Churchill in einem

«World Broadcast» vom 24. August 1941 festhielt. In diesem Radio-Resümee seines Treffens mit FDR setzte er sich deutlich von einer Strategie des Ersten Weltkrieges ab: Es sei nicht die Absicht der beiden Kriegspartner, «den deutschen Handel zu ruinieren durch allerlei Schranken und Hindernisse, wie das die Stimmung von 1917 verlangte. Vielmehr glauben wir, dass es nicht im Interesse der Welt ist, dass ein großes Land verarmt und von den Möglichkeiten ausgeschlossen sein sollte, durch eigenen Fleiß, eigenen Unternehmergeist sich eine anständige Lebensqualität zu verdienen.» Diese Botschaft wurde gleichzeitig in Tausenden von Flugblättern über Deutschland abgeworfen.

Die Stabschefs ihrerseits einigten sich darauf, dass die USA, sollte es in Asien zum Krieg kommen, auf jeden Fall einer Strategie des «Germany/Europe first» folgen würden. Fast war Churchill am Ziel. Am 7. Dezember 1941 griff die japanische Luftwaffe die pazifische Flotte der USA in Pearl Harbor auf Hawaii an. Der Moment, auf den Churchill immer gehofft hatte, der Eintritt Amerikas in den Krieg, war gekommen. Ein Stein fiel ihm von der Seele, wie er in seinen Kriegsmemoiren schrieb: «Wir hatten also doch gewonnen! Ja, nach Dünkirchen, nach dem Fall Frankreichs; nach der schrecklichen Episode Oran; nach der Bedrohung mit Invasion (...), nach dem tödlichen Ringen im U-Boot-Krieg (...), nach siebzehn Monaten eines einsamen Kampfes und neunzehn Monaten meiner Verantwortung unter verzweifeltem Druck – wir hatten den Krieg gewonnen. England würde leben; Großbritannien würde leben; das Commonwealth und das Empire würden leben (...) Hitlers Schicksal war besiegelt. Mussolinis Schicksal war besiegelt, und was die Japaner anging – die würden zu Pulver zermalmt werden. (...) Überschwemmt und gesättigt mit Gefühlen und Eindrücken ging ich zu Bett und schlief dankbar den Schlaf des Geretteten.»

Am 9. Dezember notierte sich Churchills Leibarzt, Lord Moran, in seinem Tagebuch: «Er ist ein anderer Mann, seit Amerika in den Krieg eingetreten ist. Ein junger Mann (...) Die Müdigkeit und die Glanzlosigkeit sind aus seinen Augen verschwunden.» Es war, als ob sich nach Pearl Harbor zwei heimliche Liebhaber endlich outen, sich offen zu ihrer Kampfbruderschaft bekennen durften. Am 22. Dezember bricht Churchill zum zweiten Mal in diesem Krieg in die Neue Welt auf, diesmal zu einem Aufenthalt von drei Wochen, die Strategiegespräche vom August müssen intensiviert werden. Am 26. Dezember tritt er vor beide Häuser des US-Kongresses, strahlend im Bewusstsein seiner Popularität, und überschüttet die Legislatoren mit dem vollen Pomp seiner Sprache. «Ich kann nicht umhin, darüber nachzudenken», amüsiert er die Zuhörer, «dass, wäre mein Vater amerikanisch und meine Mutter britisch gewesen statt umgekehrt, ich hier aus eigener Laufbahn angekommen wäre. In dem Fall wäre dies nicht das erste Mal gewesen, dass Sie meine Stimme zu hören bekommen hätten. Dann hätte ich aber auch keine Einladung nötig gehabt, und wenn, wäre sie kaum einstimmig ausgefallen.» Dem fügt er eine später berühmt gewordene Konfession an: «Ich bin ein Kind des Unterhauses. Ich wurde im Hause meines Vaters dazu erzogen, an die Demokratie zu glauben. ‹Vertrau den Menschen›, war seine Devise. (…) Mein ganzes Leben habe ich in vollkommener Eintracht verbracht mit den Strömungen auf beiden Seiten des Atlantik gegen Privileg und Monopol.»

Das war es, was man in Amerika hören wollte – das Bekenntnis eines Mannes aus aristokratischem Stamm zur Demokratie und zum einfachen Bürger. Dieses Bekenntnis musste Churchill nicht heucheln. 30 Jahre zuvor hatte er als Handels- und Innenminister seinen reformerischen Elan und seinen anti-aristokratischen Furor glaubwürdig unter Beweis gestellt. Die umstrittenen Phasen seiner späteren Laufbahn spielten in diesem Augenblick keine Rolle, auch nicht der unbereinigte Dissens über das britische Empire. Oder dass er sein Leben lang mit Dienern gesegnet war, die ihm alles abnahmen, selbst das An- und Auskleiden – ein unvorstellbares Privileg im egalitären Amerika. Hier stand einfach ein Kriegsheld und Demokrat am Rednerpult, John Bull in Personifikation, ein halber Amerikaner dazu, man erwies ihm die Reverenz.

Wenige Tage später begab sich Churchill nach Ottawa, in die kanadische Hauptstadt, um auch dort auf Einladung vor dem Parlament zu sprechen. Genussreich rief er in Erinnerung, welche Botschaft er den französischen Generälen im Mai 1940 hatte zukommen lassen – dass England weiterkämpfen werde, wie immer Frankreich sich entscheide. «Und diese Generäle sagten zu ihrem Ministerpräsidenten und dem gespaltenen französischen Kabinett: ‹In drei Wochen wird England der Hals umgedreht werden wie einem Huhn.› Was für ein Huhn! Was für ein Hals!» («Some chicken! Some neck!») Lachen und Beifall belohnten die Pointe.

Zurück in Washington, wo Churchill im Weißen Haus logiert, ergeht er sich in Gesprächen und Konferenzen, auch mit Vertretern der «Vereinten Nationen», wie sich die Gegner der Achsenmächte nennen, die Gegner Deutschlands und Japans, auch China ist dabei. Sie treffen sich zur Besiegelung der Ideen der «Atlantic Charter». Churchills Stenograph Patrick Kinna ist pausenlos gefordert, der Premier durchlebt ein Hoch an Energie und Einsatz, Depeschen, Anweisungen, Briefe, Radioansprachen und Redemanuskripte – er hört nicht auf, diktiert dem Sekretär noch durch die Tür seines Badezimmers, tritt aus dem Bad und diktiert weiter, «splitternackt», wie sich Kinna später erinnert. Da klopft es an der Tür, «Herein!», ruft Churchill, doch der Präsident, denn er ist es, murmelt erschrocken eine Entschuldigung und will sich in seinem Rollstuhl entfernen. «Nein, nein», antwortet der Brite, «Sie sehen doch, ich habe nichts vor dem Präsidenten der Vereinigten Staaten zu verbergen.» Wenige Tage nach diesem Vorfall, nach weiteren intensiven Gesprächen über die gemeinsame Strategie, sagt FDR zu Churchill: «Es ist ein großer Spaß, mit Ihnen im selben Jahrhundert zu leben.»

Ein erstes Warnzeichen meldet sich, was Churchills Gesundheit angeht. Noch in Washington, erleidet er Anfang Januar 1942 einen leichten Herzinfarkt, den Lord Moran auf Bitten des Patienten geheim halten muss: Es soll niemand beunruhigt werden, ausgerechnet jetzt, wo die neue Waffenbrüderschaft mit den Amerikanern, vermehrt um die mit der Sowjetunion, anzulaufen beginnt und enge Absprachen unter den drei Achsengegnern unverzichtbar werden. Churchill erholte sich schnell und kehrte am 13. Januar über Bermuda nach England zurück.

KAPITEL XIV

Der Zweite Weltkrieg (4): Per aspera ad astra

1. Niederlagen und mehr

«Man kann nicht umhin, kritisch zu fragen, ob sich Churchill überhaupt als Stratege klassifizieren lässt», bemerkte Sir Ian Jacob, stellvertretender Militärberater des britischen Kriegskabinetts, in seinem Beitrag für den hier mehrfach erwähnten Sammelband «Action this Day» (1968). Er fährt fort: «Sicher war er nicht diese ruhige, gesammelte, kalkulierende Persönlichkeit, die man sich unter dem Begriff gemeinhin vorstellt. Auch wog er nie sorgfältig die Ressourcen ab, die uns zur Verfügung standen, oder den Handlungsspielraum des Gegners, um diesen dann unter Konzentration aller Kräfte an einer ausgewählten Stelle zu treffen. Sein Geist hätte sich mit solchen theoretischen Ideen nie zufriedengegeben. Er rief nach ständiger Aktion auf einer möglichst breiten Leinwand; der Feind müsse permanent ‹bluten und brennen› [‹bleed and burn›], ein Ausdruck, den er oft verwendete.»

Der Ausdruck kehrte sich erst einmal gegen Churchill selbst und sein Land. Im April 1941 hatte Hitler nach einem Staatsstreich in Belgrad Panzerdivisionen auf den Balkan geschickt, Jugoslawien besetzt und die Verbände rasch bis nach Südgriechenland vorstoßen lassen, wo sie sich mit Truppen des verbündeten Italien vereinigten, das von Albanien aus in Griechenland eingefallen war. Churchill eilte herbei, schließlich hatte man Griechenland 1939 die gleiche Beistandsgarantie gegeben wie Polen. Die Kräfte, die er abzweigte, kamen aus Nordafrika, wo er im Herbst 1940 die britische Militärpräsenz gestärkt hatte, um Italien in Libyen Paroli zu bieten.

Aber die Rochade schwächte Churchill an zwei Enden: In Nordafrika fehlten ihm nun die Truppen, um Erwin Rommel und dem Deutschen Afrikakorps Widerstand zu leisten, und in Griechenland mussten die von General Archibald Percival Wavell, dem Befehlshaber der 8. Armee in Nordafrika, entsandten Truppen der erdrückenden Übermacht der Achsenmächte weichen und sich überhastet nach Kreta absetzen. Dort erwartete sie das nächste Desaster, als sie, von deutschen Fallschirmjägern überwältigt, zum kompletten Rückzug aus der Region gezwungen wurden, unter beträchtlichen Verlusten.

Der arme Wavell! Seine in Afrika ohnehin überdehnten Kräfte wurden weiter geschwächt, als Churchill ihm in seiner rastlosen Art befahl, Truppen in den Irak abzuzweigen. Dort bekämpften die Briten auf der Seite von König Faisal eine Revolte, die drohte, sie von den für den Krieg dringend benötigten Ölquellen des Landes abzuschneiden. Auch nach Syrien und in den Libanon musste Wavell auf Churchills Geheiß in Palästina stationierte Einheiten, die ebenfalls seinem Oberbefehl unterstanden, entsenden. Dort leisteten jedoch die dem Vichy-Regime anhängenden französischen Streitkräfte großen Widerstand, was Churchill ungnädigerweise davon überzeugte, in Wavell den falschen Nordafrika-Kommandeur vor sich zu haben: Im Juni 1941 ersetzte er ihn durch General Claude John Eyre Auchinleck, der bis dahin Chef der Indian Army gewesen war. Wavell und Auchinleck tauschten die Plätze. Nordafrika erwies sich als «das Grab der Generäle», wie es ein Jahr später hieß, als auch Auchinleck dem unruhigen Kriegslenker in London nicht mehr genügte und seinerseits abgelöst wurde.

«Bleed and burn» – das fiel auch in Südostasien auf Churchill zurück, wo Japan im Dezember 1941 nach seinem Einfall in Malaya auch Singapur bedrohte, das «Gibraltar des Ostens», eine wichtige Basis für die Machtprojektion des Empire. Fast blind war der Premier davon ausgegangen, die britische Garnison in Singapur sei gut genug gesichert und auf der malayischen Halbinsel würden die Trup-

Auf der Reise zu zerbombten Städten des Landes: Der Premier bei der
Arbeit in seinem Sonderzug, 1942

pen des Empire, vornehmlich Inder, standhalten. Als beides sich als Irrtum herausstellte, entsandte er hastig die 18. britische Division, die gerade rechtzeitig eintraf, um mitsamt den übrigen Empire-Verbänden in japanische Gefangenschaft zu geraten. Ähnlich war das Schicksal Singapurs. Schon im Dezember 1941 versanken die Schlachtschiffe «Prince of Wales» – Churchills Schiff beim Treffen mit Roosevelt in Neufundland – und «Repulse», von Torpedo-Flugzeugen der japanischen Luftflotte getroffen, auf den Grund des Meeres. Ihre Entsendung nach Südostasien war eine Fehlkalkulation aufgrund «ungenügender Abwägung unserer Ressourcen», wie Sir Ian Jacob in dem oben zitierten Beitrag resümierte. Auf Malaya und in Singapur gerieten 130 000 Soldaten aus Großbritannien und dem Empire in Gefangenschaft. Das Desaster war den ANZAC-Ländern Australien und Neuseeland eine Lehre, nicht mehr dem Mutterland im fernen Europa zu trauen, wenn es um die Sicherung des eigenen

Raumes ging. Beide unterstellten sich in der Folge dem amerikanischen Oberkommando im Pazifik.

Der japanische Vormarsch in Malaya und Rommels Druck auf die britischen Kräfte in Libyen, die weiter und weiter nach Osten zurückwichen, beunruhigte zunehmend das Parlament. Sollte man nicht besser die Verantwortung für die Verteidigung in militärische Hände legen? Das führte am 29. Januar 1942 zu einem Misstrauensvotum gegen Churchill und seine Allparteienregierung, das zwar angesichts der Kräfteverhältnisse im Unterhaus keine Aussicht auf Erfolg haben konnte, aber erneut unter Beweis stellte, dass die demokratische Regel der Kontrolle der Exekutive durch die Legislative ihre Gültigkeit behielt, auch im Krieg. In der Debatte setzte Churchill das Demokratie-Argument geschickt zu seinem Vorteil ein: «Sir», so wandte er sich an den Speaker des Unterhauses, «in keinem Land der Welt würde zur jetzigen Zeit eine Regierung im Krieg sich einer solchen Belastung aussetzen. Keine Diktatur, die um ihr Leben kämpft, würde es wagen, eine solche Debatte zuzulassen. Sie erlauben ja nicht einmal die freie Übermittlung von Nachrichten oder auch nur das Anhören ausländischer Radiosendungen (...). Aber hier, in diesem unseren Land, ist das Unterhaus zu jeder Zeit der Herrscher über das Leben der Regierung.» Über die Lage in Afrika könne er nichts sagen, erläuterte Churchill, was so viel hieß wie: sie war beklagenswert. Aber dann spendete er dem Kommandeur des deutschen Afrikakorps Erwin Rommel ein erstaunliches Kompliment, das viel aussagt über Churchills Ritterlichkeit gegenüber einem hart kämpfenden Gegenüber: «Wir haben es mit einem wagemutigen und geschickten Gegner zu tun und, wenn ich das über das Chaos des Krieges hinweg sagen darf, einem großen General.» Die Fairness hatte es Churchill geboten, den Gegner zu rühmen, und das in einer Stunde, in der er selbst zu Hause unter Beschuss stand.

Auch wenn das Votum nach dieser Debatte klar für Churchill ausfiel – nur eine Stimme wurde gegen ihn registriert –, wusste er, dass er nicht mehr viele Rückschläge einstecken durfte. Einer stand ihm noch bevor, ein besonders bitterer: der Verlust von Tobruk in der Cyrenaika (im heutigen Libyen) an Rommels überlegene Streitkräfte

Churchill inmitten der militärischen Spitzen der Alliierten, Algier, Juni 1943 (vordere Reihe, von rechts): General Montgomery (stehend), US-General Dwight D. Eisenhower, George C. Marshall, Chef des amerikanischen Generalstabs, Churchill, General Alan Brooke, Außenminister Eden

am 21. Juni 1942. Das war das Signal für Churchill, dass es Zeit war, an der britischen militärischen Spitze in Nordafrika erneut aufzuräumen. Es war ein ständiges Karussell, das der Premierminister da bediente. Im August, auf dem Weg nach Moskau zu seinem ersten Treffen mit Stalin, flog er erst einmal nach Kairo, um Auchinleck seine Demission mitzuteilen. General William Gott rückte nach, aber er kam auf dem Flug nach Ägypten ums Leben, als seine Maschine über dem Mittelmeer abgeschossen wurde, auf der gleichen Route, die Churchill selbst einen Tag vorher genommen hatte. Durch dieses Unglück erhielt General Bernard Montgomery, der sich schon bei der Evakuierung aus Dünkirchen einen Namen gemacht hatte, seine große Bewährungschance als Anführer der 8. Armee, während General Harold Alexander als Oberbefehlshaber für Nordafrika in Kairo installiert wurde.

«Monty» sollte sich als Churchills beste Personalentscheidung überhaupt herausstellen, der General und spätere Feldmarschall war ungeduldig wie er selbst, entscheidungsfreudig, ein Draufgänger und Egomane. Ihm gelang es, die schwindende Moral der 8. Armee aufzubauen und Rommel schließlich Anfang November 1942 in der zweiten Schlacht von El-Alamein zu schlagen, unter massivem Einsatz von Panzern. Wenige Tage später begann «Operation Torch», die Landung der Amerikaner in Marokko – die Churchill während einer Rede im Londoner Mansion House mit einem Bonmot kommentieren sollte: «Dies mag nicht der Anfang vom Ende sein, aber es ist das Ende vom Anfang.»

2. Diplomatie auf Reisen

So erleichtert Churchill war, 1941 mit der Sowjetunion und den USA zwei neue Verbündete im Kampf gewonnen zu haben, so wenig konnte er sich verhehlen, dass Englands Gewicht im Verbund der «Großen Drei», die jetzt den Achsenmächten die Stirn boten, über kurz oder lang in dem Maße abnehmen würde, wie das der beiden anderen wuchs. Es war jedoch noch ein beträchtlicher Weg, ehe er auf der Dreierkonferenz in Teheran Ende November 1943 einsehen würde, «was für ein kleines Land [England] doch ist. Auf der einen Seite der große russische Bär mit seinen ausgestreckten Tatzen, auf der anderen der großartige amerikanische Büffel & zwischen beiden der arme kleine englische Esel – der einzige, der den richtigen Weg nach Hause kennt.» So Churchills rückblickende Worte in einem Gespräch mit Violet Bonham Carter am 1. August 1944. Der «Glühwurm» von anno 1906 und der «kleine englische Esel» 1943 – zwei unterschiedliche Bilder, und doch hatte sich nichts geändert an Churchills Überzeugung von seiner und Englands Mission in der Welt.

An die Stelle des magnetischen Redners, der seinem Land das Rückgrat gestärkt hatte, trat jetzt aber ein anderer Churchill: der rastlos Reisende, der seiner Gesundheit nicht achtend unermüdlich

Fäden knüpfte und persönlich Botschaften von einem Verbündeten zum anderen trug, von einer Hauptstadt in die andere – ein Globetrotter in strategischen Geschäften, mit der Wirkung seiner Persönlichkeit als wichtigster Waffe. Elf Mal traf er mit Präsident Roosevelt zusammen, davon sieben Mal in den USA. Die Behinderung des Präsidenten, die er von einer Polio-Erkrankung davongetragen hatte, schloss naturgemäß aus, dass dieser sich ebenso oft auf Reisen begab; Ausnahmen waren Casablanca und Teheran 1943 sowie Jalta auf der Krim im Februar 1945 – da war Roosevelt bereits vom Tode gezeichnet. Stalin, der das Fliegen scheute, kehrte Russland im Krieg überhaupt nur einmal den Rücken, für die Reise nach Teheran im Herbst 1943, und Moskau verließ er auch zum Dreiergipfel in Jalta, aber das war schon alles an Reisetätigkeit des roten Zaren. Churchill kam ihm entgegen und besprach sich zweimal mit ihm in Moskau, 1942 und 1944, einmal vier, einmal neun Tage lang. Allein in den ersten vier Kriegsjahren absolvierte Churchill 180 000 Kilometer, was sich zu 33 Tagen auf See und 14 Tagen in der Luft addierte. Peter Alter spricht angesichts dieser Zahlen von einer «hektischen Mobilität». Doch für den rastlosen Churchill in den späten 60ern seines Lebens wurde das Reisen zu einem unverzichtbaren Elixier, wenn nicht gar zu seiner Art sich zu erholen, so seltsam das klingen mag.

Darüber findet sich in Lord Morans Tagebuch im Januar 1943 – Churchill und Roosevelt sind im marokkanischen Casablanca zusammengekommen – ein sprechender Eintrag: «Was den PM [Premierminister] betrifft, so fallen seine Sorgen von ihm ab, sobald er dem Aktenstaub entkommen und London verlassen kann. Nicht nur, dass er das Abenteuer liebt; er fühlt auch, dass er gelegentlich ausspannen muss; schon eine oder zwei Wochen fern der Tretmühle sind eine Erholung. Er möchte die Vorstellung loswerden, dass in 24 Stunden noch mehr zu tun ist, als man beim besten Willen in sie hineinpressen kann. Vielleicht fühlt Roosevelt ebenso. Es ist der Trieb auszubrechen, einmal tief Atem zu holen. Außerdem sind beide in gewisser Hinsicht nie erwachsen geworden.» Es war bei Churchill auch ein Akt kalkulierter Machtpolitik: mit Diplomatie und Konferenzen Englands Gewicht unter den Großen Drei zu behaupten.

3. Die zweite Front: Churchill und Stalin im Streit

Auf allen Seiten war man sich einig, dass so rasch wie möglich eine zweite Front gegen Deutschland zu eröffnen sei, zur Entlastung der Russen, die unter heroischen Opfern Widerstand leisteten. Nur wann und wo? Churchill liebte das indirekte Vorgehen wie schon im Ersten Weltkrieg, als er die Deutschen bei Gallipoli zu treffen hoffte. Diesmal war es Nordafrika, dort kämpften die Briten bereits gegen Mussolinis Truppen und den «Wüstenfuchs» Erwin Rommel. Für die Option Nordafrika als potenzielle zweite Front hatte man in Washington ursprünglich nicht viel übrig gehabt. Die Amerikaner zogen – wie Stalin – die direkte Route vor, durch Nordfrankreich, so schnell wie möglich. Churchill spielte wieder einmal den fliegenden Engländer. Auf einem Treffen in Washington im Juni 1942 – es war der Tag, an dem Tobruk fiel – einigte er sich mit FDR endgültig auf die Nordafrika-Strategie, die Landung in Marokko Anfang November, wo Dwight D. Eisenhower als Oberbefehlshaber die Kräfte von Vichy-Frankreich überwältigen sollte, um danach im Verbund mit den britischen Truppen Deutsche und Italiener aus Nordafrika zu vertreiben; das würde freilich noch bis Mai 1943 dauern. «Operation Torch» wurde für den 8. November 1942 beschlossen, eine Zäsur in der Kriegsführung des Westens. Und Churchill wird nach der erfolgreichen Landung der Alliierten und dem wenige Tage davor erzielten Sieg über Erwin Rommels Afrikakorps trotzig verkünden können: «Ich bin nicht der erste Minister des Königs geworden, um über die Liquidierung des Empire zu präsidieren.» Noch nicht – aber bald.

Vorerst oblag ihm die dornige Aufgabe, bei seinem nächsten Treffen mit Stalin diesem die enttäuschende Wahrheit über die zweite Front zu übermitteln. Die Reise nach Moskau im August 1942, über Gibraltar, Kairo, Teheran, war eine dieser Strapazen, denen sich Churchill immer wieder mit Todesverachtung unterzog. Den Willen zur Härte im persönlichen Ertragen hatte sich schon der Junge angeeignet, wie wir sahen (Kap. II, 5). Man flog in einem amerikanischen «Command Liberator», normalerweise ein Truppentransporter mit Bombenlast. Die Maschine ist zugig, die Bombenschächte sind als rudimentäre Passagierplätze ausgelegt. Patrick Kinna, der Stenograph, erinnert sich, wie ein Mitglied der Delegation trocken anmerkte: «Ich hoffe, der Pilot denkt daran, dass er diesmal Menschen transportiert, nicht Bomben.» Der Liberator ist nicht geheizt, nicht schalldicht, und wegen des nicht vorhandenen Druckausgleichs tragen die Passagiere Sauerstoffmasken. In Kairo, wo Churchill die heikle Personalfrage an der Spitze der 8. Armee und des Oberbefehls in Ägypten zu lösen hat, erreicht ihn ein Brief von Clementine, die sich Sorgen macht um die Gesundheit ihres Mannes – die eigentlich dramatische und sensationelle Etappe der Reise stehe ihm ja noch bevor: «Dein Besuch in der Höhle des Ungeheuers». Dazu braucht es weitere sechseinhalb Stunden Flug nach Teheran, von dort noch einmal zehneinhalb Stunden bis Moskau. Zurück der gleiche Weg. Als er am 21. August wieder in London landet, nach 19 Tagen Abwesenheit, hat er 16 000 Kilometer zurückgelegt. Der Preis, Winston Churchill zu sein.

Die fünf Tage «in der Höhle des Ungeheuers», vom 12. bis zum 17. August, mit Averell Harriman, Roosevelts Land-Lease-Organisator, an seiner Seite, gleichen einer Berg- und Talfahrt der Gefühle. Stalin spielt die Rolle des «good cop, bad cop» nach gewohnter Manier, einmal blaffend, dann schmeichelnd, die Hebel seiner Emotionen legt er nach Belieben um. Zunächst reagiert er verdrossen, abweisend, als Churchill ihm als Erstes eröffnet, dass eine zweite Front in Europa, wie der Sowjetherrscher sie sich denkt, 1942 nicht möglich sei. Dann heitert sich die Miene des Gastgebers ein wenig auf, als er von «Operation Torch» erfährt. Churchill erklärt ihm, diese sei der Angriff «auf den Bauch des Krokodils», was er mit einer entsprechenden Zeichnung untermalt, damit seinem Gegenüber auch wirklich nichts entgeht. Um die gute Stimmung zu stützen, berichtet der Gast über die zunehmende Bombardierung Deutschlands, wo am 31. Mai der erste große «1000-Bomber-Angriff» der RAF auf eine deutsche Metropole stattgefunden hat, auf Köln. Stalin ist beeindruckt. Aber am nächsten Tag kehrt er zu seiner Enttäuschung über den Aufschub einer neuen Front in Nordeuropa, die man ihm «versprochen» habe, zurück. Er erregt sich: «Ihr Briten habt Angst vorm

Kämpfen. Ihr solltet die Deutschen nicht für Supermänner halten. Ohne Kämpfen lässt sich kein Krieg gewinnen.» Das muss man einem Churchill nicht sagen, der entsprechend zu einer Tirade der Empörung ansetzt. Er schlägt mit der Faust auf den Tisch und hält Stalin in einem rhetorischen Sturzbach vor, was England seit Kriegsbeginn alles durchlitten habe, um den Nazis zu widerstehen. Als der Diktator erneut auf den fehlenden Kampfgeist der Briten und ihre angebliche Furcht vor den Deutschen abhebt, gibt Churchill ihm eine scharfe Antwort: «Diese Bemerkung verzeihe ich Ihnen nur wegen der Tapferkeit der russischen Truppen.»

Stalin hat den Inhalt von Churchills Ausbruch kaum mitbekommen, sein Dolmetscher konnte nicht Schritt halten. Aber er muss von Churchills Temperament beeindruckt genug gewesen sein, um zu antworten: «Ich verstehe nicht, was Sie da sagen, aber weiß Gott – ich mag, wie sie es sagen.» Churchill war nicht versöhnt. Seinem Stab verriet er: «Weiß Stalin nicht, mit wem er da spricht? Mit dem Repräsentanten des mächtigsten Empire, das die Welt je gesehen hat?» Noch aus seiner Datscha diktiert er ein Telegramm an Attlee – sollen die Wanzen es doch mithören! – des Inhalts: Wenn Stalin seine Attitüde nicht ändere, werde er, Churchill, einpacken und vorzeitig nach Hause zurückkehren. Ähnlich taktierte 13 Jahre später Bundeskanzler Konrad Adenauer, als seine Gespräche in Moskau zur Heimführung deutscher Kriegsgefangener in einer Sackgasse festsaßen – er ließ sein Gegenüber wissen, dass das Flugzeug zur Rückkehr bereitstünde, auch ohne Einigung.

Prompt schaltete Stalin am Morgen danach auf freundlich und lud Churchill und die Delegierten zu einer Abschiedsgala in den Kreml – sieben Stunden Ausschweifung mit erlesenen Speisen und pausenlosen Getränken. Als Churchill um drei Uhr morgens, zwei Stunden vor dem Rückflug, in seine Datscha zurückkehrte, fand ihn der britische Botschafter in Moskau, Clark Kerr, «in triumphaler Stimmung». Ausgestreckt auf dem Sofa ließ er wissen, er habe mit Stalin «eine Freundschaft zementiert» und es sei «ein Vergnügen, mit diesem großen Mann zusammenzuarbeiten» – eine dieser immer wieder überraschenden Kehrtwendungen von Churchills Meinungen.

Dabei waren die Unterschiede zwischen beiden mitnichten ausgeräumt: Stalin nährte weiterhin sein Ressentiment wegen der zweiten Front, und Churchill machte (noch) keine Versprechen bezüglich der Gebiete im polnischen Osten, auf die Stalin im Gefolge des Nichtangriffspakts mit Deutschland aus dem August 1939 einen Anspruch zu haben glaubte.

4. Casablanca und «Casablanca»

«Der Flugplatz bei Oxford war winterlich, feucht und trüb (...) Der PM war voller Lebensfreude, obwohl er eine schlechte Nacht hinter sich hatte. Im Heck des Bombers waren zwei Matratzen nebeneinander ausgelegt worden, eine für den PM und eine für mich. Der Rest der Gruppe schlief in ihren Stühlen. (...) Ich schoss aus meinem Schlaf hoch und entdeckte, wie der PM auf Knien versuchte, den Luftzug mit einer Decke an der Seite des Flugzeuges zu stoppen. Er zitterte vor Kälte: Wir flogen immerhin mitten im Winter auf über 7000 Fuß in einer ungeheizten Maschine. Auch ich stand auf, und wir kämpften beide ohne viel Erfolg gegen die kalte Luft. Der PM ist bei dieser Art von Reisen im Nachteil, denn er trägt nachts nie etwas anderes als ein seidenes Hemd. Auf Händen und Knien rutschend gab er eine seltsame Figur ab, mit seinem großen, entblößten weißen Hinterteil.»

Churchill war schon verstorben, als diese Beschreibung, über den Anflug nach Casablanca im Januar 1943, aus der Feder seines Leibarztes Lord Moran in dessen Aufzeichnungen «Winston Churchill. The Struggle for Survival 1940–1965» (1966) erschien. Vieles an dem Buch hätte Churchill ob der unziemlichen Offenheit des Autors verärgert, und ganz so fiel auch die Reaktion der Churchill-Gemeinde aus. Heute gilt die Veröffentlichung des indiskreten Arztes als eine wertvolle zeithistorische Quelle, auch wenn manche seiner politischen Kommentare *cum grano salis* genommen werden dürfen, denn Lord Moran war nicht Mitspieler, sondern Begleiter, und er redigierte und erweiterte seine Notizen an vielen Stellen im Nachhinein.

Aber seine Gespräche mit Zeitzeugen oder mit Churchill selbst, sein Auge für Details, so in der oben wiedergegebenen Anekdote, ergänzen unser Bild der Epoche um viele, auch menschliche Einzelheiten, die oft unter der Darstellung der großen Politik verloren gehen oder erst gar nicht wahrgenommen werden. Sie erhellen, unter welchen Umständen sich einzelne Kriegsetappen abspielen konnten. Wer heute in ein Flugzeug steigt, kann nur erschrecken bei der Vorstellung, unter welchen Strapazen sich ein Staatsmann wie Churchill dem Abenteuer Langstreckenflug vor 70 Jahren unterzog. Er war ein Mann der Kontraste, liebte den Luxus und akzeptierte gleichzeitig die Härte der Umstände mit grimmiger Entschlossenheit, klaglos, stoisch.

Das galt auch für Franklin D. Roosevelt, den an seinen Rollstuhl gefesselten Präsidenten, einen Mann von heroischer Selbstüberwindung. Churchill und er trafen sich vom 14. bis zum 23. Januar 1943 in dem nordmarokkanischen Casablanca, gut zwei Monate nach der Eroberung der von Vichy-Truppen besetzten Stadt durch Eisenhowers Kontingente; auch die beiden französischen Generäle Giraud und de Gaulle wurden zeitweilig einbezogen, um sich über die Führung der Truppen von «France libre» zu einigen. FDR war vor diesem Sprung über den Atlantik erst einmal im Flugzeug gereist, 1932, als er in Chicago erstmalig die Nominierung seiner Partei als Präsidentschaftskandidat entgegennahm. Seine Berater hatten ihm dringend von Casablanca abgeraten, doch ging es ihm wie Churchill: Er freute sich auf das Abenteuer, sein heimliches Verschwinden aus Washington, zumal er in dem «fliegenden Schiff», einer Boeing 314, etwas komfortabler reiste als Churchill in seinem Liberator. Der Amerikaner brauchte vier Tage für den Flug über Trinidad, Belem in Brasilien, Gambia an der afrikanischen Westküste und von da nach Casablanca. «Als ich Harry Hopkins [Roosevelts rechte Hand, sein wichtigster Berater] heute fragte, ob er meine, dass diese Konferenz den Aufwand wert sei», lesen wir bei Lord Moran, «grinste er über das ganze Gesicht: ‹Der Präsident ist hier, weil er selbst reisen wollte; er ist es müde, mich nach London und Moskau zu schicken. Er genießt die Dramatik einer solchen Reise. Man hat ihm immer gesagt, er dürfe nicht fliegen, es sei zu gefährlich. Dies ist seine Antwort.›»

In der Geschichte des Films besitzt der Name Casablanca unverwelkten Ruhm durch den gleichnamigen Streifen, der im Herbst 1942 abgedreht worden war. Warner Bros, dankbar für den höchst werbewirksamen Roosevelt-Churchill-Gipfel, setzte diesen zur Vermarktung von «Casablanca» ein und entließ den Film, welthistorisch geadelt, nach Beendigung der Konferenz in die Kinos. Die Wirkung dieses Leinwand-Klassikers war durchschlagend, was man auch von der Casablanca-Konferenz sagen kann, freilich in ernsterem Zusammenhang. Sie endete mit einer Deklaration, die Roosevelt plötzlich auf der Abschlusspressekonferenz, zur Überraschung auch von Churchill, vortrug: der Forderung nach bedingungsloser Kapitulation Deutschlands und Japans. Hinter den Kulissen war man im alliierten Lager nicht sehr glücklich über diese Maxime. Man hielt sie für undurchdacht, auch Eisenhower in Europa bat später um Modifikation, doch FDR ließ sich nicht bewegen. Dabei diente der Slogan den Nationalsozialisten als willkommenes Propagandainstrument, um den Kampfgeist im deutschen Militär bis zum Äußersten anzustacheln. Doch auf der Seite der Alliierten war jede Spur guten Willens gegenüber dem Kriegsgegner bis Anfang 1943 aufgebraucht. Vergessen war die Botschaft, die man nach dem Treffen in der Placentia Bay im August 1941 in Abertausenden von Flugblättern über Deutschland abgeworfen hatte – «die Alliierten werden keine Diskriminierung der Besiegten zulassen» und Deutschland und den anderen Kriegsgegnern versprechen, sie könnten «wieder dauerhaften Frieden und Wohlstand erreichen». In Stalingrad tobte ein Ringen auf Leben und Tod, und im Atlantik war es erst im Dezember 1942 nach verlustreichen Vormonaten gelungen, den neuen deutschen U-Boot-Code zu knacken und damit die tödliche Gefahr für Englands Versorgung abzuwenden.

Die neun Tage in Casablanca waren kein ungeschmälertes Fest der Eintracht. Erste Risse zeigten sich in der «special relationship», wie Churchill die enge Kooperation mit den Amerikanern in seinen Kriegsmemoiren nennen sollte, seinem Hohelied auf die «English-Speaking Peoples». Noch einmal setzten sich die Briten als Kriegsführer durch, mit ihrer Mittelmeer-Strategie, dem Sprung von Tunis nach Sizilien und von da auf das italienische Festland. Es war *seine*, Churchills, zweite Front. Eine Kanalüberquerung nach Frankreich rückte damit in immer weitere Ferne. Churchill und seine Stäbe gruben sich ein, zum Verdruss der Amerikaner, die es schwer verwinden konnten, dass sie von ihrem Gegenüber strategisch überstimmt wurden. In einer der Sitzungen der vereinten Generalstäbe kommt es fast zu Handgreiflichkeiten, so erhitzt sind die Gemüter. US-Flottenadmiral Ernest King wirft der britischen Seite vor, nicht energisch genug auf die Option Nordfrankreich zuzugehen, worauf Feldmarschall Alan Brooke den Spieß umdreht und King vorhält, er favorisiere den amerikanischen Einsatz im Pazifik. In seinen Erinnerungen schrieb US-General Stilwell über diese Szene: «Brooke wurde unangenehm, und King war so richtig angespitzt und wund. Fast wäre er über den Tisch auf Brooke zugeklettert. Gott, war er aufgebracht. Ich wünschte mir, er hätte ihm eine gelangt.»

Aber die Aufregung war unnötig. Die USA waren in der Tat stark im Pazifik engagiert, aber ohne der Verpflichtung auf «Europe first» (oder «Germany first») untreu zu werden. Japan zu schlagen verlangte allerdings den Einsatz großer Ressourcen. Die amphibischen Boote, die man für eine frühzeitige Landung in Nordfrankreich 1943 gebraucht hätte, wurden vorerst vor allem im Pazifik eingesetzt, beim Springen von Insel zu Insel. Und mit der Stationierung ausreichender Truppen in Großbritannien zur Vorbereitung einer Kanalüberquerung lagen die USA ebenfalls noch weit zurück. Churchill sollte Recht behalten mit seiner immer wieder erhobenen Warnung vor einer verfrühten Landung in Nordfrankreich. Im August 1942 war ein Kommandounternehmen kanadischer und englischer Einheiten nahe dem Hafen von Dieppe katastrophal misslungen – die Vorbereitung war kümmerlich gewesen, die Kräfte waren falsch kalkuliert, und wie eine böse Erinnerung meldete sich Gallipoli in Churchills Denken zurück.

In Casablanca wurde daher 1944 als nächstmögliches Datum einer Landung in Nordfrankreich abgesegnet und im Laufe des Jahres 1943 auf einer Konferenz im kanadischen Quebec noch einmal bestätigt. Auch bei der Bombenkampagne in Deutschland einigten sich beide Seiten: Die amerikanische Bomberflotte würde bei Tag die britischen Einsätze verstärken. In Quebec verständigten sich London und Washington im Übrigen auch darauf, ihre Zusammenarbeit bei der Entwicklung der Atombombe zu intensivieren. Casablanca endete schließlich harmonisch, Churchill setzte seinen ganzen Charme ein, um FDR zu überzeugen, am letzten Tag, dem 24. Januar, mit ihm nach Marrakesch zu fahren (siehe Kap. VII, 1). Nie durfte es nach seiner Auffassung dazu kommen, dass Differenzen im Einzelnen die atlantische Partnerschaft trübten.

Sein Rückflug aus Algier verzögerte sich um eine Nacht, weil irgendetwas mit der Maschine nicht in Ordnung war. Am nächsten Morgen erfuhr Churchill, dass eines der Flugzeuge, das Mitglieder der Delegation nach Hause fliegen sollte, eine Notlandung machen musste, bei der zwei seiner Mitarbeiter ums Leben kamen. Er selbst benutzte bei dieser Reise den Liberator B-24 zum letzten Mal – die Maschine stürzte auf einem ihrer nächsten Flüge ab, wobei alle an Bord den Tod fanden. Während Churchill in Algier auf den Abflug wartet, macht er sich Gedanken über das Schicksal, das auch ihn, den Vielflieger, ereilen könnte: «Es wäre schade, in der Mitte eines solchen interessanten Dramas abtreten zu müssen. Aber es wäre gar kein schlechter Moment. Die Dinge laufen jetzt, selbst das Kabinett könnte sie managen.» Die Dinge laufen jetzt: Der Satz liest sich wie ein unfreiwilliger Kommentar zu der Wende, welche der Weltkrieg inzwischen erreicht hatte. Das Duopol von USA und Sowjetunion begann sich herauszuschälen, und Churchill, der in den ersten beiden Kriegsjahren unersetzlich gewesen war, war es jetzt nicht mehr. Die Koordinaten veränderten sich.

5. Teheran

Nicht nur der britische Premierminister hatte begonnen, einen Rapport mit Stalin zu entwickeln – auch Präsident Roosevelt schwor auf seine persönlichen Beziehungen. Zwischen Churchill und Roosevelt entspann sich sogar so etwas wie ein Wettbewerb, wer den roten

Zaren am besten zu nehmen verstand. Bereits am 18. März 1942 hatte FDR an Churchill geschrieben: «Ich glaube, ich kann mit Stalin besser umgehen als Ihr Foreign Office oder mein State Department. (...) Ich glaube, er mag eher mich, und hoffe, er wird dabei bleiben.»

Da Churchill Stalin im August 1942 vier Tage allein hatte sprechen können, nahm sich Roosevelt das Recht, zu Beginn des Treffens der Großen Drei in Teheran vom 28. November bis zum 6. Dezember 1943 ähnlich zu verfahren: Er traf sich vor dem ersten Plenum zu einem Einzelgespräch mit «Uncle Joe» (wie er Stalin in Teheran nannte), ohne Churchill vorab zu konsultieren. Der Präsident und der Premierminister hatten in der Woche vor Teheran bereits drei Tage lang in Kairo konferiert, und der Amerikaner mag gedacht haben, dass er das Denken des Briten bereits ausreichend kenne. Dennoch empfand Churchill Roosevelts separates Treffen mit Stalin als eine Brüskierung. Deutlicher denn je traten die Unterschiede zwischen den beiden westlichen Verbündeten zutage. Roosevelt lehnte jede Art von «Einflusssphären» ab, weil er sie als Hindernis für Frieden und Sicherheit betrachtete. Auch störte ihn Churchills Beharren auf dem Feldzug durch Italien – der Sprung von Sizilien aufs Festland war inzwischen gelungen, Mussolini im Juli 1943 gestürzt –, da diese Strategie in seinen Augen die Vorbereitung auf «Operation Overlord», die Landung in der Normandie, empfindlich störte.

In diesem Punkt traf er sich mit Stalin. Auch der Russe zweifelte noch immer an der Ernsthaftigkeit der britischen Absichten, 1944 endlich die Kanalüberquerung zu wagen. Ließ sich da vielleicht ein russischer Keil zwischen Roosevelt und Churchill treiben? Letzterer war tief besorgt. Schon am Tag vor Teheran teilte er Harold Macmillan, dem Repräsentanten der Regierung beim Militärstab in Kairo, mit: «Das eigentliche Problem ist jetzt Russland. Ich kann die Amerikaner einfach nicht dazu bringen, dies einzusehen.» In der Tat machte sich Roosevelt wenig Gedanken über die Nachkriegsordnung in Europa, abgesehen von seinem Vorschlag, Deutschland in separate Provinzen querzuteilen, was Churchill durch ähnliche Ideen ergänzte. Wichtiger war dem Amerikaner, sich nach dem Sieg so bald wie möglich aus der alten Welt zurückzuziehen. Churchill dagegen sah eine künftige Expansion der sowjetischen Einflusssphäre in Europa voraus und wollte im Mittelmeer beginnen, Pflöcke dagegen einzurammen – das war der Kern seiner Südstrategie.

Darin sah Roosevelt jedoch nur wieder den alten britischen Imperialismus-Reflex. Churchill seinerseits argwöhnte, mit Stalin auf die gleiche Stufe gestellt zu werden – das «Kind des Unterhauses» und der Mann, der niemandem gegenüber Rechenschaft ablegen musste? Clementine hatte ihren Mann schon vor Teheran in einem ihrer Briefe etwas aufzumuntern versucht – er habe doch immer, so schrieb sie, gesagt: «Das Einzige, was schlimmer ist als Verbündete, ist keine Verbündeten zu haben.» Ein schwacher Trost.

Churchill war gereizt. Während des Konferenzdinners, bei dem die Sowjets Gastgeber waren, kam es zu einem Wortwechsel zwischen ihm und Stalin. Der Russe trug vor, das deutsche Problem könne leicht dadurch gelöst werden, dass man nach Kriegsende 50 000 führende Militärs und Techniker zusammentreibe und sie erschieße. Das entgeisterte Churchill und beraubte ihn kurzzeitig seiner üblichen Fähigkeit, unsinnige oder anstößige Bemerkungen mit schnellem Witz aus dem Felde zu schlagen. Nicht diesmal. Er wusste zu viel vom roten Terror, um Stalins Bemerkung nicht ernst zu nehmen. Roy Jenkins kommentiert in seiner Churchill-Biographie sarkastisch, gemessen an den stalinistischen Säuberungen der 30er-Jahre sei die genannte Zahl eher noch «zurückhaltend» gewesen. Der Premier aber nahm Anstoß und wies den Gedanken an «die Exekution von Soldaten, die für ihr Land gekämpft haben», entrüstet zurück: «Das britische Parlament, die britische Öffentlichkeit wird niemals Massenhinrichtungen hinnehmen. Ich würde lieber hier und heute im Garten erschossen werden, als meine Ehre und die meines Landes durch eine solche Infamie beschmutzen zu lassen.»

Um dem eskalierenden Streit die Spitze zu nehmen, schlug Roosevelt als Kompromisszahl 49 000 vor – offensichtlich ein Versuch, das Ganze ins Lächerliche zu ziehen. An diesem Punkt aber erhob sich Roosevelts Sohn Elliott, «vermutlich leicht angetrunken», wie Jenkins schreibt, und beehrte sich, Stalins Vorschlag «herzlich» zu unterstützen – die US-Armee würde sicherlich helfen. Das war end-

«Nasdrowje, Mr. Churchill!»: Stalin prostet dem Premierminister zu, aus Anlass von dessen 69. Geburtstag am 30. November 1943, während der Konferenz in Teheran. Zwischen Churchill und Stalin Marschall Woroschilow, links von Churchill Außenminister Anthony Eden

gültig zu viel für Churchill, er verließ den Saal, um in einem Nebenraum seine Erregung abzukühlen. Kaum eine Minute später, so erzählt er in seinen Kriegserinnerungen, «legten sich Hände auf meine Schultern, und da standen Stalin und Molotow vor mir, beide breit grinsend, und erklärten eilfertig, das Ganze sei doch nur gespielt gewesen. Stalin hat eine sehr einnehmende Art, wenn er sie zeigen möchte, und ich sah sie nie so deutlich wie in diesem Moment. Also willigte ich ein zurückzukehren. Der Rest des Abends verlief angenehm.» Wie zuvor schon das von der britischen Delegation ausgerichtete Dinner am 30. November, bei dem man Churchills 69. Geburtstag feierte, mit artigen Sprüchen und Komplimenten von allen Seiten.

Erneut tauchte Churchill, wie schon nach seiner Begegnung mit Stalin 1942 in Moskau, in eine Wolke der Euphorie ein und schrieb zum Abschluss des Treffens in Teheran an seinen Stellvertreter Attlee: «Wir hatten hier einen großartigen Tag, und die Beziehungen zwischen Großbritannien, den Vereinigten Staaten und der Sowjetunion waren noch nie so herzlich und eng. Alle Kriegspläne wurden beschlossen und abgestimmt» – Stalin erhielt die polnischen Gebiete östlich der «Curzon-Linie» zurück, der nach dem Ersten Weltkrieg gezogenen Grenze Polens zu Russland, die von Warschau im polnisch-sowjetischen Krieg nach 1919 weiter nach Osten vorgeschoben worden war. Zum Ausgleich wurden den Polen die deutschen Gebiete östlich der Oder-Neiße-Linie zugesprochen. Und Stalin erhielt Königsberg. Vor allem aber war jetzt die «Operation Overlord» verbindlich für das Frühjahr 1944 geplant – mit einem Zusatz, der im Abschlussdokument der Drei fast versteckt wurde: Die Landung über den Kanal solle «im Zusammenspiel mit einer Operation gegen das südliche Frankreich stattfinden».

Nach Teheran gab es an der Vorherrschaft der Vereinigten Staaten und der Sowjetunion nichts mehr zu rütteln. Der britische Esel zwischen dem amerikanischen Büffel und dem russischen Bären – er konnte sich nur noch in die schmeichelhafte Vorstellung flüchten, als Einziger den Weg nach vorn zu wissen. Auf dem Zenit seiner Laufbahn, im Glanze seiner Anerkennung als global agierende Figur, begann der Abstieg des Winston Spencer Churchill. Die schwere Lungenentzündung, die ihn gepaart mit einer Herzschwäche im Anschluss an Teheran heimsuchte und ihn fast das Leben kostete, gilt in der Literatur allgemein als Indiz für sein eigenes Empfinden des Scheiterns und seiner zunehmenden politischen Schwächung. Churchill war am Ende seiner Kräfte, erschlafft wie noch nie. Ein langer Krankenhaus-Aufenthalt in Karthago – das entsprechende Kapitel in seinen Memoiren betitelte er «In Karthagos Ruinen» – mit anschließender Rekonvaleszenz in Marrakesch war nötig, um ihn wieder auf die Beine zu stellen. Nicht weniger als 172 Tage hat Churchill zwischen dem Aufbruch nach Casablanca am 13. Januar 1943 und seiner Rückkehr aus Teheran fast auf den Tag genau ein Jahr später außerhalb der Insel zugebracht. Ein übermenschlicher Hindernislauf.

KAPITEL XV

Der Zweite Weltkrieg (5): Endspiele

1. Bomben über Deutschland

Am 10. Mai 1956 soll der 81-jährige Winston Churchill in Aachen den Karlspreis erhalten. Damit werden Staatsmänner und Figuren des öffentlichen Lebens ausgezeichnet, die sich um das vereinte (West-)Europa verdient gemacht haben. Ein Publicity-trächtiges Ereignis wirft seine Schatten voraus, und Lord Moran notiert sich am 3. des Monats in seinem Tagebuch: «Winston ist ganz erfüllt von seinem Deutschland-Besuch. Dass er, der Hauptverantwortliche für Deutschlands Niederlage, nun Gast der Bundesrepublik sein soll, erregt ihn. (...) ‹Ich bin ein Held für die Deutschen. Es ist schon sehr merkwürdig.›» Das Wort vom «Hauptverantwortlichen für Deutschlands Niederlage» hat durchaus eine gewisse Berechtigung, wenn man die Niederlage ursächlich auf Churchills Widerstand in den Jahren 1940/41 zurückführt und auf Hitlers Unfähigkeit, England in die Knie zu zwingen, der Keim, aus dem sich vieles entwickelte. Aber stärker im Vordergrund stand nach dem Krieg eine andere Verantwortung Churchills – für die Vernichtung von nahezu 60 der größten Städte Deutschlands.

Mit dem Untergang Dresdens sind auch nachdenkliche Briten bis heute nicht fertig. Die Zweifel, ob die Zerstörung dieser und anderer Städte so kurz vor dem nahen Kriegsende zu rechtfertigen war, haben sich längst zu dem Urteil verdichtet: Sie war es nicht. Die tragische Konsequenz eines zur gegenseitigen Vernichtung geführten Krieges fand im Flächenbombardement Deutschlands ihren Gipfel. Hilft es zur Erklärung, darauf hinzuweisen, dass in der Schlussphase des Krieges deutsche V1- und V2-Waffen weiterhin Zerstörung auf Antwerpen, Paris und London regnen ließen? Eine V2 schlug noch am 27. März 1945 im Osten Londons ein und tötete 134 Menschen. Die britische öffentliche Meinung hätte es nicht verstanden, wenn die militärische Führung auf Schonung des Gegners geschaltet hätte, wo dieser bis zum Ende Vernichtung spie. Aber die alte Frage bleibt, die Lothar Kettenacker 2003 in dem Sammelband «Ein Volk von Opfern?» noch einmal stellte – «ob der Zweck die Mittel heiligt, ob die Beseitigung einer unheilvollen Diktatur die rücksichtslose Bombardierung der Bevölkerung rechtfertigt».

Unwohlsein äußerte Churchill selbst schon 1943, als ihm Bilder von den Auswirkungen der Bomben in Deutschland vorgelegt wurden. Richard Casey, der für Australien an Sitzungen des britischen Kriegskabinetts teilnahm, berichtet in seinem Tagebuch am 27. Juni 1943 über eine Szene der Betroffenheit in Chequers. Es wird ein Film gezeigt über das nächtliche Bombardement einer deutschen Stadt, und «plötzlich richtet sich Churchill steil in seinem Sessel auf und sagt zu mir: ‹Sind wir Bestien? Gehen wir nicht zu weit?›» Churchills Meinungen zum Bombenkrieg gegen Deutschland schwankten. Nach der Zerstörung Dresdens begegnet man bei ihm, spät, einer eindeutigen Ablehnung, so in dem berühmten Memorandum vom 28. März 1945:

«Der Moment scheint mir gekommen, wo die Frage der Bombardierung deutscher Städte einfach zum Zwecke der Erhöhung des Terrors, auch wenn wir andere Vorwände nennen, überprüft werden sollte. Sonst werden wir die Kontrolle über ein total verwüstetes Land übernehmen (...) Die Zerstörung Dresdens bleibt eine ernste Frage an die alliierte Bombardierungspolitik. (...) Ich glaube, es ist nötig, dass wir uns mehr auf militärische Ziele konzentrieren wie Öllager und Kommunikationszentren hinter der unmittelbaren Kampfzone, statt auf reine Akte des Terrors und der mutwilligen Zerstörung, wie beeindruckend diese auch immer sind.»

Das Dokument konsternierte die Militärstäbe, hatte Churchill doch vier Jahre lang die strategische Bombenkampagne mehr oder weniger deutlich unterstützt und noch im Januar 1945 die Anweisung erteilt, die Angriffe auf ostdeutsche Städte zu verstärken. Aus Loyalität zum russischen Verbündeten? Aber das Bombardement Dresdens fand nach der Konferenz der Großen Drei in Jalta (4.–11. Februar 1945) statt, wo Churchill mit der ernüchternden Realität der Absichten Stalins in Polen und Europa konfrontiert wurde; seitdem schuldete er dem Diktator eigentlich kein «Entgegenkommen» mehr. Vielleicht verführte ihn die Erwartung, durch die Zerstörung deutscher Städte den Krieg verkürzen zu können. Mit dieser Hoffnung war es allerdings zur Zeit des Memorandums vom 28. März endgültig vorbei. Das Dokument war brisant, allein wegen seiner erstaunlichen, für die führenden Militärs peinlichen Indiskretion, hatte man doch von «Erhöhung des Terrors» als gültiger Politik nie gesprochen. Und der Terror war durch «Vorwände» vor der Öffentlichkeit verschleiert worden! Wie ehrlich. Entsprechend wütend reagierte Arthur «Bomber» Harris, seit Februar 1942 Leiter des Bomber Command, auf die Demarche Churchills, der seine Formulierung auf Harris' Insistieren hin später «abmilderte» – oder «zurückzog», wie Frederick Taylor in seiner eindringlichen Studie über die Bombardierung Dresdens sagt.

Zweifel finden sich bei Churchill schon in der Frühphase des Bombenkrieges. Als ihm Luftmarschall Sir Charles Portal, Stabschef der RAF, im September 1941 einen Bedarf an 4000 Bombern für die Langzeitstrategie vorlegt, schreibt er zurück: «Es ist sehr fraglich, ob Bombardierungen für sich ein entscheidender Faktor im gegenwärtigen Krieg sein werden. Im Gegenteil, alles, was wir aus den bisherigen Erfahrungen im Krieg gelernt haben, weist eher darauf hin, dass die Folgen, was den physischen Bestand und die Moral angeht, weit übertrieben wurden.» Das hatten Studien über die Reaktion der britischen Bevölkerung auf den «Blitz» erbracht, die festhielten, dass die Moral der Menschen in den Monaten des permanenten Bombardements nicht gelitten hatte.

Ähnlich sollte 1961 auch die offizielle britische, von zwei Historikern verfasste Studie über die «Strategic Air Offensive against Germany 1939–1945» folgern: «Die Offensive des Flächenbombardements brachte keine unmittelbaren Ergebnisse, die mit den einst gehegten Hoffnungen zu vergleichen gewesen wären. Große Flächen vieler deutscher Städte wurden schwer getroffen, und einige wurden vernichtet, aber der Wille des deutschen Volkes wurde nicht gebrochen und nicht einmal ernsthaft beeinträchtigt.» Auch erlitten die Briten schon früh eigene Verluste, welche die Effizienz der ganzen Kampagne in Frage stellten. Der Lernprozess des Bomber Command zwischen September 1939 und September 1942 kostete bereits 14 000 Piloten und Besatzungsmitglieder das Leben; bis 1945 waren es über 55 000, wie die Wissenschaft ermittelt hat – weit mehr als die Zahl der Opfer in der gesamten Zeit des deutschen Luftkrieges gegen England. Nicht umsonst nannte man Harris auch den «butcher», den Metzger. Richard Overy hat dem Thema 2013 die wohl umfassendste Untersuchung gewidmet, «Der Bombenkrieg. Europa 1939–1945». Ihm verdanken wir viele der hier verwendeten Quellen.

Portal reagierte im September 1941 enttäuscht auf Churchills Zweifel und fragte zurück, ob erst eine neue Strategie entwickelt werden müsse. Churchills Antwort war eher noch negativer: «Selbst wenn alle Städte Deutschlands unbewohnbar gemacht würden, folgt daraus noch nicht, dass die militärische Kontrolle geschwächt wäre oder die Kriegsindustrie nicht weiterarbeiten könnte. Unsere Luftwaffenstäbe würden einen Fehler machen, wenn sie ihre Behauptungen zu hoch ansetzten.» Aber von unbewohnbar machen konnte damals noch gar keine Rede sein – zielen und treffen, das war fürs Erste das größte zu lösende Problem. Ein Bericht für das Kriegskabinett hielt im August 1941 fest, man könne schon von einem «Treffer» sprechen, wenn die Bombe im Umkreis von acht Kilometern vom Ziel einschlüge. Selbst mit dieser generösen Vorgabe gelang es nur einem Viertel der Bomber, ihre Ziele zu treffen. Die Navigation war veraltet, die Wetterverhältnisse ungünstig, die Flughöhe zu groß, und die Flugzeuge waren eine leichte Beute für die gegnerische Abwehr.

Erst am 12. Februar 1942, nach einer wochenlangen Phase forcierter Zurückhaltung wegen der Ungenauigkeit der bisherigen Bombardements, gab das Kriegskabinett eine Veränderung der Strategie

XV. Der Zweite Weltkrieg (5) 305

«Sind wir Bestien? Gehen wir nicht zu weit?» Churchill im Gespräch mit einem australischen Diplomaten, als ihm Fotos von zerstörten deutschen Städten vorgelegt wurden. Das Bild zeigt Hamburg nach der anglo-amerikanischen «Operation Gomorrha», dem Feuersturm ab Juli 1943

bekannt, die «Area Bombing Directive»: «Es wurde beschlossen, dass das Hauptziel von nun an die Moral der feindlichen Zivilbevölkerung, vor allem der Arbeiterschaft, sein soll.» Dem gab Frederick Lindemann, inzwischen Baron Cherwell, einen eigenen Impetus mit seinem «Dehousing Paper», einem mit verwirrenden Berechnungen unterfütterten Memorandum zur «Enthausung» der deutschen Bevölkerung: Eine konzentrierte Massenbombardierung dichter Siedlungsgebiete müsse mindestens ein Drittel der Menschen zu Obdachlosen machen, was die Moral der Bewohner brechen werde. Churchill übernahm diese Theorie nie vollständig. Zwar war oder vielmehr wurde er ein Anhänger der «Strategic Bombing Offensive», sah in ihr aber eher eine Vorbedingung für die Landung auf dem Kontinent als eine Alternative dazu. Lindemanns Erfolgstheorie wurde intern als grotesk übertrieben angefeindet, aber gegen den bekehrten Churchill und den «Prof» hatte kein Widerspruch Erfolg.

Der Rest ist Geschichte. Schon Max Hastings nannte in seinem Klassiker von 1979, «Bomber Command», die Auslöschung deutscher Städte noch im Frühjahr 1945 «einen bleibenden Schandfleck». Ein Jahr später pflichtete ihm John Grigg in «1943: The Victory that Never Was» (1980) bei: Die Flächenbombardierung «war ebenso nutzlos wie bestialisch». Auch die britische Öffentlichkeit hat sich dieser Einsicht nicht verschlossen. Schon vor längerer Zeit wurde in Großbritannien ein gemeinnütziger Verein gegründet, der «Dresden Trust», der mit seinen öffentlichen Spendensammlungen zu den Kosten des Wiederaufbaus der Dresdner Frauenkirche beitrug. Versöhnungsbereitschaft ist seine Motivation. Der Trust stiftete das Turmkreuz mit dem Strahlenkranz sowie die goldene Erdkugel, die krönenden Punkte der neu erstandenen Kirche. Vom «entsetzlichen Leid des Krieges auf beiden Seiten» sprach Elizabeth II. während ihres Staatsbesuchs in Deutschland im November 2004. «Der Wiederaufbau der Dresdener Frauenkirche ist für uns alle eine Inspiration», fügte die Monarchin hinzu.

Das war ein pikanter Kontrapunkt zu ihrer Mutter: Als im Mai 1992 in London vor der Kirche der Royal Air Force, St Clement Danes, das Denkmal für Arthur Harris eingeweiht wurde, pries die Queen Mother den Chef des Bomber Command als «inspirierenden Anführer». Der «inspirierende Anführer» der Vernichtung deutscher Städte und die wiedererstandene Frauenkirche als «eine Inspiration für uns alle»: Darin liegt für die Briten die nicht auflösbare Dialektik dieses Kapitels ihrer Geschichte. Im Schlussband von Churchills Kriegsmemoiren findet sich zu Dresden ein aufschlussreich karger Eintrag: «Unsere Bombardierung dauerte den ganzen Januar und Februar [1945] hindurch fort; im letztgenannten Monat wurde insbesondere Dresden, damals ein Verkehrskontenpunkt für die deutsche Ostfront, schwer bombardiert. Die Luftabwehr des Gegners schwand dahin.» Das Schweigen an dieser Stelle über die eigenen Zweifel am Sinn der Vernichtung Dresdens, wie sie in dem Memorandum vom 28. März 1945 zutage traten, lässt erkennen, wie genau Churchill um die moralische Verstrickung wusste, in die er als Kriegspremier geraten war.

2. Churchills Südstrategie scheitert

«Bleed and burn», überall, das war seine Devise im Kampf gegen die deutsche Dominanz – an keinem westlichen Schauplatz wurde so geblutet und gelitten wie in Italien, auch bei den Alliierten, die über 300 000 ihrer Soldaten verloren, darunter französische und polnische Einheiten. Es zeigte sich, dass die Forderung nach «bedingungsloser Kapitulation», die Roosevelt in Casablanca verkündet hatte, den Gegner in seinem Willen, nicht zu kapitulieren, nur bestärkte. Das war vorhersehbar gewesen, wie auch der Historiker Andrew Roberts in «Masters and Commanders» (2008) schreibt, da Roosevelts Maxime den gegnerischen Truppen «keine Aussichten auf erträgliche Bedingungen bei Kriegsende» ließ.

Die USA aber wurden unruhig, Italien verschlang Ressourcen, die man dringend für die Vorbereitung der Invasion in Frankreich benötigte. Flankierend zur «Operation Overlord» war ja auch eine Landung in Südfrankreich geplant, von der die Schlusserklärung in Teheran bereits sprach, wenn auch eher versteckt. Woher die Kräfte für «Operation Anvil» («Amboss») an der Riviera nehmen, wenn nicht aus Italien, dem in amerikanischen Augen sekundären Schauplatz? Vier französische und drei amerikanische Divisionen wurden daher von dort für Südfrankreich abgezogen, wo die Landung am 15. August 1944 glückte, mehr als zwei Monate nach D-Day – sie bekam jetzt den Namen «Dragoon», «Dragoner». In der Geschichtsschreibung des Zweiten Weltkrieges erhält dieser Teil der alliierten Operationen im Invasionssommer 1944 meist eine eher stiefmütterliche Behandlung, vielleicht nicht ohne Grund. Zwar wurde mit Marseille ein wichtiger Hafen für die Einschiffung amerikanischer Einheiten gewonnen, aber die Erwartung, mit der Landung an der Riviera Einheiten des Gegners vom nordfranzösischen Kriegsschauplatz abziehen zu können, erfüllte sich nicht. Die deutschen Kontingente wichen aus Südfrankreich durch das Rhone-Tal und über die Vogesen ins Reichsgebiet zurück, während Deutschland nach dem Abzug der sieben alliierten Divisionen aus Italien seine Präsenz dort verstärkte, was die Kämpfe in Oberitalien unnötig verlängern half.

Dass dem Oberbefehl General Harold Alexanders in Italien an die 100 000 Soldaten entzogen wurden, schwächte Churchills Südstrategie entscheidend. Sein Widerstand gegen eine frühzeitige Eröffnung der zweiten Front in Frankreich beruhte ja nicht nur auf der Sorge, die Alliierten seien dafür noch nicht vorbereitet – seit Langem arbeitete er im Geist an einem Vorstoß aus der Po-Ebene heraus: vorbei an Triest und durch die «Ljubljana Gap», die westlich vom slowenischen Laibach gelegene strategische Öffnung, von da weiter nach Norden, über Österreich, Ungarn, Wien, Prag in Richtung Berlin – ein Weg, den er FDR als «politisch klug» empfahl. Der Plan verrät, wie weit Churchill zu diesem Zeitpunkt in die europäische Zukunft sah, um der befürchteten sowjetischen Dominanz einen Riegel vorzuschieben. Wenn die Alliierten als Erste Ungarn, Wien, Prag und vielleicht auch Berlin erreichen könnten, so sein Kalkül, hätte man gegenüber Moskau in der Nachkriegszeit beträchtliche Trümpfe in der Hand. Roosevelt und seine Stäbe dagegen waren von dieser Idee nur befremdet. Bloß keine Verzettelung der Ressourcen! Amerika hatte zwei große Kriege zu bestehen, wobei der pazifische noch mehr Kräfte verzehrte als der europäische. Ihr Denken kreiste allein um den kürzesten, direktesten und hoffentlich schnellsten Weg, mit Hitler-Deutschland fertig zu werden, um sich dann ganz auf Japan konzentrieren zu können.

Churchills Besessenheit in dieser Frage war in ihren Augen mehr als eine lästige Ablenkung – sie sahen darin auch die Maske für neue britische Hintergedanken. Henry Kissinger berichtet in seiner umfangreichen Studie «Die Vernunft der Nationen» von einem privaten Essen im Weißen Haus bald nach dem japanischen Überfall auf Pearl Harbor, in dessen Verlauf Roosevelt anmerkte: «Dieses Misstrauen, diese Abneigung, ja, dieser Hass auf England liegt in Amerikas Tradition.» Folgt man Kissingers Buch, so hatte Roosevelt zu keinem Politiker dieser Zeit auf der menschlichen Ebene eine engere Beziehung als zu Churchill, doch bei spezifischen Themen «konnte er schärfer vor ihm auftreten als vor Stalin». Dieses Verhalten finden wir häufig bei engen Freundschaften – die größere Milde gegenüber einem Dritten, bei schonungsloser Offenheit im Umgang mit dem natürlichen Partner.

Roosevelt jedenfalls lehnte einen Vorstoß durch die Laibach-Öffnung ab. Bei den Präsidentschaftswahlen im Herbst 1944 wollte er sich um eine vierte Amtszeit bewerben, das erlaubte kein Aufweichen der «Operation Overlord». Bei Churchills Lieblingsidee von Angriffen über die Peripherie war es den USA längst unwohl. General George C. Marshall, seit 1939 Stabschef der amerikanischen Armee, meinte einmal zu Forrest Pogue, dem offiziellen Historiker dieser Teilstreitkraft im Zweiten Weltkrieg: «Das Einzige, was die Briten noch nicht vorgeschlagen haben, ist der Versuch, den Nordpol zu erreichen.» Den Laibach-Plan allerdings redete der britische Generalstab, nach anfänglichem Enthusiasmus, seinem obersten Kriegsherrn selbst aus. Durch die Bergkette der Karawanken am Saum Kärntens führten nur zwei Straßen ins Tal von Klagenfurt, der deutsche Gegner hätte sich auf diese schmalen Durchfahrten konzentrieren und eine Reihe von Eisenbahntunneln unpassierbar machen können. Auch das Wetter in diesem alpinen Terrain sprach, zumal im Winter, gegen die Operation. Das Wettrennen nach Wien und Budapest hätten die Russen, selbst im günstigsten Fall, ohnehin gewonnen, da sie bereits in Bukarest standen. Die Entfernung Rom – Wien betrug circa 900 Kilometer – das Vierfache der Strecke Neapel – Rom, für deren Bewältigung die Alliierten allein sechs Monate gebraucht hatten.

So welkte ein Churchill-Plan dahin, der Weitsicht und Vorahnung verriet, aber in der Praxis durch den Widerstand der Amerikaner und die Schwächung der alliierten Kontingente keine Aussicht auf Erfolg besaß. Auch weil sich aufgrund der anhaltenden Zermürbung in Oberitalien der Zeitplan für diese Strategie nicht mehr einhalten ließ.

3. Einflusssphären: Würfeln in Moskau

Am Abend vor Beginn des entscheidenden Unternehmens in der Normandie, am Abend vor D-Day, speisen Winston und Clementine Churchill allein in der Downing Street. Nach dem Dinner begibt sich der Premier in den Kartenraum, wo seine Frau sich ihm kurz vor dem

Kriegslenker unter sich, beim Picknick auf der eroberten Rheinseite bei Wesel, 26. März 1945: Churchill mit seinen beiden führenden Generälen Alan Brooke und Bernard Montgomery (von links)

Zubettgehen anschließt. «Ist dir klar», so wendet sich Churchill Clemmie zu, während er mit großer Geste auf die Strände der Normandie weist, «dass, noch ehe du aufwachst, bis zu 20 000 Mann ihr Leben verloren haben könnten?» So viele waren es am Tag der Landung nicht, aber die Verluste addierten sich danach alarmierend schnell. Der Gedanke daran hatte Churchill lange vor dem 6. Juni 1944 geplagt, während er gleichzeitig aktiv an den Vorbereitungen von D-Day beteiligt war, auch mit vielen wichtigen Ideen wie dem Bau von künstlichen Häfen – «Mulberries» – vor der normannischen Küste zum Anlanden von Truppen und Nachschub. Im Gegensatz zu Marshall und den amerikanischen Militärs, die erst spät in den Ersten Weltkrieg eingetreten waren, hatten Churchill, Brooke und ihre Generation die Blutopfer 1916 an der Somme und 1917 in der dritten Ypernschlacht noch in frischer Erinnerung. Eine erneute westliche Front rührte bei Churchill an eine ungeschlossene innere Wunde. Mehrmals warnte er Eisenhower, den Supreme Allied Commander, vor unbedachter Bombardierung des französischen Hinterlandes und seiner Kommunikationsnetze.

Aber die Landung in der Normandie glückte insgesamt, und Churchills Sorgen waren damit wie verflogen. Er hatte Eisenhower sogar gedrängt, ihn beim Übersetzen nach Frankreich mitfahren zu lassen, was dieser ihm untersagte. «Das können Sie dem ersten Minister des Königs gegenüber gar nicht», entgegnete Churchill, woraufhin Eisenhower bei George VI. Hilfe suchte. Der ließ seinen Premier, mit dem er einmal pro Woche konferierte, wissen, wenn er bei seinem Plan bleibe, müsse auch er, der König, bei der Invasion dabei sein. Damit war dieser Disput fürs Erste erledigt. Vier Tage nach dem 6. Juni steht Churchill dann aber doch bei den Truppen in der Normandie. Und am 25. März 1945 überquert er, unter fernem Kanonendonner, mit den vorrückenden Truppen bei Wesel den Rhein. Churchill verspürte immer wieder den Drang, sich an vorderster Front zu zeigen. Das war nicht nur der Kitzel des Abenteuers. Celia Sandys, Churchills Enkelin, schreibt in ihrem Buch «Chasing Churchill» (2003), das die Kriegsreisen ihres Großvaters nachzeichnet: «Er brauchte wahrscheinlich auch die Beruhigung, in sehr bescheidener Weise die Risiken mit denen zu teilen, die er möglicherweise in den Tod schickte. Die Bereiche, in denen er persönlichen Anteil nahm, wie auch seine Tatkraft wurden durch den direkten Kontakt mit einem Ereignis stimuliert.» Stimuliert wurden auch die Menschen, zumal die Truppen, durch Churchills häufiges Erscheinen. Ein Regierungschef zum Anfassen – das war Teil seiner Ausstrahlung.

Entsetzt dagegen war Churchill über das, was sich am anderen Ende Europas abspielte. Während die Rote Armee in Warschau das östliche Ufer der Weichsel erreicht hatte, erhob sich die Stadt im August 1944 zu einem Aufstand gegen die deutschen Besatzer. Würde die sowjetische Armee zu Hilfe kommen? Nichts geschah. Die Russen griffen nicht ein, während das dreimonatige blutige Schauspiel über die Bühne ging. Moskau gestattete den westlichen Alliierten nicht einmal Landungen auf Flugplätzen in dem von ihm besetzten Teil der Stadt zur Entlastung und Versorgung der verzweifelt Kämpfenden. Churchill war erschüttert über das «Warschauer Martyrium», wie er es im letzten Band seiner Kriegsmemoiren überschrieb. Kurzzeitig erwog er, die arktischen Hilfskonvois für Russland einzustellen, doch das hätte den Bruch mit Stalin bedeutet, wovon ihm Außenminister Eden abriet. Auch Roosevelt hätte eine solche Reaktion für unverhältnismäßig gehalten, angesichts der noch nicht bewältigten Aufgabe, Nazi-Deutschland gemeinsam zu bezwingen.

Da im Herbst 1944 wegen des amerikanischen Wahlkampfes an keine Gipfelrunde der Großen Drei mehr zu denken war, brach Churchill am 9. Oktober erneut nach Moskau auf, um allein mit Stalin zu konferieren. Schon in ihrer ersten Aussprache geschieht etwas Erstaunliches: Churchill produziert aus seiner Jackettasche ein etwa DIN-A5-großes Papier, «ein ungezogenes Dokument» («a naughty document»), wie er Stalin augenzwinkernd gesteht, mit allerlei Namen und Zahlen – eine Liste der «proportionalen Interessen» Russlands und Großbritanniens in fünf Ländern Südosteuropas:

Rumänien	Russland 90 %. Die anderen 10 %
Griechenland	Großbritannien (in Absprache mit den USA) 90 %, Russland 10 %
Jugoslawien	50–50 %
Ungarn	50–50 %
Bulgarien	Russland 75 %, die anderen 25 %

Stalin, so erzählt Churchill in seinen Kriegsmemoiren, «holte einen blauen Stift hervor und machte einen kräftigen Haken» zur Bestätigung. Dann gab er dem Briten das Papier zurück, der es in der Mitte zwischen beiden deponierte und eine Schweigeminute einlegte, als wolle er eines verstorbenen Freundes gedenken. Schließlich fand er die Worte wieder: «Könnte man es nicht für ziemlich zynisch halten, wie wir hier mit diesen Themen umgehen, die so schicksalsschwer für Millionen sind, und dabei so lässig sind? Lassen Sie uns dieses Papier verbrennen.» «Nein», entgegnete Stalin, «behalten Sie's.»

Das Sagen hatten jetzt die russischen Waffen sowie auf beiden Seiten eine klassische Portion Realpolitik. Wenig änderte daran, dass Churchill noch am selben Tag ein langes Aide-Mémoire an Stalin verfasste, in dem er festhielt, es gelte weitgehend «das Prinzip, allen Ländern die Wahl ihrer Regierung, die sie wünschen, selbst zu überlassen». Er sei glücklich, dass Stalin sich dagegen ausgesprochen habe, «mit Gewalt oder kommunistischer Propaganda die etablierten Systeme in den verschiedenen Balkanstaaten zu verändern. Sie mögen ihr eigenes Schicksal gestalten in den Jahren, die vor uns liegen.»

In diesem Schreiben verriet Churchill, wie stark er von Wunschdenken geprägt sein konnte. Durfte man etwa nicht hoffen, dass wider alle Indizien doch noch eine gute Lösung auf die Menschheit zukommen werde? Ähnliches hatte ihn auch in seinem Artikel über Hitler bewegt, damals, 1935 (siehe Kap. X, 2). Nur so ist ein Satz wie der folgende aus dem Schreiben an Stalin zu verstehen, das Churchill als Dokument ungekürzt in seine Kriegserinnerungen aufnahm: «Ich habe das Gefühl, dass die Differenzen zwischen unseren beiden Ländern tendenziell immer geringer werden und dass der gemeinsame Boden, der uns verbindet, die Absicht, das Leben reicher und glücklicher für die große Masse zu machen, von Jahr zu Jahr größer wird. Würden wir 50 Jahre Frieden bekommen, dürften die Unterschiede, die der Welt heute solche Schwierigkeiten bereiten, nur noch ein Thema akademischer Diskussionen sein.» An Clementine schrieb er am 13. Oktober: «Ich habe sehr angenehme Unterredungen [«nice talks»] mit dem alten Bären gehabt. Je öfter ich ihn sehe, desto mehr mag ich ihn. *Jetzt* schätzt man uns hier & ich bin sicher, man will mit uns zusammenarbeiten – Ich muss den Präsidenten auf dem Laufenden halten & das ist die delikate Seite von allem.»

In der Tat. Roosevelt mochte diese Zweisamkeit zwischen den beiden Alliierten nicht, während er im fernen Amerika im Wahlkampf steckte. Er kannte seinen britischen Pappenheimer zu gut und witterte ein neues Spiel mit Einflusssphären, wie es ja tatsächlich in Moskau ungeschützt zutage trat. Churchill selbst war klug genug, FDR das lange Schreiben an Stalin nicht zu zeigen, in dem er sich krampfhaft bemühte, die Prozentzahl-Einigung mit dem Selbstbestimmungsrecht der Völker in Einklang zu bringen. Roosevelt seinerseits schrieb an Stalin, leicht pikiert wie ein vom *high table* Ausgeschlossener: «Es gibt in diesem globalen Krieg buchstäblich keine Frage, sei sie militärisch oder politisch, an der die USA nicht interessiert sind.» Das klang nach Bismarck, von dem man oft den Satz kolportiert, eine Großmacht könne nirgends desinteressiert sein. Ein Bismarck war Roosevelt nicht, dafür aber eine Großmacht, mit eigenen Interessen, die er durchzusetzen gedachte.

Es naht die Stunde Griechenlands. Stalin hatte es zu 90 Prozent dem westlichen Einfluss überlassen. Konnte man dem sowjetischen Herrscher trauen? Ein Lord Byron auf Flugzeugschwingen, so machte sich der 70-jährige Churchill an Heiligabend 1944 als Griechenland-Retter auf den Weg nach Athen, wo ein Bürgerkrieg drohte. Es wurde Churchills letzter, zugleich waghalsigster Einsatz als unabhängiger Kriegsführer. Schon im Oktober, als die deutschen Truppen sich aus Griechenland zurückzuziehen begannen, hatte er ein britisches Expeditionskontingent unter General Ronald Scobie zur Unterstützung der provisorischen Regierung von Georgios Papandreou nach Athen entsandt. In Griechenland bekämpften sich monarchistische und kommunistische Kräfte, beide waren sie an Papandreous Regierung beteiligt, versuchten aber, sich gegenseitig auszumanövrieren.

Churchill hatte Scobie per Telegramm die Order gegeben: «Zögern Sie nicht, wie in einer eroberten Stadt gegen einen Aufstand zu kämpfen, wenn möglich, ohne Blutvergießen, aber wenn nötig, auch mit.» Dieses Telegramm gelangte durch eine Indiskretion an die amerikanische Presse, wo prompt eine Protestwelle hochschwappte gegen den «britischen Imperialismus». Wie hatte es Roosevelt bei dem privaten Dinner im Weißen Haus im Dezember 1941 formuliert? «Diese Abneigung, ja, dieser Hass auf England liegt in Amerikas Tradition.» Auch die britischen Medien tönten gegen ihren Premierminister, selbst die «Times»: Es sei unvorstellbar, «dass die britische Befreiungsarmee antreten soll, einen Teil dieser befreiten und mit uns verbündeten Menschen zu unterdrücken, die soeben noch aktiven und tapferen Widerstand gegen die Deutschen geleistet haben».

Churchill und Eden, der ihn begleitete, begaben sich in Lebensgefahr, als sie Weihnachten in Athen eintrafen, wo Scobies Kräfte sich der zahlenmäßig überlegenen kommunistischen ELAS, der Griechischen Volksbefreiungsarmee, erwehrten. Die Besucher in ihrer gepanzerten Limousine erreichten gerade noch den Hafen, von wo sie sich auf dem britischen Kriegsschiff «Ajax» fürs Erste in Sicherheit brachten. Als Partisanen auch auf das Schiff zu schießen begannen, fragte der Kapitän Churchill: «Sir, soll ich zurückfeuern?» Marian Holmes, die Sekretärin, die mit von der Partie war, hat uns Churchills Antwort übermittelt: «Ich bin hier auf einer Mission des Friedens, Kapitän. Ich trage den Olivenzweig zwischen meinen Zähnen. Es sei mir fern, mich in militärische Notwendigkeiten einzumischen. ERWIDERN SIE DAS FEUER!» Da sprach etwas von dem alten Feuer des jungen Mannes, der sich fast 50 Jahre zuvor in den Randzonen des Empire für «Queen and country» geschlagen hatte.

Am 26. Dezember gelang es, unter abenteuerlichen Umständen eine Konferenz aller Parteien abzuhalten, die nun in eine Koalitionsregierung unter Erzbischof Damaskinos einwilligten; Stalins Repräsentant Oberst Popow war stiller Beobachter. Ein Waffenstillstand und weitere politische Vereinbarungen folgten im Januar und Februar. Der Kompromiss sollte allerdings nicht lange währen, wie die Nachkriegsgeschichte Griechenlands zeigte. Aber Churchills Friedensmission bei dem traditionellen Verbündeten Englands hatte kurzzeitig Erfolg, und was ihn am meisten beeindruckte, war, dass Stalin sein Versprechen vom Oktober 1944 hielt und sich nicht – diesmal noch nicht – in Griechenland einmischte, auch nicht mit Waffenlieferungen an die kommunistischen Aufständischen. Konnte man also doch auf sein Wort bauen?

4. Morgenthau

Und Deutschland? Die Forderung nach bedingungsloser Kapitulation lag seit Langem auf dem Tisch, da ging der amerikanische Finanzminister Henry Morgenthau einen Schritt weiter und legte während einer zweiten Quebec-Konferenz vom 12. bis zum 14. September 1944 ein Memorandum vor: Nach dem absehbaren Sieg der Alliierten, so lautete die Quintessenz, sollte Deutschland komplett de-industrialisiert und in einen Agrarstaat verwandelt werden. Die Idee dahinter war, langfristig zu verhindern, dass das Land je wieder einen Angriffskrieg führen könnte. Keine Industrie, kein Ruhrgebiet, keine Werften. Der Plan sah auch vor, das Reich in zwei Hälften zu spalten und Teile davon ganz abzutrennen; auch sollten Millionen Deutsche als Zwangsarbeiter nach Afrika umgesiedelt werden. Churchill empörte sich. «Ich bin sehr dafür, Deutschland zu entwaffnen», sagte er zu Morgenthau, «aber wir sollten es nicht daran hindern, mit Anstand zu leben. Zwischen den Arbeiterklassen aller Länder bestehen enge Bindungen, und die Engländer werden eine Politik, wie Sie sie vorschlagen, nicht akzeptieren. Man kann nicht eine ganze Nation auf die Anklagebank setzen.»

Dennoch gab sich Churchill dazu her, das Papier – einen bloßen Entwurf – am 15. September zu unterzeichnen. John Colville mutmaßte, Churchill sei «dem geballten Plädoyer von Cherwell [Frederick Lindemann] und Morgenthau erlegen gewesen, und als Roosevelt, schon damals ein todkranker Mann, unterschrieb, schloss er sich einfach an.» Die beiden Befürworter, die sich in ihrem Hass auf Deutschland trafen, argumentierten, wie vorteilhaft eine De-Industrialisierung Deutschlands für den britischen Export nach dem Krieg sein müsste. Erst einmal «pastoralisiert», wäre das Land für seinen Bedarf an Industriegütern auf Importe auch aus England angewiesen, was die britische Industrie ungemein beleben würde.

Das Konzept zerfiel, als die beiden Außenminister Anthony Eden und Cordell Hull entschieden Front dagegen machten. Hull monierte, Morgenthau habe sich in ein Gebiet eingemischt, das eigentlich in die Hoheit des State Department gehöre. So scheiterte das

Memorandum, «ein Plan blinder Rache» (Hull), noch ehe das Kriegskabinett in London überhaupt dazu gekommen war, es zu diskutieren. Roosevelt verwarf den Entwurf anschließend, er gelangte nie in ein konkretes Planungsstadium. Eine Indiskretion aber brachte den Vorgang an die amerikanische Presse, was Goebbels einen willkommenen Trumpf an die Hand gab, um erneut gegen «die jüdische Weltverschwörung» zu Felde zu ziehen. Das kurz am Horizont aufgeflackerte Morgenthau-Projekt hatte, wie die Forderung nach bedingungsloser Kapitulation, zur Folge, dass sich die deutschen Kriegsanstrengungen nur noch weiter verstärkten.

5. Churchill und der deutsche Widerstand gegen Hitler

Deutschlands Zusammenbruch als Wirtschaftsmacht lag mithin, wie wir bereits im Zusammenhang mit der Atlantic Charta sahen (Kap. XIII, 3), nicht im angelsächsischen Interesse. Die Niederwerfung Deutschlands als militaristischer Maschine sei eine Sache, hatte Eden am 30. August 1941 in einer Rede in Coventry deklariert. Aber gleichzeitig dürfe das Land nie wieder durch wirtschaftlichen Zusammenbruch zu einer Quelle der Vergiftung für seine Umgebung und die Welt im Ganzen werden. So viel Verständnis für «das andere Deutschland» fand sich freilich nicht in den Beziehungen der Alliierten zum deutschen Widerstand. Das Kapitel ist auch heute noch nicht ausdiskutiert – noch immer rumort die Frage, ob man in Washington und London genug zur Stärkung deutscher Widerstandskreise getan habe, mit dem Ziel, einen Sturz Hitlers zu befördern oder zumindest dämpfend auf dessen Kriegspläne einzuwirken. Was wäre gewesen, wenn – die kontrafaktische Geschichtsbetrachtung findet bei diesem Thema immer neue Nahrung.

Dabei sprach eigentlich schon die Ausgangslage gegen solche Annäherungen oder gar deren Erfolg. Churchill hatte in seiner ersten Unterhausrede als Premierminister am 13. Mai 1940 eine wuchtige Parole ausgegeben, unter Vermeidung jeglicher Details: «Sie fragen – was ist unser Ziel? Ich kann es in einem Wort nennen: Sieg – Sieg um jeden Preis, Sieg trotz aller Schrecken, Sieg, wie lange und beschwerlich der Weg dahin auch sein mag; denn ohne Sieg gibt es kein Weiterleben.» In diesen Worten gab es keinen Platz für eine Unterscheidung zwischen «guten» und «bösen» Deutschen, es gab auch keinen Platz für Kompromisse, da die Alleinherrschaft Hitlers und seiner Terrorschergen im Innern es unvorstellbar machten, dass je eine alternative deutsche Führungselite entstehen könnte, mit der ein Friedensdialog möglich wäre. Das hatte schon Chamberlain davon abgehalten, warnende Stimmen aus Kreisen der deutschen Generalität ernst zu nehmen, die ihm dringend davon abrieten, 1938 nach Deutschland zu reisen und mit Hitler in Verhandlungen zu treten; dieser Schritt erschwere die Pläne des Widerstandes gravierend, wurde ihm bedeutet.

Im Übrigen gab es keine einheitlichen Pläne unter den Hitler-Gegnern, was die Zukunft Deutschlands nach einem eventuellen Sturz des Diktators anbelangte. Einige, etwa Carl Friedrich Goerdeler, der frühere Oberbürgermeister von Leipzig, dem nach dem Attentat auf Hitler vom Juli 1944 das Amt des Reichskanzlers zugedacht war, hielten sogar an einem Deutschland in den Grenzen von 1914 fest. Lothar Kettenacker schreibt in einem Aufsatz über den nationalkonservativen Widerstand aus angelsächsischer Sicht (in «Der Widerstand gegen den Nationalsozialismus», 1985), die deutschen Emissäre hätten zum Teil ein «von Widersprüchen, Ungereimtheiten und Anmaßungen gekennzeichnetes Auftreten» an den Tag gelegt. Zwar rügte Churchill in einem Brief vom 7. Januar 1941 Robert Vansittart, den Berater des Foreign Office und bis 1938 dessen Under-Secretary, wegen seiner «von Hass geblendeten und von Gefühlen beherrschten Argumentation» gegen die Deutschen; aber auch für den Premier «verschwammen alle Unterschiede zwischen Deutschen und Nationalsozialisten», wie Klemens von Klemperer in seiner klassischen Zusammenfassung «Die verlassenen Verschwörer. Der deutsche Widerstand auf der Suche nach Verbündeten 1938–1945» (1994) resümiert.

Alles sprach in Churchills Sicht gegen eine Kontaktaufnahme mit deutschen Widerstandskreisen. Da waren einmal die Rücksichten auf die eigenen Verbündeten, Frankreich zu allererst, denen er nicht solchermaßen in den Rücken fallen wollte. Nach der Kapitulation

Frankreichs wäre diese Rücksicht vielleicht nicht mehr so vordringlich gewesen, aber die neuen Bündnispartner, die 1941 hinzukamen, Moskau und Washington, schlossen eine Hinwendung zum deutschen Widerstand, der über viele Kanäle in London antichambrierte, schließlich gänzlich aus. Nicht dass Churchill irgendwann versucht gewesen wäre, diese Annäherung zu erwidern. «Sieg um jeden Preis» hieß für ihn, keinen Millimeter abzuweichen von dem vorgeschriebenen Pfad, den Postulaten der Kriegsführung, und sich nicht dem Verdacht auszusetzen, er liebäugele mit Leuten, die angeblich nur die Alliierten auseinanderzudividieren versuchten. Einzig Außenminister Halifax schlug im Sommer 1940 im Kriegskabinett ein letztes Mal vor, Großbritannien solle nach dem Ausscheiden Frankreichs zu seiner Linie von 1938/39 zurückkehren, als man Mittelsmänner der deutschen Generalität und des Auswärtigen Amtes wissen ließ, wenn Deutschland das Hitler-Joch einmal abgeworfen habe, könne es «in einem neuen und besseren Europa wieder seinen Platz einnehmen» (von Klemperer). Diese Bereitschaft hatte Halifax noch im Dezember 1939 gegenüber dem schwedischen Baron Knut Bonde, einem Bekannten Görings, signalisiert.

Der Spätsommer und der Winter 1940 taugten allerdings kaum zu einer kühlen Bestandsaufnahme der Hitler-Gegner. Es regnete Bomben auf die Insel, der «Blitz» war in vollem Gange, die Suche nach «guten Deutschen» erübrigte sich. Aber noch immer schwang auch bei Churchill im Hintergrund die Erinnerung an alte Versuche mit, eine deutsche Führung, der man künftig vertrauen könnte, auszuloten. So kam die Weisung, die er am 20. Januar 1941 seinem neuen Außenminister Anthony Eden erteilte, nicht überraschend. «Ihr Vorgänger [Halifax] hat sich im Dezember 1939 völlig falsch verhalten. Auf alle derartigen Anfragen [aus Widerstandskreisen] sollten wir mit absolutem Stillschweigen reagieren.» Die gleiche Instruktion ging an alle britischen Auslandsvertretungen, die bislang schon als Anlaufstellen für Friedenskontakte gedient hatten. Dieses ausnahmslos schroffe Nein war, wenn man so will, eine Vorwegnahme der Forderung nach bedingungsloser Kapitulation, die Roosevelt am Ende der Casablanca-Konferenz im Januar 1943 aufstellen sollte.

Doch was, wenn das Attentat am 20. Juli gelungen wäre? John Wheeler-Bennett, der seit 1942 als Historiker in der Abteilung Politische Kriegsführung des Foreign Office diente, verfasste darüber am 25. Juli 1944 eine berühmte Notiz, in der sich eine Art zynische Erleichterung über das Misslingen des Attentats niederschlug. «Man kann jetzt wohl mit einiger Eindeutigkeit festhalten», schrieb der Beamte, «dass wir mit den Dingen, wie sie jetzt liegen, besser dastehen, als wenn der Anschlag gegen Hitler gelungen wäre. (…) So bleibt uns in England wie auch in den USA die Peinlichkeit ob der Folgen erspart, welche [die Beseitigung Hitlers] für uns gehabt hätte. Darüber hinaus beseitigt die Gestapo derzeit zahlreiche Einzelne, die uns Schwierigkeiten gemacht hätten, nicht nur nach einem gelungenen Attentat, sondern auch nach der Niederlage von Hitler-Deutschland. (…) Denn diese hätten sich nach dem Krieg als ‹gute› Deutsche ausgegeben. (…) Es ist daher zu unserem Vorteil, dass die Säuberung jetzt vonstatten geht, denn wenn Deutsche Deutsche umbringen, erspart uns das mannigfaltige Verlegenheit in der Zukunft.»

Erleichterung artikulierte auch Churchill am 2. August 1944 im Unterhaus, in Worten, die er später bedauern wird: «Die höchstgestellten Persönlichkeiten des Deutschen Reiches ermorden sich zurzeit gegenseitig, während die rächenden alliierten Armeen den Ring um ihre todgeweihten und immer engeren Machtkreise allmählich schließen.» Diese unterschiedslose Vermengung von Regimegrößen und Regimegegnern ließ der gleiche Churchill ein Jahr später weit – und selbstkritisch – hinter sich, als er, ebenfalls im Unterhaus, bekannte (was General Hans Speidel 1984 in dem Sammelband «Der 20. Juli» aufgriff): «In Deutschland lebte eine Opposition, die durch ihre Opfer und eine entnervende internationale Politik immer schwächer wurde, aber zu dem Edelsten und Größten gehört, was in der politischen Geschichte aller Völker je hervorgebracht wurde.»

KAPITEL XVI

Friedlose Welt

1. Jalta: Ein Kampf um Polen

Roosevelt gewann die Wahl zu seiner vierten Amtszeit im November 1944 überwältigend und machte nun den Vorschlag, die Großen Drei sollten so bald wie möglich im neuen Jahr zusammenkommen. Für den Ort des Treffens schlug er die Mittelmeer-Region vor, doch Stalin meinte, seine Ärzte seien gegen eine lange Anreise, und so einigte man sich auf ein Treffen in Jalta auf der Krim, im Februar 1945. Die Strapazen eines solchen Fluges waren für den gesundheitlich schwer angeschlagenen amerikanischen Präsidenten erst recht eine Zumutung. Es war eine letzte persönliche Konzession an Uncle Joe, den Verbündeten in Moskau.

Bei Beginn der Konferenz am 4. Februar stand Marschall Schukows Armee nur noch 65 Kilometer vor Berlin, Stalin konnte den Ausgang der Verhandlungen so gut wie diktieren. Ein amerikanisches Delegationsmitglied, der spätere Außenminister James F. Byrnes, kommentierte spitz, es sei nicht so sehr eine Frage gewesen, «was wir den Russen gestatteten, als was wir von ihnen bekommen konnten». Nicht viel, wie sich schnell herausstellte. Polen dominierte die Gespräche, aber Roosevelt ließ früh wissen, er sehe aus amerikanischer Perspektive «eher distanziert auf die polnische Frage. Die fünf bis sechs Millionen Polen in den USA sind meist zweite Generation», mithin wenig involviert in den aktuellen Streitfall. William C. Bullitt, Amerikas erster Botschafter in Moskau in den 30er-Jahren, erzählte in seinen Lebenserinnerungen nach dem Krieg, wie Roosevelt 1943 auf seine, Bullitts, Anregung reagierte, man müsse eine Eindämmungspolitik gegenüber Moskau praktizieren, denn Stalin sei nicht zu trauen. «Ich habe ein inneres Gefühl», entgegnete Roosevelt, «dass Stalin nicht so ein Mensch ist. Harry [Hopkins, Roosevelts engster Berater] meint auch, dass er es nicht sei und dass er nichts wünsche außer Sicherheit für sein eigenes Land. Wenn ich ihm alles gebe, was mir möglich ist, und nichts im Gegenzug verlange, wird er, *noblesse oblige*, nicht versuchen, irgendetwas zu annektieren, und mit mir zusammen für eine Welt der Demokratie und des Friedens arbeiten.»

Churchill beharrte darauf, ein Land wie Polen, dessentwegen Großbritannien in den Krieg gezogen war, dürfe erwarten, «frei und souverän zu sein, Herr im eigenen Haus», und Stalin nickte dazu immer nur zustimmend, aber gleichzeitig tat er alles, um seine Marionette, das «Lubliner Komitee», als künftige kommunistische Regierung Polens fest zu installieren. Welche Macht der Erde wollte ihn daran hindern? Am vierten Tag der Konferenz schreibt Churchills Tochter Sarah, die den Vater begleitete, an Clementine: «Gestern Abend, kurz vor dem Schlafengehen, sagte Papa: ‹Ich glaube nicht, dass zu irgendeinem Zeitpunkt der Geschichte die Agonie der Welt größer oder weiter verbreitet war. Heute ist die Sonne über mehr Leid untergegangen als je zuvor.›» Schritt für Schritt näherte sich Stalin seinen Zielen. Als Churchill anbot, auf das Postulat einer Teilnahme der Exilpolen an einer neuen Regierung in Warschau zu verzichten, unter der Bedingung, dass wirklich freie Wahlen stattfänden mit unabhängig agierenden Kandidaten, schlug Stalin sofort ein und versprach sogar Wahlen «innerhalb eines Monats». Das Wort des Diktators nicht zu akzeptieren, hätte wie ein Mangel an gutem Glauben auf Seiten der Westalliierten ausgesehen.

Nach der Konferenz bekniete Churchill die amerikanische Seite, auch General Eisenhower, rascher nach Berlin vorzustoßen, Prag zu besetzen und auf keinen Fall jene deutschen Provinzen zu räumen, welche die Alliierten als erste erreicht hatten und die der russischen Besetzung zugesprochen waren, Thüringen und Sachsen. «Dem amerikanischen Standpunkt, dass wir verpflichtet seien, auf die festgelegten Zonengrenzen zurückzugehen», schrieb Churchill in seinen

Ausverkauf in Jalta, Februar 1945: Die Großen Drei, mit einem vom Tode gezeichneten F. D. Roosevelt, auf ihrer letzten gemeinsamen Kriegskonferenz. Hinter Churchill und Stalin die Außenminister Eden und Molotow (mit Hut). Im Gespräch mit seiner Tochter Sarah bezeichnete Churchill die Krim nach einer Rundreise als «die Riviera des Hades»

Kriegsmemoiren, «hatte ich energisch entgegengehalten, dass wir das erst tun sollten, wenn wir überzeugt seien, dass alle strittigen Fragen (...) im Geiste der eingegangenen Verpflichtungen geregelt seien. Es hatte sich jedoch als unmöglich erwiesen, die Amerikaner für diesen

Kurs zu gewinnen, und so bahnten sich die Russen unter Vorschiebung der Polen immer weiter ihren Weg, jagten die Deutschen vor sich her und entvölkerten weite deutsche Gebiete, bis sie im Besitz der Weizenfelder waren und wir in den überfüllten Gegenden Großbritanniens und Amerikas im Besitz hungriger Massen.» Lord Moran notierte sich am 11. Februar 1945: «Nur ein solides Einvernehmen zwischen den Demokratien hätte Stalins Appetit unter Kontrolle gehalten. Aber die Augen des Präsidenten waren geschlossen.» Sie waren es bald für immer: Franklin D. Roosevelt erlag am 12. April 1945 einem Gehirnschlag.

Churchill gab noch einmal einer letzten Portion Wunschdenken nach und zog, trotz aller Bedenken, eine erstaunlich positive Jalta-Bilanz: Stalin akzeptierte die vier Besatzungszonen Deutschlands und Berlins und konzedierte eine eigene Besatzungszone für Frankreich; er beugte sich dem Verlangen der westlichen Partner, außer Russland nur Weißrussland und die Ukraine als Mitglieder der künftigen UNO zuzulassen und nicht noch 14 weitere Republiken der Sowjetunion; er würde drei Monate nach der deutschen Kapitulation in den Krieg gegen Japan eingreifen; und die Regierung Polens, die er eigenmächtig installiert hatte, sollte, so versprach er, auf eine breitere demokratische Basis gestellt werden. Dem Kabinett vertraute Churchill am 23. Februar laut Hugh Daltons Tagebuch an: «Der arme Neville meinte, er könnte Hitler trauen. Da irrte er sich. Aber ich glaube nicht, dass ich bei Stalin falsch liege.»

Doch bei der Unterhausdebatte am 27./28. Februar hat Churchill einen schweren Stand. Die Abgeordneten trauen ihren Ohren nicht, als er verkündet: «Ich habe bei Marschall Stalin und der sowjetischen Führung das Gefühl, ihr Wort sei ihnen heilig. Ich kenne keine Regierung, die, sich selbst zum Trotz, fester zu ihren Verpflichtungen steht als die russisch-sowjetische.» Protest wird laut unter einigen konservativen Parlamentariern, die seit langem als «guilty men», als die Schuldigen von München, mit ihrer Appeasement-Vergangenheit im Abseits haben leben müssen. Jetzt drehen sie den Spieß um: War Jalta nicht Churchills «München»? «Das Gewissen der englischen Gentlemen und der Konservativen Partei», so meldet sich

Sir Henry «Chips» Channon zu Wort, «liegt am Boden ob unseres Unvermögens, das Polen gegebene Wort einzulösen.» Man tausche «Polen» gegen «Tschechoslowakei», und man erhält in der Tat ein ungemütliches Spiegelbild der Debatte von 1938. Die Kritiker haben Churchills wunden Punkt ausgemacht: Die Argumente, mit denen er seine Position zu Polen verteidigt, klingen beklemmend nach Chamberlains Worten zur Rechtfertigung des Münchner Abkommens. Harold Nicolson notiert sich am 27. Februar in seinem Tagebuch: «Winston ist so amüsiert wie ich, dass die Kriegstreiber von einst [Churchill & Co.] jetzt die Appeaser geworden sind und die Appeaser von damals heute die Kriegstreiber.»

Das war nicht zum Lachen. Churchill wog seine Konzessionen sehr genau gegen die Gefahr einer neuen Konfrontation mit dem Kriegsalliierten Moskau, für die niemand gerüstet war. Aber war nicht auch Chamberlain aus ähnlichen Gründen einem Konflikt mit Hitler aus dem Weg gegangen – um einen Krieg zu vermeiden, für den er sich nicht gerüstet fühlte? Churchill bekannte, seiner Blöße nicht achtend: «Ich lehne es kategorisch ab, jetzt eine Debatte um den guten Glauben an die Russen anzustoßen. Solche Fragen, das ist evident, berühren die Zukunft der gesamten Welt. Düster müsste es in der Tat um die Geschicke der Menschheit stehen, wenn eine schreckliche Art von Schisma entstünde zwischen den westlichen Demokratien und der Sowjetunion, wenn neue Verheerungen alles zerstören würden, was von den Schätzen und Freiheiten der Menschheit übrig geblieben ist.» Eine solche Warnung hatte etwas Apokalyptisches an sich, wenn man weiß, was Churchill wusste, das Parlament aber nicht – wie weit die Amerikaner mit der Entwicklung der Atombombe waren; über die erste gelungene Testexplosion machte ihm Truman fünf Monate später in Potsdam Mitteilung. Wie lange würde es dauern, bis auch die Russen sich das atomare Geheimnis verschafft hätten?

Das Schisma, das Churchill an die Wand malte, ließ nicht lange auf sich warten, es sollte als Kalter Krieg die Welt auf Jahrzehnte hinaus überschatten. Verhindern, hieß seine Devise, selbst zum Preis einer «schrecklichen und erniedrigenden Unterwerfung», wie er die

Fortsetzung der Allianz mit Moskau trotz des russischen Nichtstuns gegenüber dem Warschauer Aufstand bezeichnet hatte. In welche Rechtfertigungsnot er damit geriet, gab er in einem «World Broadcast» am 13. Mai 1945 offen zu: «Wir müssen darauf achten, dass Worte wie ‹Freiheit›, ‹Demokratie› und ‹Befreiung› nicht verzerrt werden in ihrer wahren Bedeutung, wie wir sie verstehen. Es wäre wenig sinnvoll, die Hitleristen für ihre Verbrechen zu bestrafen, wenn Gesetz und Gerechtigkeit nicht etabliert würden oder wenn totalitäre Regierungen und Polizeistaaten die Stelle der deutschen Invasoren einnähmen.» Für die Tausenden von Kosaken, «Weißrussen» und kroatischen Tito-Gegnern, die auf deutscher Seite gekämpft hatten und in Gefangenschaft geraten waren, gab es freilich keine Befreiung: Sie wurden aufgrund einer Absprache in Jalta an Moskau und Belgrad übergeben – was für die meisten von ihnen den sicheren Tod bedeutete.

2. «Operation Unthinkable»

In den letzten Tagen des Krieges fielen den Alliierten deutsche Truppen *en masse* in die Hände, «allein mehr als eine Million heute», telegraphierte Churchill am 4. Mai an seine Frau, die in Moskau für das sowjetische Rote Kreuz im Einsatz war. «Bis morgen werden alle deutschen Truppen in Nordwestdeutschland, Holland und Dänemark kapituliert haben», fuhr er fort, um sogleich eine Mahnung anzuhängen: «Und doch liegt unter diesen Triumphen eine vergiftete Politik, mit tödlichen internationalen Rivalitäten.» Diese waren längst zu einem Axiom seines Denkens geworden. Dabei gelang es ihm am 7. Mai sogar, General Eisenhower zu überreden, nach Prag vorzustoßen, und tatsächlich erreichten einzelne US-Einheiten die tschechoslowakische Hauptstadt vor den Russen – nur um sofort zurückzuweichen, als die Rote Armee eintraf.

Die Londoner Bevölkerung aber lag im Taumel, wie Churchill Roosevelts Nachfolger Harry Truman wissen ließ; länger als bis zum Nachmittag des 8. Mai könne er seine geplante Radio-Ansprache über die Kapitulation Deutschlands am 7. Mai nicht aufschieben, ohne

XVI. Friedlose Welt

Jubel der Massen in Whitehall, am Tag der «Victory in Europe» (VE)-Feiern, 8. Mai 1945. Churchills offener Wagen ist kaum zu erkennen, dafür die beiden berittenen Polizisten und etliche Laternenkletterer. Zwei Monate später wird das Volk seinem gefeierten Kriegspremier bei der Unterhauswahl den Laufpass geben

Rücksicht auf den sowjetischen Partner, der den 9. Mai, den Tag der Unterzeichnung der deutschen Kapitulation in Berlin-Karlshorst, als Siegestag zu deklarieren beabsichtigte. Am Morgen des 8. Mai, des «Victory in Europe» (VE)-Day, arbeitete Churchill im Bett an dem Radiotext, wobei er gleichzeitig anordnete, dass in der Hauptstadt genügend Bier für die abendlichen Feiern zur Verfügung sein müsse. «Der deutsche Krieg ist zu Ende», verkündete er um 15 Uhr vor den Mikrophonen der BBC, «eine ganze Welt hatte sich verschworen gegen die Bösen, die jetzt niedergestreckt vor uns liegen. Doch lasst uns nicht auch nur für einen Moment vergessen, welche Mühsal und Anstrengung noch vor uns liegen. Noch ist Japan mit all seiner Hinterlist, seiner Gier nicht überwunden. Wir müssen jetzt all unsere Kraft der Vollendung dieser Aufgabe widmen. Advance, Britannia! Lang lebe die Sache der Freiheit. Gott schütze den König.»

Im Anschluss an diese Ansprache konnte sich Churchill nur mühsam im offenen Wagen einen Weg durch die Menschenmenge in Whitehall bahnen, zum Unterhaus, um auch dort Bilanz zu ziehen und den Abgeordneten zu danken, dass sie selbst in schlimmster Kriegsnot auf die Einhaltung demokratischer Prinzipien geachtet hatten. Ein letztes Wort richtete er an diesem Tag vom Balkon des Gesundheitsministeriums in Whitehall an die jubelnden Massen: «Dies ist euer Sieg! Es ist der Sieg der Freiheit in jedem Land. In unserer ganzen Geschichte haben wir keinen größeren Tag erlebt als diesen. Jeder hat sich ins Zeug gelegt. Nicht die Jahre, nicht die Gefahren noch die wilden Angriffe des Feindes haben den Willen der britischen Nation zur Unabhängigkeit geschwächt. Gott segne euch alle.»

Ein Sieg der Freiheit «in jedem Land»? Churchills Reden und das, was ihn im Geheimen umtrieb, waren oft zwei konträre Dinge, wie wir an vielen Punkten seiner Vita im Krieg sehen konnten. So überrascht nicht, dass auch der oben zitierte «World Broadcast» vom 13. Mai 1945 eine Wahrheit verbarg, die erst im Jahre 1998 nach der Freigabe der entsprechenden Papiere durch das britische Nationalarchiv in Kew an den Tag kam: Churchill hatte seine militärischen Stäbe im Mai 1945 beauftragt zu prüfen, ob und wie ein Angriff gegen «den russischen Bären, der sich über Europa verbreitet hat», möglich sei. Ihm schwebte vor, noch vor der Demobilisierung der amerikanischen Truppen einen Weg zu finden, «den Russen den Willen der USA und des britischen Empire aufzuzwingen, um einen ehrlichen Deal für Polen zu sichern». Andeutungen, die er von Truman glaubte erhalten zu haben, ließen ihn hoffen, die amerikanische Haltung gegenüber der Sowjetunion zeige eine neue Härte, und schon sprang seine Phantasie zu dem kühnen Gedanken eines Zurückdrängens der Roten Armee über.

«Operation Unthinkable» – «Operation Undenkbar», so hieß der nur in Churchills Kopf nicht undenkbare Plan, das Steuer herumzureißen, seine noch nach Jalta artikulierten Sorgen vor einem Krieg abzustreifen und militärisch gegen Moskau vorzugehen, nachdem allzu offenkundig geworden war, wie wenig Stalin seine Versprechen

XVI. Friedlose Welt 329

zu honorieren gedachte. Dieses Kapitel der Churchill-Geschichte ist bis heute so gut wie unbekannt. Die Weisung an die Generalität sah vor, «auch deutsches Militär und was von deutscher Industriekapazität übrig geblieben ist», in den Plan einzubeziehen. Erwogen wurde die Rekrutierung von bis zu 100 000 deutschen Soldaten, «auch wenn eine aktive Kooperation anfänglich wegen der Kriegsmüdigkeit der deutschen Armee und der Bevölkerung wohl begrenzt sein dürfte», wie der Bericht, den die Stäbe erstellten, lakonisch konstatierte.

Der Generalstab begleitete die Studie, die Sir Hastings Ismay Churchill am 8. Juni vorlegte, mit allen Zeichen professionellen Unglaubens, dass so ein Plan überhaupt Chancen habe. Das Resümee: «Wir sind der Ansicht, dass, wenn Kampfhandlungen einmal begonnen haben, es unsere Kräfte übersteigen würde, einen schnellen, begrenzten Erfolg zu erzielen, und wir uns daher auf einen längeren Krieg ohne große Erfolgsaussichten gefasst machen müssten. Die Aussichten würden sogar noch unrealistischer, wenn die Amerikaner ermüdeten und gleichgültig würden und sich zurückzuziehen begännen, angezogen vom Magneten des Krieges im Pazifik.» Den Namen «Unthinkable» hatten die Autoren der Operation selbst verpasst, in weiser Voraussicht, dass man Churchill gegenüber schweres Geschütz auffahren müsse, wollte man ihn von einem Gedanken abbringen, der in seinem Kopf Wurzeln zu schlagen begann. Déjà-vu: 25 Jahre nachdem Churchill eine Koalition gegen das bolschewistische Russland zusammenzubringen gehofft hatte, bewegte ihn ein ähnlicher Gedanke nun gegenüber dem sowjetischen Nachfolgestaat. Geplantes Datum für den Beginn der Offensive: 1. Juli 1945.

Den westlichen Alliierten und ihren Verbündeten hätten für einen Angriff 47 Divisionen zur Verfügung gestanden, 14 davon gepanzert, was etwas weniger als der Hälfte aller noch nicht demobilisierten Truppen entsprach. 40 Divisionen sollten in Reserve bleiben, für Verteidigungs- oder Besatzungszwecke. Russlands militärische Stärke aber stand zu dem Zeitpunkt bei 170 Divisionen, die Überlegenheit war also beträchtlich, auch wenn eine russische Division aus weniger Personal bestand als eine britische. Bei den Panzern war die Diskrepanz zu Ungunsten des Westens ebenfalls auffallend. «Diese Handicaps», so formulierte der Bericht an Churchill, «würden aus einer Offensive ein gefährliches Unternehmen machen.» Achtmal kam in der Planungsstudie das Adjektiv «hazardous» vor, «gefährlich» oder «risikoreich», doch auftragsgemäß kalkulierten die Stäbe weiter und schlugen zwei Stoßrichtungen vor – einmal auf der Linie Stettin, Schneidemühl, Graudenz und zum Zweiten entlang der Linie Leipzig, Posen, Breslau. Konsequent war ihre Schlussfolgerung: «Wenn wir uns auf einen Krieg mit Russland einlassen, müssen wir auf einen totalen Krieg gefasst sein, der ebenso lang wie kostspielig sein wird.» Und schließlich: «Die Idee eines Angriffs ist natürlich illusorisch und die Chancen eines Erfolges jenseits des Möglichen. Es gibt gar keinen Zweifel, dass von nun an Russland die überragende Macht in Europa ist.»

Das Papier ist als Beispiel eines imaginierten Höhenfluges einmalig in der an Plänen und verworfenen Plänen reichhaltigen Ära Churchills als Kriegsherr. Psychologisch war seine Erkenntnis der neuen sowjetischen Gefahr meilenweit entfernt von der damaligen Einstellung der britischen Öffentlichkeit zu den heldenhaften Leistungen des russischen Bündnispartners im Krieg. Verglichen damit wog die Bedrohung für Polen nicht viel. Wie 1919/20 hätten Churchills Landsleute und sein eigenes Kabinett auch 1945 auf gar keinen Fall einen Waffengang gegen Russland mitgetragen. Die Nachbelichtung lässt freilich aus, was Churchill eigentlich antrieb: England war in den Krieg getreten, um die Freiheit Polens zu retten, ein Ziel, das mit der Besetzung durch Sowjetrussland endgültig verfehlt wurde. Churchills Kriegsplan entsprang also durchaus nicht reiner «Spinnerei», wie man rückblickend glauben mag, sondern war Ausdruck einer tiefen Erschütterung über die Perversion der Hoffnungen und Absichten von 1939.

Der Undenkbarkeit seines Planes musste er sich am Ende beugen, aber er empfahl dem Generalstab, «Operation Unthinkable» als Codenamen beizubehalten, doch jetzt für eine Studie in geographisch umgekehrter Richtung: wie sich England verteidigen ließe, falls die Rote Armee gegen die Atlantikküste und die Kanalhäfen in Holland und Belgien vorstieße. Churchills Geist spielte mit allen Eventualitäten. Am 26. Januar 1949 resümierte er in einer Unterhausdebatte noch einmal seine tief in ihm wurzelnde Ansicht über den «russischen Bären»: «Ich glaube, dass der Tag kommen wird, an dem alle zweifelsfrei erkennen werden – und nicht nur die eine Seite dieses Hauses, sondern die gesamte zivilisierte Welt –, dass es eine unermessliche Segnung für die Menschheit gewesen wäre, den Bolschewismus schon bei seiner Geburt erdrosselt zu haben (...) [das] hätte den Krieg verhindert.»

3. Potsdam: Die Vertreibung der Deutschen

Am 12. Mai 1945 sandte Churchill dem neuen amerikanischen Präsidenten Harry Truman eine telegraphische Botschaft – «personal and top secret» –, die in die Geschichte eingehen sollte, weil sie einen Begriff verwendete, den Churchill ein knappes Jahr später im amerikanischen Fulton (Missouri) weltöffentlich machte: das Wort vom «Eisernen Vorhang». «Was wird unsere Position in einem oder in mehreren Jahren sein», so fragte Churchill Truman, «wenn die britischen und amerikanischen Armeen dahingeschmolzen und die französischen noch nicht in größerem Maßstab formiert sind, wenn wir nur noch eine Handvoll Divisionen zur Verfügung haben, während die Russen möglicherweise zwei- oder dreihundert der ihren aktiv in Dienst halten? Ein eiserner Vorhang ist vor ihrer Front herabgezogen. Wir wissen nicht, was dahinter vor sich geht. Es ist kaum zu bezweifeln, dass der gesamte Raum östlich der Linie Lübeck – Triest – Korfu sich bald in ihrer Hand befinden wird. Dem muss man das große von der amerikanischen Armee eroberte Gebiet zwischen Eisenach und der Elbe hinzufügen, das in wenigen Wochen besetzt sein wird, wenn die Amerikaner vor der russischen Macht zurückweichen. (...) Dann wird der Vorhang erneut niedergehen, und ein breiter Gürtel von Hunderten von Meilen eines russisch besetzten Territoriums wird uns von Polen abschneiden.» Es sei, so fährt Churchill fort, «lebenswichtig, zu einer Verständigung mit Russland zu kommen oder zu sehen, wo wir mit Russland stehen, ehe wir unsere Armeen tödlich schwächen oder uns auf unsere Besatzungszonen zurückzie-

332   XVI. Friedlose Welt

Während der Potsdamer Konferenz im Juli 1945 besichtigt Churchill Hitlers zerstörte Reichskanzlei und genießt die Neugier der umstehenden britischen und russischen Soldaten

hen.» Am 4. Juni schickte er ein zweites Telegramm zu dem Thema an Truman, in dem er die Amerikaner davor warnte, sich lediglich auf ihre designierte Besatzungszone zurückzuziehen, da das «die sowjetische Macht ins Herz Westeuropas bringen würde sowie einen eisernen Vorhang zwischen uns und alles, was ostwärts liegt.»

Auf der Potsdamer Konferenz vom 17. Juli bis zum 2. August 1945 wurden die neuen Grenzen des polnischen Staatsgebiets endgültig festgelegt und die ehemals deutschen Gebiete östlich der Oder-Neiße-Linie – circa 25 Prozent des Deutschen Reiches von 1937 – polnischer Verwaltung unterstellt, bis zu einer endgültigen Friedensregelung, zu der es schließlich im deutschen Einigungsjahr 1990 kam. Eine dringende Frage betraf die Millionen Flüchtlinge, die jetzt entwurzelt wurden. Die sowjetische Seite behauptete, die Deutschen aus den abgetrennten Gebieten hätten diese längst verlassen und seien nach Westen geflohen; dabei wohnten in Wahrheit im Februar 1945 noch mindestens fünf Millionen Deutsche im Raum östlich der damals geplanten polnischen Westgrenze. Diese sollte nach dem ursprünglichen Plan Englands und der USA nicht entlang der Görlitzer, sondern der Glatzer Neiße verlaufen, was Breslau und das agrarisch reiche Westschlesien in deutscher Hand belassen hätte. Zur Begründung meinte Churchill in seiner bildhaften Sprache, man solle «die polnische Gans mit deutscher Nahrung nicht so vollstopfen, dass sie Bauchschmerzen bekäme». Umsonst, die polnische Gans bekam, was Stalin verlangte, und die Westalliierten bequemten sich widerstrebend zu der weiter westlich gelegenen Görlitzer Neiße.

An der Umsiedlung von Bevölkerungsgruppen nach der endgültigen Verschiebung der polnischen Grenzen hatte man in London und Washington nichts auszusetzen. In einer ausführlichen Unterhausrede nach seinem zweiten Moskau-Besuch im Jahre 1944 hatte Churchill bereits von Vertreibung gesprochen als einer höchst zufriedenstellenden und dauerhaften Lösung. Wörtlich sagte er: «Es wird keine Vermischungen der Bevölkerung mehr geben, mit ihren endlosen Unannehmlichkeiten wie einst in Elsass-Lothringen. Es wird reiner Tisch gemacht. Mich beunruhigt die Aussicht der Entwirrung von Bevölkerungen ebenso wenig wie diese großen Umsiedlungen, die unter den modernen Bedingungen viel leichter möglich sind als je zuvor.» Das war ein versteckter Hinweis auf das Lausanner Abkommen von 1923, das die Umsiedlung der griechischen Bevölkerung aus der Westtürkei nach Griechenland geregelt hatte. Der damalige Außenminister Lord Curzon nannte Lausanne eine «schreckliche, verwerfliche Lösung», und auch andere Kritiker wiesen auf das Ausmaß an Elend hin, mit dem die Vertreibung der Griechen vom türkischen Festland über die Bühne gegangen war.

Churchill und die Amerikaner glaubten jedoch, die Umsiedlungen könnten diesmal «auf geregelte und humane Weise» gehandhabt werden, wie es Artikel XIII des Potsdamer Protokolls vorsah – eine erträumte Annahme unter den Umständen des chaotischen Kriegsendes. An eine geordnete, geschweige denn humane Kontrolle dieser Menschenströme war gar nicht zu denken, und die Schrecknisse der Vertreibung nahmen ihren Lauf, angefacht von dem Hass, der sich gegen das nationalsozialistische Deutschland aufgestaut hatte. Der amerikanische Völkerrechtler Alfred M. de Zayas, der 1977 als Erster eine grundlegende Studie zu dem Thema verfasste (deutsch: «Die Anglo-Amerikaner und die Vertreibung der Deutschen») und den wir hier als Quelle heranziehen, erinnert daran, dass die Westalliierten auf die Ausweisung von höchstens zwei bis vier Millionen Reichsdeutschen vorbereitet waren, nicht aber auf die Vertreibung von über acht Millionen aus Ostpreußen, Pommern und Schlesien, dazu mehr als drei Millionen Sudetendeutsche. Bei Eröffnung der Potsdamer Konferenz besaßen weder Truman noch Churchill eine genaue Vorstellung von der Größe der deutschen Bevölkerung östlich der Oder-Neiße-Linie in dieser Zeit des Umbruchs. So blieben sie hilflos den Statistiken ausgeliefert, die ihnen die andere Seite vortäuschte. Aber mit ihrem ursprünglichen Einverständnis legten die Angloamerikaner der Vertreibung «ein Mäntelchen von Legalität und Berechtigung» um (de Zayas), was die veröffentlichte Meinung auf beiden Seiten des Atlantiks freilich nicht täuschen konnte. So nannte die «New York Times» die Vertreibung im November 1946 «den unmenschlichsten Beschluss, der jemals von zur Verteidigung der Menschenrechte berufenen Regierungen gefasst wurde».

4. Die Vertreibung Churchills aus dem Amt

Churchill wollte die Kriegskoalition aus Tories und Labour nach dem 8. Mai 1945 eigentlich fortsetzen, wenigstens bis zum Sieg über Japan. Seine Popularität erreichte im Siegesmonat stolze 83 Prozent – das lud zum Weitermachen ein, aber es schien auch zu reichen für einen Versuch, sich, wenn nötig, an der Wahlurne ein neues Mandat zu beschaffen. Die öffentliche Meinung drängte in diese Richtung, schließlich hatte seit 1935 keine Unterhauswahl mehr stattgefunden. Eine neue Generation von Wählern war herangewachsen, und das demokratische System rief nach einer Feuerprobe.

Der Regierungschef hätte jedoch gewarnt sein müssen: Seine persönliche Popularität war nicht übertragbar auf seine Partei. Die lag bei Umfragen bereits im Februar 1945 um 18 Prozent hinter Labour zurück. Das bewog Clementine, ihrem Mann nahezulegen, die

Führung der Partei abzugeben. «Du solltest dein großes Prestige nicht dafür hergeben, die Konservativen wieder an die Macht zu bringen», diesen Kommentar von Churchills Ehefrau notierte sich Violet Bonham Carter schon 1944. Das klang, als sei in Clementines Augen das Ansehen ihres Mannes zu gut für reine Parteipolitik. Oder ahnte sie, dass Winston für die Friedenszeit nicht das richtige Talent besaß, und wollte sie ihm suggerieren, sich nicht wieder in innenpolitische Schlachten zu stürzen, die anderen Regeln gehorchten als die heroischen Kämpfe des Krieges?

Für Churchill war das keine Option. Er fürchtete den «schwarzen Hund», der sich immer anmeldete, wenn eine Periode der Untätigkeit drohte, es sei denn, sie war durch Krankheit erzwungen. So löste er die Koalition am 23. Mai auf und führte bis zum Wahltag, dem 5. Juli, eine «Caretaker-Regierung» an, mit weitgehend konservativen Ressortministern. Was aber hatte er den Wählern innenpolitisch zu bieten? Sein Desinteresse an solchen Themen, dazu seine häufigen Abwesenheiten, waren keine Empfehlung. Schon im Mai 1944, als er sich im Unterhaus einen Kampf um die Frage der gleichen Bezahlung für Lehrerinnen und Lehrer leistete, die er ablehnte, hieß es allgemein, Churchill sei genau der richtige Mann am richtigen Platz – für den Krieg, aber wohl kaum für den Frieden gemacht. Seiner Rede über «Blut, Mühsal, Tränen und Schweiß» vom 13. Mai 1940 stellte er auf den Tag genau fünf Jahre später in dem erwähnten «World Broadcast» vom 13. Mai 1945 eine Nachkriegsversion zur Seite, auch sie mutig in ihrer schonungslosen Analyse – doch war es nicht das, was die Menschen jetzt hören wollten: «Ich muss euch warnen, wie ich es vor fünf Jahren tat, ihr müsst euch weiter gefasst machen auf geistige und körperliche Anstrengungen und weitere Opfer für große Anliegen, wenn ihr nicht zurückfallen wollt in gewohnte Trägheit, in Verwirrung über die Ziele und in die Furcht vor Größe.»

Labour dagegen und seine Verbündeten in den Medien hörten den Ruf der Wähler nach neuen sozialen Wohltaten, der nach den Jahren des kargen Kriegsalltags nur zu verständlich war. Churchill schob das mit dem Argument zur Seite, man könne die Regierung nicht schon im Krieg – denn der herrschte im Pazifik weiterhin – auf

Ausgaben verpflichten, deren Möglichkeit erst danach, im Lichte der öffentlichen Kassen, abschätzbar sei. Das war nicht nur die unwirsche Reaktion eines Mannes, der sich auf innenpolitische Fragen nicht einlassen wollte. Churchill kannte Englands ökonomische Schwäche nur allzu gut, auch wenn er sie aus nachvollziehbaren Gründen nicht an die große Glocke hängen wollte: Er hatte den Krieg mit geborgten Geldern geführt. In dieser Lage wollte er keine Wohlfahrtsausgaben versprechen.

Die Bewegung für Sozialreformen hatte schon im Dezember 1942 mit der Veröffentlichung des amtlichen «Beveridge Report» einen Höhepunkt erreicht. Sein Autor, Sir William Beveridge, legte damit ein ehrgeiziges Manifest zur Sozialreform vor, einschließlich Sozialversicherung, nationalem Gesundheitsdienst, Vollbeschäftigung und anderen Aufgaben für den Wohlfahrtsstaat. Wie leicht hätte sich Churchill der Forderung nach solchen Reformen anschließen können, auch wenn er um den angeschlagenen Zustand der britischen Finanzen wusste. Er hätte nur an seine jungen Jahre als Handels- und Innenminister der Liberalen erinnern müssen, an seine Zeit als engagierter Sozialpolitiker, der damals zusammen mit Lloyd George den Anstoß zu vielen Neuerungen gegeben hatte (siehe Kap. IV, 3), die Beveridge jetzt programmatisch bündelte. Stattdessen sprach Churchill, absorbiert von der Führung des Krieges, von Beveridge privat nur verächtlich als einem «Windbeutel und Träumer». So fiel es an die Labour-Partei, nach ihrer Regierungsübernahme im Sommer 1945 den Beveridge-Bericht von 1942 zur Grundlage des britischen Wohlfahrtsstaates zu machen.

Die Niederlage Churchills bei der Unterhauswahl vom 5. Juli 1945 konnte man kommen sehen. Der Premierminister beging noch etliche andere, zum Teil katastrophale Fehler in den kurzen Wahlkampfwochen. Am Abend des 4. Juni erstaunte er selbst viele seiner Freunde, als er erklärte, Labour werde «in Großbritannien eine Art von Gestapo einführen, die zweifellos zu Beginn menschlicher» aufträte; aber «kein sozialistisches System kann ohne eine politische Polizei etabliert werden – eine Gestapo». In Churchills Kopf hatten sich Labours Pläne zur Verstaatlichung sämtlicher Grundindustrien der Insel wie auch der

Bank of England und der nationalen Fluglinie zu Horrorvorstellungen verdichtet, einem kollektivistischen Schreckensszenario, auf das er mit dem großen Hammer glaubte einschlagen zu müssen. Auch Friedrich von Hayeks «The Road to Serfdom» (1944), «Der Weg zur Knechtschaft», muss ihn beeindruckt haben, vor allem das Kapitel über die sozialistischen Ursprünge des Nationalsozialismus.

Aber all das entschuldigte nicht seine anstößige Sprache, war sie doch gegen eine Partei gerichtet, mit der zusammen er gerade fünf Jahre lang im Großen und Ganzen einträchtig regiert hatte. Und verdankte er nicht der Labour-Partei und ihrer Absage an Neville Chamberlain im Mai 1940, überhaupt an die Macht gekommen zu sein? Leo Amery, Churchills langjähriger Wegbegleiter, schrieb in seinem Tagebuch, der Premier habe einen großen Fehler begangen, so einfach von seinem Podest des Weltstaatsmannes herunterzuspringen, «um eine phantastisch übertriebene Attacke gegen den Sozialismus zu reiten». Churchill aber gelobte Besserung und versprach bei der nächsten Gelegenheit «Sozial- und Rentenversicherung, einen nationalen Gesundheitsdienst und Wohnungsbau» – fast den Katalog von Labour. Dem spät Bekehrten wollte man die Konversion jedoch nicht so recht abnehmen, schien sie doch allzu sehr aus Opportunismus gespeist.

Und so kam es zu dem Scherbengericht vom 5. Juli, das am 26. Juli – während der Potsdamer Konferenz – bekannt gegeben wurde, da man erst noch die Stimmen der britischen Soldaten in aller Welt hatte einsammeln müssen: Labour gewann mit 393 Sitzen, bei 213 für die Konservativen, 12 für die Liberalen und 22 für «Independent Labour». Eine Lawine begrub Churchill, der doch vorab als sicherer Gewinner gegolten hatte. Es war eine der größten Niederlagen der Konservativen in ihrer Geschichte. Den Grund dafür sieht der Historiker Paul Addison letztlich in einem Paradox: Churchill hatte die ihm 1940 übertragene Aufgabe bravourös erfüllt – und «das machte ihn überflüssig». Seinen Platz in Potsdam nahm jetzt Clement Attlee ein. Den hatte Churchill freilich schon seit Beginn der Konferenz mit teilnehmen lassen, ein bemerkenswertes Zeichen hoher politischer Kultur.

Die Potsdamer Konferenz legte am 25. Juli eine Pause ein, damit

Churchill bei der Bekanntgabe des Wahlergebnisses in London sein konnte. «Zuversichtlich, dass mir das britische Volk erlauben würde, meine Arbeit fortzusetzen (...), schlummerte ich ein», so schreibt er im letzten Band seiner Kriegsmemoiren. Doch er, der im Krieg wie in Abrahams Schoß zu schlafen vermochte, hatte diesmal keinen ruhigen Schlaf: «Kurz vor Tagesanbruch erwachte ich mit einem Ruck und von einem beinahe körperlichen Schmerzgefühl durchzuckt. Die bisher unterbewusste Überzeugung, dass wir geschlagen seien, setzte sich plötzlich in mir durch und beherrschte meine Gedanken. Zu Ende die Wucht der großen Ereignisse, mit denen oder gegen die ich so lange meinen geistigen Höhenflug aufrechterhalten hatte, und vor mir der Sturz! Keine Macht zur Formung der Zukunft! All die von mir angesammelte Erfahrung und Kenntnis (...) vorbei und vertan!»

Es war also nicht wie 1918, als Lloyd George nach Ende des Ersten Weltkrieges mit einem Wahlsieg belohnt wurde. Beim Lunch am 26. Juli tröstet ihn Clementine, wie er später berichten wird. «‹Vielleicht ist es ein verkleideter Segen.› Ich antwortete: ‹Im Moment scheint er sich aber sehr gut verkleidet zu haben.›» Lady Soames, Churchills jüngste Tochter, bestätigt, wie «verletzt und erniedrigt» sich ihr Vater gefühlt habe durch den plötzlichen Entzug der Wählergunst. Wahrscheinlich war das der Grund, warum er am 26. Juli, als er im Buckingham Palace seinen Rücktritt einreichte, den Hosenbandorden ablehnte, den ihm der König verleihen wollte. Eine solche Ehre nimmt man am besten nicht als Trostpflaster bei einer Niederlage entgegen, sondern im Besitz von Fortüne und Macht. Erst 1953, jetzt wieder als Premierminister, ließ sich Winston Churchill durch die jugendliche Queen Elizabeth als Ritter des Hosenbandordens ehren, womit er auch den Titel eines «Sir» erhielt.

Am 8. August bricht es aus ihm heraus, wie sich Lord Moran, sein Arzt und sein Eckermann, notiert: «Es ist zwecklos, Charles, zu behaupten, ich sei nicht schwer getroffen. Ich kann mich nicht damit abfinden, den Rest meines Lebens müßigzugehen. Es wäre besser, ich wäre gestorben, wie Roosevelt, oder mit einem Flugzeug abgestürzt (...). Mich quälen Anfälle von Niedergeschlagenheit. Ich gehe um zwölf schlafen – nichts ist da, wofür es sich lohnt, länger aufzubleiben.» Vor allem peinigen ihn immer wieder die seiner Meinung nach verpassten Gelegenheiten des Jahres 1945. Polen und Amerikas Weigerung, «Osteuropa zu zeigen, wer Deutschland und die Tschechoslowakei befreit hat» (John Colville in «The Churchillians»), lassen ihm keine Ruhe. Den Krieg gewonnen, den Frieden verspielt – nicht umsonst überschreibt er 1953 den Schlussband seiner Kriegsmemoiren mit «Triumph and Tragedy».

5. Höhenflug: Geschichte machen durch Memoiren

Die Wunde der Zurückweisung saß tief, aber tiefer noch saß bei Churchill der überzeugte Demokrat, der am 26. Dezember 1941 vor dem US-Kongress den Satz geprägt hatte: «Ich bin ein Kind des Unterhauses. Ich wurde im Hause meines Vaters dazu erzogen, an die Demokratie zu glauben.» Er konnte kaum hinter diesem Credo zurückbleiben, jetzt, wo er selbst die lebende Probe aufs Exempel geworden war. Allzu lange in Verbitterung zu verharren, war nie seine Natur, wie er auch 1915, nach der Schmach von Gallipoli, bewiesen hatte (siehe Kap. VI, 3). Ein Urlaub am Comer See im September, wo General Alexander mit ihm beim Malen wetteiferte, war der erste Ausflug in eine neue Leichtigkeit des Seins. An Clementine schrieb er: «Das Malen hat mir großes Vergnügen bereitet, und ich habe allen meinen Ärger und Verdruss vergessen. Es ist eine wunderbare Kur, weil man beim Malen im Grunde an nichts anderes denken kann.» Ehrungen und Preise winkten in Europa und den USA, New York richtete ihm im März 1946 eine Konfetti-Parade aus. Sein Land war ihn los – die Welt lag ihm zu Füßen. Er blieb ein «Name» und erheischte weit größere Aufmerksamkeit als sein Nachfolger im Amt, Clement Attlee.

Doch war da auch ein wichtiges Projekt, sein Memoirenwerk «Der Zweite Weltkrieg» – das sollte der Historie seine Interpretation aufdrücken. Er war gut gerüstet dafür. Während der gesamten Kriegszeit hatte er sich wöchentlich eine Zusammenfassung von Briefen, Gesprächsprotokollen, Memoranden und anderen Dokumenten als

XVI. Friedlose Welt

«Two Churchills» – der geschlagene Parteiführer und der «Leader of Humanity», wie er von seinem Sockel herab verkündet: «Nur munter! Dich werden sie vergessen, aber mich werden sie immer im Gedächtnis behalten.» Karikatur von Low im «Evening Standard», 31. Juli 1945

Fahnenabzüge drucken und mit dem Vermerk «Persönliche Papiere des Premierministers» ablegen lassen. Mit der Sammlung dieser Papiere wollte er die Regeln umgehen, die solche Quellen auf Jahre hinaus unter Verschluss gehalten hätten. Aber er brauchte sich keine Sorgen zu machen: Attlee gewährte ihm beziehungsweise der erprobten Schar seiner Forschungsassistenten freien Zugang zu allen Dokumenten, unter der Voraussetzung, dass keine Geheimnisse verraten und die Papiere nicht für parteipolitische Zwecke missbraucht würden. So war Churchill früher als andere Autoren von Erinnerungswerken auf dem Markt, mit einem großen zeitlichen Vorsprung auch vor Historikern, denen sich die Archive erst viele Jahre später öffneten.

Wie schon für sein Werk «The World Crisis» ließ sich Churchill auch diesmal eine ironische Rechtfertigung als Historiker einfallen. In einer Unterhausdebatte vom Januar 1948 über außenpolitische

Fehler in den Jahren zwischen den Kriegen riet er den Abgeordneten: «Ich bin der Meinung, dass es wesentlich besser wäre, wenn alle Parteien die Vergangenheit der Geschichte überließen, umso mehr, als ich beabsichtige, diese Geschichte selbst zu schreiben.» Mehr noch als «The World Crisis» über den Ersten Weltkrieg sollte das neue Werk das Denken der Zeitgenossen bestimmen. Vor allem der erste Band, «Der Sturm zieht auf» («The Gathering Storm»), der die 30er-Jahre und die Appeasement-Zeit ins Gedächtnis rief, prägte auf Jahrzehnte die Sicht jener Epoche. Er war ein leidenschaftliches Plädoyer für Churchills Grundauffassung, die er diesem Band voranstellte: «Wie die englischsprachigen Völker durch ihren Unverstand, ihre Sorglosigkeit und Friedfertigkeit es zuließen, dass die Bösen aufrüsteten». Die These, dass der Krieg vermeidbar gewesen wäre, hätte man Hitler nur früher und konsequenter einen Riegel vorgeschoben, stand im Zentrum von Churchills Erzählung.

Seit seinem Tod ist ihm, nicht nur in diesem Punkt, vielfach widersprochen worden. Noch auffallender ist, was Churchill in seinem Memoirenwerk alles unterschlägt. So findet sich bei ihm kein Wort über die manchmal bitteren Kämpfe zwischen der amerikanischen und der britischen Generalität, auch zwischen ihm selbst und Roosevelt und Eisenhower. Die «special relationship» überstrahlt alles, auch wenn sie manchmal weniger strahlte als dunkelte. Dresden und die Debatten über das Für und Wider des Bombenkrieges werden ausgelassen, ebenso der Widerstand, den Churchill im Mai 1940 erst überwinden musste, um den Krieg gegen Hitler fortsetzen zu können. Auch enthält der berühmte erste Band keinen Hinweis darauf, wie unentschieden seine Haltung zu Hitler manchmal gewesen war (siehe Kap. X, 2); im Buch ist sie konsequent von Anbeginn. Außerdem wird der Enthusiasmus des Abrüsters Churchill in den 20er-Jahren, der wesentlich zur Schwächung der britischen Verteidigung zu Beginn des darauffolgenden Jahrzehnts beigetragen hatte (siehe Kap. VIII, 4), schamvoll übergangen. Fehler im Verlauf des Krieges, etwa das Desaster in Singapur, gibt Churchill dagegen offen zu, nachdem er sich den Lorbeer des Helden von 1940 erst einmal fest um die eigene Stirn gewunden hat. Dass sich viele Erfolge der Alliierten in der zweiten Hälfte des Krieges «Ultra» und den Dechiffrierkünstlern in Bletchley Park verdankten, konnte Churchill nicht zugeben, weil es strengster Geheimhaltung unterlag und erst 30 Jahre nach dem Krieg enthüllt wurde. Das lässt die Leistung der britischen Kriegsführung in seiner Geschichte des Zweiten Weltkrieges allerdings zuweilen leuchtender erscheinen, als sie es verdient hätte. David Reynolds hat Churchills Umgang mit der Geschichte 2005 eine meisterhafte Untersuchung gewidmet, «In Command of History. Churchill Fighting and Writing the Second World War».

Im Oktober 1953, der sechste und letzte Band der Kriegsmemoiren war noch nicht erschienen, erfuhr Churchill, man habe ihm den Nobelpreis verliehen. Die anfängliche Freude über die Nachricht schlug rasch in Indifferenz um, als er hörte, es sei der Nobelpreis für Literatur – der für den Frieden hätte ihm mehr bedeutet. Churchill war nicht sonderlich darauf erpicht, im Dezember bei der Preisverleihung in Schweden zu erscheinen, so schickte er Clementine und Mary an seiner statt und entschuldigte sich mit einem Treffen mit Präsident Eisenhower in Bermuda zur gleichen Zeit. Die Laudatio auf den Preisträger trug der schwedische Autor Sigfrid Siwertz vor – Churchills politische und literarische Leistungen, so deklarierte er, seien von einer Art, «als habe Caesar Ciceros Federkiel geschwungen». Der Text der Preisurkunde ehrte Churchill «für seine Meisterschaft historischer und biographischer Darstellungen sowie für seine brillante Redekunst in der Verteidigung hoher menschlicher Werte».

Aber welche Enttäuschung: Kein Wort über sein neues Monumentalwerk, die Geschichte des Zweiten Weltkrieges! Am Ende nahm Churchill alles von der heiteren Seite: «Ich wusste gar nicht, dass ich so gut schreiben kann.» Auch das Preisgeld – 12 100 Pfund steuerfrei, ein Vielfaches nach heutigem Maßstab – kam ihm nicht ungelegen, ebenso wenig wie die Tantiemen für seine Bücher und die diversen Vorabdruckhonorare. Sechs Millionen Exemplare waren allein von den ersten fünf Bänden der Kriegsmemoiren verkauft worden, die in viele Sprachen übersetzt wurden, ein phänomenaler Erfolg. Zum ersten Mal in seinem Leben war Churchill aller Geldsorgen ledig. Der Landvogt von Chartwell konnte aufatmen.

KAPITEL XVII

Ratlos und rastlos für den Frieden

1. Der Eiserne Vorhang

Der Churchill zwischen dem Verlust der Macht und der Rückkehr in die Downing Street im Oktober 1951, als die Konservativen die Scharte von 1945 mit knapper Mehrheit wettmachen konnten, steht vor uns als ruheloser Aktivist seiner eigenen Agenda. Befreit von der Last der exekutiven Verantwortung konnte er seinem Drang nach geistiger Führung, nach Beeinflussung politischer Entscheidungen in sorgfältig gewählten internationalen Foren nachgeben. Die Recherchen zum großen Memoirenwerk über den Zweiten Weltkrieg waren angestoßen, die Geschäfte der Oppositionsführung an Anthony Eden abgegeben, niemand erwartete, dass ein Churchill sich in parlamentarischer Kleinarbeit erschöpfen würde; er ließ es bei gelegentlich heftigen Attacken auf die Attlee-Regierung bewenden. Während Englands Weltgeltung verlosch, wuchs er zu einer Weltmacht sui generis heran, eine Instanz, auf die man hörte.

Zwei Themen nahmen ihn besonders gefangen, noch heute identifizieren wir sie mit seinem Namen. Das erste betraf die Sowjetunion, das zweite Europa. Im März 1946 reiste er auf Einladung von Präsident Truman in dessen Heimatstaat Missouri, um in dem Städtchen Fulton am Westminster College einen Vortrag zu halten; Truman selbst saß als Zuhörer mit auf dem Podium. Churchill gab seiner Rede, die ursprünglich «Weltfrieden» hatte heißen sollen, den Titel

«The Sinews of Peace», «Die Sehnen des Friedens» – als «Eiserner-Vorhang-Rede» ist sie weltberühmt geworden. In die Mitte stellte Churchill eine Erweiterung seines Telegramms an Präsident Truman vom 12. Mai des Vorjahres:

«Von Stettin an der Ostsee bis Triest am Mittelmeer hat sich ein Eiserner Vorhang auf Europa herabgesenkt. Dahinter liegen all die Hauptstädte der alten Staaten Mittel- und Osteuropas. Warschau, Berlin, Prag, Wien, Budapest, Belgrad, Bukarest und Sofia. Diese berühmten Städte und die Bevölkerung ringsum liegen alle im sowjetischen Wirkungskreis, so muss ich es nennen, und unterliegen, auf die eine oder andere Weise, nicht bloß sowjetischem Einfluss, sondern zu einem sehr hohen und in einigen Fällen zunehmenden Maße der Lenkung durch Moskau (…). Welchen Schluss man auch immer aus diesen Fakten – und es sind Fakten – ziehen mag, es ist gewiss nicht das befreite Europa, für das wir gekämpft haben. Es birgt nicht die Essenz eines dauerhaften Friedens.»

Was für ein Unterschied zu der Bilanz von Teheran, wo die Großen Drei sich in ihrer Schlusserklärung auf genau dies, einen «dauerhaften Frieden», verpflichtet hatten. Doch kam Churchill nicht als Kreuzritter daher, bewaffnet mit Empörung. «Es ist meine Pflicht, gewisse Fakten zur gegenwärtigen Lage in Europa vor Ihnen auszubreiten.» Der ruhige Ton erhöht die Wirksamkeit der Analyse. Churchill lehnt es ab, «zu glauben, dass ein neuer Krieg unvermeidlich ist oder gar unmittelbar bevorsteht». Auch die Führer Sowjetrusslands wünschten keinen Krieg – «was sie begehren, sind die Früchte des Krieges sowie die unbegrenzte Expansion ihrer Macht und Doktrin». Doch streckt er den Russen die Hand entgegen – dies ist keine Rede über unversöhnliche Abgrenzung. «Durch ein gutes Einverständnis mit Russland (…) über viele friedliche Jahre hinweg sowie dank der Stärke der englischsprachigen Welt und ihrer Verbindungen» könnte eine neue Friedensordnung in Europa geschaffen werden, unter den Auspizien der Vereinten Nationen.

Der Stratege in Churchill kann jedoch einer bestimmten Tatsache nicht ausweichen: «Was ich bei unseren russischen Freunden und Alliierten im Krieg sehen konnte, hat mich davon überzeugt, dass sie vor nichts weniger Respekt haben als vor Schwäche, zumal militärischer Schwäche (...) Wenn die westlichen Demokratien zusammenstehen, wird niemand sie belästigen können. Aber wenn sie sich spalten lassen oder in ihrer Pflicht versagen und die kommenden wichtigen Jahre einfach so dahingleiten lassen, dann könnte tatsächlich eine Katastrophe uns alle überwältigen.»

Die Wirkung dieses Vortrags gerade auf Harry Truman kann gar nicht überschätzt werden. Es war letztlich doch ein *call to arms*, ein Ruf zu den Waffen der Selbstverteidigung, zur Entschlossenheit, zu einer «Politik der Stärke», wie man sie bald nannte. Truman griff die Botschaft auf; schon ein Jahr später, am 12. März 1947, verkündete er in einer Rede, die der Churchills in Fulton an Dramatik nicht nachstand, vor dem amerikanischen Kongress seine eigene Doktrin: dass man freien, aber bedrohten Völkern zu Hilfe kommen müsse. Unmittelbarer Anlass waren das inzwischen von kommunistischen Partisanen bedrohte Griechenland sowie die ökonomisch abgewirtschaftete Türkei. In einer Sofortaktion beschloss der Kongress militärische und finanzielle Hilfspakete für beide Staaten. Truman sprach wie von Churchill inspiriert: «Die Saat totalitärer Regime lebt zu ihrem Gedeihen von Elend und Mangel. Sie wächst und verbreitet sich im bösen Boden von Armut und Unfrieden. Sie wächst zu ihrer vollen Höhe, wenn die Hoffnung eines Volkes auf ein besseres Leben gestorben ist.» Wenige Monate später folgte Außenminister George C. Marshall mit dem nach ihm benannten Plan, dem «European Recovery Program» (ERP). Wie Churchill 1940 erlebte Truman nach 1945 seine «finest hour».

Stalin nahm den Fulton-Vortrag ernst genug, um sich wenige Tage später von einem «Prawda»-Journalisten dazu interviewen zu lassen. Seine Antworten lesen sich partienweise wie eine Einübung in «Newsspeak», wie man nach George Orwells Roman «1984» die indoktrinierte Verdrehung von Sprache bezeichnen sollte. «Die Feindschaft zwischen Polen und Russland», so belehrte Stalin den journalistischen Vertreter der «Wahrheit» (russisch «Prawda»), «hat der Freundschaft zwischen beiden Ländern Platz gemacht, und Polen, das gegenwärtige demokratische Polen, will nicht mehr Spielball in ausländischen Händen sein.» Churchills wiederholter Rekurs auf die «englischsprachigen Völker» erzeugte bei Stalin besonderen Unwillen: «Mr. Churchill und seine Freunde haben eine auffallende Ähnlichkeit mit Hitler und seinen Freunden. Hitler bereitete seinen Krieg durch Proklamation einer Rassentheorie vor, der zufolge nur deutschsprachige Menschen eine überlegene Nation bildeten. Mr. Churchill ist dabei, ebenfalls mit einer Rassentheorie einen Krieg zu entfachen (...) Tatsächlich präsentieren Mr. Churchill und seine Freunde in Großbritannien und den USA den nicht-englischsprachigen Nationen ein Ultimatum: Akzeptiert unsere Herrschaft freiwillig, dann wird alles gut. Andernfalls ist Krieg unausweichlich.»

2. Winston Churchill –
Vater der europäischen Einigung?

In der Aula der Universität Zürich prangt eine große Tafel zur Erinnerung an ein bedeutendes Datum der europäischen Nachkriegsgeschichte: «WINSTON CHURCHILL HIELT IN DIESER AULA AM 19. SEPTEMBER 1946 SEINE ZÜRCHER REDE AN DIE AKADEMISCHE JUGEND THEREFORE I SAY TO YOU LET EUROPE ARISE.»

«Darum sage ich euch: Lasst Europa erstehen!» Inmitten des Chaos der Zeit und der totalen Erschöpfung erhebt Churchill in der Schweiz eine Stimme der Hoffnung. Aber am Anfang stehen, wie immer, die Tatsachen: «Ich möchte heute über die Tragödie Europas zu Ihnen sprechen (...) Unter den Siegern herrscht eine babylonische Verwirrung misstönender Stimmen, unter den Besiegten das trotzige Schweigen der Verzweiflung.» Quo vadis, Europa? Darüber wird zu dieser Zeit viel gerätselt, bei den Bürgern und in den politischen Kanzleien. Doch es bleibt Churchill vorbehalten, in Zürich die entscheidende Losung zu formulieren. Er mobilisierte einst «die englische Sprache und schickte sie in die Schlacht», wie Ed Murrow schrieb. Sechs Jahre später betreibt Churchill mit dem Arsenal seiner Sprache eine zweite Mobilmachung, für eine zweite Schlacht – um die Gestaltung der europäischen Zukunft. Fulton und Zürich sind aus einem Stoff gewoben.

Wie in Missouri überrascht Churchill in der Schweiz mit kühnen Perspektiven: «Wir müssen eine Art Vereinigte Staaten von Europa errichten. Nur auf diese Weise werden Hunderte von Millionen sich abmühender Menschen in die Lage versetzt werden, jene einfachen Freuden und Hoffnungen wiederzuerhalten, die das Leben lebenswert machen.» Wie ein guter Schauspieler kostet der Redner die Dramatik dessen aus, was er als seine Kernbotschaft bereithält: «Ich sage Ihnen jetzt etwas, das Sie erstaunen wird. Der erste Schritt zu einer Neuschöpfung der europäischen Völkerfamilie muss eine Partnerschaft zwischen Frankreich und Deutschland sein. Nur so kann Frankreich seine moralische und kulturelle Führungsrolle in Europa wiedererlangen. Es gibt kein Wiederaufleben Europas ohne ein geistig großes Frankreich und ein geistig großes Deutschland.» Churchill zitiert William Gladstone, den großen liberalen Premierminister des 19. Jahrhunderts, der vom «segensreichen Akt des Vergessens» gesprochen hatte. Daran knüpft Churchill an: «Wir alle müssen den Schrecknissen der Vergangenheit den Rücken kehren. Wir müssen in die Zukunft schauen. Wir können es uns nicht leisten, den Hass und die Rachegefühle, welche den Kränkungen der Vergangenheit entsprangen, durch die kommenden Jahre mitzuschleppen.»

Das war typisch für Churchills Grundeinstellung gegenüber jedem Gegner, mit dem er es zu tun hatte. «Im Krieg: Entschlossenheit. In der Niederlage: Trotz. Im Sieg: Großmut. Im Frieden: Guter Wille», sollte das Motto seiner Memoiren über den Zweiten Weltkrieg lauten. Doch Frankreich ließ sich nicht so leicht umwerben. General de Gaulle äußerte sich in einem Gespräch mit Duncan Sandys, dem pro-europäisch orientierten Schwiegersohn Churchills, im November 1946 skeptisch zu Churchills Idee. Ein wiedererstarkter Nachbar jenseits des Rheins müsse verhindert werden, da Frankreich kein bloßes Anhängsel Deutschlands sein dürfe. Aber schon vier Jahre später beantwortete der Schuman-Plan, die Grundlage der Montanunion zwischen Frankreich, der Bundesrepublik, Italien und den Beneluxstaaten, einen Teil der Sorgen des Generals. Allgemein stieß Churchills

Rede auf breite Zustimmung. Der Ex-Premier hatte ausdrücklich an die Tradition der 1923 von Richard Graf Coudenhove-Kalergi gegründeten Paneuropa-Bewegung angeknüpft, und dieser revanchierte sich in seinen Memoiren mit einer begeisterten Analyse, in der er Churchill «den größten Realpolitiker des Jahrhunderts» nannte.

Das würde man sehen. Auch der späte Churchill, dem wir uns jetzt nähern, war ein Mann der Widersprüche. Schon bei seinem zweiten Parteiwechsel in den 20er-Jahren hatte er ein Wort Kardinal Newmans aus dessen Autobiographie von 1864 aufgegriffen: «Leben heißt sich ändern, und vollendet sein heißt sich oft geändert zu haben.» Angela Merkel zitierte in ihrer Rede vor beiden Häusern des britischen Parlaments am 27. Februar 2014 diesen Satz im Zusammenhang eines notwendigen Wandels der EU. Ein zweischneidiges Rezept. Wenn zur Perfektion ein häufiger Wechsel gehört, so wurde der späte Churchill, was Europa anging, die perfekte Enttäuschung.

Doch zunächst ging er mit fliegenden Europa-Fahnen voran, so am 17. Mai 1947 auf der «United Europe Rally» in der Londoner Royal Albert Hall, wo er mit charakteristischem Aplomb einen «Welttempel des Friedens» vorstellte, der auf vier Säulen ruhe: den USA, der Sowjetunion, dem britischen Empire und Commonwealth und auf Europa. Was Moskau in diesem Tempel zu suchen hatte, wurde nicht ganz klar, es sei denn, man erinnerte sich daran, was Churchill gegen Ende seiner Rede in Fulton gesagt hatte: «Großbritannien, das britische Commonwealth, das mächtige Amerika und, so hoffe ich wenigstens, Sowjetrussland – denn dann wäre tatsächlich alles gut – sollen die Freunde und Förderer des neuen Europa sein und dessen Recht, zu leben und zu leuchten, beschützen.»

Höhepunkt dieser Phase von Churchills europäischem Engagement wurde der Kongress der Europa-Union in Den Haag am 7. Mai 1948. Churchill wurde Ehrenpräsident der Union, zum ersten Mal traf er auch Konrad Adenauer. Wichtigstes Ergebnis waren die Gründung des Europarates sowie die Inauguration der «Europäischen Bewegung». Erfreut hörte der Kongress, was Churchill über die Fusion nationaler Souveränitäten in einem sich immer enger zusammenschließenden Europa vortrug: «Es ist möglich, darin eine allmähliche Wahrnehmung jener größeren Souveränität zu sehen, unter der die unterschiedlichen Bräuche und Charakteristiken der beteiligten Nationen geschützt würden.»

Doch die Worte trogen. Churchill sprach mehr wie der Taufpate eines geeinten Europa als wie ein Teilnehmer an jener Souveränitätsfusion, die er hier in so wohl gesetzten Worten als «möglich» empfahl. Das wurde spätestens 1951, nachdem er in die Downing Street zurückgekehrt war, als das große Missverständnis seiner Haltung zu Europa erkannt, man kann auch sagen: durchschaut. Bei Konrad Adenauers zweitem Besuch in London, im Mai 1953, zeichnete Churchill auf einer Tischkarte das Bild von drei sich überschneidenden Kreisen: das britische Empire, die USA und das vereinte Europa. Im Schnittpunkt der Kreise machte er einen Punkt: Großbritannien. Nie würden er oder, wie sich herausstellen sollte, ein anderer britischer Premierminister jemals Englands Beziehungen zu Amerika oder zum Commonwealth einem supranationalen Europa zuliebe aufgeben. England hatte eine Rolle auch in Europa zu spielen, durchaus, aber eine eher begleitende. Es beharrte auf seiner freien Hand.

Ende der 40er-Jahre sah man das noch nicht so deutlich, und so dampfte der Europa-Express mit Churchill als Lokführer zügig voran. Am 17. August 1949 fand in Straßburg das Eröffnungstreffen des im Mai desselben Jahres gegründeten Europarates statt, man feierte Churchill als «the first citizen of Europe», als den ersten Bürger Europas. Bei seiner Rede blickte er in den Saal der Delegierten und fragte spontan: «Wo sind die Deutschen?» Das zeigte Wirkung: Schon im Juli 1950 wurde die Bundesrepublik «assoziiertes Mitglied» des Europarates und ein Jahr später «vollberechtigtes». Im Mai 1950 verabschiedete der Europarat auf Vorschlag Churchills eine Resolution zugunsten einer europäischen Armee, zu der Deutschland Kontingente beisteuern wollte. In beiden Fällen ergriff Churchill zu Hause seine Chance als Oppositionsführer und attackierte die Attlee-Regierung ob ihrer ablehnenden Haltung: «Nationale Souveränität ist nicht unantastbar», deklarierte er im Unterhaus, sie könne vermindert werden, wenn ein solcher Schritt Vorteile bringe.

Ab Oktober 1951 erneut an der Macht, schien der bald 77-Jährige seinen europäischen Enthusiasmus jedoch rasch zu vergessen. So bezeichnete er den Vorschlag einer europäischen Verteidigungsgemeinschaft, letztlich eine Fortschreibung seiner eigenen Idee, als «ein verschwommenes Amalgam». Vor allem Außenminister Eden verschloss sich jeder britischen Verpflichtung in einem föderalen Europa, weder er noch Churchill wollten einem «karolingischen Reich» angehören, das sie rings um die Montanunion sich entwickeln sahen – die atlantische Option war ihnen wichtiger: In der NATO lag für sie das Geheimnis einer europäischen und einer atlantischen Ordnung geborgen. Während Adenauers erstem Besuch bei dem neugewählten Premierminister, im Dezember 1951, entspann sich zwischen beiden folgender Dialog, den Hans von Herwarth, der damalige deutsche Botschafter in London, in seinen Memoiren überliefert hat. Churchill zum Bundeskanzler: «Sie können beruhigt sein, Großbritannien wird immer *an der Seite Europas* stehen.» Darauf Adenauer: «Herr Premierminister, da bin ich ein wenig enttäuscht, England ist *ein Teil Europas.*»

Nein, als Baumeister der europäischen Einigung, gar der heutigen Europäischen Union lässt sich Churchill nicht vereinnahmen. Das schmälert nicht sein Verdienst, in desolater Zeit mächtige Zukunftsimpulse gegeben zu haben, die damals von unschätzbarem Wert waren. Im Grunde ist Churchill immer seiner Überzeugung treu geblieben, die er im Februar 1930 in der vielgelesenen amerikanischen Zeitschrift «Saturday Evening Post» veröffentlicht hatte; sein Essay trug die Überschrift «Die Vereinigten Staaten von Europa» – ein Terminus, den er in Zürich wieder aufgreifen sollte. Großbritannien werde nie zu diesen Vereinigten Staaten gehören, schrieb er damals, «denn wir haben unsere eigenen Träume und Aufgaben. Wir stehen zu Europa, gehören aber nicht dazu; wir sind verbunden, aber nicht umfasst; wir sind interessiert und assoziiert, aber nicht absorbiert; wir gehören zu keinem einzelnen Kontinent, sondern zu allen.» Die Passage ist es wegen ihrer Bedeutung für Churchills politische Entwicklung wert, im englischen Original zitiert zu werden: «We are with Europe but not of it. We are linked but not comprised; we are interested and associated, but not absorbed. We belong to no single continent, but to all.» Im Grunde spielt diese Auffassung bis heute in die komplexe Haltung der Insel zum europäischen Kontinent hinein.

3. 10 Downing Street: Die zweite Amtszeit

Clement Attlee, der Sieger von 1945, hatte den Termin für die nächste Unterhauswahl auf den 23. Februar 1950 gelegt. Auf den Wahlkampf bereiteten sich die Spitzenfiguren der Tories, allen voran Richard Austen Butler im Forschungsdepartment der Partei, bereits 1947 mit einem Grundsatzpapier, «The Industrial Charter», vor. Damit wollten sie demonstrieren, wie viel sie aus ihrer Niederlage 1945 und von dem neuen Zeitgeist, der auf den Wohlfahrts- und Versorgungsstaat setzte, gelernt hatten. Das Papier verband Elemente der Planwirtschaft mit solchen des freien Marktes, ohne freilich den inhärenten Konflikt zwischen beiden aufzulösen. John Maynard Keynes' Ideen, das Management von Nachfrage, setzten sich jetzt auch unter den Tories durch, was ihr Wahlprogramm, «The Right Road for Britain», belegte. Die Wohlfahrtsreformen von Labour, allen voran der Nationale Gesundheitsdienst, waren nicht mehr tabu, und auch die Nationalisierung der Schlüsselindustrien wollten die Konservativen bis auf wenige Ausnahmen fortsetzen. «Konsenspolitik», wie Margaret Thatcher später verächtlich schnauben sollte.

Labour schwächelte. Die angekündigten Reformen von 1945 waren mehr oder weniger umgesetzt und von der Opposition wie gesagt sogar so gut wie akzeptiert worden. Die Regierung litt an Ermüdung, und so kam das Ergebnis der Wahl nicht überraschend: Der große Stimmenvorsprung von 1945 war auf nur noch sechs Mandate geschrumpft; damit würde man keine volle Legislaturperiode durchhalten. Daher rief Attlee erneut zur Wahl, diesmal für den 25. Oktober 1951. Doch da stand es mit Labours Siegesaussichten noch schlechter. Im Juni 1950 war der Korea-Krieg ausgebrochen, an dem sich London als Verbündeter der USA beteiligte, was den Staatshaushalt stark belastete. Krisen in Ägypten, Iran und an anderen Brennpunkten entglitten dem Foreign Office, und zu allem Unglück konnten sich zwei Spione Moskaus, Guy Burgess und Donald McLean, kurz vor ihrer Gefangennahme im Mai 1951 in die Sowjetunion absetzen. Attlee machte im Wahlkampf den gleichen Fehler wie Churchill 1945: Er übertrieb stark, holte den alten «Kriegstreiber»-Vorwurf aus der Mottenkiste und stellte Labour als «das letzte Bollwerk vor einem Dritten Weltkrieg» dar, Churchill habe bereits den Finger am Abzug. Dennoch fiel der Umschwung zu den Tories mit einer 26-Sitze-Mehrheit gegenüber Labour relativ bescheiden aus. Das war nicht überwältigend, aber es reichte.

Im Alter von fast 77 Jahren wird Winston Churchill 1951 also zum ersten Mal durch eine demokratische Wahl Premierminister. 51 Jahre sind vergangen, seit er als Abgeordneter für den Wahlkreis Oldham am 1. Oktober 1900, noch zu Zeiten Königin Victorias, ins Unterhaus einzog. Ein halbes Jahrhundert hat sein Name nun die Zeitgenossen angezogen oder befremdet, fasziniert oder irritiert. Seine Laufbahn hatte begonnen, noch ehe die Gebrüder Wright ihre ersten Flugversuche absolvierten; nun findet er sich mit seinem neuen Mandat in der Ära des «Gleichgewichts des Schreckens» wieder. Die nukleare Drohung lastet wie ein Alptraum auf der Gegenwart. 1949 war die Sowjetunion mit ihrem ersten Atombombentest mit den USA gleichgezogen; die Amerikaner folgten 1952 mit der ersten Zündung einer Wasserstoffbombe, Moskau ein Jahr später mit der seinen. Auch Großbritannien testete im Oktober 1952 in Westaustralien seinen ersten nuklearen Sprengstoff. Ein atomares Wettrüsten zeichnete sich ab. Wie lange würde der Kalte Krieg nur ein kalter bleiben?

Das war der welthistorische Rahmen, in dem sich Churchills zweite Periode als Premierminister abspielte, und der Mann der Voraussicht und der Suche nach Mitteln, mit den Herausforderungen der Zeit fertig zu werden, warf sich mit letzter Inbrunst auf ein Zukunftsthema par excellence: Frieden, Abbau der nuklearen Konfrontation, Entspannung – darum drehte sich sein Denken jetzt fast ausschließlich. Verlangte seine Karriere nicht genau nach einer solchen finalen Krönung – der Weltfriedensstifter Winston Churchill? Innenpolitisch suchte der neue Premier die Versöhnung zwischen den alten ideologischen Fronten, auch hier wollte er Frieden stiften. Ihm lag nicht mehr an Konfrontation, Konsens fiel leichter, und der Patrizier in ihm entdeckte eine neue Vorliebe für die arbeitenden Massen und deren Gewerkschaftsvertreter. In seiner Regierungserklärung am 4. November 1951 wartete er mit einer erstaunlichen Botschaft auf: «Was die Nation jetzt braucht, sind mehrere Jahre einer ruhigen, stetigen Regierung, und sei es nur, um der sozialistischen Gesetzgebung Zeit zu voller Reifung zu lassen.» Das von dem ehemaligen «Sozialistenfresser» Churchill! Verträglichkeit wurde die Erkennungsmelodie dieser Jahre, die dogmatische Beruhigung erzeugte ein allgemeines Gefühl des Wohlbehagens: Der soziale Friede wurde gewahrt, Lohnforderungen seitens der Gewerkschaften wurden gnädig behandelt, die Wirtschaft zeigte trotzdem willkommene Triebe der Erholung.

Die Ministerkollegen mussten einiges in Kauf nehmen bei ihrem alternden Premierminister – seine langen Monologe, seine nostalgischen Rückblicke, zunehmende Konzentrationsschwäche. «Uns war klar geworden, dass er einer anderen Zeit angehörte», schreibt Lord Moran. Klar geworden war es auch den Amerikanern. Kurz nach seiner Wahl brach Churchill zu Präsident Truman auf, um möglichst rasch die alten Bande neu zu knüpfen. Das State Department aber warnte Truman im Vorfeld, der Großmeister der globalen Geste werde ihn sofort mit seinem Charme einzufangen versuchen; dabei sei es Churchills eigentliches Ziel, «Großbritanniens sinkendes Prestige, seinen sinkenden Einfluss aufzufangen durch die Demonstration der ‹special relationship› zwischen dem Vereinigten Königreich und den USA». Das Weiße Haus solle demgegenüber betonen, dass die *special relationship* am besten funktioniere im Verbund mit anderen, multilateralen Beziehungen Amerikas, etwa der NATO. Gilt diese Haltung Washingtons gegenüber London nicht noch heute, wobei man die NATO um die Beziehungen zur EU ergänzen darf? Auch im Kongress, wo Churchill erneut auftrat, glaubte man, die Stimme einer vergangenen Zeit zu hören.

Trumans Außenminister Dean Acheson spürte an den Antworten Churchills während der Gesprächsrunden, dass es dem Gast an Vertrautheit mit den Details fehlte, ein Resultat der langen täglichen

Pein von permanenten Entscheidungen und Aktionen. In der Tat, kein «Action this day» gab es mehr bei dem Mann, der inzwischen auf die 80 zuging. Ein Jahr später, im Januar 1953, notiert sich Trumans Nachfolger «Ike» Eisenhower nach einem erneuten Besuch Churchills in Washington in seinem Tagebuch, der Premierminister zeige «sehr deutlich die Wirkung seiner vergehenden Jahre». Churchills beständiger Hinweis auf die «special relationship», mit dem er die Waffenbrüderschaft aus dem Krieg neu zu beleben hofft, nervt den Präsidenten ein wenig: «Selbst wenn das Bild akkurat gewesen wäre für jene Tage, so hat es doch keine Anwendung in der Gegenwart», zitiert Keith Robbins einen Tagebucheintrag Eisenhowers. Wie weit doch die Einschätzung dieses Grundpfeilers der britischen Außenpolitik zwischen den beiden Küsten des Atlantiks inzwischen auseinanderklaffte! Dazu passte Achesons im Dezember 1962 geäußertes Urteil, England habe «ein Empire verloren, aber noch keine neue Rolle gefunden».

4. Adenauer misstraut Churchill

Von «vergehenden Jahren» aber will Churchill nichts wissen. Seine Ambition ist es, der Sterblichkeit zu trotzen und die Voraussagen, er würde nach kaum mehr als zwei Jahren zurücktreten und seinem designierten Nachfolger Anthony Eden die Zügel überlassen, Lügen zu strafen. Geht er, geht er nicht? Diese Frage dominierte das Gespräch nicht nur auf den Korridoren von Whitehall. Der Respekt vor dem großen alten Mann brachte es mit sich, dass man ihm auf Gedeih und Verderb ausgeliefert war, während Eden mit den Füßen scharrte. Da beendeten zwei Ereignisse im Frühjahr 1953 alle Spekulationen: Am 5. März starb Stalin, und am 12. April musste sich Eden in den USA dem ersten von insgesamt vier operativen Eingriffen unterziehen, die ihn für sechs Monate aus dem Rennen werfen sollten. Gelbsucht, Gallensteine, Magen- und Darmprobleme, die Plagen rissen nicht ab. Jetzt konnte erst recht niemand auf Churchill verzichten.

Und dieser nicht auf seine große Chance für eine kühne Ost-

West-Initiative. Er erzählte allen, die es hören wollten, dies sei seine letzte große Aufgabe, die Rechtfertigung für sein Verbleiben im Amt. Anstoßen, etwas bewegen, wie in Fulton, Zürich und Den Haag, den Reigen der Großen Drei wiederbeleben, dazu drängte es ihn. Seine Hoffnung richtete sich zunächst auf Stalins Nachfolger Malenkow. Schon am 11. März trägt er in einem Telegramm an Eisenhower vor, die USA und Großbritannien würden unverantwortlich handeln, wenn sie die Chance nicht ergriffen, ein neues Kapitel der Weltpolitik zu eröffnen. Mitte April stellt er in Glasgow in einer Rede vor schottischen Konservativen aus der Tiefe seines Wunschdenkens die Frage: «Ist da eine Brise in der gequälten Welt?»

Konrad Adenauer befürchtete einen Lufthauch ganz anderer Art: dass die westlichen Verbündeten hinter seinem Rücken einen Deal mit der Sowjetunion aushecken, gar der Neutralisierung eines wiedervereinigten Deutschlands zustimmen könnten, wie Stalin sie 1952 in verschiedenen Noten vorgeschlagen hatte. Was jetzt an Verstimmungen zwischen Bonn und London folgte, hat niemand besser beschrieben als Hans-Peter Schwarz im März 1994 auf einem Kolloquium des Churchill-Archivs in Cambridge, des heutigen Churchill Centre. Nach dem Tod Stalins kabelte Churchill am 21. April 1953 ans Weiße Haus: «Meiner Meinung nach wäre es das Beste, die drei siegreichen Mächte, die 1945 in Potsdam auseinandergingen, würden wieder zusammenkommen.» Wenn es nicht anders ginge, würde er auch alleine nach Moskau reisen – eine Idee, gegen die Eisenhower sofort Einspruch erhob.

Dann kam das Unglück mit Churchills Unterhausrede vom 11. Mai, über die niemand im Voraus eingeweiht worden war. Der Brite schlug eine Gipfelkonferenz ohne feste Agenda vor und ventilierte «eine Art von Locarno-Vertrag», um Russlands Sicherheitsinteressen gegenüber Deutschland zu regeln: «Russland hat ein Recht, sich vergewissert zu fühlen, dass, soweit es menschlichen Arrangements möglich ist, die schrecklichen Vorgänge von Hitlers Invasion sich nie wiederholen werden und dass Polen eine freundliche Macht und ein Puffer bleibt, wenn auch kein Marionettenstaat.» Zum Ausgleich zu dieser Rhetorik gab er an die Adresse Adenauers («der weiseste deutsche Staatsmann seit den Tagen Bismarcks») das Versprechen ab, England werde seinen Verpflichtungen gegenüber Westdeutschland nicht untreu werden.

Vier Tage später bekam der Bundeskanzler Gelegenheit, bei seinem Besuch in London mit Churchill über dessen Rede zu sprechen. Im Internet kann man das Protokoll der Aussprache zwischen den beiden fast gleichaltrigen Politikern, von Dolmetscher Heinz Weber erstellt, abrufen (www.17juni53.de/chronik/5305/doc_5.html). Churchill rechtfertigte die umstrittene Unterhausrede mit dem Hinweis, «seine Regierung sei darauf bedacht, beim britischen Volk nicht den Eindruck aufkommen zu lassen, dass nicht alles versucht worden sei, um zu einer Entspannung zu gelangen (…), selbst wenn sich nachträglich herausstellen sollte, dass die Wandlung [Russlands] nicht ernst gemeint war». Locarno als Beispiel scheine ihm «mit den gegenseitigen Beistandsverpflichtungen eine gute Idee zu sein». Auch Humor durfte bei Churchill nicht fehlen. Er kam noch einmal auf seine Bezeichnung Adenauers als des «weisesten deutschen Staatsmannes seit den Tagen Bismarcks» zurück: «Ursprünglich wollte er ihn den weisesten Staatsmann Europas nennen», vermerkt das Protokoll, «er sei dann aber darauf aufmerksam gemacht worden, dass diese Formulierung andere hätte beleidigen können.» Der Kanzler ließ sich nicht einfangen, sondern erinnerte daran, wie Churchill ihm anlässlich seines Besuches im Jahre 1951 versichert habe, «dass Großbritannien zu seinen Verpflichtungen stehen und niemals Vereinbarungen hinter dem Rücken anderer treffen werde. Sir Winston bestätigte dies erneut.»

Dem aufschlussreichen Protokoll ist eine Anmerkung beigefügt, die noch tiefer blicken lässt in die lauernde Unsicherheit, die Adenauer zu schaffen machte. Da lesen wir, was Ministerialdirektor Herbert Blankenhorn, der als Leiter der Politischen Abteilung im Auswärtigen Amt dem Treffen beiwohnte, sich am selben Tag notierte: «Churchill machte gelegentlich einen recht uninformierten, fast abwesenden Eindruck; wenn er aus seinen Träumen aufwacht und Fragen stellt, so gehen sie sehr oft am Thema vorbei (…). Wie dieser Mann angesichts seines Körperzustandes das britische

Empire leiten will, ist kaum fassbar. Der Kanzler ist von diesem zeitweilig völligen Versagen seines Gesprächspartners sehr negativ beeindruckt.»

Das Drama war noch nicht beendet. Noch während Adenauer seine guten Beziehungen zu Churchill am 16. Mai vor der Presse erläuterte, muss dieser in kleinem Kreis «eine alarmierende Bemerkung» gemacht haben, über die Sir Pierson Dixon aus dem Foreign Office drei Tage später einen «top secret» Bericht an Sir William Strang, den Permanent Under-Secretary des Außenministeriums, erstellte. Im Laufe einer allgemeinen Unterhaltung habe Churchill an jenem 16. Mai gesagt, «er habe in seinem Kopf noch nicht abgeschlossen mit der Möglichkeit eines vereinten, neutralisierten Deutschland. Er machte diese Bemerkung im Zusammenhang einer möglichen hochrangigen Diskussion mit den Russen, und was er meinte, war, glaube ich, es könnte sich als wünschenswert herausstellen, einer solchen Lösung für Deutschland als Teil einer Übereinkunft mit Russland zuzustimmen.» Strang kommentierte, Churchill habe so etwas auch ihm gegenüber angemerkt: «Er sei bereit, eine Vereinigung und Neutralisierung Deutschlands zu erwägen, wenn die Deutschen das wünschten, aber nur dann.»

In der Tageszeitung «Die Welt» erschien kurz darauf eine Karikatur Churchills als alter Mann, der wie Neville Chamberlain ein Papier schwenkt: «Frieden in unserer Zeit». Der Leitartikel daneben meinte, hier werde etwas «auf deutsche Kosten» ausgeheckt. Doch Churchill, vom Foreign Office eines Besseren belehrt, lenkte bald ein und bekräftigte nach dem Volksaufstand in der DDR vom 17. Juni 1953 in einem Telegramm an Adenauer seine Verpflichtung auf die gemeinsame Deutschland-Politik der Verbündeten, wie sie in der westlichen Antwort auf Stalins letzte Note am 23. September 1952 niedergelegt worden war. Ziel sei eine deutsche Wiedervereinigung in Frieden und Freiheit. So wurde auch diese «Operation Unthinkable», wenn sie denn eine war, schon als Gedanke abgeblasen.

5. End of Empire

Churchill, in der Blüte des viktorianischen Zeitalters geboren, der letzte Imperialist seiner Generation, hat – was überraschend ist bei einem Globetrotter wie ihm – als Politiker keine Reisen zu den Territorien des Empire unternommen. Einzige Ausnahme war ein Ausflug ins schwarze Afrika in seiner Zeit als Unterstaatssekretär für die Kolonien (1905–1908). Kein Auftritt in Indien, seit er den Subkontinent 1897 als junger Militär verlassen hatte. Kein Besuch in Südafrika, das ihn 1899/1900 im Burenkrieg berühmt gemacht hatte. Nordafrika und der Nahe Osten, ja – aber kein Nigeria oder die Goldküste, kein Uganda oder Kenia, auch nicht Hongkong, Australien oder Neuseeland. Daraus lässt sich nur schließen, wie selbstverständlich er die «Tochterstaaten jenseits des Ozeans» und die Kolonien zum festen britischen Bestand zählte. Dieser mangelnden Präsenz steht als dunkler Fleck in seiner Bilanz während des Krieges die bengalische Hungersnot 1942/43 zur Seite, die bis zu drei Millionen Menschen das Leben kostete. In Bengalen waren nach der japanischen Invasion in Burma die Reisfelder für den Juteanbau verwendet worden, zur Herstellung von Sandsäcken, während jeglicher Reisimport aus Burma versiegte. Mehrere Hilferufe um Nahrungsmittellieferungen wurden überhört, Churchill argumentierte mit dem Vorrang der Versorgung der eigenen Bevölkerung, und Hilfskonvois aus Australien und Neuseeland zum Mutterland fuhren regelmäßig an Indien vorbei – die Prioritäten lagen fest.

Der Premierminister sah nichts Verwerfliches darin, das Empire für britische Interessen einzusetzen, auch für militärische. Gegen den Mau-Mau-Aufstand in Kenia Anfang der 50er-Jahre entsandte er Truppen, die ein brutales Regime ausübten, wie wir heute wissen. Andererseits zeigt er uns im vierten Band der Geschichte des Zweiten Weltkrieges sein abgeklärtes Gesicht, wenn er schreibt: «Der Austausch von Gütern und Dienstleistungen zum gegenseitigen Vorteil zwischen unterschiedlichen Gesellschaften ist die Grundlage für Wohlstand und Frieden in der Welt.» Dieser Satz muss ihn selbst stutzig gemacht haben, denn wie im Nachgedanken fährt er fort:

Wenn England aus den Kolonien über solche Handelsbeziehungen hinaus keinen weiteren Vorteil zöge, «dann, so mögen nicht wenige argumentieren, wäre es doch viel besser, wir gäben unser Geld für die Verbesserung der Gesundheit und der sozialen Dienste für unsere Arbeiter zu Hause aus». Damit griff Churchill unbewusst Gedankengänge unter den Liberalen in der zweiten Hälfte des 19. Jahrhunderts auf, England könne auf die «Organisation Empire» gänzlich verzichten, da doch der Handel wie gewünscht blühe. Was wolle man schließlich mehr?

Ein letztes Mal stemmte sich Churchill dem Strom der Zeit entgegen, als die Attlee-Regierung beschloss, den indischen Subkontinent 1947 in die Unabhängigkeit zu entlassen, aufgespalten in das moslemische Pakistan und das weitgehend von Hindus besiedelte Indien. Dennoch entwickelte sich später zwischen dem Premier Churchill und dem ersten Ministerpräsidenten Indiens in der postkolonialen Ära, Jawaharlal Nehru, ein aus gegenseitiger Achtung gespeistes Verhältnis. Churchill sah in Nehru den Mann, «der die beiden großen menschlichen Schwächen überwand: Furcht und Hass». Das waren andere Töne als Churchills verächtliche Worte über Gandhi, 20 Jahre früher, den «halbnackten Fakir». Nehru wurde von ihm als «das Licht Asiens» gepriesen, als Politiker, der die Geschicke von Hunderten von Millionen Indern gestalte und «einen hervorragenden Part in der Weltpolitik» spiele. Vielleicht half es, dass auch Nehru, wie Churchill selbst, Absolvent des Elite-Internats Harrow war. Verträglichkeit, das Wort dieser Jahre. Oder Resignation. Seinem Privatsekretär Browne verriet Churchill nach seinem endgültigen Verlassen der Downing Street im Jahre 1955: «Das britische Weltreich hätte ich gegen jeden verteidigen können – außer gegen das britische Volk.»

Überhaupt haben jene Unrecht, die Churchill vorrechnen, seine Entschlossenheit zum Widerstand gegen Hitler habe England den Verlust des Empire gekostet. Er führte nicht um das Empire Krieg, sondern für den Versuch, die Welt von der «Pestilenz der Nazi-Tyrannei» zu befreien. Das Empire hat Churchill immer stillschweigend vorausgesetzt oder es stolz intoniert, so am 11. November 1942 im Mansion House in London, nach dem Sieg über das Deutsche

Afrikakorps und der erfolgreichen Landung der Alliierten in Marokko: «Ich bin nicht der erste Minister des Königs geworden, um über die Liquidierung des Empire zu präsidieren» (siehe Kap. XIV, 3). Aber dessen Tage waren in Wirklichkeit längst gezählt, spätestens seit 1935, als Indien die weitgehende Selbstverwaltung zugestanden wurde. «Imperial Sunset» nannte Max Beloff seine dreiteilige Studie (1969–1989) über den Abend des Empire, den er bereits in der Periode von 1897 bis 1921 sich abzeichnen sah. 1897, man feierte Königin Victorias diamantenes Thronjubiläum, war auch das Jahr, in dem Rudyard Kipling, eigentlich ein Lobsänger des Imperialismus, sein berühmtes Gedicht «Recessional» veröffentlichte: prophetische Worte über die Selbstherrlichkeit des Empire, wie eine Vorwegnahme seines Niedergangs. Die Eingangsstrophe lautet (in deutscher Prosaübersetzung):

> Gott unsrer Väter, altbekannt,
> Herr unsrer überdehnten Schlachtenreihen,
> unter dessen furchtbarer Hand wir ausüben
> Herrschaft über Palmen und Kiefer –
> Herr Gott der Heerscharen, bleib dennoch bei uns,
> dass wir nicht vergessen – dass wir nicht vergessen.

> (Übersetzung Gisbert Haefs, in: Rudyard Kipling, Die Ballade von Ost und West. Selected Poems – Ausgewählte Gedichte, Zürich 1992)

Mit Churchill, dem Nachkommen des Empire und Kind des 19. Jahrhunderts, betrat ein Unzeitgemäßer das 20. Jahrhundert. Blüte und Ende einer Epoche prägen seinen Lebenslauf, aber das Unvermögen, den Verfall des britischen Weltreichs aufzuhalten, kann nicht seine ins 21. Jahrhundert reichende Bedeutung verstellen: dem Totalitarismus in den Weg getreten zu sein. So verwundert es nicht, dass der Verlust Polens Churchill weit mehr zugesetzt hat als der Verlust des Empire, und das bis ins hohe Alter hinein.

6. Abschied mit Hindernissen

Aus Träumen aufwachen und Fragen stellen – Blankenhorns spitzer, aber hellsichtiger Kommentar von 1953 traf den Nagel auf den Kopf: Churchill wollte den Träumen nicht abschwören und stellte der Realität fortgesetzt bohrende Fragen. Aber die Natur durchkreuzte erst einmal alle Pläne: Am 23. Juni 1953, während eines Dinners in der Downing Street für den italienischen Ministerpräsidenten Alcide de Gasperi, wird Churchill von einem schweren Schlaganfall getroffen, der ihn wochenlang halbseitig lähmt und seiner Sprache beraubt. Jetzt herrscht in England eine komplette Vakanz an der politischen Spitze, da auch Eden nach seinen Operationen noch nicht wieder genesen ist. Die Krankheit Churchills wird der Öffentlichkeit vorenthalten, in den Medien heißt es, der Premierminister sei überarbeitet und benötige eine längere Ruhepause. Selige Zeiten, in denen man der «vierten Gewalt» noch solche Bären aufbinden konnte! Vier Monate lang bleibt Churchill den Geschäften im Wesentlichen fern, nur ein kleiner Kreis und seine Familie wissen um seinen wahren Zustand. Der bessert sich allerdings überraschend schnell, was Lord Moran nicht anders als «ein Wunder» nennen kann. Er macht Gedächtnisübungen mit seinem Patienten, testet, wie viel der aus dem Speicher der in jungen Jahren erlernten Lyrik noch rekapitulieren kann. Am 6. Juli 1953 bereits erstaunt Churchill den Arzt mit 36 fehlerfrei rezitierten Zeilen aus Longfellows Ballade «König Robert von Sizilien» – er hatte sie zuletzt, wie er sagt, «vor ungefähr 50 Jahren» gelesen. Lord Moran notierte: «Der Schlaganfall hatte sein Gedächtnis nicht beschädigt. Ich sagte es ihm. Sein Gesicht hellte sich auf, und er lächelte. Vielleicht wird das seinen Kritikern zu denken geben, wenn man ihn eines Tages dafür verurteilen sollte, er habe sich an seinen Posten geklammert.»

Während die Lebensgeister des «Halbtagspremiers», wie man ihn betitelt, allmählich zurückkehren, meldet sich auch die russische Mission, seine Idée fixe, wieder an. Schon am 25. Juli, nur einen Monat nach dem Schlaganfall, zeichnet Moran diesen Monolog Churchills auf: «Sie müssen sich klarmachen, Charles, dass ich ein großes

Spiel spiele – Lockerungen der politischen Spannungen, vielleicht der Weltfrieden – natürlich ohne deswegen auf geeignete Verteidigungsmaßnahmen zu verzichten. Wenn es gelingt und wir eine Abrüstung durchsetzen» – vor Aufregung lispelt der Premier, wie Lord Moran hinzufügt – «könnten wir die Industrieproduktion verdoppeln und dem Arbeiter geben, was ihm bisher immer gefehlt hat – freie Zeit. Eine Vier-Tage-Arbeitswoche und drei Tage Spaß.» Der Arzt kommentiert: «Der Gedanke an eine bessere Welt (...) rührte ihn zu Tränen. Eine Weile konnte er nicht sprechen.» Gegen Ende August, zwei Monate sind nun seit dem Schlaganfall vergangen, nimmt sich Churchill auch sein bei Kriegsausbruch liegen gebliebenes, fast beendetes Buchprojekt wieder vor, die «Geschichte der englischsprachigen Völker». Wieder helfen Assistenten, gestandene Historiker, die ihm die nötigen Dokumente vorlegen und manches für ihn vorformulieren, dem er dann den letzten, den Churchill-Schliff gibt. Nichts darf liegen bleiben, das Werk erscheint schließlich zwischen 1956 und 1958 in vier Bänden, einige Zeit nach Churchills Abschied aus der Downing Street. Aber am 9. Oktober 1953 erstaunt er erst einmal den Parteitag der Konservativen in Margate in Kent mit einer oratorischen Sonderleistung. Die Kritik an dem Mann, der sich an seinen Posten klammert, verstummt momentan.

Mit der russischen Mission will es jedoch nicht vorangehen, die Amerikaner blockieren, auch der vom Juli auf den Dezember verlegte Gipfel mit Eisenhower in Bermuda bringt keinen Durchbruch. Trotzdem gibt Churchill nicht auf. Moran kommentiert wie ein Arzt, der sich für seinen neu animierten Patienten freut: «Was für ein Vorzug sein Optimismus ist, auch wenn er sich den Tatsachen verschließt! Er hat sein Herz an Moskau gehängt; aber Ike meint, es käme dabei nichts Gutes heraus, während Anthony [Eden] ebenso sicher annimmt, es würde schaden.» Der Außenminister, inzwischen wieder an Bord, hat im Grunde ein ganz anderes Problem. Nach zwei Kabinettssitzungen am 31. März 1954, die besonders frustrierend verlaufen, weil Churchill sich nicht richtig auf die zur Entscheidung stehenden Fragen konzentriert, stöhnt Eden gegenüber seinem Privatsekretär: «Das kann einfach nicht so weitergehen, er ist gaga, er bringt nicht einmal seine Sätze zu Ende.» Umsonst. Churchill lässt Eden im August 1954 in der Nachfolgefrage glatt abblitzen: «Sie sind jung. Es wird Ihnen alles zufallen, bevor Sie 60 Jahre alt sind. Warum haben Sie es so eilig?» Es war traurig für alle, mitansehen zu müssen, wie ein Großer der Zeitgeschichte die eigene Hinfälligkeit leugnete.

Am 30. November 1954, seinem 80. Geburtstag, versammelt sich in der altehrwürdigen Westminster Hall des Parlaments ein 2500 Köpfe starkes Publikum und huldigt Churchill als dem lebenden Denkmal, das er ist. Ein eigens für diesen Anlass in Auftrag gegebenes Porträt des Malers Graham Sutherland findet allerdings nicht ganz den Gefallen des Jubilars und seiner Gattin. Churchill beschreibt das Bild, in vorsichtigen Worten, als «ein bemerkenswertes Beispiel moderner Kunst. Es verbindet auf jeden Fall Kraft mit Offenheit.» In Wirklichkeit mochte er es überhaupt nicht, während Clementine es geradezu hasste. Nach dem Tod ihres Mannes gab sie Order, es zu vernichten. Bewegt ist Churchill allerdings von dem Tribut, den Clement Attlee ihm spendet. Der Labour-Chef preist den Sozialreformer Churchill aus der Zeit vor 1914 und nennt die Dardanellen-Kampagne «die einzige von Phantasie getragene strategische Idee des Ersten Weltkrieges. Ich würde mir nur gewünscht haben, Sie hätten die Macht gehabt, sie zu Ende zu führen.» Eine späte Genugtuung, die Churchill zu Tränen rührt; Attlee war selbst Anführer einer Kompanie in Gallipoli gewesen. Auf die vielen Elogen, die seine mächtigen Reden im Widerstand gegen Hitler hervorheben, gibt Churchill die berühmte Antwort: «Es waren die Nation und die [englische] Rasse rings um den Globus, die das Herz des Löwen besaßen: Ich hatte das Glück, dazu aufgerufen zu sein, das Brüllen zu geben.»

Die vielen Zusagen und Rücknahmen von Zusagen, die der alte Mann bis ins Frühjahr 1955 im Duell mit Eden um seinen Rücktritt gab, im Falle der Rückzieher immer mit dem Argument, es tue sich etwas in Moskau, das seine Hand am Steuer verlange, waren kein Ruhmesblatt. Eine Einladung aus Moskau kam nie. Der Sturz Malenkows als sowjetischer Ministerpräsident im Februar 1955 und das Duo Chruschtschow – Bulganin, das sich erst noch finden musste, ließen Churchills Gipfelpläne endgültig versanden und damit auch seine Hoffnung auf eine neue Rolle als globaler Friedensstifter. Aber noch bei der Verleihung des Karlspreises an ihn, im Mai 1956 in Aachen, überraschte, nein schockierte Churchill sein Publikum mit dem Gedanken, der «NATO-Pakt sollte seinem Geiste nach Russland (...) nicht ausschließen». Ein Friedensstifter? Als Unruhestifter war Churchill 1901 im Unterhaus angetreten, als Unruhestifter verabschiedete er sich über ein halbes Jahrhundert später von der internationalen Bühne.

Dem Unterhaus legte er in seiner letzten Rede als Premier am 1. März 1955 ans Herz, die Beziehungen zu den USA nie zu vernachlässigen. Dies sei «eine der ersten Pflichten eines jeden, der Frieden in der Welt und das Überleben dieses Landes wünscht». Dann tritt der Romantiker der Hoffnung in ihm noch einmal hervor: «Der Tag mag kommen, wenn Fairplay, Liebe zu den Mitmenschen, Respekt für Recht und Freiheit gequälte Generationen instand setzen werden, in heiterem Triumph voranzumarschieren und die grauenhafte Epoche hinter sich zu lassen, in der wir leben müssen. Inzwischen dies: Weicht niemals zurück, ermüdet niemals, verzweifelt niemals.» Ein rhetorischer Tusch, zugleich ein klassisches Vermächtnis Churchills: «Meanwhile, never flinch, never weary, never despair.»

Königin Elizabeth II. und ihr Gemahl, der Herzog von Edinburgh, ehrten Churchill am Abend vor seinem Rücktritt, den er auf den 5. April 1955 festgelegt hatte, mit einer seltenen Geste: Sie erschienen bei ihm in der Downing Street zu einem Abschiedsdinner. 50 Würdenträger waren anwesend – «selten können die Holzdielen der Downing Street unter mehr Juwelen und Orden geseufzt haben als an diesem Abend», vermerkte der unvergleichliche John Colville in seinem Tagebuch (dessen deutsche Übersetzung leider mit dem Jahr 1945 endet). Im Anschluss begleitet der ehemalige Privatsekretär seinen früheren Dienstherrn in dessen Schlafgemächer, schweigend, «bis Churchill mich plötzlich anstarrte und mit Vehemenz sagte: ‹Ich glaube nicht, dass Anthony [Eden] es machen kann.›» Nicht immer waren Churchills Prophezeiungen eingetreten – diesmal sollte er Recht behalten. Man denkt unwillkürlich auch an Adenauers Vorbehalte gegenüber Ludwig Erhard in der Frage seiner Nachfolge.

4. April 1955: Die junge Queen erweist ihrem ersten Premierminister die Ehre eines Besuches zum Abschiedsdinner in der Downing Street, mit Winston und Clementine als Gastgebern. Am Tag danach tritt Churchill zurück. Im Hintergrund des Fotos Lady Churchill und der Herzog von Edinburgh

In den drei Jahren, in denen sich die Regierungszeit der Königin mit der Amtszeit Churchills überschnitt, waren der «erste Minister» Ihrer Majestät und die junge Queen sich fast in Ehrfurcht voreinander begegnet, er wegen ihrer Schönheit und ihres Lerneifers, sie wegen seiner illustren Vita. «Ich kenne sie doch gar nicht, und sie ist doch nur ein Kind», zagte er bei ihrer Thronbesteigung 1952. Der Satz war bald vergessen, Jugend und Unschuld waren auf Alter und Erfahrung gestoßen, das ergänzte sich gut. Churchill hatte zur Monarchie ein beinahe mystisches Verhältnis der Ehrfurcht. Stolz rief er im Mai 1953, zwei Wochen vor der Krönung Elizabeths, in Erinnerung: «Ich diente unter der Ururgroßmutter der Queen, unter ihrem Urgroßvater, ihrem Großvater, Vater und jetzt ihr.» Für Elizabeth waren die regelmäßigen Treffen mit dem Premierminister «always such fun» – sie machten ihr immer viel Spaß, wie sie später gestand, wohingegen er einmal die Frage, worüber sie gesprochen hatten, spöttisch abwiegelte: «Oh, über Pferderennen.» Den Rennsport hatte ihm 1949 sein Schwiegersohn Christopher Soames nahegebracht, am Ende besaß Churchill einen Reitstall mit 37 Rennpferden. Zum Rücktritt schrieb ihm die Königin voller Bedauern, sie werde vor allem die wöchentlichen Audienzen mit ihm vermissen, die für sie so instruktiv und, «wenn man das von Staatsgeschäften sagen kann, so unterhaltsam» waren.

Die Ironie der Geschichte wollte es, dass in den Tagen von Churchills Rücktritt als Premierminister, Anfang April 1955, in London Zeitungsstreik herrschte: Sein Abschied geschah ohne die begleitende Presse der Hauptstadt. Es muss der einzige Moment in Churchills langem Leben gewesen sein, in dem er ohne großes Echo blieb.

KAPITEL XVIII

Verlöschen

Einige der besten Urteile über sein Leben, das hat auch diese Erzählung immer wieder gezeigt, gab Winston Churchill im Zweifelsfall selbst ab. Gewohnt, sein Naturell – seine «self-expression» – wie einen Trumpf einzusetzen, begegnet uns bei ihm der autobiographische Kommentar wiederholt wie ein gesprochenes Selbstporträt. Er war nicht nur ein *world leader*, sondern auch ein *word leader*, von dessen Witz und Schlagfertigkeit man sich Legenden erzählte. Aber seine Vitalität nahm jetzt beängstigend ab. Ein Jahr vor seinem Rücktritt, im März 1954, klagt er gegenüber Schatzkanzler Richard Austen Butler: «Ich komme mir vor wie ein Flugzeug am Ende seiner Reise, in der Dämmerung, mit abnehmendem Brennstoff, auf der Suche nach einem sicheren Landeplatz.» Ist der Abend des Lebens ein sicherer Landeplatz? Ist Ruhestand die krönende Antwort für einen Menschen, der aus der Unruhe gelebt, aus der Bewegung seine Inspiration geschöpft hat? Diese Fragen zu stellen heißt, sie zu verneinen. Churchills langer Kampf gegen den Abschied hatte auch damit zu tun – mit diesem Wissen um den Verlust seiner Lebensquellen.

In einem Brief an Pamela Lytton, seine erste Liebe damals in Indien, 1896, als sie noch Plowden hieß, bekennt er seine desolate Stimmung: «Ich werde viel älter, jetzt, wo der Ansporn von Verantwortung und Macht von mir gefallen ist und ich dahintorkele im Schatten der Pensionierung.» Überhaupt kommt das Bedürfnis nach Mitteilung über ihn, als sei er in unvertrauter Umgebung und müsse

Notsignale aussenden. An Eisenhower schreibt er von einem Gefühl der «Entspannung und Entblößung. Ich wusste nicht, wie müde ich war, bevor ich zu arbeiten aufhörte.» Auch einen Freund aus Kriegstagen, General Tudor, lässt er in sein Inneres schauen: «Wenn man die Verantwortung fallen lässt, spürt man, wie es die Macht war, die alles zusammenhielt.» Churchill ist 80, das lässt sich nicht leugnen, die Jahre verlangen einen Wechsel in der Lebenseinstellung, ohne das Aphrodisiakum der Macht.

Zwei Dinge bleiben ihm vertraut aus seinem früheren Leben: das Verwöhntwerden und das Malen. Wenn Lord Moran, der ihn weiterhin scharfäugig begleitet, anmerkt, im Grunde sei Churchill ein «einsamer Mensch» gewesen, so muss man dieses Urteil vom Unterton des Bedauerns befreien; denn die Einsamkeit, welche die Muse für Churchill mit Pinsel und Farbe bereithielt, war eine fruchtbare Einsamkeit, war die Übertragung von Aktion auf die Leinwand, ein Zwiegespräch mit dem eigenen künstlerischen Impuls. Das Malen ist für Churchill eine heilsame Flucht, und es hilft ihm auch diesmal, wenigstens zeitweilig, dabei, gegen die Angriffe des «schwarzen Hundes» anzukämpfen, der Melancholie, die in Depression umschlagen kann. Aber diese Fortsetzung seines alten Lebens kann nur kurze Jahre währen, bis zu seinem 85. Lebensjahr – nach 1960 hat er keinen Pinsel mehr angerührt. Mit diesem Jahr beschließt auch Lord Moran seine Eintragungen.

Was Churchill außerdem hilft, sind wohlhabende Freunde an der Riviera, namentlich Lord Beaverbrook und das Ehepaar Reeves, die ihm ihre prächtigen Villen für ausgedehnte Urlaube zur Verfügung stellen, «La Pausa» und «La Capponcina». Emery Reeves, Churchills literarischer Agent, hatte «La Pausa» 1953 von Coco Chanel erworben, mit Geldern, die er aus dem Verkauf der Übersetzungsrechte an Churchills sechsbändiger Geschichte des Zweiten Weltkrieges verdient hatte. In «Pausaland», wie Churchill das Anwesen nannte, gewährten ihm Emery, ein gebürtiger Ungar, und Wendy, seine amerikanische Frau, lange Erholungsaufenthalte; insgesamt 54 Wochen verbrachte er dort zwischen 1956 und 1959, fürsorglich umhegt vor allem von Wendy Reeves. Die Villa lag in den Seealpen oberhalb des

Dorfes Roquebrune. Von hier aus blickte man auf der einen Seite auf Menton und die französische Grenze zu Italien, auf der anderen nach Monaco. Seinem neuen Privatsekretär Anthony Montague Browne, der ihn bis zu seinem Tod 1965 begleiten sollte, kam Churchill in «La Pausa» immer «wie um zwanzig Jahre verjüngt» vor. Begegnungen mit namhaften Figuren der Zeit, die hier vorbeikamen, taten ein Übriges, ihn zu stimulieren – Autoren wie Noël Coward oder Somerset Maugham, der Herzog und die Herzogin von Windsor, auch Greta Garbo und einmal Konrad Adenauer, der in der Nähe zu kurzen Ferien weilte.

In einem Brief nach seinem ersten Aufenthalt in «La Pausa», den Mary Soames publiziert hat, schrieb Churchill: «Ich verbringe meine Tage zumeist im Bett, stehe zum Lunch und zum Dinner auf. Meine Gastgeber, beide versiert in der modernen Kunst, geben mir Kurse in Manet, Monet, Cézanne & Co.; im Atelier praktiziere ich dann selbst. Dazu besitzen sie ein wunderbares Grammophon und spielen mir laufend Mozart und andere verdienstvolle Komponisten vor. Tatsächlich erhalte ich von meinen sehr guten Tutoren eine künstlerische Erziehung.» Es war Churchills erste wirkliche Begegnung mit klassischer Musik. Bis dahin lag seine Vorliebe bei den Gassenhauern aus lange vergangenen Music-Hall-Zeiten, die er strophenweise weitersingen konnte, wenn den Mitsingenden die Texte nicht mehr geläufig waren. Selten teilte Clementine in Südfrankreich mehr als ein paar Tage mit ihrem Mann – sie hatte, wie schon früher erwähnt (siehe Kap. IV, 5), wenig übrig für seine «Riviera-Gesellschaft» und war immun gegen den Appeal von Luxus und des Casinos von Monte Carlo, zwei Verführungen, denen Winston nicht widerstehen konnte.

Die Vorbehalte der Ehefrau galten auch dem anderen Anker Churchills im Midi, dem Pressezaren der «Express»-Gruppe Lord Beaverbrook, dem früheren Max Aitkin aus New Brunswick in Kanada, der mit Churchill bereits während des Ersten Weltkrieges in der Regierung Lloyd Georges gedient hatte. Es war eine lange Beziehung, die von Phasen gegenseitiger Abneigung durchbrochen war, sich aber immer wieder zur Freundschaft einrenkte. In der Koalitionsregierung des Zweiten Weltkrieges war Beaverbrook ein unverzichtbarer Motor beim Antrieb der britischen Flugzeugproduktion gewesen. Von «La Capponcina» am Cap d'Ail hatte man einen herrlichen Blick über die Bucht von Monte Carlo, Churchills Besuche dort während seiner zweiten Regierungszeit waren der britischen Wochenschau jedes Mal ein paar Minuten Bericht wert. Aber in «La Capponcina» erlitt er 1949 auch seinen ersten Schlaganfall, der nicht so schwerwiegend war wie der von 1953, aber ein Memento, dass er sich vorsehen müsse – was er dann doch nicht tat. Glücklich verlief die Feier der Goldenen Hochzeit der Churchills im September 1958 auf Beaverbrooks Anwesen. Wenn Churchill Chartwell für den Süden Frankreichs verließ, nahm er Assistenten, Druckfahnen und Dokumente mit, um auch in «La Pausa» und «La Capponcina» weiter an seinem letzten Buchprojekt, der «Geschichte der englischsprachigen Völker», zu stricken.

1956 begegnete er im Yachthafen von Monaco dem griechischen Reeder Aristoteles («Ari») Onassis, einem frühen Exemplar der Kategorie Oligarch, wie man sie heute nennt, die steinreichen Männer mit ihren Yachten und ihrer Jagd nach Anerkennung und Einfluss. Churchill und Ari mochten sich auf Anhieb, und auch der Grieche machte es sich von nun an zur Gewohnheit, den berühmten Mann zu verwöhnen und ihm auf seiner Privatyacht «Christina» die Annehmlichkeiten des Lebens vorzuführen. Viele, auch politische Besucher, kamen an Bord, darunter Präsident Tito aus Jugoslawien und der griechische Ministerpräsident Karamanlis. 1959 machte Churchill auch die Bekanntschaft mit einer gewissen Maria Callas, Onassis' Geliebter, deren Name ihm bis dahin nicht geläufig gewesen war. An neun Kreuzfahrten mit der «Christina» nahm er teil, ins östliche Mittelmeer, auch in die Karibik. Zum letzten Mal ging es 1961 auf hohe See, über Teneriffa, Trinidad, von da nach New York. Die meiste Zeit saß der alte Mann auf Deck, unter seinem Sonnenschirm, schaute aufs Meer oder versuchte sich gelegentlich an Konversation, in die Ari oder andere Gäste ihn hineinzuziehen trachteten. Das fiel ihm zunehmend schwer, sein Hörvermögen ließ nach; aber ein Hörgerät lehnte er ab. Dafür pflegte er stundenlanges Kartenspiel – meist sein geliebtes Bezique – mit dem Reeder.

Man könnte annehmen, Onassis habe in dem berühmten Briten nur eine weitere Trophäe in der Sammlung seiner Eroberungen gesehen. Dem widerspricht John Colville in seinem Buch «The Churchillians» entschieden: «Onassis fand immer wieder Zeit, stundenlang bei Churchill zu sitzen, mit ihm zu sprechen und ihm zu vermitteln, was für ein geehrter und hoch erwünschter Gast er sei. Aber selbst als Churchills Kräfte erlahmten und es auf seinen 90. Geburtstag zuging, war Onassis wie in besseren Tagen bereit, Zeit und Einfälle auf seine selbstgewählte Aufgabe zu verwenden. Etwas an Churchill berührte seine emotionale Saite, und wer die beiden zusammen sah, war nie im Zweifel, dass das Ondit, es gehe ihm nur um einen illustren Skalp, einfach nicht stimmte.»

In den frühen 60er-Jahren schlug Churchill seine Mittelmeerbasis in Monte Carlo im Hôtel de Paris auf, einer Spitzenadresse der High Society. Von seinem Penthouse hatte er einen unsterblichen Blick über die Corniche, die Klippenstraße entlang der Côte d'Azure. Wie muss sein malendes Auge vom Funkeln des Südens gefesselt gewesen sein! Man denkt dabei an Lynkeus, den Türmer, und sein Lied in Goethes «Faust II»: «Zum Sehen geboren, / Zum Schauen bestellt», und an die letzte Strophe: «Ihr glücklichen Augen, / Was je ihr gesehn, / Es sei, wie es wolle, / Es war doch so schön!» Im Hôtel de Paris erlitt der 87-Jährige 1962 einen Oberschenkelhalsbruch, für dessen Behandlung es ihn zurück nach England zog. Premierminister Harold Macmillan beorderte eine RAF-Sondermaschine nach Nizza, die den Patienten heimbrachte. Seit dieser Zeit war Churchill zur Fortbewegung auf einen Rollstuhl angewiesen.

Aber verlor er die große Politik ganz aus den Augen? Nicht in den frühen Jahren seines Ruhestandes. Wie konnte er auch. 1956 bahnte sich die größte Kalamität der britischen Nachkriegsgeschichte an, das Suez-Abenteuer, in das Churchills Nachfolger Anthony Eden und die französische Regierung sich stürzten, um die Kontrolle über den vom ägyptischen Präsidenten Nasser verstaatlichten Suez-Kanal zurückzugewinnen. Unter dem Vorwand, eine kurz zuvor gestartete Invasion der Israelis im Sinai zum Halten zu bringen, stiegen die beiden Kolonialmächte in eine waghalsige Operation ein, aus der sie nur mit Schimpf herauskamen. Eden trat im Januar 1957 zurück, Macmillan rückte nach. Über die Entwicklungen um den Suez-Kanal seit dessen Verstaatlichung im Juli 1956 wurde Churchill von Eden durch eine Reihe vertraulicher Telegramme auf dem Laufenden gehalten. Doch von den Geheimabsprachen zwischen Jerusalem, London und Paris, von dem Komplott zur Tarnung der eigentlichen Absichten der beiden westlichen Mächte wusste er nichts. So war er ahnungslos, als er Anfang November eine Erklärung veröffentlichen ließ über «die Gründe, die mich bewegen, die Regierung in der Ägypten-Frage zu unterstützen». Israel sei «unter schwersten Provokationen» gegen Ägypten vorgegangen, und Großbritannien wolle «Frieden und Ordnung im Nahen Osten wiederherstellen. Ich bin überzeugt, wir werden unser Ziel erreichen.»

Doch das einzige Ziel, das London erreichte, war die zeitweilige Zerrüttung der *special relationship* mit den USA, die den Briten diesen Rückfall in verhasstes Kolonialgebaren nicht verziehen. Churchills Loyalitätserklärung wurde von den Zeitungen am 5. November abgedruckt, als britische und französische Fallschirmeinheiten im Begriff standen, in Port Said, am nördlichen Ende des Suez-Kanals, zu landen, um die Stadt einzunehmen. Eden frohlockte: «My dear Winston, ich kann Dir nicht genug danken für Dein wunderbares Statement. Es hatte enorme Wirkung, und ich bin sicher, es wird in den USA einen noch viel größeren Einfluss ausüben.» Was für eine Illusion. Churchills Erklärung brachte Eden keinen Bonus, weder zu Hause noch – erst recht nicht – in Amerika. Viele Kabinettsmitglieder weigerten sich, den Regierungschef zu unterstützen, und Eisenhower zwang den Briten und seine französischen Komplizen zu einem schmählichen Rückzug. Dem Präsidenten waren die Hände auch durch Ungarn gebunden, wo Moskau zur gleichen Zeit den Volksaufstand von 1956 mit brutaler Gewalt niederschlug. Um dagegen protestieren zu können, durfte Eisenhower nicht schweigen gegenüber dem westlichen Vorgehen in Ägypten. Dass die Einnahme Port Saids ausgerechnet auf den 6. November, den Tag der Präsidentschaftswahl in den USA, fiel, kostete weitere Sympathien in Washington. Wenige Jahre später sollte Eisenhower seine Reaktion auf die

Suez-Krise freilich als «Fehler» bezeichnen, da sie ihm nicht, wie erhofft, die Zuneigung der arabischen Welt eintrug und den Nahost-Konflikt eher weiter verschärfen half.

Am 20. November 1956 speiste John Colville mit Churchill zu Abend in dessen Stadtwohnung in 28 Hyde Park Gate und befragte ihn zu Edens Angriff auf Ägypten: «Wären Sie Premierminister gewesen, was hätten Sie getan?» Darauf Churchill: «Ich hätte es nicht gewagt, aber wenn doch, hätte ich nicht gewagt aufzuhören.» Gut, dass er diese Feuerprobe nicht mehr bestehen musste. Es gab nichts zu gewinnen am Suez-Kanal, außer der Erkenntnis, dass Großbritannien seine Kolonialpräsenz «East of Suez», wie es seither hieß, in Asien und Afrika also, abbauen musste. Die Entkolonialisierung wurde schließlich durch Harold Macmillan mit seiner «Wind of change»-Rede in Kapstadt am 3. Februar 1960 eingeleitet. Churchill, 85-jährig und resignierend, kommentierte gegenüber seinem Privatsekretär Browne: «Er hat um eines schönen Schlagworts willen einen ganzen Kontinent durcheinandergebracht.» Die Briten dagegen entdeckten, dass es ihnen ohne die Last ihres Kolonialreiches wirtschaftlich viel besser ging, und so fiel ihnen dieser Abschied nicht schwer. Der alte Mann aber hatte längst eingesehen: «Das britische Weltreich hätte ich gegen jeden verteidigen können – außer gegen das britische Volk» (siehe Kap. XVII, 5).

Wie aber stand dieser leutselige Imperialist zu der farbigen Einwanderung, die in seiner zweiten Amtszeit große Fortschritte zu machen begann? Schaut man auf die multikulturelle Gestalt des heutigen Großbritannien, so fällt die Antwort nicht schwer: Für Churchill wäre diese Entwicklung ein Gräuel gewesen. In einem Gespräch mit dem britischen Gouverneur von Jamaika, Sir Hugh Foot, gab er 1954 angesichts wachsender Immigrationszahlen zu bedenken: Wenn das so weitergehe, «werden wir eine magpie society bekommen» – eine «Elstern-Gesellschaft» –, «und das darf niemals sein». In diesen Jahren hatten Bürger des Commonwealth noch ungehindertes Bleiberecht auf der Insel. Die Metapher von der «magpie society» nehmen manche Briten Churchill noch heute übel, als Beweis dafür, wie stark er bis zuletzt der viktorianischen Überzeugung von der Überlegenheit der englischen «Rasse» anhing. Über diesen Teil von Churchills Denken ist die Geschichte freilich längst hinweggegangen.

Noch drei Unterhauswahlen fielen in seine letzten Jahre, 1955, 1959 und 1964. Bei der vorletzten schrumpfte die Stimmenmehrheit für Churchill in seinem Wahlkreis Woodford um mehr als 1000 – die neue Generation der Wähler wollte sich nur noch widerstrebend von einem 85-Jährigen im Rollstuhl im Parlament vertreten lassen. Immer seltener ließ er sich zu Sitzungen ins Unterhaus schieben, das allerletzte Mal am 28. Juli 1964; es war wieder ein Wahljahr, diesmal gab Churchill seinen Sitz auf. Doch in dem Forum, das ihm die Welt bedeutete, war seine Stimme längst verstummt. Dabei stieg die Achtung des Volkes für ihn ins beinahe Mythische, und die Anteilnahme an seinem sichtlichen Verfall war ungekünstelt und tief empfunden. Zum letzten Mal sah ihn die Öffentlichkeit an seinem 90. Geburtstag, dem 30. November 1964, an einem Fenster seines Hauses in Hyde Park Gate winken, zwei Finger zum berühmten V-Zeichen erhoben, sein Lächeln ein verlöschendes Licht. Anthony Montague Browne beschrieb die zwölf Jahre an Churchills Seite als dessen letzter Privatsekretär unter dem Buchtitel «Long Sunset» – «Der lange Sonnenuntergang» (1995).

1960 weilt Präsident Charles de Gaulle auf Staatsbesuch in London und verneigt sich in einer offiziellen Rede vor «Le Grand Churchill». Dem Geehrten steigen Tränen in die Augen. De Gaulle sucht ihn dann auch in der Stadtwohnung am Hyde Park auf, zu einem letzten Austausch, nach dem Churchill ihn mit «Vive la France!» verabschiedet. Die Auszeichnungen reißen nicht ab; für ihn persönlich am bewegendsten ist der Moment, als Präsident John F. Kennedy ihn 1963 zum Ehrenbürger der Vereinigten Staaten erheben lässt.

Von allgemeinerer Bedeutung wird eine weitere Initiative, die Gründung des Churchill College in Cambridge. Ursprünglich gedacht als ein Pendant zum amerikanischen Massachusetts Institute of Technology (MIT), zur Förderung der naturwissenschaftlichen und technologischen Forschung, nimmt das neue College 1960 seine Arbeit auf, Ingenieur- und Naturwissenschaften sind die wichtigsten

Studiengänge. Schon heute, nach nur etwas mehr als 50 Jahren, kann das College zur Untermalung seines Rufes als Forschungsstätte auf acht Nobelpreisträger hinweisen, fünf Auszeichnungen kommen hinzu für Fellows, die dort eine Zeit lang gearbeitet haben. 1973 wurde auf dem Campus das Churchill Archives Centre für den riesigen Churchill-Nachlass errichtet, der schon 2002 einen Erweiterungsbau nötig machte. Im Churchill-Archiv ist vor Kurzem auch der Nachlass von Margaret Thatchers persönlichen und politischen Papieren untergebracht worden.

Zu den späten Freuden trat spätes Leid – am 19. Oktober 1963 beging das älteste der Churchill-Kinder, Diana, nach zwei gescheiterten Ehen und einem verlorenen Kampf gegen den Alkohol Selbstmord mit einer Überdosis Schlaftabletten; sie war 52 Jahre alt geworden. Mary, die Jüngste, musste die Nachricht ihrem Vater beibringen. «Die Lethargie im extrem hohen Alter kann viele Sensibilitäten abstumpfen», schrieb sie später. «Mein Vater nahm nur langsam auf, was ich ihm mitzuteilen hatte. Dann zog er sich zurück in ein großes und entferntes Schweigen.»

Dem Tod hat Churchill oft ins Auge geschaut, dafür weniger oft über ihn reflektiert, und wenn, dann meist in zum Spaß aufgelegter Stimmung. An seinem 75. Geburtstag, noch ungebrochen in seinem Elan, erklärte er: «Ich bin bereit, meinem Schöpfer zu begegnen. Ob mein Schöpfer allerdings bereit ist für die Prüfung, mich zu treffen, ist eine andere Frage.» Aber 1915, vor seinem Abschied an die Front in Flandern, hatte der 40-Jährige für seine Frau in einem versiegelten Umschlag eine besinnlichere Botschaft für den Fall seines Todes hinterlassen (siehe Kap. VII, 2): «Trauere nicht zu viel um mich. Ich bin ein Geist, aufgefangen in der Überzeugung vom rechten Weg. Der Tod ist nur ein Vorfall & nicht einmal der wichtigste, der uns in unserem Sein zustößt.» Das klang 1953 schmuckloser, als er, inzwischen 78 Jahre alt, bei einem privaten Essen mit Wohnungsbauminister Macmillan und seinem Arzt, erneut das Thema berührte: «Winston sprach vom Tod. Er glaube nicht an eine Welt danach; nur an ‹schwarzen Samt› – ewigen Schlaf.»

Der nähert sich jetzt, ihn zu erlösen. Am 10. Januar 1965 wird der

90-Jährige von einem erneuten, massiven Schlaganfall getroffen, er fällt in ein Koma, aus dem er nicht mehr ins Bewusstsein zurückkehrt. Zwei Wochen währt der Kampf mit dem Ende, am Sonntag, dem 24. Januar, morgens gegen acht Uhr, ist er überstanden. Genau an diesem Tag starb auch sein Vater, 1895, 70 Jahre früher. Clementine und Mary sind in der Todesstunde bei ihm. Baronin Lady Churchill wird ihren Mann um fast 13 Jahre überleben, sie stirbt am 12. Dezember 1977 im Alter von 92 Jahren.

Am 30. Januar 1965 findet für Winston Leonard Spencer Churchill ein Staatsbegräbnis statt. Nach Lord Nelson und dem Herzog von Wellington ist es überhaupt erst das dritte Mal, dass ein Untertan auf solche Weise geehrt wird. Der Trauerzug windet sich von der Westminster Hall, wo an dem Sarg mit dem Katafalk zuvor Hunderttausende vorbeigezogen sind, durch das Regierungsviertel Whitehall auf den Trafalgar Square zu, von dort durch den Strand und die Fleet Street zur mächtigen St. Paul's Cathedral von Christopher Wren. Diese Route, so schreibt am 3. Februar 1965 Patrick O'Donovan im «Observer», ist «eine Straße, welche die halbe Geschichte Englands genommen zu haben scheint, auf dem Weg zu einer Krönung oder zu einem öffentlichen und schmählichen Tod, um zu morden oder gemordet zu werden, um eine Revolte anzuzetteln, um Reichtümer zu suchen oder begraben zu werden». Im April 2013 wird auch Margaret Thatchers Leichnam den gleichen Weg nehmen. Die Straßen sind 1965 gesäumt von Abertausenden schweigenden Menschen und, in Abständen, von jungen Soldaten, «die ihre Köpfe in zeremonieller Trauer über ihre automatischen Gewehre gesenkt haben», wie es der Journalist beschreibt. Der Sarg, mit dem Union Jack drapiert, wird auf einer vierrädrigen Lafette gezogen, umgeben von Formationen der königlichen Marine, der Churchill in zwei Weltkriegen vorgestanden hat. Im Hyde Park werden 90 Salutschüsse abgefeuert, einer für jedes Lebensjahr des Toten, Big Ben hat um zehn Uhr aufgehört, die Stunden zu schlagen.

112 Nationen haben Repräsentanten zu diesem Staatsakt entsandt, neben der Queen und dem Herzog von Edinburgh nehmen vier weitere Monarchen sowie die niederländische Königin Juliana

teil, desgleichen 15 Staatsoberhäupter. Frankreichs Präsident Charles de Gaulle ist erschienen, dem Toten die letzte Ehre zu erweisen, auch General und Ex-Präsident Dwight D. Eisenhower und stellvertretend für US-Präsident Lyndon B. Johnson der Vorsitzende des amerikanischen Obersten Bundesgerichtshofes neben dem Botschafter der USA in London. Deutschland wird durch Bundeskanzler Ludwig Erhard vertreten, die Sowjetunion durch einen der bekanntesten Generäle aus dem Zweiten Weltkrieg, Marschall Konjew. Erneut treten Matrosen in Aktion, um den Sarg die Stufen der Kathedrale zur Themse hinunterzutragen, wo man ihn auf die Barkasse «Havengore» lädt, die ihn flussaufwärts zum Bahnhof Waterloo zu befördern hat. In einem aussagestarken Bild, das von allen Zeugen des Tages immer wieder in Erinnerung gerufen wird, senken die Hafenarbeiter die Ausleger ihrer Kräne wie in Trauer, als am Tower Pier die Barkasse beladen wird.

Am Bahnhof Waterloo wartete ein Zug mit einem eigens gefertigten und bemalten Waggon, um den Sarg nach Hanborough zu bringen, zehn Kilometer westlich von Oxford. Nicht weit davon, auf dem Friedhof der St.-Martins-Kirche in Bladon bei Woodstock, einen Steinwurf entfernt von Schloss Blenheim, wo er geboren wurde, wollte Churchill begraben werden; so hatte er vor langer Zeit verfügt. Entlang der Felder der *English countryside* und auf den kleinen Bahnhöfen, durch die die Eisenbahn passierte, standen wiederum Tausende und winkten der Trauerfracht hinterher, die von der Lokomotive «Winston Churchill» der Klasse «Battle of Britain» gezogen wurde. Im Beisein der Familie und enger Freunde wird Churchill beigesetzt, neben den Gräbern seiner Eltern und seines jüngeren Bruders Jack.

Im Land überwiegt das Gefühl, nicht nur von einem Mann, nein, von einer Ära Abschied nehmen zu müssen, ein für alle Mal. Aber in die Nachdenklichkeit der Trauer mischt sich ein Gefühl der Dankbarkeit für die Rettungstat Churchills im Kriege, die schon wieder ein Vierteljahrhundert zurückliegt, aber im Gedächtnis der Nation einen Ehrenplatz besaß und bis heute besitzt. Auch Patrick O'Donovan erspürt diesen Grundton, als er seinen Bericht im «Observer» über die Beisetzung Churchills mit den Worten schließt: «Und weil er der war, der wir waren, in unserer besten Stunde, gaben wir ihm ein Requiem, das den Tod zurückwies, fast wie im Jubel.»

Epilog

Auf Churchill vor dem Zweiten Weltkrieg könnte ein Bonmot passen, das wir Theodor Heuss, dem ersten Präsidenten der Bundesrepublik Deutschland, verdanken, der Geschichte einmal als «die Kette der verunglückten Möglichkeiten» beschrieb. Genau dies war bis 1939 die Sicht der britischen Zeitgenossen auf den Spross aus der aristokratischen Linie der Marlboroughs. «Eine Studie über das Scheitern», «A Study in Failure», lautet denn auch das meisterhafte Buch von Robert Rhodes James über den Churchill vor 1939. Der Mann lebte von der Dauerinszenierung seines Egos, ein ehrgeiziger Exzentriker, der wie schon sein Vater gerne von sich reden machte und sich kraft seiner herausragenden Talente von früh auf anderen überlegen wähnte. Taugte er überhaupt zum «Berufspolitiker»? Wohl kaum. Im Grunde war Churchill ein Anachronismus: Er bewegte sich jenseits der üblichen Pfade politischer Umsicht, provozierte mit Lust, aber beteiligte sich an keinen Intrigen und operierte ohne Hausmacht. Wie wenig ihm Parteien bedeuteten, erkennt man allein daran, dass er sie zweimal wechselte, treu seinem Stern und seinem Ehrgeiz, nicht irgendeiner Parteidoktrin. Den Kampf um überfällige Sozialreformen führte er als Liberaler, gegen die Konservativen, denen er entstammte. Er starb als Tory, aber lebte als Tonangeber seiner Selbst. «Ich steh', als wär' der Mensch sein eigener Schöpfer, / Und niemand blutsverwandt», wie Shakespeare Coriolan, den Helden seines gleichnamigen Schauspiels, sagen lässt. Das machte Churchill verwundbar und lieferte ihn immer wieder dem Absturz aus, wie einen ins 20. Jahrhundert verirrten Zeitgenossen fürstlicher Epochen, in denen Macht noch ohne demokratischen Konsens auskam. Ein Marlborough eben.

Dank seiner Persönlichkeit und ihrem Charisma konnte sich Churchill dennoch bis 1929 im Konkurrenzfeld traditioneller Politik behaupten. In den 30er-Jahren aber war seine Ausstrahlung verbraucht. Ohne Amt wirkte er wie abgehängt vom Zug der Zeit, die Demokratie hatte für seine Sprache, seine großen Gesten kein Ohr und keine Geduld mehr. Es musste erst ein Ernstfall eintreten, die Bedrohung des alten Europas und seiner Werte, um aus Churchill den Mann der Stunde zu machen. Hitler weckte in ihm nicht nur die Witterung einer tödlichen Gefahr, sondern zugleich den Willen zu eigener Unerbittlichkeit. Das Recht des Menschen auf Freiheit von Zwang setzte er wider den aberwitzigen Anspruch, der sich auf die Rasse und den germanischen Übermenschen berief. Im Verlauf dieses Zweikampfes versöhnten sich die Briten wieder mit Churchill und er mit ihnen. Beide wurden gleichzeitig, der Anachronismus verschwand. Was von diesem blieb, waren höchst populäre Versatzstücke aus der Theaterwelt, die Utensilien des Exzentrikers Churchill – die Zigarre, der Gehstock, das V-Zeichen, sein liebevoll sorgfältiger Aufzug. Doch waren das nur Requisiten, die ihn anfassbar machten, menschlicher. Dahinter agierte eine kompromisslose Entschlossenheit, die demokratische Sache zum Sieg zu führen. «Schone die Besiegten, bekämpfe die Stolzen» – eine römische Maxime, die er sich früh zu eigen machte, wie er in seinen Jugenderinnerungen von 1930 bekannte.

Schon am 3. September 1939, dem Tag der Kriegserklärung Englands an Hitler-Deutschland, vernahm man Churchills Erkennungsmelodie; er war gerade zum zweiten Mal in seiner Laufbahn Marineminister geworden: «Im Kern ist dies ein Krieg, um auf unverrückbarem Fels die Rechte des Individuums aufzupflanzen und den Menschen in seiner wahren Statur zu etablieren und wieder aufleben zu lassen.» Es war eine universale Botschaft, ähnlich den vier Freiheiten, die Präsident Roosevelt im Januar 1941 verkünden würde. Auch ging diese Botschaft weit über das nationale Interesse der Briten hinaus. In seinen großen Kriegsreden der Zeit 1940/41 verknüpfte Churchill immer wieder das Überleben Englands mit dem Anliegen der «unterdrückten Nationen Europas, die spüren mögen, dass jeder britische Sieg ein Schritt zur Befreiung des Kontinents von der widerwärtigen Knechtschaft ist, in die er geworfen wurde». So am 14. Juli 1940. Das erinnert an das Gebet, das sich Admiral Nelson am Abend vor der Schlacht von Trafalgar, am 20. November 1805, in sein Tagebuch eintrug: «Möge Gott (...) meinem Land und zum Nutzen von Europa insgesamt einen großen und glorreichen Sieg schenken.» Aus dem Churchill der ersten Kriegsmonate sprach weniger der Verteidiger des Empire als der Anwalt von Menschenrechten, die jenseits aller historischen Abnutzung ihre Gültigkeit besaßen und besitzen.

Es ist daher eine These dieses Buches, dass Churchills Lebenswerk keineswegs durch das überschattet wurde – wie John Charmley in «Churchill. The End of Glory» argumentiert –, was er im Kampf gegen den Diktator aufs Spiel setzte und verlor, darunter die Stellung des britischen Weltreiches. Der überragende Dienst, den er der Sache der Freiheit leistete, bewog ihn, sein Herzensanliegen, das Empire, hintan zu stellen. Darin lag, wenn man will, seine Tragik. Doch untröstlich war er nicht über diesen Verlust, auch wenn er sich nach 1945 noch einmal heftig gegen die Entlassung Indiens in die Unabhängigkeit auflehnte – untröstlich war Churchill über den Verlust Polens und anderer Länder des östlichen Europas, zu deren Befreiung England in den Krieg gezogen war und die auf Jahrzehnte hinaus einer neuen Unterdrückung anheimfielen. Dieser Verlust erschien ihm wie Verrat an einem einmal gegebenen Versprechen. Um dieses Resultat rückgängig zu machen, erwog er im Mai 1945 sogar einen Krieg gegen die Sowjetunion, den verflossenen Bündnispartner, in einem Plan mit dem bezeichnenden Namen «Operation Unthinkable».

Über das Unersetzbare einer Persönlichkeit in entscheidenden Momenten der Geschichte hat Jacob Burckhardt in der fünften seiner «Welthistorischen Betrachtungen» (1873) über die «Historische Größe» einige Anmerkungen gemacht, die man wie einen Kommentar über den Churchill der Monate zwischen Mai 1940 und Dezember 1941 lesen kann. «Nicht eine Erklärung», so schreibt Burckhardt, «sondern nur eine weitere Umschreibung von Größe ergibt sich (...) mit den Worten Einzigartigkeit, Unersetzlichkeit. Der große Mann ist ein solcher, ohne welchen die Welt uns unvollständig schiene, weil bestimmte große Leistungen nur durch ihn innerhalb seiner Zeit und Umgebung möglich waren und sonst undenkbar sind. (...) Sprichwörtlich heißt es: ‹Kein Mensch ist unersetzlich.› – Aber die wenigen, die es eben doch sind, sind groß.»

Und doch konnte Churchills Unersetzlichkeit nicht dauern. Ihre Ablösung bahnte sich 1942/43 an, als mit Amerika und Sowjetrussland zwei Verbündete auf den Plan traten, deren schiere Ausdehnung und Reserven an Material und Personal Englands Kriegsbeitrag weit überstiegen und die bald zu den Dominanten der Nachkriegsordnung werden sollten. Das verminderte naturgemäß Churchills spezifisches Gewicht. Allein die amerikanische Kriegsproduktion hatte die der Briten bis zum zweiten Quartal 1942 bereits eingeholt, bis Ende 1943 war sie viermal, bis 1944 sechsmal so groß. Der kleine angelsächsische Bruder musste sich auf andere Qualitäten berufen, um seinen Platz als Gleicher zu behaupten. Die Aussichten darauf aber schwanden. Sucht man nach einem Scheitern Churchills, so war es eher sein vergeblicher Versuch, die Amerikaner von der Südstrategie zu überzeugen, dem Durchbruch von Italien über Österreich und Prag bis ins Herz Deutschlands, vor der Ankunft der Roten Armee, um dem Übergriff der Sowjetmacht auf das alte Europa zuvorzukommen. Damit drang er nicht durch, ebenso wenig wie mit seinem späteren Vorschlag, Berlin vor den Russen einzunehmen. Dem Juniorpartner der Freiheit, England, blieb die Rolle einer Mittelmacht und dem Kriegsherrn Churchill die bittere Erkenntnis, hinter den erhofften Zielen zurückbleiben zu müssen. Aber in seiner Überzeugung von der Verbindlichkeit der angelsächsischen Welt und ihrer Prägekraft ließ er sich nicht beirren.

Abenteurer, Militär, Autor, Abgeordneter, Minister, Maler, Journalist, Kriegsführer, Staatsmann – woran erkennt man Churchill in all diesen Verkleidungen? Was war die Klammer, die ihn zusammenhielt? Man kann es mit Perikles sagen: «Das Geheimnis des Glücks ist die Freiheit, das Geheimnis der Freiheit aber ist der Mut.» Den hatte

Stillleben mit Staatsmann und Rufus: Churchill und sein Hund vor dem Panorama von Chartwell, 1951

Churchill sogar angehenden Malern als Grundvoraussetzung ihres Talents empfohlen – er sprach von «audacity», von Kühnheit. Der Staatsmann sah in ihr die Conditio sine qua non der Führungskunst: gegen alle Widerstände Kurs zu halten. Darin erkennen wir, aus dem Abstand, den uns die Historie gewährt, das Hauptmerkmal von Churchills Naturell in seinen gereiften Jahren. Nicht umsonst hat Margaret Thatcher aus dieser Charaktereigenschaft des bedeutenden Vorbilds ihre Inspiration bezogen. Aber Churchill hinterließ kein Parteiprogramm, keine innenpolitische Spur, keine Denkschule, er hinterließ nur sich selbst und die Façon seiner Persönlichkeit. Frei steht er vor uns, auch von Klassendünkel, ein Herr und spät berufener Herrscher, bereit zu jedem Risiko außer dem einen, die Kultur des Parlaments aufs Spiel zu setzen. In der Wildnis verschmäht, auch als Kriegsführer vertraut mit Niederlagen und Irrtümern, blieb er dennoch der Demokratie und der Sicherheit, die das Recht verleiht, treu.

1930 schrieb er, als er sich auf sein bisheriges Leben einen Reim zu machen versuchte und sich fragte, warum er immer bei so vielen Menschen «anecken» musste: «Der Fehler liegt wohl an dem menschlichen Gehirn und seinen zwei Hälften, von denen immer nur eine das Denken schafft (…) wie die Dinge liegen, sind diejenigen, die einen Krieg gewinnen können, selten in der Lage, einen guten Frieden zu machen, und diejenigen, die diesen bewerkstelligen könnten, haben selten einen Krieg gewonnen. Vielleicht treibe ich das Argument etwas zu weit, wenn ich andeute, ich könnte beides.» Das Argument war in der Tat «etwas zu weit» getrieben – nie erreicht der Mensch die Höhe der Ideale. Aber Churchill kam den seinen in einem unverwechselbaren Augenblick der Geschichte sehr nahe. Allerdings nicht überall: Die Befriedung des Irak zum Beispiel, in den Grenzen, die Churchill ihm 1921 zog, ist bis heute nicht geglückt.

Ein Mann der Feder und des Wortes, sein Œuvre umfasst 34 Bände. Mit Eigensinn geboren, wie ihn eine bedeutsame Familiengeschichte stiften mag, so ragt Churchill in das 20. Jahrhundert wie ein Solitär, unnachahmlich und doch zu wiederholtem Studium einladend. Hans-Peter Schwarz sieht in ihm ein großes Paradox: den letzten Repräsentanten britischer Größe, der zugleich der atlantischen Welt und ihrem Zusammenhalt entscheidend Bahn brach. Ein Mitbegründer unserer Gegenwart, in allen ihren Gefährdungen.

Anhang

Dank

An der Entstehung dieses Buches haben viele gute Geister mitgewirkt, ohne deren Anteilnahme das Unternehmen nicht gelungen wäre. Zu allererst möchte ich den Chefredakteur der «Welt»-Gruppe nennen, Jan-Eric Peters, der mich einige Monate von der täglichen Arbeit freistellte, eine wichtige Voraussetzung für das ganze Projekt. Unverzichtbar bei der Beschaffung der Literatur war die Hilfe meiner Tochter Victoria. In Momenten der Zweifel und des Fragens, wie sie bei einem Thema von solcher Bandbreite unvermeidlich sind, stifteten freundliche Interventionen von außen immer wieder neue Zuversicht auf dem Weg nach vorn. Professor Michael Stürmer, Berlin, Botschafter a. D. Dr. Hansjörg Eiff, Bonn, sowie Sebastian Borger in London haben das Manuskript in seiner Entstehung begleitet und wertvolle Anregungen beigesteuert. Den abgeschlossenen Text unterwarf sodann Professor Hans-Peter Schwarz einer eingehenden Kommentierung, was sich als große Hilfe bei der Nachbereitung erwies. Das gilt ebenfalls für die Anmerkungen, die Dr. Herbert Kremp und Professor Roger Morgan, London, vortrugen. Jeder Buchautor wird wissen, wie lange es dauern kann, ehe ein abgeschlossenes Manuskript als «fertig» deklariert werden darf. Das wurde mir auch nach einem langen Gedankenaustausch mit Alan Posener, Berlin, bewusst. Das Imprimatur lag diesmal erneut, wie schon bei meinen beiden vorausgegangenen Büchern, bei meiner Lektorin im Verlag C. H. Beck, Dr. Stefanie Hölscher. Ihre sprachliche und stilistische Umsicht kann ich nicht genug rühmen, wie auch ihre große Geduld, mit der sie alle Ergänzungswünsche bis spät noch entgegennahm. Eine große Unterstützung war und ist schließlich immer wieder das Churchill-Archiv am Churchill College in Cambridge, mit dessen überaus entgegenkommendem Direktor, Allen Packwood, mich Frau Professor Christa Jansohn, Bamberg, bekannt machte. Hilfe anerkennen kann freilich nicht heißen, die Verantwortung für das Buch auf andere abzuwälzen – alles, was an Mängeln zu beanstanden bleiben mag, geht daher einzig und allein auf das Konto des Autors.

London, 12. Juli 2014

Literatur

Dem großen Schatz der Churchill-Literatur ist der Autor zu besonderem Dank verpflichtet. Er war die Stütze der vorliegenden Erzählung, auch wenn nicht alle Titel an den entsprechenden Stellen des Textes eigens erwähnt werden konnten.

Werke von Winston S. Churchill

The Story of the Malakand Field Force. London 1898.
The River War. An Historical Account of the Reconquest of the Soudan, 2 Bde. London 1899. (Deutsch: Kreuzzug gegen das Reich des Mahdi. Berlin 2008.)
Savrola. A Tale of the Revolution in Laurania. London 1900. (Deutsch: Savrola. Die Revolution in Laurania. Bern 1948.)
Ian Hamilton's March. London 1900.
London to Ladysmith via Pretoria. London 1900.
Young Winston's Wars. The Original Despatches of Winston S. Churchill, War Correspondent, 1897–1900, hg. von Frederick Woods. London 1972.
Lord Randolph Churchill, 2 Bde. London 1906.
My African Journey. London 1908.
The World Crisis 1911–1918, 5 Bde. London 1923–1931. (Bd. 4 deutsch: Nach dem Kriege. Zürich 1930.) Neuausgabe in 2 Bdn. London 1938. (Deutsch: Die Weltkrisis 1916/18, 2 Bde. Zürich 1928.)
My Early Life. A Roving Commission. London 1930. (Deutsch: Weltabenteuer im Dienst. Leipzig 1931.)
Thoughts and Adventures. London 1932. Nachdruck: Thoughts and Adventures. Churchill Reflects on Spies, Cartoons, Flying, and the Future, hg. von James W. Muller. Wilmington 2009.
Marlborough. His Life and Times, 4 Bde. London 1933–1938. (Deutsch: Bd. 1: Der Weg zum Feldherrn 1650–1705. München 1968. Bd 2: Der Feldherr und Staatsmann 1705–1722. München 1968.)
Great Contemporaries. London 1937. (Deutsch: Große Zeitgenossen. Frankfurt a. M. 1959.)
Arms and the Covenant. Speeches. London 1938.
Step by Step 1936–1939. London 1939.
Lukacs, John: Blood, Toil, Tears and Sweat. The Dire Warning. Churchill's First Speech as Prime Minister. New York 2008.
Blut, Schweiß und Tränen. Antrittsrede im Unterhaus nach der Ernennung zum Premierminister am 13. Mai 1940. Mit einem Essay von Herfried Münkler. Hamburg 1995.
Painting as a Pastime. London 1948.
The Second World War, 6 Bde. London 1948–1954. (Deutsch: Der Zweite Weltkrieg, 6 Bde. in 12 Büchern. Bd. 1: Hamburg, Bde. 2–6: Stuttgart 1949–1954.)
A History of the English-Speaking Peoples, 4 Bde. London 1956–1958.

The War Speeches of the Rt. Hon. Winston S. Churchill, hg. von Charles Eade, 3 Bde. London 1951/52.

Die Unheilige Allianz. Stalins Briefwechsel mit Churchill 1941–1945, hg. von Manfred Rexin. Reinbek 1964.
Churchill, Randolph und Martin Gilbert: Winston S. Churchill, 8 Bde. London 1966–1988. Dazu die begleitende Dokumentation, bisher 16 Bde. (noch nicht abgeschlossen).
The Collected Works of Sir Winston Churchill, 34 Bde. London 1973–1976.
Winston S. Churchill. His Complete Speeches 1897–1963, hg. von Robert Rhodes James, 8 Bde. New York 1974.
The Collected Essays of Sir Winston Churchill, hg. von Michael Wolff, 4 Bde. London 1976.
Churchill and Roosevelt. The Complete Correspondence, hg. von Warren F. Kimball. Princeton, NJ 1984.
Roosevelt and Churchill. Their Secret Wartime Correspondence, hg. von Francis L. Loewenheim, Harold D. Langley und Manfred Jonas. Nachdruck mit neuer Einleitung. New York 1990.
Speaking for Themselves. The Personal Letters of Winston and Clementine Churchill, hg. von Mary Soames. London 1998.
Reden in Zeiten des Kriegs, hg. von Klaus Körner. Hamburg 2002.

Weitere Literatur

Addison, Paul: The Road to 1945. British Politics and the Second World War. London 1975.
Ders.: Churchill on the Home Front 1900–1955. London 1992.
Ders.: Churchill. The Unexpected Hero. Oxford 2005.
Adler, Bill: Winston Churchills gesammelte Bosheiten. Reinbek 1967.
Aigner, Dietrich: Winston Churchill. Ruhm und Legende. Göttingen 1975.
Ders.: Der geplante Krieg. Churchills Verschwörung gegen Hitlers Deutschland. Stegen a. Ammersee 2010.
Alanbrooke, Alan Francis, Field Marshal Lord: War Diaries 1939–1945. Erweiterte Ausgabe. London 2001.
Alter, Peter: Winston Churchill (1874–1965). Leben und Überleben. Stuttgart 2006.
Amery, Leo: My Political Life, 3 Bde. London 1953–1955.
Annan, Noel: Changing Enemies. The Defeat and Regeneration of Germany. London 1995.
Ashley, Maurice: Churchill as Historian. London 1968.
Barker, Elisabeth: Churchill and Eden at War. London 1978.
Barnett, Correlli: Marlborough. London 1974.
Ders.: The Audit of War. The Illusion and Reality of Britain as a Great Nation. London 1986.
Ders.: The Lords of War. Supreme Leadership from Lincoln to Churchill. Barnsley 2012.
Beaverbrook, William Maxwell Aitken, Lord: Politicians and the War 1914–1916. London 1928.
Beevor, Antony: The Second World War. London 2012. (Deutsch: Der Zweite Weltkrieg. München 2014.)
Beloff, Max: The Special Relationship. An Anglo-American Myth. In: Martin Gilbert

(Hg.): A Century of Conflict 1850–1950. Essays for A. J. P. Taylor. London 1966, S. 151–171.
Ders.: Imperial Sunset, Bd. 1: Britain's Liberal Empire 1897–1921. London 1969.
Berlin, Isaiah: Mr Churchill in 1940. London 1949. (Deutsch: Churchill 1940. In: Henry Hardy (Hg.): Isaiah Berlin. Persönliche Eindrücke. Berlin 2001, S. 41–69.)
Best, Geoffrey: Churchill. A Study in Greatness. London 2001.
Ders.: Churchill and War. London 2005.
Blake, Robert: Winston Churchill as Historian. In: William Roger Louis (Hg.): Adventures with Britannia. Personalities, Politics and Culture in Britain. Austin 1996, S. 41–50.
Ders. und William Roger Louis (Hg.): Churchill. A Major New Assessment of his Life in Peace and War. Oxford 1993.
Blasius, Rainer A.: Für Großdeutschland – gegen den großen Krieg. Staatssekretär Ernst Frhr. von Weizsäcker in den Krisen um die Tschechoslowakei und Polen 1938/39. Köln 1981.
Bonham Carter, Violet: Churchill. An Intimate Portrait. London 1965. Nachdruck: Winston Churchill. As I Knew Him. New York 1995.
Brendon, Piers: Winston Churchill. A Brief Life. London 1984. (Deutsch: Churchill. Stratege – Visionär – Künstler. München 1984.)
Brinitzer, Carl: Hier spricht London. Von einem, der dabei war. Hamburg 1969.
Browne, Anthony Montague: Long Sunset. Memoirs of Winston Churchill's Last Private Secretary. London 1995.
Burleigh, Michael: Moral Combat. A History of World War II. London 2010.
Cannadine, David (Hg.): The Speeches of Winston Churchill. London 1990.
Ders.: In Churchill's Shadow. Confronting the Past in Modern Britain. London 2002.
Ders.: Winston Churchill. Abenteurer, Monarchist, Staatsmann. Berlin 2005.
Ders. und Roland Quinault (Hg.): Winston Churchill in the Twenty-First Century. Cambridge 2004.
Carlton, David: Churchill and the Soviet Union. Manchester 2000.
Catherwood, Christopher: Winston's Folly. Imperialism and the Creation of Modern Iraq. London 2004.
Charmley, John: Churchill. The End of Glory. A Political Biography. London 1993. (Deutsch: Churchill. Das Ende einer Legende. Berlin 1995.)
Ders.: Splendid Isolation? Britain and the Balance of Power 1874–1914. London 1999.
Churchill, Peregrine und Julian Mitchell (Hg.): Jennie. Lady Randolph Churchill. A Portrait with Letters. London 1974.
Churchill, Randolph S.: Twenty-One Years. London 1965.
Clark, Christopher: Die Schlafwandler. Wie Europa in den Ersten Weltkrieg zog. München 2013.
Clarke, Peter: Mr Churchill's Profession. Statesman, Orator, Writer. London 2012.
Colville, John in: John Wheeler-Bennett (Hg.): Action This Day. Working with Churchill. London 1968, S. 47–138.
Ders.: The Churchillians. London 1981.
Ders.: The Fringes of Power. Downing Street Diaries 1939–1955. London 1985. Überarbeitete Ausgabe 2004. (Deutsch: Downing Street Tagebücher 1939–1945. Berlin 1988.)
Cowles, Virginia: Winston Churchill. The Era and the Man. London 1953. (Deutsch: Winston Churchill. Der Mann und seine Zeit. München 1954.)

Dalton, Hugh: The Fateful Years. Memoirs 1931–1945. London 1957.
Deakin, Frederick William: Churchill the Historian. In: Schweizer Monatshefte, 49, 1969/70, H. 4, Sonderbeilage, S. 1–19.
De Gaulle, Charles: Memoiren. Der Ruf 1940–1942. Frankfurt a. M. 1955.
Ders.: Memoiren 1942–46. Die Einheit, das Heil. Düsseldorf 1961.
Dell, Edmund: The Schuman Plan and the British Abdication of Leadership in Europe. Oxford 1995.
D'Este, Carlo: Warlord. A Life of Churchill at War, 1874–1945. London 2008.
Eade, Charles (Hg.): Churchill. By his Contemporaries. London 1953.
Eden, Anthony: Memoiren 1945–1957. Köln 1960.
Edmonds, Robin: Die großen Drei. Churchill, Roosevelt, Stalin. Berlin 1992.
Enright, Dominique: The Wicked Wit of Winston Churchill. London 2001.
Feiling, Keith: The Life of Neville Chamberlain. London 1946.
Ferrier, Neil: Churchill. The Man of the Century. A Pictorial Biography. London 1955.
Fest, Joachim: Aufgehobene Vergangenheit. Portraits und Betrachtungen. Stuttgart 1981.
Ders.: Staatsstreich. Der lange Weg zum 20. Juli. Berlin 1994.
Ders.: Der Untergang. Hitler und das Ende des Dritten Reiches. Berlin 2002.
Fleming, Kate: The Churchills. London 1975.
Gardiner, Juliet: Wartime Britain 1939–1945. London 2004.
Gardner, Brian: Churchill in his Time. A Study in a Reputation 1939–1945.
Gilbert, Martin: Churchill. A Photographic Portrait. London 1974. Neuauflage mit erweitertem Text 1988.
Ders.: Churchill. London 1979.
Ders.: Churchill. A Life. London 1991.
Ders.: In Search of Churchill. London 1994.
Ders.: Churchill and America. London 2005.
Ders. (Hg.): Churchill. The Power of Words. His Remarkable Life Recounted through his Writings and Speeches. London 2012.
Ders. und Richard Gott (Hg.): The Appeasers. London 1963.
Graml, Hermann: Hitler und England. Ein Essay zur nationalsozialistischen Außenpolitik 1920–1940. München 2010.
Grigg, John: 1943. The Victory that Never Was. London 1980.
Haffner, Sebastian: Winston Churchill mit Selbstzeugnissen und Bilddokumenten. Reinbek 1967.
Hall, Douglas: The Book of Churchilliana. London 2002.
Halle, Kay: The Irrepressible Churchill. Winston's World, Wars & Wit. London 2010.
Hanfstaengl, Ernst: Zwischen Weißem und Braunem Haus. Erinnerungen eines politischen Außenseiters. München 1970.
Hastings, Max: Bomber Command. London 1979.
Ders.: Finest Years. Churchill as Warlord 1940–1945. London 2009.
Hickman, Tom: Churchill's Bodyguard. The Authorised Biography of Walter H. Thompson. London 2005.
Holmes, Richard: In the Footsteps of Churchill. London 2005.
Ders.: Churchill's Bunker. The Secret Headquarters at the Heart of Britain's Victory. London 2009.
James, Lawrence: The Rise and Fall of the British Empire. London 1994.

Ders.: Churchill and Empire. London 2013.
Jenkins, Roy: Churchill. London 2001.
Jones, Reginald V.: Churchill as I Knew Him. In: R. Crosby Kemper (Hg.): Winston Churchill. Resolution, Defiance, Magnanimity, Good Will. Columbia 1995, S. 202–221.
Keegan, John: The Battle for History. Re-Fighting World War II. London 1995.
Ders.: Churchill. London 2002.
Kennedy, Paul: Aufstieg und Fall der großen Mächte. Frankfurt a. M. 1992.
Ders.: Die Casablanca-Strategie. Wie die Alliierten den Zweiten Weltkrieg gewannen. München 2012.
Kersaudy, François: Churchill and de Gaulle. London 1981.
Kershaw, Ian: Making Friends with Hitler. Lord Londonderry and Britain's Road to War. London 2004. (Deutsch: Hitlers Freunde in England. Lord Londonderry und der Weg in den Krieg. München 2005.)
Ders.: Fateful Choices. Ten Decisions that Changed the World, 1940–1941. London 2007. (Deutsch: Wendepunkte. Schlüsselentscheidungen im Zweiten Weltkrieg, 1940/41. München 2008.)
Kettenacker, Lothar (Hg.): Das «Andere Deutschland» im Zweiten Weltkrieg. Emigration und Widerstand in internationaler Perspektive. Stuttgart 1977.
Ders.: Krieg zur Friedenssicherung. Die Deutschlandplanung der britischen Regierung während des Zweiten Weltkrieges. Göttingen 1989.
Ders. (Hg.): Ein Volk von Opfern? Die neue Debatte um den Bombenkrieg 1940–1945. Berlin 2003.
Keynes, John Maynard: The Economic Consequences of the Peace. London 1919. (Deutsch: Die wirtschaftlichen Folgen des Friedensvertrages. München 1920.)
Kimball, Warren F.: Forged in War. Churchill, Roosevelt and the Second World War. London 1997.
Ders. (Hg): «A Victorian Tory». Churchill, the Americans, and Self-Determination. In: William Roger Louis (Hg.): More Adventures with Britannia. Personalities, Politics and Culture in Britain. Austin 1998, S. 221–240.
Kissinger, Henry: A World Restored. Boston, Mass. 1957. (Deutsch: Das Gleichgewicht der Großmächte. Zürich 1986.)
Ders.: Diplomacy. New York 1994. (Deutsch: Die Vernunft der Nationen. Berlin 1994.)
Klemperer, Klemens von: Die verlassenen Verschwörer. Der deutsche Widerstand auf der Suche nach Verbündeten 1938–1945. Berlin 1994.
Knight, Nigel: Churchill. The Greatest Briton Unmasked. Cincinnati 2008.
Krockow, Christian Graf von: Churchill. Eine Biographie des 20. Jahrhunderts. Hamburg 1999.
Lamb, Richard: Churchill as War Leader. Right or Wrong? London 1991.
Langworth, Richard M.: Churchill's Wit. The Definitive Collection. London 2009.
Larres, Klaus: Politik der Illusionen. Churchill, Eisenhower und die deutsche Frage 1945–1955. Göttingen 1995.
Ders. und Elizabeth Meehan (Hg.): Uneasy Allies. British-German Relations and European Integration since 1945. Oxford 2000.
Lavery, Brian: Churchill Goes to War. Winston's Wartime Journeys. London 2007.
Leaming, Barbara: Churchill Defiant. Fighting On 1945–1955. New York 2010.
Lee, Celia und John Lee: The Churchills. A Family Portrait. New York 2010.

Liddell Hart, Basil Henry: Deutsche Generale des 2. Weltkrieges. Aussagen, Aufzeichnungen und Gespräche. Düsseldorf 1964.
Liebster, Charles und Noble Frankland (Hg.): The Strategic Air Offensive Against Germany, 4 Bde. London 1961.
Lloyd George, David: War Memoirs, 6 Bde. London 1933–1938. (Deutsch: Mein Anteil am Weltkrieg. Kriegsmemoiren, 3 Bde. Berlin 1933–1936.)
Longford, Elizabeth: Winston Churchill. London 1974.
Lovell, Mary S.: The Churchills. In Love and War. London 2011.
Lovell, Richard: Churchill's Doctor. A Biography of Lord Moran. London 1992.
Lowe, Keith: Inferno. The Devastation of Hamburg 1943. London 2007.
Lukacs, John: Churchill und Hitler. Der Zweikampf. 10. Mai – 31. Juli 1940. Stuttgart 1992.
Ders.: Fünf Tage in London. England und Deutschland im Mai 1940. Berlin 2000.
Ders.: Churchill. Visionary. Statesman. Historian. New Haven 2002.
Mackay, Robert: Half the Battle. Civilian Morale in Britain during the Second World War. Manchester 2002.
Macmillan, Harold: Tides of Fortune 1945–1955. London 1969.
MacMillan, Margaret: The War that Ended Peace. How Europe Abandoned Peace for the First World War. London 2013.
Maiski, Iwan M.: Memoiren eines sowjetischen Botschafters. (Ost-)Berlin 1967.
Manchester, William: The Last Lion. Winston Spencer Churchill. Visions of Glory, 1874–1932. London 1983. (Deutsch: Winston Churchill. Der Traum vom Ruhm 1874–1932. München 1989.)
Ders.: The Last Lion. Winston Spencer Churchill. Alone, 1932–1940. London 1988. (Deutsch: Winston Churchill. Allein gegen Hitler 1932–1940. München 1990.)
Ders. und Paul Reid: The Last Lion. Winston Spencer Churchill. Defender of the Realm, 1940–1965. New York 2012.
Marchant, James (Hg.): Winston Spencer Churchill. Servant of Crown and Commonwealth. A Tribute by Various Hands Presented to Him on his 80th Birthday. London 1954.
Martel, Gordon (Hg.): The Origins of the Second World War Reconsidered. The A. J. P. Taylor Debate after Twenty-Five Years. Boston 1986.
Massie, Robert K.: Dreadnought. Britain, Germany and the Coming of the Great War. New York 1991. (Deutsch: Die Schalen des Zorns. Großbritannien, Deutschland und das Heraufziehen des Ersten Weltkrieges. Frankfurt a. M. 1993.)
McKay, Sinclair: The Secret of Bletchley Park. The WWII Codebreaking Centre and the Men and Women Who Worked There. London 2010.
McMeekin, Sean: The Russian Origins of the First World War. Cambridge, Mass. 2013
Mendelssohn, Peter de: Churchill. Sein Weg und seine Welt. Erstes Buch: Erbe und Abenteuer. Die Jugend Winston Churchills, 1874–1914. Freiburg i. Br. 1957 (mehr nicht erschienen).
Ders.: Inselschicksal England. Schrittsteine der Geschichte. München 1965.
Mommsen, Wolfgang (Hg.): Die ungleichen Partner. Deutsch-britische Beziehungen im 19. und 20. Jahrhundert. Stuttgart 1999.
Moran, Charles M.: Winston Churchill. The Struggle for Survival 1940–1965. London 1966. (Deutsch: Churchill. Der Kampf ums Überleben 1940–1965. Aus dem Tagebuch seines Leibarztes Lord Moran. München 1967.)

Muller, James W. (Hg.): Churchill as Peacemaker. Cambridge 1997.
Nel, Elizabeth (geb. Langley): Mr. Churchill's Secretary. Recollections of the Great Man by a Woman Who Worked for Him throughout the Crucial Years from 1941 to 1945. London 1958.
Nicolson, Harold: Diaries and Letters, 1930–1962, hg. von Nigel Nicolson, 3 Bde. London 1966–1968.
Norman, Andrew: Winston Churchill. Portrait of an Unquiet Mind. Barnsley 2012.
Orwell, George: The Lion and the Unicorn. Socialism and the English Genius. London 1941.
Overy, Richard: 1939. Countdown to War. London 2009. (Deutsch: Die letzten zehn Tage. Europa am Vorabend des Zweiten Weltkriegs. München 2009.)
Ders.: The Bombing War. Europe 1939–1945. London 2013. (Deutsch: Der Bombenkrieg. Europa 1939–1945. Berlin 2014.)
Parker, Robert Alexander Clarke: Chamberlain and Appeasement. British Policy and the Coming of the Second World War. Basingstoke 1993.
Ders. (Hg.): Winston Churchill. Studies in Statesmanship. Neuauflage. London 2002.
Pelling, Henry: Britain and the Second World War. Glasgow 1970.
Ders.: Churchill's Peacetime Ministry 1951–1955. Basingstoke 1997.
Posener, Alan: Franklin Delano Roosevelt. Reinbek 1999.
Prior, Robin: Churchill's ‹World Crisis› as History. London 1983.
Ramsden, John: «That Will Depend on Who Writes the History». Winston Churchill as his Own Historian. In: William Roger Louis (Hg.): More Adventures with Britannia. Personalities, Politics and Culture in Britain. Austin 1998, S. 241–254.
Rankin, Nicholas: Churchill's Wizards. The British Genius for Deception 1914–1945. London 2008.
Reynolds, David: In Command of History. Churchill Fighting and Writing the Second World War. London 2005.
Rhodes James, Robert: Churchill. A Study in Failure, 1900–1939. London 1970.
Ders.: The British Revolution. British Politics 1880–1939, 2 Bde. London 1976/77.
Ders.: Gallipoli. London 1984.
Robbins, Keith: Munich 1938. London 1968. (Deutsch: München 1938. Ursprünge und Verhängnis. Gütersloh 1969.)
Ders.: Churchill. London 1992.
Roberts, Andrew: The Holy Fox. A Biography of Lord Halifax. London 1991.
Ders.: Eminent Churchillians. London 1994. (Deutsch: Churchill und seine Zeit. München 1998.)
Ders.: Hitler and Churchill. Secrets of Leadership. London 2003.
Ders.: Masters and Commanders. How Roosevelt, Churchill, Marshall and Alanbrooke Won the War in the West. London 2008.
Rose, Norman: Churchill. An Unruly Life. London 1994.
Rowse, Alfred Leslie: Mr. Churchill and English History. In: Ders.: The English Spirit. Essays in History and Literature. London 1945.
Sandys, Celia: Chasing Churchill. The Travels of Winston Churchill. London 2003.
Schama, Simon: A History of Britain. Bd. 3: The Fate of Empire 1776–2000. London 2002.
Schmädeke, Jürgen und Peter Steinbach (Hg.): Der Widerstand gegen den Nationalsozialismus. Die deutsche Gesellschaft und der Widerstand gegen Hitler. München 1985.

Schwarz, Angela: Die Reise ins Dritte Reich. Britische Augenzeugen im nationalsozialistischen Deutschland (1933–1939). Göttingen 1993.
Schwarz, Hans-Peter: Churchill and Adenauer. London 1994.
Ders.: Das Gesicht des 20. Jahrhunderts. Monster, Retter, Mediokritäten. Neue und ergänzte Ausgabe. Berlin 2010.
Scott, Alexander MacCallum: Winston Churchill in Peace and War. London 1916.
Seldon, Anthony: Churchill's Indian Summer. The Conservative Government 1951–1955. London 1981.
Sheean, Vincent: Between the Thunder and the Sun. New York 1943.
Shelden, Michael: Young Titan. The Making of Winston Churchill. London 2013.
Smith, Thomas F. A.: The Soul of Germany. A Twelve Years Study of the People from Within 1902–1914. New York 1915.
Snow, Charles Percy: Science and Government. London 1961.
Ders.: Variety of Men. London 1967.
Soames, Mary: A Churchill Family Album. A Personal Anthology. London 1982.
Dies.: Winston Churchill. His Life as a Painter. London 1990.
Dies.: Clementine Churchill. London 2002.
Dies.: A Daughter's Tale. The Memoir of Winston and Clementine Churchill's Youngest Child. London 2011.
Stelzer, Cita: Dinner with Churchill. Policy-Making at the Dinner Table. London 2011.
Stone, Norman: World War Two. A Short History. London 2013.
Storr, Anthony: Churchill's Black Dog and Other Phenomena of the Human Mind. London 1990.
Taylor, Alan John Percival: The Origins of the Second World War. London 1961. (Deutsch: Die Ursprünge des Zweiten Weltkrieges. Gütersloh 1962.)
Ders.: English History 1914–1945. Oxford 1965.
Ders. (Hg.): Churchill. Four Faces and the Man. London 1969.
Ders.: How Wars Begin. London 1977.
Taylor, Frederick: Dresden Tuesday 13 February 1945. London 2004.
Toye, Richard: The Roar of the Lion. The Untold Story of Churchill's World War II Speeches. Oxford 2013.
Voss, Rüdiger von und Günther Neske (Hg.): Der 20. Juli 1944. Annäherung an den geschichtlichen Augenblick. Pfullingen 1984.
Wende, Peter: Großbritannien 1500–2000. München 2001.
Wheeler-Bennett, John (Hg.): Action This Day. Working with Churchill. London 1968.
Winant, John G.: A Letter from Grosvenor Square. Boston 1947.
Wrigley, Chris: Winston Churchill. A Biographical Companion. Santa Barbara 2002.
Young, John W.: Winston Churchill's Last Campaign. Britain and the Cold War 1951–1955. Oxford 1996.
Zayas, Alfred M. de: Die Anglo-Amerikaner und die Vertreibung der Deutschen. Vorgeschichte, Verlauf, Folgen. München 1977.
Ziegler, Philip: London at War 1939–1945. London 1995.

Bildnachweis

40, 51, 69, 88, 103, 185, 230, 262, 275, 298, 305, 323, 327, 365: © ullstein bild (davon 51, 185, 230, 262, 275, 298, 327, 365: TopFoto; 305: Foto Press Hamburg; 323: The Granger Collection).

41: Yousuf Karsh/Camera Press/Picture Press.

45, 188: zitiert nach Peter Clarke: Mr. Churchill's Profession. The Statesman as Author and the Book that Defined the «Special Relationship». New York u. a. 2012.

49, 108, 151, 252, 283: © Getty Images (davon 49: Hulton Archive/Foto: Rischgitz; 108: Hulton Archive; 151: Time & Life Pictures/Foto Hans Wild; 252: Imperial War Museums; 284: Gamma-Keystone).

106, 117, 175, 194, 206, 232, 235, 244: zitiert nach Martin Gilbert: Churchill. A Photographic Portrait. Boston 1988 (davon 106: Press Association/A 1286; 117: «Die Woche», Ausschnitt eingesandt von Mr und Mrs H. Sornsen; 175: G. M. Georgoulas; 194: United Press International, Planet News/LN 5210; 206: Churchill Press Cutting Albums, Daily Herald, 30. März 1933; 232: Churchill Press Cutting Albums: ohne weitere Zeitungsangabe; 235: Churchill Press Cutting Albums, Evening Standard, 13. November 1939; 244: George Rance.

146: Foto: © National Portrait Gallery, London/Leihgabe des Churchill Chattels Trust.

155, 157: zitiert nach Mary Soames: Winston Churchill. His Life as a Painter. London 1990 (davon 155: The Lady Soames Collection, DBE/© The Churchill Heritage Ltd; 157: The late Norman G. Hickman Collection, DSC, of New York City/© The Churchill Heritage Ltd).

166: zitiert nach Martin Gilbert: Churchill. A Life. London 1991.

201, 265: zitiert nach Elizabeth Longford: Winston Churchill. London 1974.

242: zitiert nach Martin Gilbert: Churchill. London 1979.

285, 332: © Interfoto (davon 285: awkz; 332: Geraldo).

310: © IWM.

340: zitiert nach David Cannadine und Roland Quinault (Hg.): Winston Churchill in the Twenty-First Century. London 2004.

383: © Philippe Halsman/Magnum Photos/Agentur Focus.

Personenregister

Abdallah I. Ibn Husain, *König von Transjordanien* 178
Acheson, Dean 353f.
Addison, Paul 73, 137, 337
Adenauer, Konrad 290, 348–350, 355–357, 364, 369

Alanbrooke, Alan Francis Brooke, Lord 241f., 272f., 285, 294, 310f.
Albert I., *König der Belgier* 137
Alexander, Harold 137, 285, 308, 339
Alexandra von Dänemark, *Königin von*

Großbritannien und Kaiserin von Indien 47f.
Alter, Peter 70, 154, 287
Amery, Leo 74, 141, 234, 337
Anne Stuart, *König von England, Schottland und Irland* 44
Aristoteles 73
Ashley, Maurice 198
Asquith, Emma Alice Margaret (Margot) 188f.
Asquith, Herbert Henry 39, 41, 81, 102, 105, 107, 126f., 130, 135, 137–139, 141, 143f., 158f., 162f., 233
Atatürk, Mustafa Kemal Pascha 143–145
Attila, *König der Hunnen* 214
Attlee, Clement 24, 30, 235, 238, 290, 298f., 337, 340, 343, 349, 351f., 359, 363
Auchinleck, Claude John Eyre 282, 285
Augustus, Gaius Octavius, *römischer Kaiser* 214
Baldwin, Stanley 105, 188–192, 197, 205–207, 218, 220f., 223
Balfour, Arthur James 100f., 104, 124, 126, 174, 178, 183, 195
Barrymore, Ethel 114
Baruch, Bernard 187, 199
Bastianini, Giuseppe 26
Beach, Mehitabel 50
Beatty, David 129, 195f.
Beaverbrook, Max Aitken, Lord 119, 132, 213, 226, 273, 368–370
Bell, Gertrude 175
Beloff, Max 360
Berlin, Isaiah 240
Best, Geoffrey 101, 140, 203
Bethmann-Hollweg, Theobald von 131
Beveridge, William 336
Birkenhead, Frederick Edwin Smith, Lord 90, 203, 234
Bismarck, Otto von 50, 107, 212, 314, 356
Bismarck, Otto Fürst von 212
Blankenhorn, Herbert 356, 361
Blasius, Rainer 224
Blood, Bindon 76f.

Blum, Léon 205
Blunden, Edmund 213
Bodkin, Thomas 153
Bonde, Knut 319
Bonham Carter, Helena 39
Bonham Carter, Violet, geb. Asquith 39–41, 90, 106f., 286, 335
Brinitzer, Carl 232
Brodrick, John 97–100, 109
Browne, Anthony Montague 359, 369, 373f.
Bülow, Bernhard von 123
Bulganin, Nikolai Alexandrowitsch 363
Buller, Redvers Henry 87
Bullitt, William Christian 21, 321f.
Bullock, Alan 202
Burckhardt, Jacob 381f.
Burgess, Guy Francis de Moncy 352
Burke, Edmund 74, 170
Bush, George W. 150
Butler, Richard Austen 25, 351, 367
Byrnes, James Francis 321
Byron, George Gordon, Lord 43, 314
Cadogan, Alexander 27f.
Caesar, Julius 184f., 342
Callaghan, James 112
Callas, Maria 370
Campbell-Bannerman, Henry 102
Camrose, William Ewart Berry, Lord 210
Cannadine, David 220
Carden, Sackville Hamilton 141f.
Carson, Edward 144
Casey, Richard 302
Cézanne, Paul 369
Chamberlain, Neville 19, 21, 24, 27, 30, 221–227, 230f., 233–236, 238, 318, 324f., 337, 357
Channon, Henry 325
Chaplin, Charlie 198
Charles II., *König von England, Schottland und Irland* 38, 46
Charmley, John 381
Chichele-Plowden, Trevor 114
Chruschtschow, Nikita Sergejewitsch 363
Churchill, Clementine, geb. Hozier 15, 21, 29, 39, 53, 113, 115–120, 128,

131, 143, 148, 150, 160f., 175, 179,
181, 186, 188, 194, 210, 243, 245,
273, 289, 297, 309f., 313, 322, 326,
335, 338f., 342, 363, 365, 369, 375f.
Churchill, Diana 120, 131, 375
Churchill, Jennie, geb. Jerome 19,
49–54, 58–60, 68f., 71, 73, 76–78,
80f., 93f., 186, 278, 377
Churchill, John, *Herzog von Marlborough*
44f., 47, 58, 127, 149, 183, 197,
199f., 209, 212, 226, 243
Churchill, Marigold 116, 186
Churchill, Randolph Frederick 14, 22,
131, 147f., 189, 198, 209f., 258
Churchill, Sarah 210, 322f.
Churchill, Winston (Vater des Herzogs
von Marlborough) 38, 46
Churchill, Winston (Enkel von Winston
Churchill) 44, 112
Cicero, Marcus Tullius 342
Clark, Christopher 131
Clemenceau, Georges 166
Cockran, Bourke 71f.
Colville, John 15, 21, 24f., 74, 240, 244,
255, 272, 316, 339, 364, 371, 373
Cornwallis-West, George 60
Coudenhove-Kalergi, Richard Nikolaus
348
Coward, Noël Peirce 369
Cowles, Virginia 14, 205
Cromwell, Oliver 46, 234
Curzon, George, Lord 111, 299, 333
Daladier, Édouard 17, 221
Dalton, Edward Hugh John Neale, Lord
33, 324
Darlan, François 249
Darwin, Charles 73
De Gasperi, Alcide 361
De Gaulle, Charles 250–252, 255, 292,
347, 374, 377
De Robeck, John 142, 145f.
De Zayas, Alfred 333f.
Denikin, Anton Iwanowitsch 171f.
Disraeli, Benjamin 42, 48, 85, 92, 226
Dixon, Pierson 357
Dönitz, Karl 271
Douglas, Ray M. 178

Eden, Anthony 221, 223, 251, 285, 298,
312, 315–317, 319, 323, 343, 350,
354, 361–364, 371–373
Edward VII., *König von Großbritannien
und Kaiser von Indien* 47f., 52, 79f.,
110, 114, 123, 365
Edward VIII., *König von Großbritannien
und Kaiser von Indien* 207, 369
Eisenhower, Dwight David 72, 95, 242,
285, 288, 292f., 311, 322, 326, 341f.,
354f., 362, 368, 372f., 377
Elgin, Victor Alexander Bruce, Lord 102
Eliot, Thomas Stearns 274
Elizabeth II., *Königin von Großbritannien*
92, 201, 306, 338, 364–366, 376
Elizabeth Bowes-Lyon, *Queen Mother*
226, 263, 306
Emerson, Ralph Waldo 191
Engels, Friedrich 101
Erhard, Ludwig 364, 377
Evans, Murland de Grasse 258
Everest, Elizabeth Anne 51, 53f., 68
Faisal I. Ibn Ali, *König von Syrien und des
Irak* 179, 282
Fest, Joachim 35, 257
Finch, Edith, Lady Aylesford 47f., 63
Finch, Heneage, Earl of Aylesford 47f.
Fisher, John, Lord 128, 140–142
Fisher, Warren 196
Foch, Ferdinand 228
Foot, Hugh Mackintosh 373
Franco, Francisco 205
Frankland, Noble 304
French, John 159
Gandhi, Mohandas Karamchand
(Mahatma) 206f., 359
Garbo, Greta 369
Gardener, Charles 259
Gardiner, Alfred George 41, 65, 90, 96,
104
Garvin, James Louis 164f.
George III., *König von Großbritannien*
46
George V., *König von Großbritannien und
Kaiser von Indien* 135, 156, 158, 365
George VI., *König von Großbritannien
und Kaiser von Indien* 213, 226,

236–239, 263, 273, 288, 311, 327,
338, 360, 365
Gibbon, Edward 45f., 73
Gilbert, Martin 14, 54, 121, 144, 148,
159, 202, 258
Giraud, Henri 292
Gladstone, William Ewart 47, 75, 85, 92,
347
Goebbels, Joseph 215, 253, 264, 317
Goerdeler, Carl Friedrich 318
Göring, Hermann 23, 261, 319
Goethe, Johann Wolfgang von 17, 39,
371
Gombrich, Ernst 153f.
Gordon, Charles George 80
Gott, William 285
Graves, Robert 213
Greenwood, Arthur 24, 28, 30, 235, 238
Grey, Edward 108f., 126, 130, 132, 138
Grigg, John 306
Haefs, Gisbert 360
Händel, Georg Friedrich 91
Haffner, Sebastian 14f.
Haig, Douglas 162
Hailes, Patrick Buchan-Hepburn, Lord
202
Haldane, Aylmer 177
Halifax, Edward Frederick Lindley
Wood, Lord 24–28, 30, 34, 205f.,
224, 234, 236, 238, 258f., 319
Hall, Ambrose 50
Halle, Kay 255
Hamilton, Lady Emma 246
Hamilton, Ian Standish Monteith 91,
142
Hanfstaengl, Ernst 209f.
Harriman, Averell 289
Harris, Arthur 303f., 306
Hart, Basil Liddell 144
Hastings, Max 306
Hayek, Friedrich von 337
Hearst, Randolph 198
Helier, Lady 115
Hemingway, Ernest 34
Henderson, Nevile 227
Herwarth, Hans von 350
Hess, Rudolf 246f.

Heuss, Theodor 379
Hill, Kathleen 244
Hitler, Adolf 13, 21, 23, 25–29, 31–33,
35–37, 45, 74, 123, 156, 170f., 187,
195, 200, 202, 204f., 209f., 212,
214–216, 221f., 224–227, 233, 235f.,
245, 249, 253, 255–261, 264, 269,
271–274, 277, 281, 301, 308, 313,
317–320, 324–326, 341, 346, 355,
359, 363, 380f.
Hoare, Samuel 203
Holmes, Marian 315
Holmes, Richard 239f.
Hopkins, Harry 292, 322
Hozier, Henry 116
Hozier, Kitty 116
Hozier, Lady Blanche 116, 118
Hozier, William 186
Hull, Cordell 316f.
Hussein, Saddam 178
Hussein Ibn Ali, *König des Hedschas* 173,
178
Inönü, Ismet 144
Irwin, Lord *siehe* Halifax, Lord
Ismay, Hastings 239, 263, 329
Jacob, Ian 281, 283
James II., *König von England, Schottland
und Irland* 44, 46
James, Lawrence 177f.
Jellicoe, John 129
Jenkins, Roy 48, 200, 297
Jerome, Clara 52
Jerome, Clara 50, 52
Jerome, Leonard 49–52
Jerome, Leonie 50, 52
Johnson, Lyndon Baines 377
Johnson, Samuel 77
Joseph I., *römisch-deutscher Kaiser* 44
Juliana, *Königin der Niederlande* 376
Karamanlis, Konstantinos 370
Karsh, Yousuf 41, 202
Keitel, Wilhelm 224
Kennedy, John Fitzgerald 21, 374
Kennedy, Joseph Patrick 21f.
Keppel, Alice 52
Kerr, Clark 290
Kershaw, Ian 23

Kettenacker, Lothar 302, 318
Keynes, John Maynard 165, 193, 351
King, Ernest 294
King, William Lyon Mackenzie 236f.
Kingcombe, Brian 259
Kinna, Patrick 279, 289
Kipling, Rudyard 360
Kissinger, Henry 223, 308
Kitchener, Herbert 80–82, 137f.,
    141–144
Klemperer, Klemens von 318f.
Kluke, Paul 125
Konjew, Iwan Stepanowitsch 377
Lansdowne, Henry Petty-FitzMaurice,
    Marquess of 123f.
Laval, Pierre 203
Lavery, Hazel 151f.
Lavery, John 151, 154
Lawrence, Thomas Edward 173, 175
Leigh, Vivien 246
Lenin, Wladimir Iljitsch 74, 203
Liebster, Charles 304
Lindemann, Adolf Friedrich 219
Lindemann, Frederick, Baron Cherwell
    210, 219f., 305, 316
Lindemann, Olga 219
Lloyd George, David 96f., 102, 106f.,
    109–112, 114, 127, 131f., 163,
    165–168, 171f., 191, 239, 336, 338,
    369
Longfellow, Henry Wadsworth 361
Low, David 340
Lucas, Edward Verrall 159
Lukacs, John 21, 23, 30
Lytton, Pamela, geb. Chichele-Plowden
    114, 367
Lytton, Victor Bulwer-Lytton, Earl of
    114
Macaulay, Thomas Babington 33f., 46,
    73, 197f.
MacDonald, Ramsay 189, 197
Macmillan, Harold 245, 296, 371–373,
    375
MacMillan, Margaret 131
Maiski, Iwan 204
Malenkow, Georgi Maxmilianowitsch
    355, 363

Malthus, Thomas Robert 73
Manchester, William 218
Manet, Édouard 369
Mansfield, Peter 174
Margesson, David 234
Marshall, George Catlett 285, 309, 311,
    345
Martin, John 245, 250
Marx, Karl 61, 104
Massingham, Henry William 99
Masterman, Charles 105
Maugham, William Somerset 369
Mauriac, François 34
Maze, Paul 152, 156
McLean, Donald 352
McMahon, Henry 173, 178
Mehmed V., *Sultan des Osmanischen
    Reiches* 125, 140
Menpes, Mortimer 96
Merkel, Angela 348
Middleton, George 116
Molotow, Wjatscheslaw Michailowitsch
    272, 298, 323
Mommsen, Wolfgang 125
Monet, Claude 369
Montag, Charles 154
Montgomery, Bernard, Lord 166, 285f.,
    310
Moran, Charles Wilson, Lord 55, 57, 74,
    119, 155, 158, 277, 279, 287, 291f.,
    301, 324, 338, 353, 361f., 368, 375
Morgenthau, Henry 316f.
Morley, John, Lord 130f.
Morrison, Herbert 264
Mosley, Oswald 31
Mountbatten, Ludwig Alexander von
    Battenberg, Louis 135, 141
Mountbatten, Prinz Philip, *Herzog von
    Edinburgh* 364f., 376
Mountbatten-Windsor, Charles, *Prinz
    von Wales* 47
Moyne, Walter Guinness, Lord 119
Mozart, Wolfgang Amadeus 369
Murrow, Edward Roscoe 266, 346
Mussolini, Benito 20, 26f., 203f., 247,
    270, 277, 288, 296
Napier-Clavering, Francis 160

Napoleon I. Bonaparte, *Kaiser der Franzosen* 69, 137, 201, 255
Napoleon III., *Kaiser der Franzosen* 51
Nasser, Gamal Abdel 371
Naumann, Friedrich 125
Nehru, Jawaharlal 359
Nelson, Horatio 246, 376, 381
Newman, John Henry 348
Nicolson, Harold 96, 213, 266, 325
Nikolaus II., *Zar* 131, 147, 173
Norman, Andrew 58f.
O'Donovan, Patrick 376–378
Olivier, Laurence 246
Onassis, Aristoteles 370f.
Orpen, William 146
Orwell, George 266, 273f., 345
Overy, Richard 304
Papandreou, Damaskinos 315
Papandreou, Georgios 314
Parker-Bowles, Camilla 52
Pascal, Blaise 73
Perikles 214, 382
Philip, Terence 120
Picot, François-Georges 173, 178
Pitt der Jüngere, William 105, 257
Platon 73
Pogue, Forrest 309
Popow, Iwan 315
Portal, Charles 303f.
Rathenau, Walther 163
Reade, William Winwood 73
Reagan, Ronald 140
Reeves, Emery 368
Reeves, Wendy 368
Remarque, Erich Maria 213
Reston, James 231
Reynaud, Paul 17, 20, 25–27, 35
Reynolds, David 342
Rhodes James, Robert 43, 131, 201, 379
Ribbentrop, Joachim von 33, 216f., 224, 251
Robbins, Keith 354
Roberts, Andrew 25, 273, 307
Robertson, William 162
Röhl, John C. G. 124
Rommel, Erwin 270, 282, 284, 286, 288
Roosevelt, Elliott 275, 297
Roosevelt, Franklin Delano 15, 19–23, 156–158, 203, 226, 245, 251, 266–269, 274–277, 279, 283, 287–289, 292f., 295–297, 307–309, 312–314, 316f., 319, 321–324, 326, 338, 341, 380
Rose, Norman 176
Rothenstein, John 150, 156, 171
Rothermere, Harold Harmsworth, Lord 119
Rowntree, Benjamin Seebohm 101
Rowse, Alfred Leslie 58
Rundstedt, Gerd von 23
Russell, William Howard 70
Sackville-West, Vita 266
Saint-Simon, Louis de Rouvroy, Duc de 73
Salisbury, Robert Gascoyne-Cecil, Lord 58, 80, 101, 123
Sanders, Otto Liman von 143
Sandys, Celia 311
Sandys, Duncan 347
Sassoon, Siegfried 213
Schellenberg, Walter 256
Schopenhauer, Arthur 73
Schukow, Georgi Konstantinowitsch 321
Schulenburg, Friedrich Werner von der 272
Schuman, Robert 347
Schwab, Charles M. 198
Schwarz, Hans-Peter 163, 355, 384
Scobie, Ronald 314f.
Scott, Alexander MacCallum 164
Scott, Percy 90f.
Scribner, Charles 200
Scrymgeour-Wedderburn, James 187
Semon, Felix 65, 74
Shakespeare, William 37, 379
Sheean, Vincent 266
Sheldon, Michael 113
Simon, John 253
Simons, Geoff 178
Simpson, Wallis, *Herzogin von Windsor* 207, 369
Sinclair, Archibald 24
Siwertz, Sigfrid 342
Smith, Adam 73

Sneyd-Kynnersley, Herbert William 54
Soames, Christopher 366
Soames, Mary, geb. Churchill 15, 113, 116, 150, 152, 155, 187, 338, 342, 369, 375f.
Speidel, Hans 320
Spencer, Anne, geb. Churchill 46
Spencer, Charles 46
Spencer, Charles Edward Maurice, Earl 47
Spencer, Diana Frances, *Prinzessin von Wales* 47
Spencer-Churchill, Charles Richard John, *Herzog von Marlborough* 151, 156, 160
Spencer-Churchill, Frances Anne Emily 113, 183
Spencer-Churchill, George, *Herzog von Marlborough* 46
Spencer-Churchill, George Charles, *Herzog von Marlborough* 47f., 50, 53, 63, 70
Spencer-Churchill, Gwendoline 150
Spencer-Churchill, Henry Winston Peregrine 150
Spencer-Churchill, John George 150, 198
Spencer-Churchill, John Strange (Jack) 51, 53, 60, 150, 198, 377
Spencer-Churchill, John Winston, *Herzog von Marlborough* 47f., 50, 53
Spencer-Churchill, Randolph Henry, Lord 47–54, 56–63, 65–68, 70f., 75, 79f., 83, 85f., 92, 94, 97, 99f., 190, 229, 278, 339, 376f., 379
Stalin, Josef 145, 204, 271–273, 276, 285, 287–291, 295–299, 303, 308, 312–315, 321–324, 328f., 333, 345f., 354f., 357
Steevens, George Warrington 70, 84, 90
Stevenson, Adlai Ewing 71f.
Stilwell, Joseph Warren 294
Storr, Anthony 55, 59
Strakosch, Henry 187
Strang, William 357
Sutherland, Graham 363
Sykes, Mark 173, 178

Tamerlan (Timur Lenk) 214
Taylor, Alan John Percivale 245, 258
Taylor, Frederick 303
Thatcher, Margaret 351, 375f., 383
Thompson, Walter Henry 238
Tito, Josip Broz 326, 370
Toye, Richard 264
Trenchard, Hugh 177, 179
Trevelyan, George Macaulay 202
Trotzki, Leo 74, 274
Truman, Harry 252, 325–328, 331f., 334, 343–345, 353f.
Tuchman, Barbara 129
Tudor, Henry Hugh 368
Twain, Mark 93
Vanbrugh, John 44
Vanderbilt, Consuelo 151
Vansittart, Robert 22, 318
Victoria, *Königin von Großbritannien und Kaiserin von Indien* 13, 42, 47, 51, 68, 75f., 83, 92, 94, 101, 123f., 186, 201, 315, 352, 358, 360, 365, 373
Victoria von Großbritannien und Irland 124
Villelume, Paul de 27
Voltaire, François-Marie Arouet 15
Washington, George 214
Watson-Watt, Robert 220
Wavell, Archibald Percival 282
Webb, Beatrice 107, 203
Weber, Heinz 356
Weinberger, Caspar 140
Weizsäcker, Ernst von 224
Wellington, Arthur Wellesley, Herzog von 66, 89, 376
Wheeler-Bennett, John 320
Wilhelm II., *Deutscher Kaiser* 108, 121, 123–125, 127, 211, 257
Wilson, Arthur 114
Wilson, Henry 172
Wilson, Muriel 115
Wilson, Woodrow 166
Winant, John G. 22
Woroschilow, Kliment Jefremowitsch 298
Wren, Christopher 376
Wright, Orville 352
Wright, Wilbur 352